国家精品在线开放课程配套教材

国家级一流本科课程配套教材

U0874188

高等学校经济管理类核心课程教材

企业战略管理

第4版·数字教材版

蓝海林 等 ———————— 编著

中国人民大学出版社
·北京·

前 言

在技术进步不断加快的推动下，全球化与中国全面深化改革的交互作用使中国企业经营环境的变化呈现出越来越动态、不确定、复杂和模糊的特征，即“乌卡环境”。这种经营环境性质上的长期、重大和根本性变化不仅给中国企业战略管理的实践，而且给中国企业战略管理的学科发展带来了巨大、全面和深刻的挑战。在过去的十年中，本教材编写组一直致力于通过战略管理教材内容的不断更新，及时反映“乌卡环境”下中国企业战略管理实践的新变化，动态整合国内外学者针对“乌卡环境”下企业，特别是中国企业战略管理实践的相关研究成果，希望以此帮助中国当前和未来的战略管理者更有效地应对经营环境新变化所带来的挑战。在本教材第 4 版即将面世之际，作为教材的主要编著者，我希望借此机会对本教材的编写视角、核心逻辑和内容体系做进一步的说明，从而帮助教材的使用者，包括主讲教师和学生，更好地使用本教材。

相对于企业管理学科体系中的其他学科而言，企业战略管理的关键概念、主导逻辑和内容体系与企业所嵌入的经营环境的特点存在某种程度上的“权变关系”。国外学者在编写企业战略管理教材的时候，都会基于对特定经营环境的特点或者关键因素的认知，选择相应的教材编写视角以反映教材的时代或者区域特点。其中以企业所处经营环境的特点为视角的包括“环境动态化”“环境不确定性”“环境复杂性”等，以特定阶段或者特定区域经营环境中关键因素为特征的包括“全球化”“数字化或者数字经济”“转型升级”等。企业战略管理教材所表现出的这种环境嵌入性，一方面反映了企业战略管理学科的特点与魅力，另一方面表明企业战略管理学科处在发展和完善之中。本教材编写组认为，单独从“全球化”“信息化或者数字化”“转型升级”等外部环境因素的变化去构建企业战略管理教材并不足以深入和系统地反映当前和未来企业战略管理实践所面临的挑战，因此还应以企业经营环境的“乌卡特征”为视角构建本教材，包括选择教材的核心逻辑，界定核心概念的内涵和构建整个教材的内容体系。

在“乌卡环境”下有效实施企业战略管理，企业战略管理者需要从更加广泛的意义上综合理解企业利益相关者及其需求的变化。企业经营环境变化对企业战略行为的影响主要是通过利益相关者需求的变化作用于企业的。企业经营环境变化越来越动态、不确定、复杂和模糊必然导致企业利益相关者对企业的利益需求越来越动态、不确定、复杂和模糊。在技术进步、全球化和中国全面深化改革等多种因素的共同作用下，企业的利益相关者对企业的作用机制、对企业的利益诉求变得越来越动态、不确定、复杂和模糊，因此过于偏重或者关注某一个特定利益相关者在某一个方面的需求将会牺牲企业健康和持续的发展，这是最近一个时期绝大多数中国企业出现重大战略失误的根本原因。

在“乌卡环境”下有效实施企业战略管理，企业战略管理者需要基于自己的核心价值观选择和界定企业的经营目的，构建匹配的利益相关者体系。面对利益相关者越来越动态、不确定、复杂和模糊的利益需求，企业战略管理者需要在经营目的的选择和坚持上变被动适应为主动选择。无论经营环境变化多么的动态、不确定、复杂和模糊，企业必须基于自己的核心价值观与使命，在经营目的上做出清晰的取舍与坚持；必须根据“志同道合”的原则去选择投资者、债权人、供应商、员工、顾客，甚至企业的注册地及其政府，构建自己的利益相关者体系。只有这样企业才能以确定的价值观与经营目的去积极地应对经营环境，特别是利益相关者利益需求的动态性、不确定性、复杂性和模糊性的影响。

在“乌卡环境”下有效实施企业战略管理，企业战略管理者需要根据企业利益相关者的需要和自己的经营目的，确定企业长期和主导的战略思维模式。企业所处的经营环境越是动态、不确定、复杂和模糊，企业，包括国有全资和控股企业，越应该以资源基础模式而不是产业组织模式或者制度基础模式作为主导的战略思维模式；越应该以内部核心专长的构建、发挥和强化，而不是外部机会，特别是获得制度合法性收益的机会的抓取作为企业健康和持续发展的关键方式。无论经营环境多么动态、不确定、复杂和模糊，只有专注、专业才能有专长的原则越来越重要，核心专长的作用越来越明显，这可能就是玄幻小说中所说的“一力破万法”。因此，本教材在本次修订的过程中，更加明确地将核心专长的构建、发挥和强化作为教材的主导或者核心逻辑，更加彻底地将这种逻辑从前到后、贯彻始终。

在“乌卡环境”下有效实施企业战略管理，企业战略管理者需要以核心专长的构建、发挥和强化为主线，深刻地理解企业战略概念的内涵和企业战略管理的过程。随着经营环境“乌卡特征”日趋明显，越来越多的企业战略管理者认识到核心专长的构建、发挥和强化的过程已经不再是计划制定、实施与控制的过程，而是一个“砥砺前行、不断探索”的过程。其中，企业战略决策已经从一次性决策变成一系列决策，既包括事前、主动和理性决策，又包括事中、被动、非理性决策，具有“涌现”的特点；企业战略就是一系列战略决策中所呈现出的连续性、一致性和创新性，这种连续性、一致性和创新性的关键驱动因素已经从基于理性的战略计划变成了基于核心价值观的战略承诺，就像是“摸着石头过河”；企业战略管理中的战略制定、实施、评价与控制已经不再是具有时间先后关系的三个边界清晰的阶段，而是只有逻辑先后关系的三种相互渗透的活动，因此具有明显的“干中学”的特点。

在“乌卡环境”下有效实施企业战略管理，要求企业战略管理者基于核心专长的构建、发挥和强化过程中所面临的挑战，深刻地理解有效“构建和治理”战略管理者团队的重要性。企业经营环境的“乌卡特征”越明显，理性决策的局限性就越明显，信息不对称、利益冲突和委托代理问题就越突出。在这种情况下企业战略管理者要有效应对构建、发挥和强化核心专长过程中所面临的各种挑战，包括保持动力、保持取舍与承诺、适时把握关键价值创造环节、及时转换资源配置和获取相关的知识与能力等。有效地应对这些挑战，首先需要有效地构建企业战略管理者团队，并且使之按照内外部公司治理安排的角色与机制进行决策。在此基础上，更需要依靠有效发挥企业战略领导者个人的作用，避免陷入“成也是他，败也是他”的怪圈。因此，在教材的修订中，本教材编写团队特意将“核心专长的构建与强化”从第 1 章挪到了第 2 章，并且放在了第 2 章的第 1 节。

在“乌卡环境”下有效实施企业战略管理，企业战略管理者需要以核心专长的构建、发挥和强化为目的，以做强主业为核心，有效实施多维度的开拓、协同与整合。在有效构建、发挥和强化核心专长的过程中，企业战略管理者面临着越来越多矛盾的利益需求，资源与能力不足的问题越来越突出，战略选择过于静态、确定、简单和清晰，不足以把握机会和控制风险；战略选择过于动态、不确定、复杂和模糊，又难以构建核心专长。有效应对上述挑战，首先需要企业在业务、定位、市场、经营方式等取舍清晰与承诺坚定的前提下，在若干关键价值创造环节持续和偏执地配置资源与精力，构建自己的核心专长。其次需要企业战略管理者有效利用业务、市场、定位、方式，甚至供应链边界模糊化的趋势，围绕着做强主业的需要，在产品、定位、市场、经营方式、供应链等多个维度上有节奏地实施开拓战略，实现从单一产品、多产品向共享多元化经营过渡，从单一区域、多区域向国际化经营过渡，从单一定位向多种定位经营过渡，从单一经营方式向多种经营方式过渡，从单一价值链、全价值链向纵向多元化经营过渡。通过这种多维度的开拓、协同和整合，企业不仅可以利用规模、范围和交易成本经济发挥和强化主业的核心专长，满足越来越多样化的市场需求，而且可以有效控制风险、构建多点竞争优势。在第 6、第 7、第 8、第 9 章的修订中，本教材编写团队开始有意淡化传统的企业战略分类，以弱化“乌卡环境”下企业战略管理者在战略选择上所受到的“理论限制”。

在“乌卡环境”下有效实施企业战略管理，企业战略管理者需要基于核心专长的构建、发挥和强化过程中所面临的挑战，深刻地理解战略实施在作用、内容和重点方面的新变化。在“乌卡环境”下企业构建、发挥和强化核心专长的过程包括战略承诺、战略计划和战略行动，三者之间的有机整合就像是“摸着石头过河”。战略实施的过程从传统的计划驱动变成了现在的承诺驱动，因此战略实施的作用不仅要保证战略计划的“严格”执行与实现，而且要能够对战略计划做出“恰当”调整与创新；战略实施活动的内容已经从战略实施向两端延伸，涵盖了战略制定和评价与控制；战略实施的重点不是“计划的执行”，而是“过程中的改变”。企业战略管理者需要根据企业所处经营环境的特点与战略调整的性质，决定企业实施的策略，包括系统性、时间和方向，并且在此前提下有效展开以下三个方面的活动：(1) 战略实施计划体系的构建与管理。企业通过目标管理、计划管理和职能策略的适配，使战略实施能够在任务分配、职能战略、资源配置、工作流程等方面做到“行动落地”，有效实现战略管理从决策到行动计划的转变。(2) 战略实施保障体系的构建与管理。企业通过组织结构、管理机制、管理手段与企业文化的适配，为企业战略实施，包括计划执行与动态调整，提供有效的组织支撑，有效实现战略管理从行动计划到组织保障的转变。(3) 战略实施控制体系的构建和管理。通过关键信息的收集和各种定期会议机制的安排，为积极地发现和解决战略问题提供有效的制度安排，有效实现从过程评价到动态调整的转变。为了更好地反映战略实施在作用、内容和重点上的新变化，以及深刻地理解战略实施过程中三种关键活动之间的作用机制，本教材编写团队对教材第 11、12 章进行了比较大的调整，希望主讲教师和学生予以关注。

本教材编写团队是在前三版编写团队的基础上，由来自国内知名院校的 18 位“企业战略管理”课程主讲老师组成。主要分工如下：第 1 章蓝海林（华南理工大学）；第 2 章李炜文（中山大学）；第 3 章曾萍（华南理工大学）；第 4 章张平（华南理工大学）；第 5 章张明（深圳大学）；第 6 章李卫宁（华南理工大学）；第 7 章皮圣雷（广州大学）；第 8 章黄山（广东工业大学）；第 9 章黄嫚丽（华南理工大学）；第 10 章李红凯（华南理工大学）；第 11 章乐琦（华南师范大学）；第 12 章宋铁波（华南理工大学）、吴小节（广东工业大学）。编写团队先后进行了四次教材修订的研讨活动，李卫宁对全书进行了校订。在此对所有参与人员表示感谢！

蓝海林

目 录

第1篇
导 论

第 1 章

战略管理导论

导人性案例

新宝电器的战略演进

广东新宝电器股份有限公司 1995 年成立于全球家电制造重镇——佛山市顺德区，是一家主要从事小家电出口加工的制造企业。发展至今，新宝电器不仅有效应对经营环境的变化，尤其是市场、汇率、要素和制造成本的变化，而且在中式和西式小家电产品研发、生产和销售领域、全球与国内市场上形成了全产品线、全市场定位、全经营方式和全产业链覆盖的业务组合；在全球小家电出口加工的制造效率、创新能力、配套能力和交付能力等方面形成了关键竞争优势，构建了核心专长；在多个产品的出口销售方面位居中国和世界第一。在销售和利润连续多年持续增长的基础上（参见表 1-1），新宝电器在 2014 年成功上市，2023 年荣登中国小家电上市公司市值排名的第六位。

表 1-1　新宝电器 2014—2023 年销售与利润增长情况

年份	销售总额（亿元）	销售总额增长率（%）	利润总额（亿元）	利润总额增长率（%）	备注
2014	56.69	12.57	2.80	8.53	2014 年上市
2015	63.08	11.27	3.70	32.14	
2016	69.85	10.73	5.59	51.08	
2017	82.23	17.72	4.84	−13.42	
2018	84.43	2.68	5.85	20.87	
2019	91.25	8.08	7.95	35.90	
2020	131.91	44.57	13.74	72.81	
2021	149.12	13.05	9.86	−28.24	
2022	136.96	−8.15	12.57	27.48	
2023	146.47	6.94	13.08	4.06	

资料来源：根据新宝电器公司年报整理。

基于中国的低成本优势，承接全球中低端小家电产业转移，2014 年以前的新宝电器一直将自己定位为一个专门从事西式厨房中低端小家电产品的出口代工（也就是通常所说的 OEM）企业。基于这种清晰战略取舍与坚定的战略承诺，新宝电器将资源和精力配置的重点放在高效率制造、产品应用开发、客户综合服务、产业链整合等关键价值创造环节，构建了关键竞争优势；经过多次的组织、机制和文化的改变和迭代，构建了能够有效协同全产品、全产业链和全球市场的管理模式，提高了关键竞争优势的可保持性；在满足全球中低端西式小家电客户对成本、制成、交付，尤其是"一站式采购"的需要方面形成了核心专长。在此期间，新宝电器既没有觊觎其他盈利水平更高的行业而偏离自己的战略定位，也没有因为外部环境恶化而放弃自己的战略承诺。

作为西式厨房中低端小家电产品的出口加工企业，新宝电器一直面临着巨大的转型升级压力。从外部来说，这种压力主要来自国内和其他发展中国家企业的竞争、国内劳动力和环境保护成本不断上升，以及国内各政府部门的要求；从内部来说，这种压力来自新宝电器自身的追求，新宝电器一直都有成为百亿销售企业的梦想，也非常希望通过创新设计去开拓附加值更高的国际市场，以自主品牌开拓潜力巨大的国内市场。2014 年以前新宝电器转型升级的主要战略方向是：（1）在产品维度上，逐步从厨房家电向生活家电扩大，增加环境家电、母婴家电、美容家电等产品线；（2）在市场维度上，逐步从北欧和北美市场向东欧、拉美、亚洲市场扩大；（3）在经营方式上，逐步从 OEM 向 ODM，甚至开始以自主品牌"试水"国内低端市场等；（4）在产品定位上，逐步从中低端市场向中高端市场提升。虽然这些维度上的转型升级可以发挥和强化原有的核心专长，推动销售规模的扩大，但是其从 OEM 向 ODM、OBM，从中低端向中高端，从国际向国内市场的转型步履维艰，企业的盈利水平和盈利增长在 2009 年以后基本处于徘徊甚至下降的状态。

2012 年新宝电器中期战略研讨会进行过非常开放和激烈的研讨，研讨的重点问题是新宝电器是否应该和可以通过兼并收购的方式进入相关的、发展潜力和盈利水平更高的行业，最终的结论是否定的。与会成员认为，与其冒巨大的风险做自己不熟悉、不擅长的事情，还不如下决心解决目前面临的问题，去创造和把握主业发展的机会。

2013 年的中期战略研讨会在新宝电器发展历史上必将是一次具有历史意义的重大事件。通过对上半年经营情况的审视，新宝电器的战略管理者们发现经过前期的转型升级，尤其是从中低端向中高端，从国外市场向国内市场，从 OEM 向 ODM 的转型使自己无意中陷入了"高不成、低不就"的境地；经过对企业经营环境的分析，新宝电器董事会决定开创性地实施一种"高、中、低并举"的转型升级战略。

2015 年的中期战略研讨会上，根据对过去转型升级实践的审视和实施高、中、低并举战略的需要，新宝电器的战略管理者们分别从产品、市场、方式、定位以及供应链五个维度扩大了原有的战略取舍，第一次以宗旨陈述的方式具体表述企业的战略承诺："新宝电器股份有限公司将以不断提升人们的生活质量为使命，以品质、创新、成长、共享为核心价值观，致力于向全球市场提供最具竞争力的小型家电产品和服务，通过不断实现质量的提升满足客户、员工和社会的需要，力争成为小家电行业全球知名和最具竞争力的制造和服务商。"这种战略承诺的改变不仅为企业发展提供了更大的空间，而且为企业后续的战略选择形成了明确的指引。

在 2017 年中期战略研讨会上，新宝电器战略管理者们所面临的问题主要来自两个方面：一方面企业的销售规模有望在2016年的基础上增长20%，达到84亿元，但是企业的各种投资、成本的上升与利润率的下降，导致企业继续增长面临压力；另一方面企业外部环境发生了一些值得关注的变化，包括国际和国内市场的此消彼长、“一带一路”倡议的刺激以及互联网经济的影响，给新宝电器的发展带来各种机会与威胁。从企业内部所征集的战略问题来看，新宝电器内部对企业现行战略是否可行以及还能坚持多久产生了质疑，跨行业经营和向海外转移的冲动比较明显。在此次战略研讨会上，企业战略管理者首先对照企业的战略承诺对企业外部环境的变化及其影响进行了分析，一致认为外部环境的上述变化并不是根本性的，企业的战略承诺和基本战略选择都不需要做出改变。其次，企业战略管理者们认为导致企业效益没有与销售同步增长的主要原因，不是企业“跨界”不够，而是企业的公司治理、组织结构、管理机制和企业文化的改变跟不上业务组合的扩大。最后会议决定主动调低规模和效益增长的要求，加大股权多元化和管理模式的创新，为上述五个维度的转型升级，尤其是为国内营销发展提供更好的支撑。

2020年新宝电器战略管理者们所面临的情况完全超出原来的预期，百亿销售的梦想在疫情期间实现了。新宝电器在中美关系恶化，尤其是全球暴发疫情的影响下，国际市场和国内市场的销售都实现了逆势增长，预计2020年的销售额不仅可以完成95亿元的目标，而且有可能一举突破135亿元，利润总额和利润率都将达到历史新高，企业的市值在一年之内上升了300多亿元。虽然所有的战略管理者们都为企业所取得的成绩感到兴奋，但是企业积极发现和解决问题的管理导向并没有因此而改变。在2020年中期战略研讨会上，新宝电器的战略管理者们更关心的不是2021年企业绩效或者市值的增长，而是2020年全球疫情所带来的“宅经济”能够持续多久；新宝电器如何能够将高增长所暴露出来的战略问题变成企业构建和强化核心专长的战略机遇。例如，(1)在提升产能的过程中如何提高国内跨区域投资、运营和管理制造基地的能力；(2)在解决零配件供应的过程中如何提升零配件的制造能力、优化内外部采购的结构和交易机制。在这次中期战略研讨会上，新宝电器主动将2021年的销售目标调低到105亿元，从而使企业能够解决高增长带来的战略问题。

在2020年和2021年企业利润总额和销售规模达到历史新高之后，新宝电器2021—2022年的销售和利润规模分别徘徊在140亿元和10亿元左右，在全球和国内经济触底反弹的过程中，新宝电器的表现总体平稳。2022年新宝电器中期战略研讨会针对的主要问题是新宝电器如何在坚守现有承诺的前提下尽快提升产品的国际竞争力，消化过去两年固定资产投资（包括收购英国品牌摩飞）所形成的压力。会议认为新宝电器围绕小家电所实施的五大维度的开拓与协同战略是企业提升产品国际竞争力的正确选择，但是有效实施这个总体战略仍需要解决两个关键问题：第一，在疫情之后全球市场消费降级的情况下，新宝电器需要进一步提升有效实施高、中、低并举战略的能力；第二，基于疫情和中美关系恶化的影响，发达国家的客户基于供应链安全的理由，各种手段尽出，“逼迫”中国小家电企业将制造能力转出中国，新宝电器急需总结新宝电器跨区域（安徽滁州基地）和跨国（印度尼西亚合资工厂）设立制造基地的经验和教训，提高制造国际化转移的速度和运营管理能力。会议决定：第一，将推动新宝电器总部，尤其是品质、人力、采购、工程和文化管理部门对各个产品制造群甚至产品事业部放权，克服多种定位之间的对立，提升满足市场需求差异化的能力；第二，为了满足发达国家客户降低关税影响、保证供应链安全的需要和提升新宝电器全球资源利用、整合能力，新宝电器将在2023—2024 年期间以独资的方式在印度尼西亚投资设立新的小家电制造基地；第三，将借鉴跨国企业的区域事业部—产品事业部并举的矩阵式管理模式，创新跨国或者跨区域制造基地的管理模式，同时提升新宝电器制造基地的地方响应能力和产品事业部的全球整合能力。

| 学习目标 |

- 把握推动中国企业经营环境变化的主要因素。
- 掌握企业经营环境的新特征。
- 理解企业经营环境、经营目的与战略思维模式之间的关系。
- 基于企业经营环境新特征的影响理解企业战略决策的性质特点。
- 基于企业经营环境新调整的影响，掌握企业战略的性质特点。
- 基于企业经营环境新特征的影响，掌握企业战略管理的过程模型、内容体系、工作流程和基本逻辑的变化。

新宝电器战略演进的过程，其实就是围绕如何提升自己在小家电行业的国际竞争力而积极地发现问题与积极地解决问题的过程。在这个过程中，新宝电器始终坚持以不断提升人们的生活质量为使命，以品质、创新、成长、共享为核心价值观，致力于向全球市场提供最具竞争力的小型家电产品和服务。无论企业经营环境发生什么样的变化，新宝电器始终将有限的资源和精力高度集中于制造效率、创新能力、配套能力和交付能力的提升及结构、机制与文化的创新，以此支撑企业在主营产品、市场区域、竞争定位、经营方式和价值链整合五个维度不断拓展和相互强化，不断地构建、发挥和强化自己在小家电行业的核心专长。新宝电器的战略演进表明，在技术进步、全球化以及中国全面深化改革的推动下，中国企业所处的经营环境表现出越来越动态、不确定、复杂和模糊的性质特征。基于中国企业经营环境动态性、不确定性、复杂性和模糊性（以下称为“乌卡特征”）的影响，中国企业的经营目的与方式、中国企业的战略思维模式以及中国企业的战略管理实践都发生了一些值得关注的变化。作为教材的开篇，本章的主要目的首先是揭示转型期中国企业经营环境、经营目的变化，分析这些变化对中国企业战略思维模式选择带来的挑战；其次是分析转型期中国企业经营环境变化的动态性、不确定性、复杂性和模糊性，揭示“乌卡环境”对企业战略决策、企业战略以及企业战略管理性质特征的影响，从而为有效把握本教材的内容、方法和逻辑体系奠定坚实的基础。

第 1 节　企业的经营环境

在工商管理的学科体系中，企业战略管理是一个以有效应对和利用环境变化为主要目的的学科分支。企业战略管理者对经营目的与实现方式的选择，甚至是对企业战略决策、企业战略以及企业战略管理性质特点的认知都与企业所嵌入的经营环境密切相关。如果一个企业的战略管理者无法准确把握企业所嵌入的经营环境的性质特征，并且基于这种环境特征去正确地把握企业战略管理的基本概念、思维模式和逻辑体系，那么他们将在企业战略管理的起点而不是终点上输给竞争对手。

四十多年的改革开放使中国社会经济的发展取得了举世瞩目的成就。随着改革开放的深入，中国企业所处的经营环境，尤其是制度环境逐步与国际接轨；中国企业的经营环境不仅受到本国环境因素变化的影响，同时也受到其他国家和地区经营环境变化，甚至是全球化因素的影响；中国企业所面临的竞争不仅来自本国企业，而且来自其他国家的企业，尤其是跨国企业。有效把握中国企业经营环境的性质特征，首先要求中国企业战略管理者具有全球化思维，认清全球企业经营环境的共性特征及其影响；其次需要具有本土化智慧，认清转型期中国企业经营环境具有中国特有的情境特征及其影响；最后还需要理解和把握上述两种环境特征的交互作用对企业战略思维和战略管理的影响。

一、推动经营环境变化的主要因素

科技进步以及科技进步推动下的全球化一直都是全球所有企业经营环境变化的主要驱动力。深刻地把握上述两种力量的相互作用及其对全球社会和经济发展广泛和深入的影响，有利于中国企业战略管理者站在全球化的高度对企业经营环境的性质特征和变化趋势做出准确的分析和判断。

1. 科技进步一直在加速全球化的进程

从企业外部环境的变化来看，现代科技，包括交通、通信、信息技术的不断进步使得世界各国人们的交往、了解和相互认同日益增加，国家、民族和文化之间的差异、隔阂和对立不断地弱化，从而为市场、企业、经济以及整个社会各个方面的全球化创造了越来越有利的客观条件。从企业内部环境的变化来看，现代科技，包括交通、通信、信息技术，甚至管理技术的不断进步，为企业实施跨国家、跨区域开拓和整合采购、营销、制造、研发等经营活动提供越来越强大的资源和能力支撑。

在这个过程中，发达国家的企业利用科技进步、全球化趋势和本国特定优势，首先实现了从多国化战略向全球化战略的转变，进而实现了从全球化战略向跨国化战略的转变，发展出一大批能够有效实现全球市场参与、全球资源整合和全球竞争互动的跨国企业。发展中国家的先进企业则利用科技进步的扩散效益、全球产业分工以及本国特定优势，首先实现了从“请进来”到“走出去”的转变，进而实现了从“借船出海”“造船出海”到“买船出海”的转变，企业和国家竞争力都得到了迅速提升。在科技进步和全球化趋势的影响下，发达国家与发展中国家企业的竞争与合作正在重构全球价值创造体系，双方都意识到对方已经成为这个体系中不可或缺的组成部分或者利益相关者。

在这个过程中，发达国家和发展中国家的政府对待全球化的态度先后经历了两个阶段的变化。在第一阶段，发达国家的政府认为科技进步所带来的全球化趋势将对发展本国经济有利，希望借助本国的硬实力和软实力去“逼迫”发展中国家开放市场与资源，帮助本国企业开拓全球市场和利用全球资源。发展中国家的政府则认为发达国家所推动的全球化，本质上还是一种经济掠夺和文化侵略，甚至会影响本国的社会稳定和国家独立，因此纷纷以贸易保护主义措施对抗经济全球化的影响。在第二阶段，发达国家和发展中国家政府对全球化的认识和应对方式都发生了根本性改变。首先，发达国家的政府越来越清楚地意识到有效把握全球化的机遇需要得到发展中国家政府的支持，于是大力推动技术转移、对外投资，甚至开放本国市场；发展中国家政府也认为全球化所带来的国际分工、技术转移和直接投资等对本国的影响利大于弊，纷纷实施了对外开放和对内体制改革。其次，发达国家和发展中国家的政府都意识到有效解决全球化所面临的货物与服务贸易、金融、环境、资源问题，需要推动全球各个国家之间在更高层次上的单边和多边合作，因此各种国际合作组织越来越多，覆盖的领域越来越广泛；各种国际合作组织所制定的规则越来越多，规则的约束力不断增强。全球化的强度、广度、速度和深度迅速提升，对全球企业的经营环境都产生了广泛和持续的影响。

尽管在某个特定历史阶段单边或多边的贸易冲突或纠纷会引发贸易保护主义或反全球化运动，例如英国脱欧和中美贸易纠纷，有可能导致国际关系、国际经济体系发生一些“破坏性调整”，但是科技进步及其所带来的全球化趋势很难在根本上发生逆转，把握科技进步和全球化趋势的影响仍然是企业经营环境分析中需要特别关注的方面。

2. 全球化进一步加快了科技进步

第二次世界大战以后，特别是20世纪80年代以后，以贸易和投资全球化为主要内容的经济全球化快速发展，推动了全球生产技术的进步和相关技术的迅速转移，使国际产业分工形式实现了从传统产业间和产业内分工转向以产品价值链为主导的分工。国际分工的变化推动了产业和产品价值增值环节的国际梯度转移，在这个过程中发达国家逐步将失去了比较优势的产业或者价值增值环节转移到发展中国家，而发达国家的跨国公司则实施“保留核心而外包其余”的全球化战略。这种战略一方面转移了产品价值增值环节，尤其是劳动密集型环节向发展中国家的转移，另一方面则导致发达国家国内产业结构“空心化”现象越来越明显。

2008年爆发的美国金融危机使发达国家意识到，发达国家实体经济的相对萎缩和整个经济对金融的过度依赖是金融危机爆发的主要原因。发达国家开始更加重视和强调实体经济的基础地位和战略意义，纷纷出台一系列以振兴制造业为主要内容的产业政策。受金融危机波及的发展中国家则发现自己原有的粗放增长方式开始面临越来越严重的市场、环境和资源制约，纷纷开始推动经济转型升级和产业结构的调整。尽管金融危机已经过去多年，但是全球经济仍然处于低迷状态。世界各国都意识到全球经济真正摆脱危机和迎来新一轮的高增长必须依靠科技创新和产业创新，于是纷纷提高了对科技创新和产业创新的投入，希望借此推动新一轮的技术革命和产业调整。在这个过程中，发达国家开始重新调整实体经济发展方向，寻求在新一轮工业技术革命的突破中，抢占全球产业制高点，谋取国际竞争的新优势。发展中国家则期盼在新一轮经济调整中，利用本国特定优势，尤其是市场优势，实现“弯道超车”和产业转型升级，其中部分发展中国家已经开始在某些战略性新兴产业领域率先实现突破，抢占了一些产业的技术制高点。

在科技进步和全球化的共同推动下，新一轮工业革命蓄势待发，全球产业发展呈现出以下明显的趋势：（1）产业的高端化趋势。金融危机所引发的全球产业竞争加速了科技和产业创新，全球主要国家，包括部分发展中国家纷纷选择了科技含量高、附加值高和产出效益高的高端化技术路线，明确了自己重点发展的战略性新兴产业，希望通过积极的产业政策，谋求在全球产业结构调整和分工新格局中占据有利地位。（2）产业的绿色化趋势。基于上一轮工业革命和全球化所带来的生态环境不断恶化的问题，绿色发展、低碳经济、节能环保和生态保护成为世界各国共同关注的问题和全球产业升级的新机遇。发达国家纷纷制定绿色新政，并且利用全球经济合作组织所制定的各种规则向全球推广，促使世界各国在选择战略性新兴产业的过程中都将节能环保作为重点关注的领域。（3）产业边界的模糊化趋势。在全球化推动下科技创新和产业创新所依靠的不是单一学科或者技术的发展，而是多学科和多技术领域的相互交叉和深度融合，因此这些科技和产业创新将进一步推动不同产业间的延伸融合和同一产业内部的重组融合，使产业边界，包括三大产业之间和各个具体行业之间的边界越来越模糊。另外，各个国家在大力布局和发展战略性新兴产业的同时，也纷纷以科技和产业创新为依托，利用新技术和新商业模式改造传统产业的发展模式、制造方式、竞争规则和分工体系等，从而导致传统产业与新兴产业之间的界限也越来越模糊。（4）产业分工的复杂化趋势。全球经济深度调整所推动的科技创新使新一代信息技术和智能制造技术深度融合，正在迅速地重塑国家之间的比较优势和全球产业分工的格局。高端制造业将减缓或者不再向发展中国家转移，甚至部分将会回流发达国家，原本保留在发达国家的支撑智能制造的高端服务业在价值分配体系中将变得更加重要。这个趋势将在多大程度和范围上强化主要取决于发展中国家能够在多大程度上实现制造业的转型升级以及制造业与服务业的深度融合。

二、经营环境变化的主要特点

由于科技进步与经济全球化速度明显加快，新技术、新行业、新商业模式层出不穷，国家、区域和企业之间围绕新技术、新行业、新商业模式展开的竞争日趋激烈，导致当今企业所嵌入的经营环境正在步入所谓的“乌卡特征”（VUCA）的时代，即企业经营环境变化越来越具有动态性（volatility）、不确定性（uncertainty）、复杂性（complexity）和模糊性（ambiguity）的特征。这些经营环境新特征各有侧重和相互重叠，基本上能够反映当前全球企业所处经营环境变化的主要和基本趋势。

1. 动态性

企业经营环境变化的动态性通常指：（1）企业经营环境变化的速度、幅度和广度明显提高；（2）企业之间竞争互动的速度、范围和水平明显提升；（3）速度和创新成为企业竞争优势和效益增长的主要来源。随着科技进步与经济全球化影响的不断深入，企业经营环境变化动态性的提升已经或将会在很大程度上动摇甚至逆转企业竞争优势存在的条件；竞争互动，尤其是多产品与多区域之间的竞争将导致竞争优势被抑制、模仿、学习；企业对创新和速度的关注将加快竞争规则的改变和核心专长的重塑。受经营环境变化动态性的影响，优势产业和企业的更替更加频繁。在2000年的《财富》世界500强中，美国企业有179家、日本企业有107家，中国企业只有10家；在2023年的《财富》世界500强中，美国和日本企业分别占136和41家，而中国企业是142家。在2000年的《财富》世界500强中，银行业有64家企业、食品与医药行业有26家企业、炼油行业有 26 家企业、车辆与零配件行业有 25 家企业，前四大行业占总数的 28.2%；在 2023 年的《财富》世界 500 强中，银行业有 42 家企业，车辆与零配件行业有 34 家企业，炼油行业有 32 家企业、金属产品行业有 24 家企业，前四大行业占总数的 26.4%。

2. 不确定性

经营环境的不确定性通常指环境变化的方向、趋势、速度与结果难以预料和把握的程度越来越高。在经济全球化的总体趋势影响下，贸易保护主义的倾向随时都有可能出现；在经济快速发展的总体趋势下，全球性或者区域性金融危机时有发生；技术进步日益加快，新技术、新行业、新商业模式层出不穷，企业越来越不确定这些新技术、新行业和新商业模式将在什么时间、以什么方式和在多大程度上影响企业的未来；在经济转型的过程中，改革的进程时快时慢，政府的调控时强时弱，优惠政策时有时无。企业战略管理者要想准确预测未来 5 年或 10 年经营环境的变化趋势越来越困难。即使不考虑企业经营环境动态性的变化，经营环境变化的不确定性增加，也会极大地提升企业战略管理者预测经营环境变化趋势、竞争对手反应行为的难度。

3. 复杂性

经营环境的复杂性通常指影响企业行为的环境因素越来越多，而且这些因素之间关系越来越错综复杂。在经济全球化趋势的影响下，无论是发达国家的企业还是发展中国家的企业，都将同时受到国内和国际两个不同层面的外部环境因素影响，都需要同时适应两种不同的制度体系和行为规范的管制，都同时在与国际和国内两种竞争对手展开竞争。企业所面对的不同层次的外部环境、制度体系、行为规范，甚至竞争规则存在巨大差异，甚至相互矛盾，将会给企业战略管理者的战略决策带来巨大的挑战。例如，2018 年爆发的中美贸易纠纷，尤其是美国政府对华为等公司制裁，给华为等公司及其供应链上游和下游所有的企业的正常运营甚至生存带来了极大的困难。从目前的情况来看，科技进步和经济全球化所导致的企业经营环境的复杂性，使企业战略管理者所面临的决策明显呈现出多情境、多因素和多周期叠加的特点，这种特点的战略决策直接挑战了企业战略管理者的理性水平。

4. 模糊性

与环境复杂性高度相关的另一个环境特征就是环境的模糊性。环境的模糊性通常指环境中影响企业行为的各种因素、影响机制和路径越来越难以厘清。技术进步与经济全球化对环境模糊性的影响主要表现在三个方面：（1）原来清楚的行业边界、市场边界变得越来越模糊，以至于企业战略管理者越来越难以准确地界定谁是自己的竞争对手，越来越担心其他行业或者国家的企业突然带来巨大的威胁。（2）原来清晰的国家或者区域边界正在逐步弱化，以至于企业战略管理者越来越难以准确地界定自己“外部”的边界，因为一个国家发生的某种变化，如一个国家的主权债务危机，很有可能迅速地影响到另一个或者多个本来不相关的国家，甚至演化为地区性或者全球性的金融危机。（3）原来划分和界定清楚的外部环境因素正在变得越来越难以区分，原本属于文化、经济因素的事件很有可能迅速转变为政治法律事件。

三、中国企业经营环境的情境特征

1978 年党的十一届三中全会以来，中国政府一直致力于通过对外开放和对内改革，利用技术进步和经济全球化所带来的发展机遇，使中国社会经济得以高速发展，一举成为全球最成功的经济转型国家之一。2020 年，中国国内生产总值突破 100 万亿元人民币；“十三五”期间 5 575 万人实现脱贫；2023 年，中国国内生产总值超过 126 万亿元人民币，中国的经济实力、科技实力、综合国力跃上新的大台阶，中华民族伟大复兴向前迈出了新的一大步，社会主义中国以更加雄伟的身姿屹立于世界东方。通过对外开放和经济体制改革，中国经济已经融入全球经济体系，中国企业经营环境明显表现出全球企业共享的“乌卡特征”。但是，相对于成熟的市场经济国家和其他转型经济国家，中国企业所处环境还表现出本国所特有的一些情境特征，这些国家特定特征与全球共性特征的互动和叠加导致中国企业所处经营环境相对更加动态、不确定、复杂和模糊。中国企业战略管理者在分析和掌握战略决策、企业战略和战略管理性质与特点的过程中必须考虑中国特有的制度环境及其影响。

战略聚焦 1－1　国内外专家论经营环境

中国是一个特殊的转型经济国家。从转型的内容来看，中国的体制改革和对外开放主要在经济层面，包括从农业社会向工业社会的发展转型和从计划经济向市场经济的经济体制转型。从转型的方式来看，中国的对外开放与体制改革采取了渐进、放权和实验的方式。事实证明，中国对转型内容和路径的选择非常成功，既保证了国家统一和稳定，又实现了中国经济社会的高速和全面发展。现在中国已经基本上完成了从农业社会向工业社会的经济发展转型，但是经济体制转型仍然在推进之中。面对经济全球化，尤其是金融危机后世界各国围绕提升国际竞争力而展开的激烈竞争，曾经造就中国经济快速发展的经营环境与增长方式，已经不能够完全满足进一步提升中国企业国际竞争力的需要。党的十八届三中全会决定进一步扩大改革的范围和加大改革的力度，决心通过全面深化改革构建统一、高效、公平和有序的社会主义市场经济体系，让市场而不是政府在重要资源的配置中发挥决定性作用。《中共中央关于制定国民经济和社会发展第十四个五年规划和二〇三五年目标的建议》提出改革开放的新目标是：“社会主义市场经济体制更加完善，高标准市场体系基本建成，市场主体更加充满活力，产权制度改革和要素市场化配置改革取得重大进展，公平竞争制度更加健全，更高水平开放型经济新体制基本形成。”这些目标的提出间接地印证了国内外学者关于中国企业经营环境情境特征的描述，即中国企业所处的经营环境仍然具有转型经济、新兴市场以及由此衍生的一些更为具体、独特的情境特征。

为了保证国家的独立和政治上的稳定，首先，中国的经济体制转型采取了渐进式，而不是爆炸式或者休克式，这就在根本上决定了中国经济转型的过程相对比较缓慢。其次，中国的经济体制转型采取的是放权式，而不是集权式，在保证政治体制稳定的前提下，中国政府设计了一套通过对地方放权推动改革和经济发展的特殊机制，包括干部任免制、GDP 考核制和放权搞活等。最后，中国的经济体制转型采取的是实验式而不是整体推进式，通过差异化的制度创新和制度安排，让某些地区、行业、企业的改革开放先行一步，再根据制度创新结果决定是否在更大范围推广和使用。中国改革在内容和方式上的特殊性决定了中国企业在经营环境上具有独特的情境特征：（1）差异化的制度安排与多重制度环境；（2）区域竞争和地方保护造成的国内市场分割。这些独特的情境特征或者制度安排既成为中国经济高速发展的核心机制，又在根本上导致中国经济增长方式相对粗放，为新阶段中国经济的进一步发展带来了市场、资源和环境的制约。

受上述情境特征的影响，中国企业经营环境，特别是制度环境变化的动态性和不确定性相对更高，从而为有效实施企业战略管理，尤其是构建、发挥和强化竞争优势带来了特殊的困难。具体表现在：（1）从企业所处的宏观外部环境看，渐进式、放权式和实验式的经济转型使中国企业的经营环境，尤其是制度环境处于高频率和高不确定性的变化中，因为经济转型本质上就是一种制度重构。（2）从企业之间的竞争互动看，转型经济、新兴市场、多重制度和国内市场分割等情境特征，促进企业良序竞争所需要的统一、高效、公平、有序的市场环境尚待进一步完善，无序竞争导致劣币驱除良币的现象时有发生。事实上，不同所有制、隶属关系、行业、区域的部分企业可以利用不同的制度红利，享受不同的政策优惠，甚至受到不同程度的保护，而优势企业的竞争优势既难以保持，又难以有效发挥和强化。（3）从企业动力学的角度看，在上述两种环境因素及其互动下，创新的确已经成为绝大多数中国企业赢利的主要来源。但是，在统一、高效、公平和有序的市场环境尚未构建起来的情况下，绝大多数中国企业都不同程度地存在着动力不足、投入不大和水平不高的问题。

受上述情境特征的影响，中国企业经营环境，特别是制度环境复杂性和模糊性也相对更高，从而为有效实施企业战略管理，尤其是有效地构建、发挥和强化核心专长带来了特殊的困难。具体表现在：（1）受“转型经济”特征的影响，中国企业的战略选择并不是完全取决于市场，很多情况下还要取决于政府及其制度的影响，因为政府在重要资源的配置上仍然发挥着关键作用。（2）受“新兴市场”特征的影响，相当一部分中国企业仍然难以选择和坚持以资源为基础的战略思维模式，因为这些企业发现它们仍然能够在不具备资源能力优势的前提下，利用信息不对称、市场不完善和制度不健全持续获得高于社会平均水平的收益。（3）受多重制度特征的影响，中国企业在市场中的相对公平竞争需要进一步改进，不同所有制、行业、区域的企业在制度安排和执行制度力度方面可能存在着巨大的差异性，这在很大程度上制约了企业构建、发挥和强化核心专长的积极性。（4）受国内市场分割特征的影响，中国企业在利用、开拓和整合国内市场的过程中仍然面临着统一、效率、公平和秩序方面的制约，仍需要进一步利用中国国内巨大市场的规模优势构建、发挥和强化核心专长。

从20世纪80年代开始，企业，尤其是西方发达国家企业经营环境的“乌卡特征”就已经日益显现，对以理性主义流派为代表的企业战略理论提出了越来越严峻的挑战，对传统企业战略管理理论的存在基础产生了越来越大的威胁。从那个时候开始，企业战略管理的非理性主义流派将认知心理学、政治学、社会学方面的理论成果引入企业战略管理领域，并且研究企业经营环境性质特点的上述变化对企业战略管理学科的影响，补充和完善了关于战略决策、企业战略以及企业战略管理性质和特点的认识。考虑到中国企业经营环境“乌卡特征”表现得更为特殊和典型，我们将在有效整合理性主义和非理性主义两大流派相关理论贡献的基础上，揭示企业经营环境性质特征的新变化（即越来越动态、不确定、复杂和模糊）对企业战略管理的核心概念、基本过程以及内容、方法和逻辑体系的影响。

第 2 节　企业经营目的与战略思维模式

在技术进步、全球化和中国所进行的全面深化改革的驱动下，中国企业经营环境的变化不仅体现在企业经营环境性质特点上所表现出的“乌卡特征”上，而且反映在企业利益相关者的结构关系及其对企业的需求方面。这些变化导致企业战略管理者在明确企业经营目的和选择合适的战略思维模式上面临着更加严峻的挑战。

一、企业的经营目的

如果说企业的经营环境就是指存在于企业内部和外部，并且能够影响企业持续和健康发展的各种因素的集合，那么能够产生或影响这些因素的团体就被称为企业的利益相关者。任何一个企业的持续存在和健康发展都必须以有效和有效率的方式获取输入、进行加工和实现输出，并且最大限度地创造附加的价值。为此，企业就必须以利益相关者理解和认同的方式，动态和持续地满足存在于输入端、加工端和输出端的各种利益相关者的利益要求。在市场经济发展的初期阶段，绝大多数国家的企业都将股东作为企业最为关键的利益相关者，并且因此将股东利益的最大化作为企业经营的根本目的。但是，随着市场经济的逐步完善和成熟，西方发达国家的企业开始将股东以外的其他团体纳入到企业利益相关者的范畴之中，以爱德华·弗里曼为代表的一批经济学的学者在 20 世纪 80 年代中期提出了一个企业利益相关者分析框架，其目的是帮助企业战略管理者通过有效的利益相关者分析和管理来不断发现新的战略方向或创造新的战略机会（详见图 1 - 1）。按照这个企业利益相关者分析框架或者方法，利益相关者利益最大化已经成为企业经营的根本目的，而企业战略管理者所制定和实施的战略必须满足所有企业利益相关者的要求。在这个过程中，企业战略管理者的中心任务就是通过协同和整合股东与其他利益相关者的利益关系，确保企业长期、健康发展。与西方发达国家相比较，发展中国家，特别是中国，虽然在对外开放和发展市场经济方面起步比较晚，但是在技术进步、全球化和社会经济发展水平迅速提升的共同作用下，在对企业经营目的的要求方面迅速拉近了与西方发达国家的距离。嵌入在这种经营环境之中，中国企业战略管理者必须站在全球化的高度，考虑未来中国经济社会持续和健康发展的需要，从以下两个方面更新企业对利益相关者之间的结构关系和利益需求的认知，为企业树立正确的经营目的。

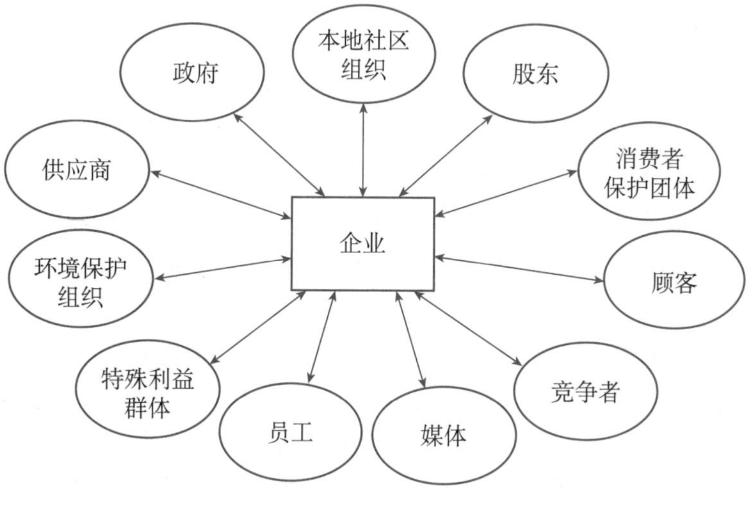

图 1－1　典型的企业利益相关者分析框架

资料来源：Freeman R E. Strategic Management：A Stakeholder Approach. Boston：Pitmen，1984：25.

（1）无论是在发达国家还是发展中国家，在市场经济发展的初期阶段，企业的出资者或者股东都被认为是企业最为重要的利益相关者，而其他的利益相关者则是企业为了实现股东利益最大化而存在的。无论是从特定国家的制度安排，还是绝大多数企业的实际选择来看，股东利益最大化在相当长的时期内都被视为企业经营的目的。随着市场经济的不断完善和企业的不断发展，企业利益相关者不仅在数量上不断增加，例如企业所在的社区、环境保护组织，甚至新闻媒体等都被视为企业的利益相关者，而且企业利益相关者的结构关系不断发生变化，例如企业的客户、债权人、供应商、员工等变得越来越重要。随着市场经济的逐步完善，尤其是相关法律法规的完善，企业利益相关者的权益受到了越来越严格的保护，从而使越来越多的企业将满足企业利益相关者的需求作为满足股东利益需求的前提条件。现在无论是在发达国家还是在发展中国家，越来越多的企业都已经按照制度的要求或者对自身健康发展的考虑，将企业利益相关者利益最大化作为企业的经营目的。

（2）无论是在发达国家还是发展中国家，在市场经济发展的初期，企业对利益相关者需求的理解主要是经济学意义上的，或者说所关注的主要是利益相关者经济需求的满足。在科技进步和经济全球化的影响下，企业参与全球市场、资源整合和竞争互动的能力越来越强，企业对社会的影响，尤其是对环境、资源的影响越来越广泛和深远。因此，无论是学术界、社会组织和政府都越来越强烈地要求企业战略管理者在制定战略的过程中不能够只关注企业的直接利益相关者，还需要关注企业的间接利益相关者；不能只从经济学，还需要从社会学、伦理学意义上理解企业利益相关者的需求，或者说还需要满足企业利益相关者的社会和伦理需求。在技术进步和全球化的影响下，承担社会责任和遵守商业道德已经不再是某些成功企业才需要的附加性“奢华”或者高级公关手段，而是一种普遍性的制度要求；不再是企业被动适应环境变化的策略手段，而是企业积极影响或者利用环境变化的战略选择；不再是企业防控经济损失的一种“保险”措施，而是企业经营目的和战略核心内容的一部分。

二、企业经营目的的实现方式

基于对企业经营环境变化趋势的把握以及对企业利益相关者需求的理解，越来越多的企业将企业的经营目的概括为：在遵守法律和商业道德的前提下，通过满足特定的顾客需要而实现利益相关者利益的最大化，并且对社会的可持续发展承担必要的社会责任。由此可见，嵌入在“乌卡特征”越来越明显的经营环境之中，越来越多的企业不仅关注选择正确的经营目的，更关注如何为选择正确的方式去实现企业的经营目的设置前置的条件。

第一，无论企业所处的经营环境“乌卡特征”表现得多么明显，企业实现其经营目的的所有行为都应该符合企业的社会责任和商业道德的要求。在适用于企业的众多社会责任和商业道德要求中，有一部分的社会责任和商业道德是强制性的，已经成为特定的国家或者区域的法律制度或者道德行为准则。企业实现其经营目的的行为必须以符合这些法律制度或者道德行为准则为前提，否则将会面临法律诉讼、经济惩罚和社会舆论的谴责，甚至有可能失去存在的合法性。在适用于企业的众多社会责任和商业道德要求中，有一部分社会责任和商业道德是规范性或者认知性的，企业实现其经营目的的行为是否需要符合这部分社会责任和商业道德的要求取决于这些行为所带来的规范性或者认知性合法收益是否有利于企业实现利益相关者利益最大化的经营目的。这也是绝大多数企业愿意承诺为企业的可持续发展而承担更多社会责任或者履行更高商业道理准则的原因。从目前的情况看，企业基于自愿原则所承诺的社会责任行为主要包括以下五个方面的内容：(1) 保证企业的运营行为是值得尊重和符合道德的；(2) 支持慈善，参与社会服务，改善居民的生活质量；(3) 保护和支持环境保护行动；(4) 提高员工福利，使公司成为伟大的工作场所；(5) 支持公平和多元化的就业。

第二，无论企业所处的经营环境“乌卡特征”表现得多么明显，实现企业的经营目的的基本前提是必须能够满足特定顾客的需求。随着技术进步、全球化和全面深化改革，企业的利益相关者在不断增加，而且对企业的需求越来越动态、不确定、复杂和模糊，从而对企业战略管理者协同和整合股东与其他利益相关者的利益关系提出了更高的要求。虽然企业的各利益相关者的利益要求之间也存在着差异，甚至对立，但是绝大多数企业选择了以市场为导向，以满足特定顾客的需求为切入点，以具有竞争力的品质和服务提升顾客满意度。这些企业越来越深刻地认识到只有顾客满意了，企业的其他利益相关者的利益才可能得到满足，因此在陈述企业宗旨时都将满足特定顾客的需求作为企业存在的理由，并且将顾客作为最为关键的利益相关团体。

第三，无论企业所处的经营环境“乌卡特征”表现得多么明显，企业必须在不断满足特定顾客需求的前提下，通过企业经济效益的持续和健康增长，实现利益相关者的利益最大化。为此，越来越多的企业为实现有质量的增长提出了越来越多的限制条件，包括企业规模的增长必须以更高的效益增长为前提；企业效益的增长必须以每股收益的更大增长为前提；企业规模和效益的增长不能够以恶化经营风险（例如盲目进入自己不熟悉的行业）和财务风险为代价（例如盲目恶化资本结构）；企业规模和效益的增长不能以经营性现金流为代价等。在这些限制条件的约束下，越来越多的企业开始实施增长方式的转型，将企业的战略重点从以把握外部增长机会为主转向以构建核心专长为主。

三、企业的战略思维模式

技术进步、全球化以及中国正在进行的全面深化改革对企业选择正确的经营目的以及实现经营目的的方式提出了越来越高的要求。为了能够以符合社会责任和商业道德的方式实现企业利益相关者利益最大化，企业战略管理者必须寻找和坚持一种能够正确地主导企业战略管理的一系列战略决策的战略思维模式，以确保企业能够通过一系列具有连续性、一致性和创新性的战略决策或者行动，持续和健康地获得高于社会平均水平的收益。企业的战略思维模式主要源于企业战略管理者对如何才能持续获得高于社会平均水平收益的认知，并且由此形成了制定企业战略决策的基本导向、程序和方法。随着企业经营环境“乌卡特征”越来越明显，企业战略思维模式的作用不降反升，因为选择和坚持正确的战略思维模式有利于以更有效和更有效率的方式去适应和利用经营环境的变化，并且在一系列战略决策中保持连续性、一致性和创新性。

企业如何才能持续获得高于社会平均水平的收益，一直是企业战略管理关注的核心问题。在企业战略管理理论发展的历史上，来自产业经济学、企业经济学和制度经济学三个不同学科的相关研究对这个问题得出了三种不同的研究结论，并且概括出三种既相互对立又相互补充的战略思维模式。其中，产业组织模式（industrial organization model）和资源基础模式（resource-based model）得到了普遍认同和广泛应用，而制度基础模式则正在兴起，能否与前两种思维模式相提并论有待有序的研究（参见战略聚焦 1 - 2）。

1. 产业组织模式

在企业经营环境相对静态、确定、简单和清晰的情况下，一部分西方学者认为企业能否持续稳定获得高于行业平均水平的收益主要受企业外部环境的影响，特别是企业所处行业平均收益率的影响，也就是说由于各个行业的平均收益率之间存在着稳定的差异，因此行业选择成为企业能否获得高于社会平均水平收益的关键。迈克尔·波特对美国 30 个行业平均收益率的研究证实了上述假设，提出了行业竞争结构分析模型，从而对企业选择高收益行业提供了重要的理论工具。波特的行业竞争理论以及所提出的行业竞争结构分析模型在企业战略理论的发展和企业实践方面形成了广泛和长期的影响，在此基础上形成的产业组织模式在相当长的时期内主导了绝大多数企业战略选择和制定的过程逻辑。按照波特的理论贡献，特别是产业组织模式的逻辑，如果一个企业能够适应外部环境变化，尤其是能够选择一个具有高盈利潜力的行业，甚至在这个行业中占据有利的位置，那么这个企业有可能持续获得高于社会平均水平的收益。在这种战略思维模式的指导下，企业战略决策的基本逻辑步骤应该是：（1）外部环境分析，主要目的是判断外部环境机会与威胁，以便决定企业是否应该选择更加积极的增长战略。（2）行业竞争结构分析，主要目的就是寻找行业吸引力大和持续盈利水平高的行业。（3）制定企业战略，主要目的是根据对外部环境和行业竞争结构分析，做出行业进入决策，并且选择合适的基本定位战略。（4）获取所需资源和能力，主要目的是根据企业战略的需要获取和整合企业内部和外部的资源与能力。（5）实施企业战略，通过有效实施战略获得高于社会平均水平的收益。（参见图 1 - 2。）产业组织模式曾经是长时期主导企业战略制定的一种思维模式，但是这种战略思维模式容易导致企业战略管理者形成以机会为基础的战略导向，落入高度业务多元化的陷阱，并且被证明并不适应高度动态、不确定、复杂和模糊的经营环境。

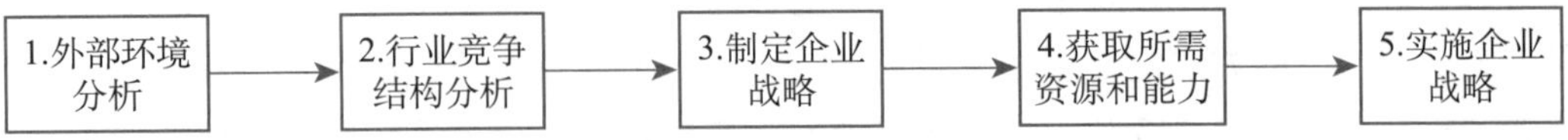

图 1－2　战略决策基本逻辑步骤：产业组织模式

2. 资源基础模式

以伊迪丝 · 彭罗斯（Edith Penrose）为代表的学者针对相同行业企业收益率之间存在着稳定差异的现象进行了跟踪研究。研究发现，造成这种现象的根本原因在于企业之间存在资源异质性，这种异质性资源不仅具有价值创造力，更重要的是具有难以模仿和不可替代性。伊迪丝 · 彭罗斯将这种异质性资源称为组织性资源。随着企业经营环境动态、不确定、复杂和模糊化趋势越来越明显，在连续经历二三十年的不相关多元化发展的高潮之后，产业组织模式的局限性逐步显现出来，由此引发了对支持这种战略的产业组织模式的各种质疑，而伊迪丝 · 彭罗斯等学者的研究发现终于得到了重视。以伊迪丝 · 彭罗斯等学者的研究成果为基础，企业战略管理学者认为企业资源和能力的异质性或者竞争优势才是企业能够持续获得高于社会平均收益的根本，由此形成了企业战略思维的资源基础模式。在这种战略思维模式的指导下，企业战略决策的基本逻辑步骤是：（1）内部环境分析，主要目的是把握企业内可以整合或者利用的资源和能力状况；（2）核心专长分析，主要目的是判断企业是否具有或者应该具有的核心专长；（3）外部环境分析，主要是分析和寻找适合构建和发挥核心专长的行业；（4）制定企业战略，主要是基于所选行业的特点，制定有利于构建和发挥核心专长的战略；（5）实施企业战略，通过实施战略获得高于行业平均水平的收益。参见图 1－3。从 20 世纪 80 年代后期开始，资源基础模式开始逐步代替产业组织模式而成为企业战略制定的主流思维模式。

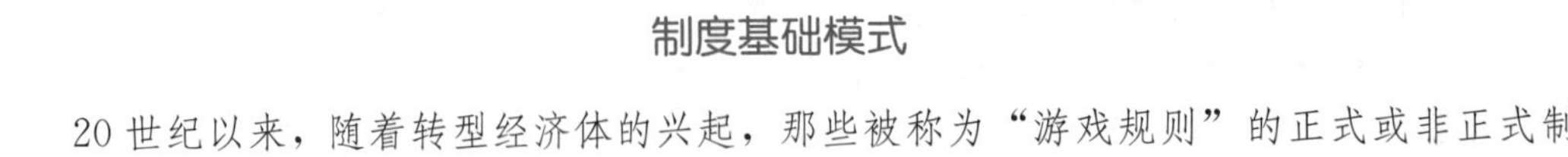

图 1－3　战略决策基本逻辑步骤：资源基础模式

战略聚焦 1－2

制度基础模式

20 世纪以来，随着转型经济体的兴起，那些被称为“游戏规则”的正式或非正式制度，与企业等组织的互动，对战略的形成和绩效的变化具有显著的影响。这种制度基础模式（institution-based view）被特别强调，并被当作现代战略管理的“第三只脚”。

与产业组织模式所强调的产业条件驱动、资源基础模式所强调的企业拥有的异质性资源驱动不同，制度基础模式强调，战略选择受到特殊制度框架下正式和非正式制度因素的影响；制度不仅被视为影响企业选择和行动的外生变量，而且可以被视为影响制定战略至关重要的内生变量，企业外部的制度环境可以通过企业内部的制度安排决定企业的战略选择。

制度是“规制、规范和认知的结构与活动，为社会行为提供了稳定性和意义”，这些正式和非正式的制度要素为社会行为参与者提供了认知框架、标准化指导、规则和约束条件。在此基础上，斯科特（Scott）提出了制度的三大支柱：（1）规制支柱（regulative pillar），强调政府核准的正式规则系统和强制实施机制；（2）规范支柱（normativc pillar），强调定义合法的方式来追求价值；（3）认知支柱（cognitive pillar），聚焦强加于社会参与者的或者其内化的理所当然的信念和价值观。

制度基础模式认为，经济行为的选择不但受技术、信息和新古典经济模型强调的收入限制等因素影响，还受包括准则、习惯、风俗等制度要素的影响，制度要素通过什么行为是可以接受的、什么行为是不可以接受的信号影响个人的决定，进而影响组织的战略与行为。

2000 年，彭维刚和陆亚东在总结相关研究成果的基础上，归纳出制度、组织与战略选择之间的关系（见图 1-4）。制度和组织之间存在着动态的交互作用，制度对组织有影响，反过来组织对制度也有作用。通过正式和非正式制度的约束，制度同组织所在产业的状况和组织拥有的资源一起影响着组织战略的选择。战略选择是制度和组织交互作用的结果。

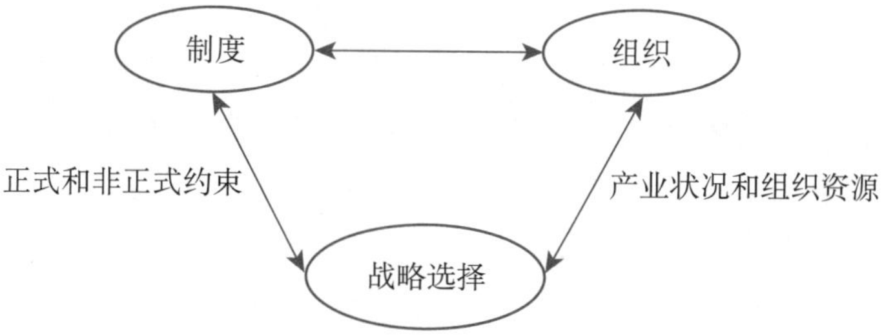

图 1-4　制度、组织与战略选择间的内生互动

资料来源：Peng & Luo. Managerial Ties and Firm Performance in a Transition Economy：The Nature of a Micro-Macro Link. Academy of Management Journal，2000，Vol. 43，No. 3，pp. 486-501.

虽然制度基础模式在战略联盟决策、创业战略决策、企业国际化战略的制定和实施、跨文化管理问题、跨国商务中的贿赂与伦理、专利、标准和产品的国际化等方面得到了相应应用，但是制度对企业战略作用的内在机制方面还有待进一步研究，同时，还需在实践中加以检验，相关理论体系仍处于不断发展和完善阶段。

大量企业战略管理实践表明：第一，从历史上看，上述三种战略思维模式产生于企业战略管理理论发展的不同阶段，并且在不同的阶段或者不同国家的制度环境下都发挥过主导作用。第二，从目前来看，上述三种战略思维模式都可以不同程度地解释为什么一个企业能够持续获得高于行业平均水平的收益，区别只在于哪种战略思维模式的解释力更强。第三，如果企业战略的制定只是一次性决策或者追求的是短期高收益，那么行业选择、制度适应和构建特定的资源能力优势都非常重要，但是如果企业战略制定是一系列战略决策或者追求长期的、健康的高收益，那么以资源为基础的战略思维模式主导

企业战略制定甚至战略管理全过程则更有可能保证企业持续地获得高于行业平均水平的收益，更好地服务于企业经营目的的实现。

相对于发展中国家来说，西方发达国家都是单一市场经济体制的国家，市场经济体制更完善，市场竞争更充分。在经历了多次不相关多元化发展的高潮之后，绝大多数企业将以资源为基础的战略思维模式作为企业主导的战略思维模式。具体来说，这些企业并不是不重视企业外部环境分析，包括行业发展或者政府优惠政策所带来的各种机会，但是它们更重视企业内部环境分析，尤其是基于企业核心专长的构建、发挥和强化去把握相关或者合适的机会。相对于西方发达国家以及一般的发展中国家来说，中国是一个在内容和方式上都非常特殊的转型经济国家，中国建立了社会主义市场经济体制，以公有制为主体、多种所有制经济共同发展，政府不仅在关键的资源配置上发挥着重要作用，而且一直致力于通过主动、积极，甚至具有行政色彩的产业政策推动特定产业、特定区域，甚至特定类型企业的发展。嵌入在这种高度动态、不确定、复杂和模糊的经营环境，特别是制度环境之中，有一些企业采取以产业组织模式和制度基础模式为主导的战略思维模式，在不同的阶段获得了高于行业平均水平的收益。但是，其中多数企业最终还是因为过度多元化或者缺乏核心专长而陷入了危机或者退出市场，其根本原因就在于过于重视政府政策，尤其是重视产业政策的企业往往会忽视市场，而过于重视外部，尤其是以机会为导向的企业往往会忽视内部竞争优势的构建与强化。还有一些企业采取以资源基础模式为主导的战略思维模式，将有限的资源与能力集中在主业核心专长的构建和强化上。虽然这些企业在特定的历史阶段也许错过了一些所谓“好”行业或者“好政策”带来的高收益，但其中大多数企业还是换来了持续和健康的发展。

嵌入在中国特有的制度环境之中，面对越来越动态、不确定、复杂和模糊的经营环境，选择和坚持以资源为基础的战略思维模式对中国企业战略管理者来说是极具挑战性的。首先，把握“好”行业或者“好政策”所带来的机会的确有可能在短期内获得高收益，拒绝这种“诱惑”很难；其次，致力于构建和发挥核心专长的企业并不一定总能获得高收益，抵制这种“干扰”并不容易。对转型期中国杰出企业的案例研究表明：（1）嵌入在转型期中国特有的经营环境，特别是制度环境之中，这些杰出企业对资源基础模式的选择和坚持主要是价值驱动而不是理性驱动；（2）这些杰出企业是在明确企业核心价值观的基础上，通过主动和积极的方式为自己寻找了一批“志同道合”的利益相关者，构建了匹配的利益相关者体系；（3）企业的核心价值观和匹配的利益相关者体系共同支撑着企业对资源基础模式的长期坚持。

第3节　企业战略的性质与类型

在技术进步、全球化和中国所进行的全面深化改革的驱动下，中国企业经营环境的“乌卡特征”更加明显，这不仅为企业战略管理者明确企业经营目的和选择合适的战略思维模式带来了更加严峻的挑战，而且为企业战略管理者进行战略决策和制定企业战略造成了更大的困难。基于企业经营环境性质特点的新变化，中国企业战略管理者全面和深刻地把握企业战略决策和企业战略的性质特点，对于其在“乌卡环境”下更有效和有效率地实施企业战略管理尤为重要。

一、战略决策的性质

无论是在东方国家还是在西方国家，“战略”的概念都是源于军事领域，并且特指军事领域中具有对抗性的重大决策。随着西方资本主义的发展和现代工业化兴起，市场竞争日趋激烈，企业之间的博弈越来越重要，“战略”概念开始逐步进入商业领域，并且在企业经营管理中得到了越来越广泛的应用。“企业战略”概念的出现和使用源自企业管理者需要对众多和繁复的各种决策加以区分，例如战略决策与经营决策、战略决策与策略决策、常规决策与非常规决策等。随着企业规模的扩大和管理复杂性的提升，企业管理者必须能够有效地区分各种决策的性质和类型，从而使不同层次的管理者能够以不同的态度和方法做出不同的决策，全面提升企业的决策能力和经营管理水平。企业战略决策与经营决策、战略决策与策略决策、常规决策与非常规决策的区分最终使企业战略管理者逐步与一般管理者区分开来，并且发展和完善成为一个独立的概念。

经过几十年的理论发展和战略实践，所谓企业战略性的决策（简称为“战略决策”）一般特指具备下列三种特征的管理决策：（1）重大、长期和根本性决策。例如，企业经营目的、核心价值观、业务范围、经营方式、竞争定位、市场范围、经营范围的调整；企业经营目标、战略方向、增长方式、重大投资和融资决策；企业的股权结构、组织结构、管理机制和高层管理团队的调整等。（2）非常规或者创新性的决策。在上述重大、长期和根本性决策中，一部分决策会因为有规可循而变成常规性经营决策，而另一部分刚刚涌现出来的决策会因为无规可循而需要企业战略管理者加以特别关注，并且在决策的方法和程序上创新。有效的企业战略管理者应该善于不断地将非常规决策变成常规决策，从而保证非常规决策的有效性和常规决策的效率。（3）针对主要竞争对手的对抗性或者博弈性决策。随着市场集中度的提高和竞争互动重要性的升级，那些基于主要或者关键竞争对手的对抗性或者博弈性的决策开始有了战略意义，而这恰恰是将战略引入商业领域的初衷。值得注意的是，什么是企业战略性的决策主要取决于企业的大小，因为所谓“小”的决策对中小企业来说也可能是战略决策，所谓“大”的决策对跨国公司来说也可能不是战略决策。

在相对静态、确定、简单和清晰的经营环境下，以理性主义流派为主导的、相对传统的企业战略管理理论是建立在以下三个假设之上的：首先，企业的经营环境是可以预测的；其次，企业战略管理者的理性决策能力是够用的；最后，企业战略管理者具有相对充分的时间、信息和理性预定企业未来的战略行动。以此为前提，在传统的企业战略管理理论中，所有企业战略决策都应该是事前、主动和理性的决策，因此企业战略决策在基本管理职能中属于“计划”的范畴。随着企业经营环境“乌卡特征”表现得越来越明显，理性主义流派的理论假设从根本上被动摇了，传统企业战略管理理论关于战略决策性质特征的看法也受到了越来越强烈的质疑。在这种情况下，基于非理性主义流派的研究成果开始受到重视。一部分战略管理学者明确提出，在企业战略管理者越来越难以准确预定企业未来战略行动的前提下，越来越多的企业不得不在战略实施过程中对企业战略决策进行事中、被动和非理性的改变，因此，事中、被动或者非理性的决策也应该被纳入企业战略决策的概念之中。嵌入在具有“乌卡特征”的经营环境之中，中国企业战略管理者需要整合上述两大流派关于企业战略决策性质的看法，及时更新对企业战略决策性质的认识。

第一，企业战略决策既包括事前决策，又包括事中决策。在传统的企业战略管理理论中，战略决策都是在战略实施阶段开始之前做出的决策。在经营环境新特征的影响下，企业战略管理者能够做出的和需要事前做出的战略决策已经逐步减少，而能够和需要在战略实施过程中做出的决策相对增加。最初企业战略学者和战略管理者并不愿意承认企业战略决策应该包括事中决策。当事前决策越来越不准确，调整的频率越来越高、幅度越来越大，调整的成本越来越高时，事中决策才被看成是一种战略决策。为了提升事中决策的有效性和效率，企业战略管理者还对事前战略决策做出了一些调整：（1）一般不再制定时间跨度过大，例如十年或者五年的企业战略，同时高度重视对中期战略的滚动调整；（2）不在中短期战略制定的过程中过分强调目标的定量化、行动具体化和执行的严格性，相反，更重视定性目标、战略的指导性和执行的恰当性；（3）容许、鼓励和授权企业战略管理者在战略实施过程中，根据环境变化和企业实际，对已经制定和正在实施的战略进行动态调整。

第二，企业战略决策既包括主动决策，又包括被动决策。在传统的企业战略管理理论中，企业战略决策都是在提前预测和分析环境变化的基础上做出的主动决策，被动或者反应性的决策不仅不是战略决策，而且被认为是企业计划能力或者执行能力低下的表现。在企业经营环境新特征的影响下，企业战略管理者能够和需要做出的主动战略决策已经逐步减少，能够和需要做出的被动或者反应性的战略决策越来越多。（1）有些外部环境的变化很难预测，需要等待变化发生以后才能做出战略决策，例如企业在有效应对疫情过程中所做出的一些战略性改变；（2）有些外部环境的变化是可以预测的，但是有效应对这种环境变化所需要的内部资源与能力只能在“干中学”，例如企业如何提升利用新营销开拓国内市场所需要的能力；（3）还有一些战略决策，尤其是对抗性或者博弈性战略决策是可以事前预测和分析的，但最终的决策还是反应性的决策，例如企业对某个对手降价竞争行动的应对。在构建和发挥核心专长的过程中，许多战略决策并不是信息充分条件下的主动决策，而是信息不充分条件下的被动决策，因此越来越多的企业战略管理学者将“乌卡环境”下的企业战略决策称为“涌现型”战略决策。在这种情况下，企业战略管理者既需要“兵来将挡，水来土掩”的战略决心和定力，又需要具备“逢山开路，遇水搭桥”的态度和应变能力。

第三，企业战略决策方法主要是理性的，但也不应排除非理性因素的作用。在传统的战略管理理论中，战略决策都是在准确预测环境变化基础上做出的经济理性决策。在经营环境变化新特征的影响下，企业战略管理者发现不考虑企业社会责任或者商业道德，单纯依靠经济理性的方法进行战略决策已经不可能。例如，一个企业可以完全出于经济理性而在转型升级中不断进入高收益的行业，但是在作出这一系列极其理性的决策之后，企业发现最终的结果可能是最不经济理性的。企业经营环境变化的新特征越来越明显地暴露了理性决策方法的局限性：（1）随着现代企业制度，特别是公司治理机制的完善，多数企业重要的战略决策已经从“一个人的决策”转变为“一组人的决策”，从而在客观上无法排除集体决策中的互动模式、利益妥协和晕轮效应等非理性因素的影响。(2) 嵌入在动态、不确定、复杂和模糊的经营环境中，决策的时间和信息有限，而速度和创新又成为关键因素，因此战略管理者的价值观、认知模式和行为模式等可以有效弥补理性决策的不足，并对战略决策产生重大影响。对于构建和发挥核心专长机制的研究表明，受经营环境新特征的影响，有效构建和发挥企业核心专长需要企业战略管理者“不理性”地坚持战略承诺；在构建一种特定关键竞争优势的过程中需要企业战略管理者“不理性”地配置资源和精力；在动态转换资源配置的过程中需要企业战略管理者“不理性”地自我否定。这些都说明相对于简单地否认非理性因素的作用，主动承认战略决策是有限理性决策，并且对影响理性决策的其他因素进行有效的管理，更有利于提高战略决策的有效性和效率。

二、企业战略决策的内容体系

随着企业经营环境“乌卡特征”的逐步显现，企业战略管理者在战略实践，尤其是构建和发挥核心专长上面临着严峻的挑战，其核心是企业战略管理者应该如何在战略制定和执行过程中有效地处理动与静、理性与非理性的矛盾。基于理性主义流派的研究成果，传统的企业战略管理理论主张企业通过事前、主动和理性地制定战略决策，编制和执行企业战略来适应和应对企业经营环境的变化，简单地说就是以理性决策达到以静制动的效果。基于非理性主义流派的研究成果，一些当代的企业战略管理学者则主张企业通过事中、被动和非理性地制定战略决策，更加动态地适应和利用环境的变化，简单地说就是以非理性决策或者有限理性决策达到“以动制动”的效果。嵌入在“乌卡环境”下，企业战略管理者在战略管理实践中所面临的实际困难是：(1) 面对企业经营环境新特征的影响，企业战略管理者究竟应该在哪些战略决策上采取以静制动，在哪些战略决策上采取“以动制动”，又在哪些战略决策上采取动静结合？(2) 在有效应对经营环境新特征影响的过程中，企业应该在哪些决策上坚持非理性或者价值选择为主，哪些战略决策上坚持理性方法为主，哪些战略决策上主要依靠博弈性决策？基于对现有文献和企业战略实践的研究，有效应对这种挑战的方法就是将企业战略决策从内容上划分为战略承诺、战略计划和战略行动三种类型，并且在此基础上构建一个企业战略决策的内容体系（见图1-5)，企业战略管理者所面临的动与静、理性与非理性的矛盾应该可以得到有效缓解。

第一，战略承诺（strategic commitment）或者价值驱动型战略决策。即使在企业经营环境新特征的影响下，企业战略决策中的宏观、长期和根本性的战略决策都必须长期坚持，例如企业的经营目的、业务范围、经营方式、市场定位、关键成功因素、关键利益相关者和愿景等，目的是要保证企业战略决策的连续性和一致性。这些战略决策将以战略愿景、战略意图、宗旨陈述等方式在企业内外进行广泛的传播，寻求企业内外利益相关者的认同、支持和监督，对企业10～20年中所有的战略决策，包括一系列与构建与发挥核心专长相关的战略决策，形成有效的指导和约束。做出和坚守这些战略决策的主要依据不是对经营环境变化的经济理性分析，而是企业的核心价值观及其经营目的、社

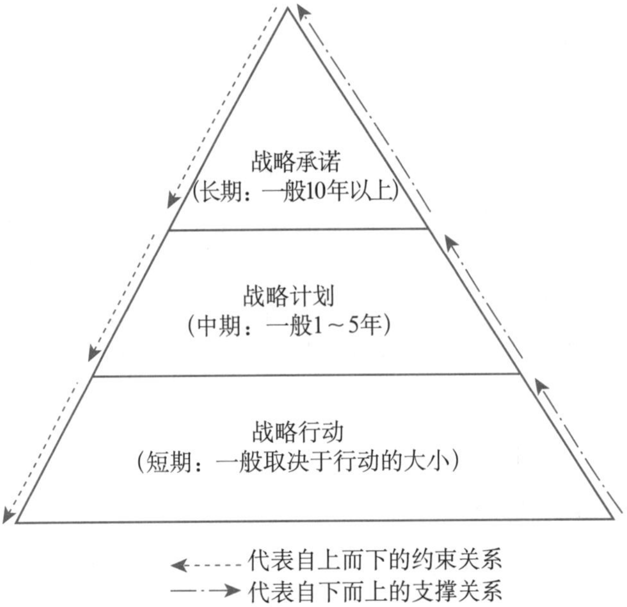

图 1－5　企业战略决策的内容体系

会责任以及商业道德的根本要求，因此也叫做价值驱动型战略决策。这些战略决策主要是企业战略管理者的事前、主动和基于价值选择的决策，主要的作用就是保证企业战略管理者能够用以静制动的方式应对经营环境的变化，因此除非企业经营环境发生重大、长期和根本性的变化，企业战略管理者不会轻易改变这些决策。企业战略管理者将这些决策作为一种承诺，对外来说，这有利于企业持续赢得内外部利益相关者的理解、认同、支持和监督；对内来说，这有利于企业在动态、不确定、复杂和模糊的环境中有效构建和发挥核心专长。无论企业经营环境“乌卡特征”如何，绝大多数企业利益相关者都认为只有专注、专业才能有效构建和发挥核心专长，才能有效地实现企业的经营目的。

第二，战略计划（strategic planning）或者理性驱动型战略决策。在企业战略决策中还有一部分战略决策是在战略承诺的约束或者指导下做出的，也是以有效实现企业战略承诺为目的的决策，这些决策不仅是事前、主动和理性的，而且将以战略计划的方式对企业各种战略行动形成指导和约束。企业战略计划通常包括以下战略决策：（1）企业应该实施增长、稳定还是防御性战略，或者三种战略综合使用；（2）企业应该实现的主要经营目标；（3）如果企业决定实施增长战略，就要在行业或者市场集中战略、行业多元化战略、国际化战略中做出选择；（4）如果企业选择通过做强一个行业实现增长的战略，就要在什么环节、构建什么优势以及采取什么方式实现增长方面做出选择；（5）如果企业选择实施高差异或者低成本战略，就要进一步决定是否需要调整目标市场、产品和服务、价值创造方式、关键竞争优势以及匹配的管理模式，以贯彻所选择的定位战略。做出和执行战略计划的主要依据不再是企业的核心价值观，而是企业对经营环境的理性分析，包括企业内外部环境分析、战略选择的收益与风险评估以及战略实施的可行性分析等，因此被称为理性驱动型战略决策。企业对战略计划的基本要求不仅是科学性，而且包括系统性和严密性，其目的是通过不同层次的目标、计划和预算之间的连续性和一致性，保证企业战略行动之间的连续性和一致性。虽然这些战略决策也会在战略实施过程中做出必要的调整，但是所有的调整都必须以理性分析为依据，并且体现出动静结合的特点。

第三，战略行动（strategic action）或者行动驱动型决策。这种战略决策主要涉及以实施战略计划为目的的各种具体的行动方案，例如扩大产能、兼并收购、产品投放、自动化改造或数字化改造和各种管理改善活动等的方案。这些方案的具体内容包括这些重大行动的主体、目标、方式、策略、进度和推进的手段等。这些决策的作出不仅需要符合战略承诺和战略计划的基本要求，更需要考虑与竞争对手竞争互动或者博弈的需要。在激烈的市场竞争中，这些重大行动的针对性、对抗性和博弈性越来越高，能否在竞争互动中表现出应有的速度、创新甚至是意外性最为关键。这些重大行动的成功并不完全取决于其理性程度，而是在很大程度上取决于竞争对手的反应。企业战略管理者事前和主动制定的战略行动方案一般都是原则性的，更多具体和细致的内容应该由战略行动的负责人在战略行动的过程中依据环境变化，尤其是竞争对手的反应相机做出。为了在战略行动推进过程中表现出应有的速度、创新甚至是意外性，战略行动的负责人甚至可以在不违反企业中长期战略的前提下动态调整原来的行动方案，从而体现“以动制动”的特点。

三、企业战略的性质

基于对“乌卡环境”下企业战略性质特点的认识和对企业战略实践，尤其是对企业构建和发挥核心专长过程机制的研究，所谓企业战略，无论是计划好的还是实现了的，其实就是企业在应对和利用环境的过程中所做出的一系列战略决策及其所体现出的连续性、一致性和创新性。以理性主义为主导的传统企业战略管理理论认为这一系列战略决策及其相关的关系都是事前、主动和理性预定的，并且以战略计划的方式呈现出来，因此将企业战略看成是一种计划。在非理性主义学派的挑战下，现代企业战略管理理论则从不同的视角揭示了这一系列决策应该包括事中、被动和非理性决策，这些决策之间的连续性、一致性和创新性的关系并不是预定的或者计划驱动的，而是价值驱动的。“战略聚焦 1-3”呈现了多位管理大师对企业战略性质的认识。著名战略管理学者明茨伯格在总结 20 世纪企业战略管理思想演变的基础上，整合不同阶段上理性与非理性主义两大流派的各种观点，提出了有关企业战略性质的 5P 定义，即计划（plan）、模式（pattern）、定位（position）、愿景/期望（perspective）、计谋/手腕（ploy），5P 定义有助于从不同的维度或视角认识企业战略的性质。

战略聚焦 1-3 管理大师论战略

（1）战略是一种计划。在战略管理理论的早期发展阶段，以理性主义为特点的计划学派、设计学派和定位学派都认为企业战略就是一种计划，其中包括目标、实施目标的战略选择、实施战略的具体措施等一系列决策。在相对静态的经营环境中，主要作为计划的企业战略具有下列特点：1）战略是企业的事前决策而不是事中决策，是主动的或者预定性行为，而不是被动的或者反应性行为；2）战略决策是一系列理性决策，决策过程和方法的科学性保证了战略决策的科学性；3）目标的制定，特别是定量化目标的制定是战略决策和战略管理的重点；4）战略应该预测企业未来所有的行动，一旦确定就必须严格实施，因此，计划好的战略就应该等于实现了的战略。在企业战略管理理论发展的过程中，战略是一种计划的观点，一直都是企业战略管理领域的主流。随着经营环境“乌卡特征”越来越明显，非理性主义学派兴起，战略是一种计划的观点受到了严峻的挑战。非理性主义学派希望从以下方面对战略是一种计划的定义做出必要的修正或者补充，而明茨伯格以此为基础提出了企业战略以下四个补充性定义。

（2）战略是一种模式。非理性主义学派认为理性主义学派没有看到战略决策也是一种事中或过程决策，没有认识到非理性因素，尤其是企业传统或者高层管理者的价值观在战略决策中的重要作用。非理性主义学派认为应该将企业战略行为划分为两种：一种是事前制定的理性战略行为，另一种是事中制定的反应性战略行为。在时间和信息有限的情况下，为了在应变中表现出速度和创新性，企业战略管理者有可能不是依据理性而是依据企业的价值观，不是依据对环境的科学分析而是依据企业的行为模式或者过去发展的路径做出企业战略决策。正是在这个意义上，非理性主义学派提出战略是一种模式，即企业基于企业历史、管理传统和价值理念而形成的行为模式有可能在特定情况下决定企业未来的战略选择。

（3）战略是一种定位。基于企业经营环境新特征的影响，如果事前制定的目标和行动方案过于具体或者定量化，企业有可能在环境变化和竞争互动中丧失必要的应变和创新能力，并且因此错失发展机遇。如果事前制定的目标和行动方案过于抽象或者概念化，企业也有可能在环境变化和竞争互动中丧失必要的约束和风险控制，并且因此偏离企业的战略承诺。为了避免上述两种可能性的出现，非理性主义学派认为“乌卡环境”下的企业战略其实就是一种定位，也就是说在企业经营环境变化新特征的影响下，企业战略制定和管理的重点不应该是目标，尤其不应该是定量化的目标，而是企业的竞争性战略定位。无论企业经营环境发生了怎样的变化，只要企业不改变自己的经营目的、核心价值观、业务范围、经营方式等，那么坚守自己的竞争定位，就有可能通过事中的战略决策有效地应对和利用经营环境的变化。

（4）战略是一种愿景/期望。在企业经营环境越来越动态、不确定、复杂和模糊的情况下，一些非理性主义学派的学者提出战略是一种定位的观点存在两种可能的局限性：一方面，将战略定义为一种定位过于具体，会限制企业动态调整自己的业务范围、经营方式、市场范围等基本战略，降低企业的动态应变的能力；另一方面，企业战略在本质上是一种价值选择，将战略定义为一种定位仍然保留了理性主义的倾向，而这种倾向有可能导致企业基于经济理性而随意改变企业对行业范围、目标市场和经营方式的战略承诺，制约或妨碍企业战略管理者在“乌卡特征”越来越明显的经营环境中有效构建和发挥核心专长。因此将战略定义为一种愿景或者期望，能够使企业更好地应对“乌卡环境”所带来的各种挑战。事实上嵌入具有“乌卡特征”的经营环境中，那些能够有效构建和发挥核心专长的企业都选择了愿景驱动的战略管理，也就是说这些企业对经营目的、业务范围、经营方式、经营定位等战略承诺的坚守都是基于企业的核心价值观或者事业追求，而不是基于经济理性，只有这样的企业才有可能在经营环境变化的新特征影响下既不丧失应变与创新力，又不会过于冒险。

（5）战略是一种计谋/手腕。战略是一种计划的定义还存在一个重要的缺陷，那就是没有将动态竞争互动中的对抗性或者博弈性决策考虑进去。在经营环境“乌卡特征”越来越明显的情况下，尤其是在对抗性的竞争互动中，一个企业战略的好坏其实不仅取决于是否发挥了自己的竞争优势，而且取决于是否抑制了竞争对手竞争优势的发挥。因此，一个好的企业竞争战略应该能够预测甚至控制竞争对手的反应，并且能够迫使竞争对手按照自己的意愿做出反应。企业战略的实现并不一定取决于原来目标是否完全达到，而是取决于竞争对手是否更大程度偏离了其原定的目标。为此，研究企业竞争互动的学者认为，在企业经营环境越来越动态、不确定、复杂和模糊的影响下，企业战略就是一种计谋或者手腕，不仅应该有很强的针对性，而且要有很强的策略性，也就是说某些战略行动并不一定要实施，其目的仅仅是误导竞争对手或者阻碍竞争对手达到其目的。

在上述五种有关企业战略性质定义的描述中，“战略是一种计划”体现了企业战略最基本的内涵，而其他四种定义则从不同的视角对第一种定义进行了必要的补充。

综合上述有关企业战略内涵的分析，我们可以为企业战略提出一个比较全面和准确的定义：企业战略是企业在动态适应和利用经营环境变化的过程中，为建立、保持和发挥核心专长而采取的一系列具有连续性、一致性和创新性的长期、重大和根本性的决策或者行动。

四、企业战略类型

在企业经营环境变化还没有呈现明显的动态性、不确定性、复杂性和模糊性之前，传统的企业战略管理理论主要是按照战略实施主体、战略时间跨度以及战略的功能等维度对企业战略划分进行分类。

第一，按照战略实施主体，企业战略可以划分为三个层次，不同层次战略的目的、内容不同：（1）公司层战略，是行业或者区域多元化企业总部所制定和实施的战略，其核心是通过行业多元化或者区域多元化的组合效益实现投资收益最大化的目的；（2）经营层战略（业务层战略），是单一行业/业务/市场的企业或者集团公司下属的子公司所制定和实施的战略，其核心是通过构建和发挥竞争优势实现扩大市场占有率与利润最大化的目的；（3）职能层战略，主要是上述两类战略主体内部各个经营单位，包括职能部门或者生产单位所制定和实施的战略，其核心是根据企业战略的要求，提高特定管理活动的有效性和效率。

第二，按照战略时间跨度，企业战略可以大体划分为三种类型：（1）短期战略，一般指时间跨度在 1 年以内的战略，有时也称为年度经营战略或者计划；（2）中期战略，指时间跨度在 1 年以上 5 年以内的战略；（3）长期战略，指时间跨度在 5 年以上 10 年以内的战略。

第三，按照战略的功能，企业战略可以划分为四种类型：（1）增长型战略，包括集中经营战略、横向和纵向一体化战略、相关和不相关多元化战略；（2）稳定型战略，包括无变化战略、利润维持战略、暂停战略、谨慎推进战略；（3）收缩型战略，包括重组战略、剥离战略、清算战略；（4）组合型战略，一般是指行业或者区域多元化企业内部的各个经营单位，尤其是不同的事业部分别使用上述三种战略。

随着企业经营环境变得越来越动态、不确定、复杂和模糊，上述企业战略类型的划分受到了越来越严峻的挑战：（1）在技术进步和全球化的影响下，特别是企业整合资源和组织能力的迅速提升，越来越多的企业采取了围绕做强主业实施跨行业、跨市场、跨方式、跨定位的经营战略，从而导致公司层战略与经营层战略的分类以及战略类型其他维度上的分类正在逐步丧失原有的严格性。（2）由于预测企业经营环境变化尤其是长期变化越来越难，绝大多数企业不再制定五年以上的长期战略，而选择制定三年左右的中期战略和短期战略；绝大多数企业不再像以前那样重视中期、短期战略执行的严格性，而是更关注中期、短期战略的滚动调整；即使是短期战略的制定和执行，越来越多的企业更关注的不再是定量目标或者行动细节的完成，而是企业在有效应对外部环境变化中是否比竞争对手更恰当。（3）随着利益相关者、社会责任与商业道德重要性的提升，企业战略管理者对战略承诺的关注正在超过对定量指标与战略选择的关注。

第 4 节　企业战略管理过程

由于企业战略决策的制定和实施，特别是保持企业战略决策的连续性、一致性和创新性，对于企业实现其经营目的，特别是构建和发挥核心专长变得越来越重要，以企业战略管理过程为对象的相关理论和方法从 20 世纪的四五十年代开始得到迅速发展。所谓企业战略管理，就是企业战略管理者运用计划、组织、任用、领导和控制等管理职能对企业战略制定、实施、评价与控制过程进行管理，目的是提高整个战略管理过程的有效性和效率。企业经营环境“乌卡特征”的逐步显现不仅改变了战略决策和企业战略的性质特点，而且改变了企业战略管理的性质特点。

一、战略管理的活动

传统的企业战略管理理论以企业经营环境变化可预测和企业战略管理者具有足够的理性能力为前提，企业战略决策都是事前、主动和理性的决策，企业战略则因此被看成是一种长期计划。在这种情况下，企业战略制定、实施、评价与控制被看成是可以在时间上被严格区分和具有先后关系的三种活动，而企业战略管理的过程就是一种以提高过程有效性和效率为目的的过程管理（见图 1－6）。按照传统的企业战略管理过程逻辑，全过程监控经营环境变化以及及时做出相应的调整是企业战略管理的基本要求，但是将战略制定、实施、评价与控制看成是性质可以严格区分、在时间上具有先后的三种活动在客观上降低了企业对经营环境变化的应变和创新的能力。

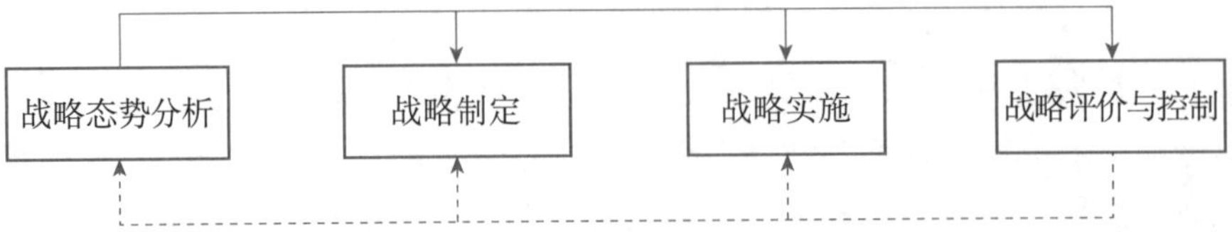

图 1－6　企业战略管理过程逻辑

在企业经营环境新特征的影响下，企业战略决策已经变成事前与事中、主动与被动、理性和非理性决策的结合。事前、主动和理性制定的战略越来越难以避免在实施过程中被事中、被动和非理性决策改变，其中一部分调整可能源于经营环境的变化，而另一部分调整则可能是因为战略实施不力。正是基于这种原因，企业战略管理过程模型逐步被企业战略管理活动模型替代（见图 1 - 7）。在越来越"乌卡特征"的经营环境中，围绕企业战略管理活动模型构建企业战略管理的逻辑体系具有以下四个方面的重要意义：(1) 战略态势分析已经从企业战略管理特定阶段的工作转变成为企业战略管理全过程的工作。在这个模型中，战略态势分析将不仅服务于企业战略管理者的事前、主动决策，而且需要服务于企业战略管理者的事中、被动决策；不仅服务于战略制定活动，而且需要服务于战略实施、评价与控制活动。(2) 战略改变已经成为战略实施的有机组成部分。战略制定、战略实施、战略评价与控制已经不是严格按照时间先后划分和排列的三个阶段，而只是在逻辑上具有先后关系的三种不同性质的活动。因此企业对企业经营环境变化应变和创新能力将在方法上得到保障。(3) 能否及时地发现战略偏差和做出恰当的调整不仅是企业战略管理者的职责，而且是企业战略管理能力的综合体现，因为只有及时和恰当的战略改变才能使企业变被动为主动，有效地适应和利用环境的变化。(4) 在战略评价与控制活动中，企业战略管理者不仅需要关注战略执行的严格性，更需要关注战略改变的恰当性，即战略实施过程中的战略改变是否恰当地适应和利用了企业内外部环境的变化，因为只有具备恰当性的战略改变才能得到环境支持、员工参与和相关利益集团的接受。

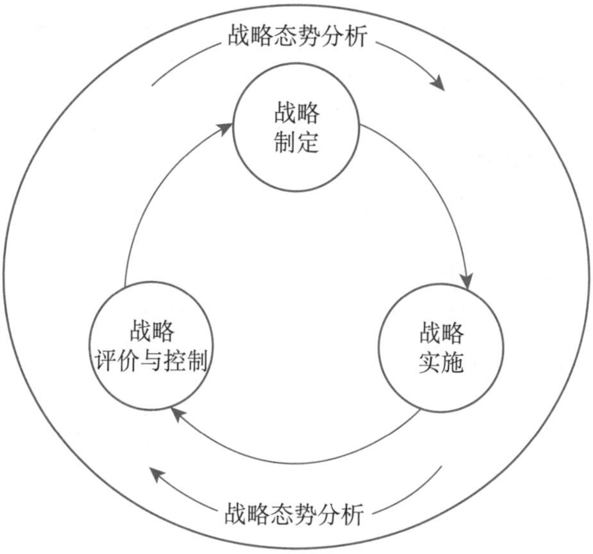

图 1 - 7　企业战略管理活动模型

二、战略管理的重点

在经营环境新特征的影响下，企业战略管理的过程，尤其是核心专长构建和发挥的过程已经不完全是一个科学决策、周密计划的过程，也不是严守计划、准确执行的过程，而是一个价值驱动下"摸着石头过河"的过程。首先在"过什么河"的决策上，企业战略管理者需要做到取舍清晰与承诺坚定，从而体现价值或者承诺驱动；其次“摸哪一个石头”的决策对企业战略管理者来说是且行且清晰的，一旦确定目标就需要围绕目标实现的路径、方式甚至具体措施进行理性分析和周密计划；最后在“摸石头”过程中的具体行动决策上，企业战略管理者需要审时度势，因势利导，行动迅速、富于创新。由此可见，在经营环境新特征的影响下，企业战略管理的主要内容已经从战略计划管理向战略承诺、战略行动的管理扩大；有效实施战略管理的关键就在于企业能否在整个过程中做到动静结合，即取舍清晰、承诺坚定，决策科学、计划周密，行动迅速、富于创新，以至于整个企业战略管理的逻辑体系也发生了根本性的变化（见图 1-8）。

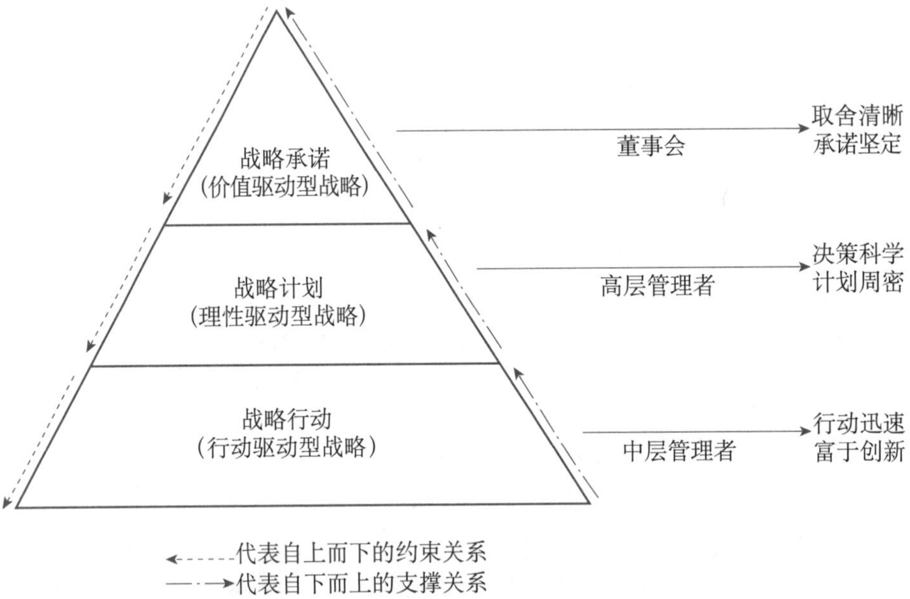

图 1-8　企业战略管理的逻辑体系

在这个企业战略管理新的逻辑体系中，企业战略管理的内容被划分成了战略承诺、战略计划和战略行动三个不同层次的内容，而且每个层次的内容都有不同的要求。企业战略管理的重点就是要按照不同的要求，针对不同层次的内容实施不同的管理，只有这样才有利于企业在“乌卡环境”下的一系列战略决策或者行动体现出连续性、一致性和创新性的有机联系。

第一，战略承诺的管理。在企业经营环境新特征影响下，企业经营目的的变化导致以资源为基础，尤其是构建和发挥核心专长成为企业实现经营目的的基本路径与方式。构建和发挥企业核心专长要求企业基于核心价值观与企业的社会责任，在基本战略选择上做出清晰的取舍和坚定的承诺，从而保证企业在适应和利用经营环境变化的一系列决策中，遵循以静制动的原则，保持战略上的有效性、连续性和一致性，做到专注、专业和具有专长。

第二，战略计划的管理。在兑现企业战略承诺的过程中，企业战略管理者需要根据对中期甚至短期经营环境变化的预测，对企业阶段性的经营目标、战略选择、资源配置、增长方式和管理模式等做出科学决策和周密计划。在战略计划的制定和调整过程中，企业战略管理者需要遵循有限理性与动静结合的原则，保证企业应对和利用环境变化的一系列决策尽可能体现出恰当性，做出更符合环境变化趋势的决策。

第三，战略行动的管理。在有效执行战略决策或者计划的过程中，企业战略管理者还需要根据战略行动发生的具体情境，尤其是竞争对手可能的反应，对具体战略行动的内容、方式、时机等做出针对性和博弈性决策。在战略行动方案的制定和调整中，企业战略管理者应该遵循“以动制动”的原则，保证企业在应对经营环境变化，尤其是与竞争对手动态互动的过程中尽可能在战略行动上体现针对性，做出比竞争对手具有速度优势和创新优势的行动。

三、战略管理的手段

在企业战略管理过程模型中，在经营环境可以预测和战略管理者具有足够的理性能力的假设前提下，企业战略决策是事前、主动与理性决策，企业战略是一种计划，战略实施是计划驱动的，战略实施的评价与控制的依据是计划执行的严格性，战略管理的主要手段就是目标和计划管理，包括使用各种科学方法预测与分析战略态势、制定定量目标与编制周密的计划，以及采取正确的评价和控制方法去保证目标和计划得到全面和严格执行。在企业战略管理活动模型中，在经营环境难以预测和战略管理者缺乏足够理性的假设前提下，企业战略决策变成了事前与事中、主动与被动、理性与非理性决策的整合，企业战略已经从一种计划变成了承诺、计划与行动的结合，企业战略实施已经从计划驱动变成了承诺驱动，企业战略实施的评价与控制的依据已经从计划执行的严格性变成了环境应对的恰当性，而且评价与控制的成本越来越高，战略管理的重点转变成为如何保证企业战略管理所有主体的决策与行为的恰当性，即企业对经营环境变化的应对能够满足取舍清晰、承诺坚定，决策科学、计划周密，行动迅速、富于创新的要求。

在企业经营环境新特征的影响下，为了保证企业战略管理者能够在动态、不确定、复杂和模糊的经营环境下做到取舍清晰、承诺坚定，决策科学、计划周密，行动迅速、富于创新，越来越多的企业将目标和计划管理看成是企业战略管理的基础手段，而将保障企业战略管理者的决策行为恰当性看成是企业战略管理的更高级和更重要的手段。因此，在经营环境新特征的影响下，企业战略管理者需要从影响企业战略管理者决策行为的关键要素，即结构、机制和文化入手，构建企业战略管理者有效决策的保障机制。这个保障机制主要由以下五个因素及其相互作用所构成：（1）公司治理，即通过构建完善的公司治理结构和机制保证企业战略管理者在战略承诺、战略计划和战略行动的制定和执行上，既符合企业的核心价值观、社会责任与商业道德的要求，又符合有效经营环境变化的需要。（2）战略管理者，即根据企业所处的经营环境与企业的战略选择，为企业，包括企业内部各个层次经营单位，选择匹配的战略管理者，使他们有足够的责任、知识和能力做出正确的战略决策。（3）组织结构，即通过构建与企业战略匹配的组织结构，将企业战略管理的权、责、利落实到相应的组织和组织成员上，从而保证各个层次企业战略管理主体能够按照各自的要求、方法迅速和准确地做出战略决策。（4）管理机制，即基于有效实施战略管理的需要，为企业战略决策、内部运行、资源配置、人员激励和风险管理控制等制定相应的制度、流程和方法。(5) 企业文化，即通过构建与企业战略相匹配的核心价值观与企业文化，解决企业战略实施过程中正式结构与机制所难以解决的问题，为有效实施企业战略管理提供文化保证。

四、战略管理的工作流程

企业经营环境变化的动态性、不确定性、复杂性和模糊性对如何有效实施企业战略管理产生了深刻和重大的影响。企业战略管理过程、重点、主体以及手段的上述变化，使企业战略管理的工作流程需要实现从计划导向向问题导向转变，实现从过程模式向活动模式转变。按照企业战略管理的计划导向和过程模型，企业战略管理工作流程一般都是按固定的时间安排（例如每三年、五年或者十年）滚动展开的。按照某种特定的时间安排，一般由董事会提出要求，企业高层管理者将根据企业前一期战略实施的情况和未来企业可能面临的战略问题，启动下一期战略的制定工作。按照董事会的要求，企业可以自己组建专门工作小组或者聘用外部咨询机构，花费三个月或者半年的时间在全面分析战略态势的基础上，系统地制定新的企业战略，其中包括从战略承诺、战略计划到战略行动的全部内容。在董事会审批新的企业战略之后，企业战略管理工作将从战略制定进入战略实施、评价和控制阶段。在整个战略实施的过程中，企业战略管理者每年将对战略实施的情况进行评价，并且可以在战略实施过程中对事前、主动和理性制定的企业战略进行调整（这些事中、被动的调整往往被看成是消极和被动的）。在整个战略周期完结之后，无论战略评价的结果如何，新一轮系统性的战略制定工作又将开始。大量的理论研究和企业案例研究表明，这种计划导向的战略管理工作流程既难以满足新的经营环境下有效实施战略管理的需要，又不利于企业有效构建与发挥核心专长。

在经营环境新特征的影响下，杰出企业，例如新宝电器，在新经营环境下有效构建和发挥核心专长的战略实践表明：(1) 战略制定的起点已经不再是事前预设的某种特定时点，例如每三年、五年启动一次企业战略制定工作，而是重大战略问题出现时，包括企业外部和内部环境发生重大变化时，因此战略管理的计划导向应该被问题导向取代；(2) 战略制定的目的已经不再是基于对战略态势的分析，对企业原有的战略做出整体性和系统性的改变，而是基于企业所面临的战略问题对企业原有的战略做出针对性或者适应性的改变，“大”战略或者颠覆性战略创新逐步被一系列“小”决策或者有限创新替代；(3) 战略评价的重点从目标与计划执行的严格性转向战略改变的恰当性，外部横向比较逐步代替内部纵向比较成为战略评价与控制的主要依据；(4) 战略实施的主要手段从目标与计划的分解、职能策略的适配转向决策保障体系的构建，从定量考核和奖惩为主转向结构、机制和文化的赋能。由此可见，在经营环境新特征的影响下，随着战略管理计划驱动被承诺驱动替代，过程模式被活动模式替代，以计划为导向的战略管理被以问题为导向的企业战略替代，企业战略管理的“大工作流程”中包括了一系列“小工作流程”（见图 1－9）。

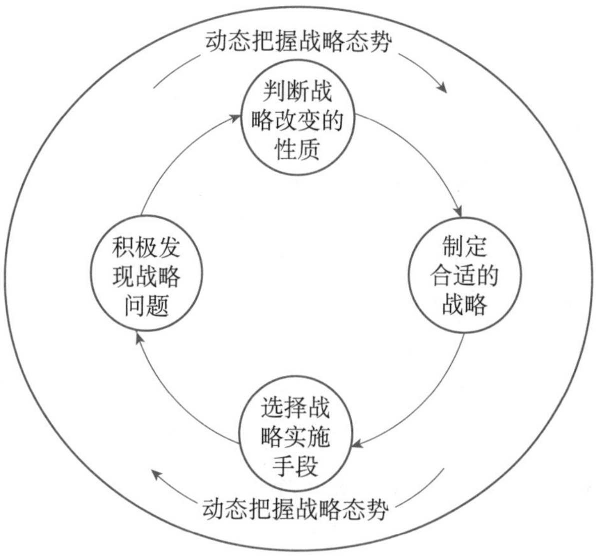

图 1-9　以问题为导向的战略管理工作流程

这个适应经营环境新特征的战略管理的“小工作流程”一般包括以下四个相互联系的关键活动：

（1）积极发现战略问题。基于企业经营环境变化新特征的影响，承诺坚定、决策科学、行动迅速而富于创新已经成为有效实施战略管理，尤其是有效构建和发挥核心专长的关键成功因素。因此，战略管理的起点已经不再是某种固定的时间安排，而是企业发展出现了重大的战略问题之时；战略管理的重点不是简单地寻找获得高于行业平均水平的收益，而是在特定的行业中构建和发挥核心专长；不是动不动就大幅度地改变企业的战略承诺，而是聚焦于兑现战略承诺过程中把握“涌现”的机会或解决“涌现”的挑战，在构建和发挥核心专长的过程中逐步升级企业的战略承诺。因此，在坚持专业化经营的前提下，积极地发现问题与积极地解决问题，既是企业战略管理的起点，更是有效实施战略管理的基本前提。

（2）判断战略改变的性质。基于企业经营环境变化新特征的影响，企业战略的内容体系、责任主体以及管理方法都发生了新的变化，因此有效实施企业战略管理不仅要求企业战略管理者能够和善于积极地发现问题，而且能够和善于正确地判断解决特定战略问题需要企业在什么层次的内容上做出什么样性质的战略改变，既能防止战略改变由于方向不明确而无的放矢，又可避免战略改变由于程度不当而力所不逮或过犹不及。如果企业战略管理者能够迅速而准确地判断企业战略改变的性质，例如是战略承诺、战略计划还是战略行动的改变，就能够判断做出相应战略改变的主体是谁，主要的决策方法是什么，以及应该遵循什么机制或者程序做出战略改变的决策，取得事半功倍的效果，保证企业战略管理的有效性和效率。

（3）制定合适的战略。如果企业战略管理者能够准确地判断战略改变的性质，则战略改变的范围、主体、决策的依据和机制会比较明确，因此作出实施战略改变的选择就变得更加容易。如果企业需要改变自己的战略承诺，那么制定战略的重点将是如何基于核心专长构建与发挥的需要对企业战略承诺做出渐进式调整，即从经营渠道、市场范围、经营定位、经营方式改变最终上升到业务范围的改变，判断选择正确与否的关键在于这种改变是否符合企业的社会责任、商业道德与核心价值观。如果企业需要改变自己的战略计划而不是战略承诺，那么制定企业战略的重点将是：1）与经营有关的战略决策：企业的经营目标、资源配置的重点和增长方式的选择；2）与管理模式相关的战略决策，包括管理团队、组织结构、管理机制的改变。判断选择正确与否的关键在于这种改变能否为企业带来经济效益的增长。如果企业需要改变自己的战略行动而不是战略承诺与计划，那么制定企业战略的重点是特定战略行动的策划，包括行动的内容、原则和策略。判断选择正确与否还要考虑这种改变的针对性、速度和创新性。

（4）选择战略实施手段。基于企业经营环境新特征的影响，保证企业战略改变能够有效实施或者落地变得越来越重要，其重要性甚至不低于战略制定，因为战略实施过程中的战略改变已经成为战略制定的有机组成部分。在这种前提下，战略得以有效执行的标准不是企业目标，尤其不是一味追求定量目标的达成，而是战略承诺的实现，战略改变的有效性比效率更重要。在经营环境新特征的影响下，有效的战略改变既要反映战略态势的变化，又要坚持战略承诺；既要体现战略行为的连续性、一致性，又要保证战略行为的创新性。保证战略执行的主要手段或者方式大体可以分为三种类型：1）结构、机制与文化的保障，主要是保证战略决策与实施行为的有效性；2）职能战略或者策略的支持，主要作用是保证战略改变实施的方式或者方法正确；3）目标与计划管理，主要作用是保证战略改变实施的一致性和严格性。在企业经营环境新特征的影响下，第一种方式的重要性迅速提升。

如图 1－9 所示，企业战略管理工作流程是由上述四种活动所构成的一个动态的闭环系统，其中第四种活动（选择战略实施手段），尤其是战略管理保障体系的构建对于整个系统的有效运作具有非常重要的意义。在经营环境新特征的影响下，只有在适配的结构、机制和文化的保障或者支撑下，企业战略管理者才会愿意和能够持续地发现和确认战略问题，使整个工作流程周而复始和动态演进；才能够迅速和准确地判断解决战略问题需要企业在企业战略的哪一个层次上做出什么性质的战略改变；才能基于企业的经营目的，依据不同的方法制定实现战略改变的相关决策。在经营环境越来越动态、不确定、复杂和模糊的趋势下，企业需要依靠有效运作这种问题导向的战略管理工作流程，在一系列“小工作流程”中实现动态战略改进；在一系列动态战略改进中保持取舍清晰、承诺坚定、决策科学、计划周密、行动迅速、富于创新，不断构建和发挥企业的核心专长。

值得补充和强调的是，有效实施以问题为导向的战略管理工作流程需要企业战略管理者密切、动态把握战略态势。基于企业经营环境新特征的影响，企业战略管理已经从计划驱动型管理变成了价值驱动型管理。企业需要在实现战略承诺，尤其是构建和发挥核心专长的过程中，面对不断“涌现”的外部和内部环境的变化，做出一系列具有连续性、一致性和创新性的战略决策和行动，就像是“摸着石头过河”。因此，在企业战略管理的整个过程中，企业战略态势分析已经不可能像过去那样只是特定时点阶段性的工作，而是需要在战略实施全过程中随时把握企业战略态势的活动；已经不可能像过去那样是特定人员在战略制定阶段负责的工作，而是演变成为企业战略管理者，甚至是企业中层管理者日常工作的一部分。企业战略管理者必须像新宝电器的战略管理者那样，密切、动态地把握企业战略态势，必须以更加积极的、谦逊的态度去认识环境，应对和利用环境的变化。无论企业的战略改变是发生在战略承诺、战略计划还是战略行动上，企业战略管理者亲自动态地把握企业的战略态势，包括战略实施的进程与效果，都是有效开展战略管理工作的前提和保障。

思考题

1. 简述企业经营环境变化的主要推动因素。
2. 简述企业经营环境的新特征。
3. 分析企业经营环境新特征对企业经营目的与方式的影响。
4. 简述企业战略决策的性质特点。
5. 简述战略制定的两种基本思维模式。
6. 简述战略承诺、战略计划与战略行动三种战略决策的关系。
7. 分析企业战略五种定义及其相关关系。
8. 分析企业战略管理过程的新变化。
9. 简述企业战略管理的逻辑体系。
10. 简述企业战略管理工作流程的变化。

能力拓展

通过分析一个具体企业在特定阶段上的战略管理过程，理解企业战略决策的性质、战略思维模式、企业战略的演进和企业战略管理的主要手段。

第 2 章

核心专长的构建与战略管理者的作用

导入性案例

朱江洪执掌格力的 24 年

与西方成熟市场经济环境相比较，转型期中国企业的经营环境具有明显的“转型经济”“新兴市场”“多重制度”“高度动态”的情境特征，这使中国企业在战略选择上陷入一系列的两难处境。嵌入在这种情境之中，能够领导企业连续、高速和健康发展的企业家很少，国有企业的企业家更少，能够功成身退的国有企业的企业家更是少之又少，格力电器股份有限公司（以下简称格力电器）的前任董事长朱江洪肯定是其中的一位。从 1988 年 5 月出任冠雄塑胶厂厂长到 2012 年 5 月从格力电器董事长位置上退休为止，朱江洪用了 24 年的时间就使格力电器从小到大、从弱到强，发展成为全球家用空调行业的世界级企业。他以其个人的价值取向和做人做事的风格引领了格力电器的专业化发展，塑造了格力电器的文化，建立了格力电器的核心专长。至少到 2012 年为止，朱江洪传记基本上就是一部完整和真实的格力电器发展史。

从宏观上来说，随着经济全球化影响的深入，中国制造企业正在面临越来越大的挑战，国家正在大力推动制造业转型升级，中国制造企业急需了解如何在新常态下迎着全球化而上，继续提升主业的国际竞争力。从微观上来说，格力电器在后朱江洪时代增长上面临着越来越大的压力，为保证高速增长而做出的一系列战略选择引发了整个社会，尤其是各种利益相关者的广泛关注和激烈争议，各利益相关者都希望格力人能够重新认识自己的成功之本，基于核心专长的发挥和提升制定出更好的增长战略。

中国家用空调行业曾经吸引了国内外一大批先进企业，因此成为中国竞争最为激烈和竞争互动水平最高的行业之一。在这个行业中实现对先动企业的赶超和成为发展中国的世界级企业，格力电器面对的首先是战略选择上的挑战。对此，朱江洪给出了战略制定者的回答：（1）选择和坚持专业化发展战略，使格力电器能够集中全部资源和精力于一个狭窄的领域；（2）选择和坚持精品定位战略，专注、专心和专业地“做细”“做精”“做绝”一种具体的产品；（3）基于对专业化和做精品的坚定承诺，通过在关键的领域中多次、连续、偏执地配置资源，构建企业在家用空调行业的核心专长；（4）发挥企业核心专长，整合国内市场和开拓国际市场，建立世界级的规模成本和差异优势。

在中国和全球家电行业，尤其是众多空调制造企业之中，格力电器是为数不多的国有控股企业，承受着比其他企业更大的制度影响。实施上述战略的过程中，格力电器面对的第二个也是更大的挑战是如何在全球化竞争和中国经济转型的交互影响下，排除各种经营困难和制度干扰，有效和有效率地实施上述战略。对此，朱江洪从以下五个方面给出了战略领导者的解释。

格力电器所面对的第一个挑战是如何在战略实施过程中做到承诺坚定与取舍清晰。在转型期中国企业所面临的经营环境，尤其是制度环境的影响下，格力电器之所以能够对专业化发展和精品定位承诺坚定和取舍清晰，主要是因为朱江洪是一位以事业为重的企业家。将格力电器发展成为空调行业的世界级企业就是他作为格力电器当家人的全部追求，他没有因为片面追求效益、规模和速度或是个人私利（包括职位的保有或者升迁）而主动或者被动地选择高度多元化战略或者放弃精品定位战略。朱江洪以其执着的事业追求保证了格力电器 24 年对专业化发展和精品定位战略的坚持。

格力电器所面对的第二个挑战是如何围绕做精品的定位战略的要求，在相关和关键成功领域构建多种竞争优势，其中的挑战包括如何基于定位战略识别关键成功领域，如何通过“偏执地”配置资源和精力建立一种关键竞争优势，如何通过资源与精力配置的“多次偏执”和“及时转换”建立多种关键竞争优势等。应对这些挑战，承诺坚定和取舍清晰无疑是基本前提，同时，朱江洪强烈的顾客优先和重视克短的价值取向发挥了更为重要的作用。通过顾客的不满，他发现了企业劣势；由于重视克短，他先后抓住了支撑精品定位的若干关键领域，包括制造、质量、营销、技术和品牌，通过先后多次“偏执地”配置资源和精力，及时、有效和不断地将关键劣势变成了关键优势，成功地构建和整合了多种关键竞争优势。

格力电器所面对的第三个挑战是如何有效和不断地获取建立上述关键竞争优势所需要的知识和能力，有效和有效率地提升制造、质量、营销、科技和品牌的竞争力。对于这种挑战，朱江洪的应对之道就是通过专注、专心和专业化发展尽快融入全球空调制造网络；通过以诚相待和构建各种形式的战略联盟在网络中汲取知识；通过与网络成员的良性互动不断提升企业的学习能力，这真是应证了“大道至简”的道理。在他的领导下，格力电器二十多年如一日，专注、专心做空调行业的精品，一个普普通通的塑胶厂就这样变成了国际公认的“空调专家”；专注、专心向自己的客户、供应商和竞争对手学习，一个曾经的跟进者就这样实现了对国内竞争对手的超越。

格力电器所面对的第四个挑战是如何随着经营、市场和竞争环境的变化而有效地实施转型升级，以及在转型升级中发挥和强化自己的核心专长。朱江洪认为所谓转型升级不一定是进入一个新的、更赚钱的行业，而是围绕提升主业的综合竞争力不断在产品、效率和经营思想上与时俱进，包括产品技术、质量、品种与规格、核心零配件和差异化的转型升级；生产工艺技术、制造手段和方式、人力资源管理的转型升级；企业经营思想、理念和价值观的转型升级。只要格力电器还没有成为家用空调和中央空调行业的真正和全面的全球领先者，格力电器围绕以做强主业为核心的转型升级仍然潜力巨大。

格力电器所面对的第五个挑战是什么样的战略领导者才能使格力电器的员工，尤其是管理者长期保持不断提升核心专长的动力。时代在快速变化，但是人性在本质上是没有变化的。朱江洪关于战略领导者应该具备什么素质的论述很多，可谓是用心良苦、字字真言，切中要害、醍醐灌顶，值得中国企业，尤其是制造企业的股东和董事长们好好学习。1988年他为广西百色矿山机械厂选拔掌门人时提出了自己的观点，他认为，企业员工，尤其是管理者能否不断为企业构建核心专长而尽力，关键就在于企业的掌门人是否具备以下三项条件：正直、能力和勤奋。其中“正直”是1，其他是0。

转型期中国的国有和国有控股企业是否有可能像格力电器这样，在竞争性行业中发展成为一个世界级企业？如果这些企业都能够有一个像朱江洪这样的“国有企业的企业家”，那么发展成为世界级企业的可能性是有的；在尚未建立合理的治理结构之前，这种“国有企业的企业家”的出现和存在具有很大的制度偶然性，一般都是临危受命、一身正气、力挽狂澜、连任多届，因此才有可能有效利用现行制度的利弊，做到承诺坚定、决策科学、行动迅速而富有创新；继续深化国有企业的改革，尤其是完善公司治理才有可能将“国有企业的企业家”从“制度的偶然”变成“制度的必然”；才有可能让这些企业家在更完善的制度安排下有效地发挥企业家的作用，避免陷入“成也是企业家，败也是企业家”的怪圈。令人可喜的是，在全面深化改革的推动下，竞争性行业国有企业的改革正在朝着这个方向迈进。

资料来源：改编自蓝海林为《朱江洪自传：我执掌格力的24年》(北京：企业管理出版社，2017)所作的序.

|学习目标|

- 理解核心专长的特征和内容体系。
- 理解环境动态化和复杂化对企业战略管理者的要求。
- 掌握企业战略管理者的角色和构成。
- 掌握完善公司治理和有效发挥企业战略管理者作用的关系。
- 掌握企业战略领导者在有效实施战略管理中的作用。

随着企业外部环境动态性和复杂性的不断提升，企业战略管理的重要性和复杂性也在不断增加，企业战略管理主体是谁和如何有效地发挥作用的问题越来越受到关注。导入性案例表明，“乌卡环境”下的企业战略管理，尤其是核心专长的构建与强化面临着一系列非常特殊和严峻的挑战，而企业战略管理者在构成、角色、作用上“失之毫厘”将导致企业战略管理，尤其是在核心专长的构建与强化方面“谬以千里”。因此，本书的第2章将在揭示“乌卡环境”下企业构建和强化核心专长的过程机制的基础上，结合其中企业战略管理者所面临的各种严峻挑战，分析现代公司治理下战略管理者的构成、角色，有效发挥战略管理者作用的各种机制，以及在这些机制作用下如何有效发挥企业战略领导者的作用。

第1节　核心专长的构建与强化

一、核心专长的特征和内容体系

核心专长（core competencies）的概念是由普拉哈拉德和哈梅尔（Prahalad and

Hamel，1990）在整合早期资源基础理论和相关研究成果的基础上提出的。其中core的词义是核心、主要、基本、重要、骨干，而competencies是competency的复数形式，通常是指某个人或者实体执行特定任务或者履行职责所需要匹配的各种能力和素质。这个概念的中文译法和使用方式很多。如果强调企业具有某些特定或者专属的比较优势，并且因此可以持续获得高于行业平均水平的收益，那么使用“核心竞争力或者关键竞争优势”的译法；如果强调企业通过长期专注于特定业务，构建了多个与之匹配的关键竞争优势，并且因此可以获得高于行业平均水平的收益，那么采取“核心专长或者核心能力”的译法。本书采取了第二种译法。

1. 核心专长概念的由来与基本特征

虽然战略管理者不可能在每个具体的战略行动中保证利益相关者的利益都能够得到满足，但是必须找到一种与经营环境匹配的战略思维模式，最终使得企业利益相关者的利益得到满足。这种战略思维模式至少应该保证企业能够以主动和可控的方式持续和健康地获得高于行业平均水平的收益，并且能够在各个利益相关者中合理分配所获得的收益。至今为止，企业战略管理领域出现了两种受到普遍认同的解释或者战略思维模式，即产业组织模式与资源基础模式，分别解释了企业应该选择何种模式制定战略才能持续获得高于行业平均水平的收益。

（1）产业组织模式（industrial organization model）。在企业经营环境相对静态、确定、简单和清晰的情况下，一部分西方学者认为企业能够持续稳定获得高于行业平均水平的收益主要源于企业外部环境的影响，特别是企业所处行业平均收益率的影响。迈克尔·波特对美国30个行业平均收益率的研究证实了上述假设，提出了行业竞争分析模型，在此基础上形成了产业组织模式。如果一个企业能够在适应外部环境变化，尤其是把握高吸引力行业方面构建先动、阻止进入、低成本或者高差异甚至垄断等竞争优势，企业就有可能获得持续的高收益。在这种战略思维模式的指导下，企业战略制定的基本逻辑步骤是：1）外部环境分析；2）行业竞争结构分析；3）制定企业战略；4）获取所需要的资源和能力；5）实施企业战略。

（2）资源基础模式（resource-based model）。以艾迪斯·潘罗斯（Edith Penrose）为代表的学者发现，同一行业企业长期存在收益率差异的根本原因在于企业之间存在资源异质性，有些企业的资源，特别是组织性资源无法流动和难以学习。基于这一发现，一些学者认为企业资源和能力上的异质性或者竞争优势才是企业能够持续获得高于行业平均水平收益的基础，并且由此形成了企业战略思维的资源基础模式。在这种战略思维模式的指导下，企业战略制定的基本逻辑步骤是：1）内部环境分析；2）核心专长分析；3）外部环境分析；4）制定企业战略；5）实施企业战略。

20世纪80年代初随着企业经营环境动态、不确定、复杂和模糊化趋势日益明显，发达国家企业过度多元化问题逐步爆发，由此引发对支持不相关多元化战略的产业组织模式的质疑。资源基础理论对企业如何持续获得高收益的解释力也逐步提高，因此从20世纪80年代后期开始，资源基础模式逐步代替产业组织模式而成为企业战略制定的主流思维模式。在企业经营环境新特征的影响下，资源基础模式成为企业战略制定的主导模式，核心专长的构建和发挥成为企业有效实现经营目的的基本方式，因此企业战略管理的过程本质上就是企业不断构建和发挥核心专长的过程。

早期资源基础理论的核心是：（1）企业能否持续获得高于行业平均水平的收益主要取决于企业是否拥有稀缺性和关键性的资源与能力优势。（2）在企业各种异质性资源与能力中，一部分资源与能力是可以在市场上按照市场价格获得的，拥有这些资源与能力能否成为可保持性的竞争优势取决于市场的有效性。另一部分资源与能力则是企业自己培育的、可控制的和难以估价的资源与能力，包括组织性资源和后续研究所推崇的动态能力等，这些资源和能力优势是否具有可保持性取决于环境的动态程度和竞争对手的模仿和学习能力。（3）企业所拥有的资源与能力优势能否成为关键竞争优势，取决于企业所选择的行业、经营方式和定位战略等。也就是说企业的关键竞争优势是具有相对性的，针对某种企业战略的关键竞争优势有可能成为实施另一种战略的竞争劣势。针对行业多元化企业的研究，普拉哈拉德和哈梅尔将核心专长定义为“组织的集体认知，特别是对多种生产技能协调和对多元技术整合的认知”，反映了资源基础理论后续发展中对无形资产，特别是组织认知、组织结构、机制和文化等资源的重视。虽然关于什么是核心专长的问题在企业战略管理领域引发了大量的研究和长期的讨论，但是不妨碍核心专长的概念受到企业战略管理实践的重视。在巴尼（Barney，1991）提出核心专长四个辨识标准，即价值性、稀缺性、难以模仿和学习性、不可替代性之后，核心专长的概念在企业战略管理实践中得到了广泛应用。

2. 核心专长概念的内容体系

基于资源基础理论、核心专长的相关研究以及核心专长四个辨识标准的理解，核心专长可以定义为与企业特定战略选择与战略承诺相匹配的一组关键的和可保持的整合的资源与能力优势。核心专长强调的是这些关键资源与能力优势的针对性和构建机制，即只有“专”才有“长”，只有“专”才能够“长”。全面理解核心专长的内涵，需要掌握以下要点。

第一，核心专长是一个相对性概念，核心专长会因为企业的战略承诺不同而不同。强调核心专长的相对性或者针对性，一方面有利于通过专注、专业来有效构建和强化核心专长。无论企业经营环境的动态性、不确定性、复杂性和模糊性如何，企业在战略承诺上越是取舍清晰，对关键价值创造环节的识别就越准确，资源配置就越有效；企业在战略承诺上越坚定不移，越可能保证构建和整合多个关键优势所需要的资源和精力投入。另一方面有利于企业理解“专”与“长”的关系，明确核心专长的适用范围，有效防止企业以构建和发挥核心专长的名义盲目跨界经营，尤其是实施高度多元化战略。例如，一个在家用空调行业具备核心专长的企业必须明白这个核心专长并不适用于其他不相关的行业，面对非常热的新能源整车制造行业，即使企业的确需要进入整车行业，也应该在战略选择、进入方式和推进速度上非常谨慎。

第二，核心专长是实施特定战略承诺所需要的多个关键和可保持竞争优势的组合。基于价值性、稀缺性和不可替代性的要求，核心专长必须由关键竞争优势构成。企业所拥有的资源和能力越是稀缺，其所具有的竞争优势就越明显；企业所拥有的资源与能力越是处于价值创造的关键环节或者为多个相关业务所共享（即“主导逻辑”），价值性和不可替代性就越大。基于难以模仿和学习性的要求，核心专长必须由多个关键竞争优势构成。企业拥有的关键竞争优势越多，竞争对手就越难以模仿和学习；企业拥有的关键竞争优势越是自己培育的和可控制的资源与能力（如组织性资源、无形资源和动态整合、学习能力），可保持性就越强。一般来说，凡市场上可以购买的资源或者能力不可能构成关键和可保持竞争优势的来源。

第三，核心专长是实施特定战略承诺所需要的若干关键和可保持竞争优势的整合。从核心专长的四大识别标准以及所发挥的作用来说，只有若干关键和可保持竞争优势的有机整合而不是简单组合，才能让多种关键竞争优势相互作用而发挥更大的价值创造力和可保持性。这种整合的机制主要包括：（1）战略共识，即企业战略管理者对主营业务关键成功因素和相关多元化业务所共享的“主导逻辑”的正确认知；（2）组织结构，即企业采取了与构建和强化多种关键和可保持竞争优势匹配的组织结构；（3）管理机制，即企业采取了与构建和强化关键和可保持竞争优势匹配的各种管理流程或者机制；（4）企业文化，即企业提供了与构建和强化关键和可保持竞争优势匹配的价值体系和行为规范等。

企业战略主体的层次不同，战略选择与承诺不同，所构建的核心专长也不同。根据企业战略管理主体分类，曼索尔·贾维丹提出了核心专长的层次概念（见图 2－1）。

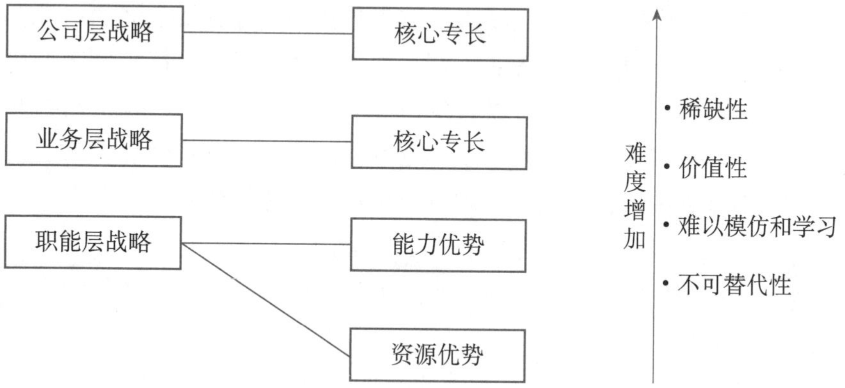

图 2－1　核心专长的层次

资料来源：Javidan M. Core Competence：What Does it Mean in Practice? . Long Range Planning，1998，31（1）：60－71.

按照核心专长的定义，单一企业的职能部门所构建的只能是单一职能的资源与能力优势，因此职能层战略的主体只需要也只能构建和发挥职能方面的可保持竞争优势。单一业务或者行业经营企业的战略选择或者战略承诺是做强特定的业务，因此需要在特定业务的关键价值创造环节，例如制造、营销或者研发等职能领域，构建和整合多种可保持的竞争优势，从而构建经营层（业务层）的核心专长。多业务、多行业甚至多区域经营企业总部的战略选择和战略承诺是通过发挥行业或区域组合中交易成本降低、规模经济与范围经济效益提高去做强一个或者多个行业，因此需要在公司层构建和发挥多业务或多区域组合效益方面构建核心专长。

二、核心专长的构建过程

企业经营环境变化的动态性、不确定性、复杂性和模糊性既为企业构建和发挥核心专长提供了更大的动力和机会，也为企业构建和发挥核心专长形成了各种困难和干扰。

基于对核心专长概念内涵的理解和杰出企业核心专长构建过程的研究，越来越多的企业认识到企业核心专长的构建过程基本上就是企业在取舍清晰、承诺坚定的前提下，动态转换资源配置的重点和适配管理模式的过程，其中以下几个关键环节及其作用机制尤为关键。

第一，取舍清晰与承诺坚定。有效构建和强化核心专长首先要求企业战略管理者在若干基本战略选择上，包括经营目的、核心价值观、业务范围、经营方式、竞争定位、市场区域、关键成功因素等的选择上做到取舍清晰，取舍清晰或细致的程度取决于企业的规模与环境的动态性。一般情况下，企业战略取舍越清晰，企业战略管理者对关键价值创造环节的把握就越准确，有效构建和发挥关键竞争优势的有效性就越大。企业对上述战略选择一经确定就必须承诺坚定，尤其是对经营目的、核心价值观、业务范围等核心战略选择的承诺必须长期坚守。核心专长的构建和发挥需要企业在战略行动和资源配置上具有连续性、一致性。战略承诺越坚定，越有利于企业战略管理者排除经营环境变化对后续一系列战略选择和执行的干扰，做到专注、专业和专长；越有利于企业战略管理者获取、培育和有效整合各种资源和能力。在经营环境新特征的影响下，为了既能够做到承诺坚定，又能够保持足够的应变力，越来越多的企业战略管理者，例如本书第 1 章导入性案例中新宝电器的战略管理者，都在强化对经营目的、核心价值观和主营业务范围承诺的同时，弱化对经营方式、经营定位、市场范围的承诺，使企业能够根据环境的变化，以多种区域、多种经营方式、多种竞争定位整合的方式做强自己的主业。为了做到承诺坚定，越来越多的企业战略管理者将企业的核心价值观、社会责任和基本经营战略有机结合，融为一体，使企业对核心战略选择的坚持变成一种价值坚持和社会责任，而不是单纯基于经济理性的选择。从这个意义上说有效构建和强化核心专长需要企业实施价值驱动型战略管理。

第二，“干中学”与动态整合。在经营环境变化的动态性、不确定性、复杂性和模糊性越来越高的情况下，企业构建和强化核心专长的具体决策和行动已经不可能完全依靠事前、主动、理性决策和周密的计划。首先，企业战略管理者必须在企业价值驱动下做到“干中学”。企业战略管理者是在明确经营目的、核心价值观和业务范围的基础上，通过战略实践才逐步清晰并相机做出以下战略选择的：（1）业务边界、市场边界、组织边界的明晰或者商业模式的凝练；（2）关键价值创造环节的识别和把握；（3）获得、整合和开发构建关键竞争优势所需资源与能力；（4）动态转换资源与精力的配置等。这些战略决策所需要的条件、信息、资源和能力是在战略实施过程中“涌现”，而且是“且行且清晰”；这些战略决策的做出需要企业战略管理者在企业愿景的驱动下不断探索、学习和完善，就像“摸着石头过河”，走出一步才能看清下一步。其次，企业战略管理者需要采取动态整合的方法，即对“干中学”的成果进行不断的归纳、总结、整合和迭代，从而将所获得的各种信息变成知识，将所从事的各种探索变成创新成果，将各种操作程序变成特殊的技能；不断地推动关键竞争优势与管理模式的动态匹配与迭代，从而将多个单独的关键竞争优势变成相互协同和强化的整体，有效构建和发挥核心专长。

第三，有效专注与动态转换。在市场竞争越来越激烈的情况下，关键竞争优势与匹配管理模式的构建都需要企业在资源与能力的配置上表现出高度的，甚至是不为常人所理解的“专注”或者“偏执”。只有比其他竞争对手更专注，才能更加专业，才能开发特定的专长，这是市场竞争条件下企业构建竞争优势的硬道理。但是，如果企业战略管理者在资源和能力的配置上长期过于专注或者偏执于某种特定的竞争优势（如制造优势），而忘记克服自己的关键劣势（如营销劣势），那么企业永远无法具备多种关键竞争优势和核心专长；如果他们过于专注或者偏执于发挥某种特定竞争优势（如营销优势），而忘记这种竞争优势的相对性（如这种营销优势只适合家用空调行业），那么企业很可能基于特定关键竞争优势的发挥而进入其他相关性低的行业（如手机制造），或者陷入盲目多元化。有效构建和强化企业核心专长还需要企业战略管理者在构建一种关键竞争优势的基础上，根据环境变化或者企业面临的新问题，以“自灭自新”的决心对待已经拥有的关键竞争优势，适时实施动态转换资源与精力的配置，构建多种关键竞争优势。

第 2 节　战略管理者的构成及其面临的挑战

与企业管理的其他职能管理活动不同，企业战略管理所关注的是企业与外部环境的关系，所解决的是重大、长期、综合和非常规性的问题，因此，实施管理的主体的层次更高，作用机制更复杂，监管更困难。在具体了解企业战略制定、实施、评价与控制之前，我们必须明确企业战略管理者的构成和角色。

一、战略管理者的构成

战略管理者的构成与具体企业的类型、所有制和经营规模有关，其名义构成取决于具体企业的《公司章程》规定，其实际构成则取决于所有者个性特征或者管理风格。本书只基于对股份有限公司涉及公司治理的相关法规，对企业战略管理者的构成做出一般性或者符合公司法的解释。

根据对中国的公司法和证券法的理解，中国的公司治理模式在形式上模仿了英美的董事会和德国监事会两种治理模式，在股东会下设董事会和监事会两个平行机构（见图 2－2）。

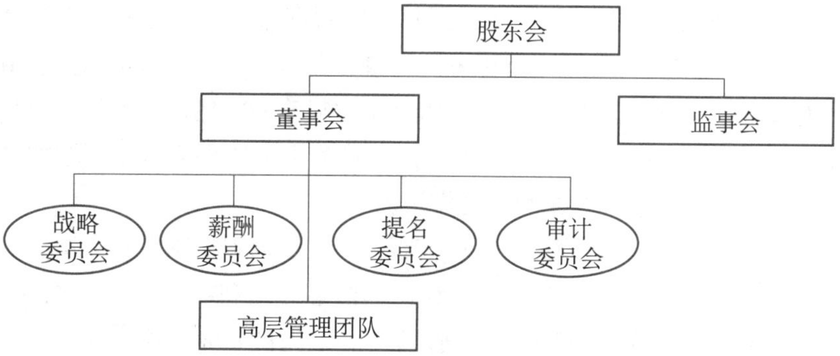

图 2－2　中国企业公司治理模式

有效实施企业战略管理不仅与企业战略管理者所扮演的角色有关，而且需要根据有效实施企业战略对企业战略管理者角色的要求动态地调整企业战略管理的构成，明确企业战略管理的责任，提升企业战略管理者的能力，加强对企业战略管理主体的管理。一般来说，企业战略管理者包括董事会（监事会）、高层管理者、中层管理者、非正式组织领导以及企业聘请的顾问或者顾问公司，这些群体及其成员代表着不同的利益诉求，并且以不同的方式在企业战略管理中发挥各自的作用（见图 2－3）。

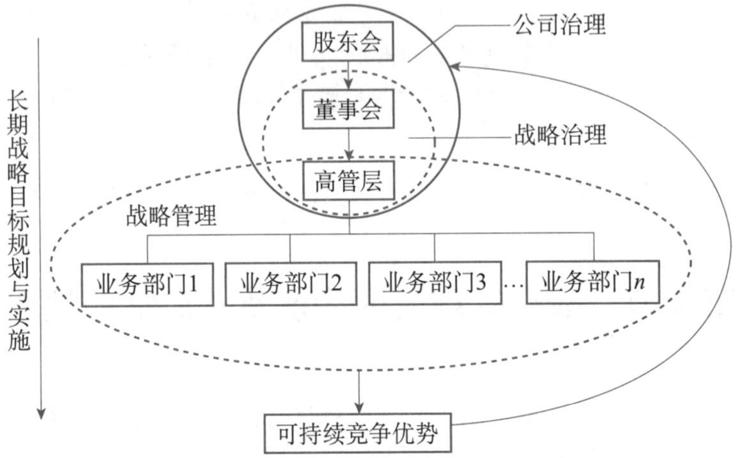

图 2－3　战略管理、公司治理与战略治理关系辨析

资料来源：周建，尹翠芳，陈素蓉．公司战略治理研究述评与展望．外国经济与管理，2013，35（10）：31－42.

1. 董事会

按照法律规定，董事会是公司股东会选举产生、代表股东会行使权力的公司经营决策和管理机构。董事会的主要职责是：负责召集股东会；执行股东会决议并向股东会报告工作；决定公司的生产经营计划和投资方案；决定公司内部管理机构的设置；批准公司的基本管理制度；听取总经理的工作报告并做出决议；制定公司年度财务预决算方案和利润分配方案、弥补亏损方案；对公司增加或减少注册资本、分立、合并、终止和清算等重大事项提出方案；聘任或解聘公司总经理、副总经理、财务部门负责人，并决定其奖惩。董事会在企业战略管理中具有非常重要的地位，因为董事会可在以下几个方面发挥重要作用，并且在很大程度上决定企业战略管理的有效性和效率：（1）提出和坚持企业的战略承诺（企业战略意图、宗旨、愿景、经营理念包括的主要战略和社会价值方面的选择）；（2）决定企业主要战略管理者的人事任免；（3）审议和批准企业战略（包括与企业战略有关的一系列重大决策）；（4）监督企业战略的实施情况。发挥董事会在企业战略管理中的作用需要保持股权的适度集中、完善董事会的决策机制、增加董事会成员的多样化程度以及加强董事的监督和管理作用。

法律规定的董事会责任可以归纳为两大类：（1）监督和控制公司高层管理者。董事会需要有效监管并预先阻止高管谋求个人利益、损害股东利益。（2）为公司提供资源。董事会成员除了利用自身的知识和专业为管理层决策提供专业建议之外，还利用自身的社会联系帮助企业获得外部资源。

2. 高层管理者

高层管理者是受企业董事会聘请和委托而组建的专门负责企业经营决策的职业管理团队，通常包括企业的总经理、副总经理及其他被明确规定为企业高层的管理者。作为企业经营决策和管理团队，高层管理者要根据企业战略意图、宗旨和董事会的具体要求，具体负责企业战略制定和与战略实施相关的重大决策（包括重要组织结构变化、重要的人事任免、年度计划、重大行动方案、融资方案、各种经营预算以及重大投资和融资方案等）的制定，保证企业重大战略决策的科学性，并且在得到董事会批准后负责企业战略的实施工作。在战略实施的过程中，企业高层管理者不仅需要利用自己的正式权力对整个企业战略实施过程进行管理，而且需要发挥自己的非正式权力在整个战略实施过程中扮演领导者的角色。

总经理通常被认为是企业最为重要的战略制定者，负责所有的战略决策。总经理的主要职权包括：主持公司的生产经营管理工作，组织实施董事会决议；拟定公司内部管理机构设置方案；制定公司的具体规章；提请聘任或者解聘公司副经理、财务负责人等。

为了应对复杂多变的外部竞争环境，企业往往需要依靠战略领导团队来迎接挑战。组建合理、高效的高层管理团队可以帮助企业获取战略决策所需要的多元的信息和知识，同时也能帮助企业避免由董事长或总经理单独决策所带来的问题。例如，过于自负的董事长或总经理可能会高估自己进行并购后整合的能力，从而进行更多的并购，或者支付更高的收购价格。在这种情况下，如果高层管理团队成员能够适时地帮助董事长或者总经理进行客观分析，企业可能取得更好的并购效果。

为了应对动态的外部竞争环境，企业通常需要组建一个异质的高层管理团队（heterogeneous top management team）。在这种团队里，团队成员拥有不同的职业背景、教育背景和经历。高管团队越异质化，就越有可能拥有更加多样化的技能和知识，能够为战略决策提供更加全面的信息。在此基础上，高管团队针对战略决策所进行的讨论也会更加全面，从而能够提升高管团队决策的质量。

需要注意的是，高管团队的异质化程度越高，团队成员之间产生冲突的可能性也越大，有可能阻碍有效的团队决策。由于具有不同背景的成员之间可能存在不同的认知基础，他们对同一事物可能会产生不同的看法，如此一来，高管团队成员之间很有可能会难以沟通，甚至产生冲突，从而导致企业不能做出最佳的战略决策。

战略聚焦 2－1　高层管理团队异质性

3. 中层管理者

企业中层管理者是由高层管理者任命的，专门负责职能部门、产品或者市场经营单位的管理者。中层管理者不仅具有所负责部门的专业知识，而且对企业内部和外部的相关情况有深入了解。在企业战略制定的过程中，他们可以对企业内外部环境分析、各种战略选择的形成和最终的战略抉择做出重要的贡献。在企业战略实施过程中，企业中层管理者将从配角转为主角，战略实施的有效性和效率在很大程度上取决于企业中层管理者对企业战略的理解和支持，在动态化程度较高的环境条件下，中层管理者通过参与战略选择和战略实施，充当战略管理者的作用更为明显。中层管理者参与战略管理存在以下局限性：(1) 战略管理方面的理论与技术掌握得不多；(2) 倾向于站在部门角度而不是公司的角度提出问题和进行决策；(3) 可用于战略思考的时间有限。

中层管理者是指负责制定具体的计划及有关细节和程序，以贯彻执行高层管理者制定的战略目标的人员，在组织中起着获取、分享和管理知识，连接高层与基层员工，参与和补充高管团队决策，促进企业变革和创业行为等重要作用。中层管理者具备以下三个典型特征，使其区别于其他管理者：第一，不同于高层管理者，中层管理者难以直接参与企业战略决策，只能通过建言献策的方式影响决策制定；第二，中层管理者虽不直接参与决策制定，却需要对部门绩效负责，通过有效的战略目标分解向基层管理者传达具体的执行目标；第三，中层管理者需要负责组织内知识传送和组织外关系构建，是连接决策与执行的关键节点。传统研究认为中层管理者所扮演的核心角色是上传下达，但现有研究越来越认识到中层管理者对于企业构建竞争优势、实现转型升级所发挥的重要作用。

中层管理者的典型特征使得其在战略制定和执行过程中发挥独特作用。一方面，层级关系的存在需要借助中层管理者将员工、客户以及部门的诉求传递给高层管理者，确保决策制定的可行性和有效性；另一方面，决策制定的理想化常引起基层员工的执行抗拒，中层管理者需要采取相应的策略推动决策的执行，减少冲突发生。这些独特作用可以概括为中层管理者专属的“连接职能”，这种“连接职能”使得中层管理者研究常以多主体间互动关系为研究对象，探究这种互动过程对组织绩效或能力的影响效应。复杂的过程机制导致中层管理者研究难以借助其他层级管理者研究结论加以诠释。此外，伴随数字技术应用的普及，企业越来越依赖虚拟管理与沟通模式，中层管理者“连接职能”的内涵得到进一步丰富，复杂的管理现象需要建立专属中层管理者的理论逻辑体系进行剖析。

围绕战略过程，中层管理者的角色可以分为五种类型：知识管理、关系联结、决策参与、自主决策和战略执行。在资源积累部分，作为企业中坚力量，中层管理者可以借助结构优势与不同群体建立联系，整合不同功能形成关系网络，这种关系网络有助于收集不同来源的知识形成以中层管理者为结构洞的知识网络，知识网络与关系网络的构建可以为企业战略活动提供所需资源。在战略决策过程中，知识网络可以为中层管理者的决策参与提供信息支持，高管团队需要借助中层管理者补充知识完善战略决策，而关系网络则为中层管理者提供必要社会资源以支持其实现创业和变革等自主决策行为。在战略执行过程中，制定的战略决策需要通过中层管理者转化为具体的举措，战略执行过程中出现的非常规问题和资源限制又驱动中层管理者努力搜寻解决方案，并积极建立合作。

4. 非正式组织

企业是一个包括许多子系统的正式组织，但也有各种非正式社会系统存在。这些非正式群体对企业战略的制定具有重要影响。这种影响的大小取决于企业正式领导者的领导方式和非正式组织领导者的影响力。非正式组织领导者是由组织内成员自发推选的领导者，其领导地位主要是依靠个人才能和魅力赢得。在确定企业宗旨、目标、战略和政策的过程中，企业内部总是存在各种不同的意见，这些意见反映了企业内部的各种不同利益。战略制定的过程变成各种利益集团讨价还价的过程，而经妥协产生的决策往往是次优的。如果企业管理者能够重视非正式组织领导者，通过与其充分沟通和引导，或采取其他有效措施，使非正式组织领导者参与到企业战略管理中来，支持企业战略的制定、实施和控制，这将有助于企业战略管理的成功。

5. 外部专业人士和团体

专业人士或团体能否成为企业战略管理者取决于企业董事会或者高层管理者的委托。外部专业人士或者顾问公司的参与对提高企业战略管理的有效性和效率具有两个方面的好处：首先，专业人士或团体拥有良好的专业知识、掌握行业数据库以及具有相对宽阔的视野。其次，相对组织内部成员，外部专业人士或者顾问公司在战略态势分析和战略制定过程中更能保持相对客观的立场，有助于避免内部战略管理者可能存在的“群体思维陷阱”，从而使战略决策与实施更具科学性。例如，华为在其 30 多年的发展历程中，外部的“管理咨询”智囊团起了非常重要的作用。从 1996 年起，华为累计支付给各类咨询公司的咨询费高达几十亿美元。这些外部智囊团除了帮助华为构建研发、供应链、财经、人力资源、市场等方面的制度和流程之外，还为华为的一些关键战略选择提供了宝贵的建议。

二、核心专长构建与强化带来的挑战

企业外部环境从相对静态、简单向相对动态、复杂转变，主要表现为竞争互动以及竞争动力变化（创新和速度代替规模成为企业盈利的主要来源）。外部环境动态化的趋势导致企业战略决策和战略管理的性质与特点发生了根本性的变化，企业战略领导者逐步代替企业战略管理者成为企业战略管理主体的统称，这表明企业外部环境的变化对企业战略管理主体提出了新的要求或者更大的挑战。

第一，如何提高事中和反应型战略决策的有效性和效率，成为环境动态化给企业战略管理者带来的重大挑战之一。企业在战略实施过程中动态或者应变式的战略调整或改变已经成为企业战略管理中的新常态，对企业生存和发展的影响越来越大。原因在于企业战略决策从事前、主动和理性的决策演变成为事前与事中、主动与被动、理性与非理性决策的结合，从根本上推动了企业战略制定与实施两个阶段的交叉、两种活动的结合以及两个主体的趋同。相对于事前、主动的战略决策，事中和应变式的战略决策的时间短，决策和创新性是关键，目前战略制定相关的理性或者科学决策的方法已经难以使用。非理性的方法在一定程度上弥补了理性方法的不足，但是也存在不足。如何在事中和应变式决策中避免路径依赖、认知错误、利益勾结、侵犯小股东利益等问题，正在越来越严重地困扰着企业战略管理者。

第二，如何有效管理愿景或者定位驱动型的战略实施过程，成为环境动态化带给企业战略领导者的另一个重要挑战。企业战略实施已经逐步从一个严格执行计划的过程转变为一个创造性实现愿景或战略定位的过程，这从根本上推动了企业战略管理主体从战略计划的管理者向战略行动的领导者转变。在无法准确和具体地预测企业外部环境变化趋势及其对企业的影响的情况下，企业战略管理者无法详细确定为实现愿景或者定位需要采取的所有行动，预知可能面临的变化和风险，或准确分解目标、编制行动计划及考

核奖惩方案。在这种情况下，企业战略管理者已经无法完全依靠理性或者科学的方法制定战略和依靠定量化的中长期目标实施有效的战略管理，只能使用价值追求弥补理性或者科学方法的不足，制定和依靠企业愿景或者战略定位实施有效的战略管理。

为了应对环境动态化和复杂化所带来的挑战，充分发挥企业战略管理者的作用，必须解决若干与公司治理结构和机制相关的问题。这些问题包括企业战略管理者的构成和作用、管理机制和个性特征等，即战略治理层次的问题。因此，解决企业战略管理者作用有效发挥的问题，可能涉及现代公司治理的一系列重大和基础性的选择，例如股权结构、董事会和高层管理团队构成和权责、企业重大事项的议事规则等。此外，这些调整也可能导致企业一系列重要文件甚至公司章程的修改。

三、战略管理者的角色

为了有效应对环境动态化和复杂化给企业战略管理带来的各种挑战，企业战略管理者的角色必须做出相应调整，从而为企业有效制定和实施企业战略管理发挥积极作用。董事会、高层管理团队和中层管理团队在战略管理中所承担的角色如图 2－4 所示。

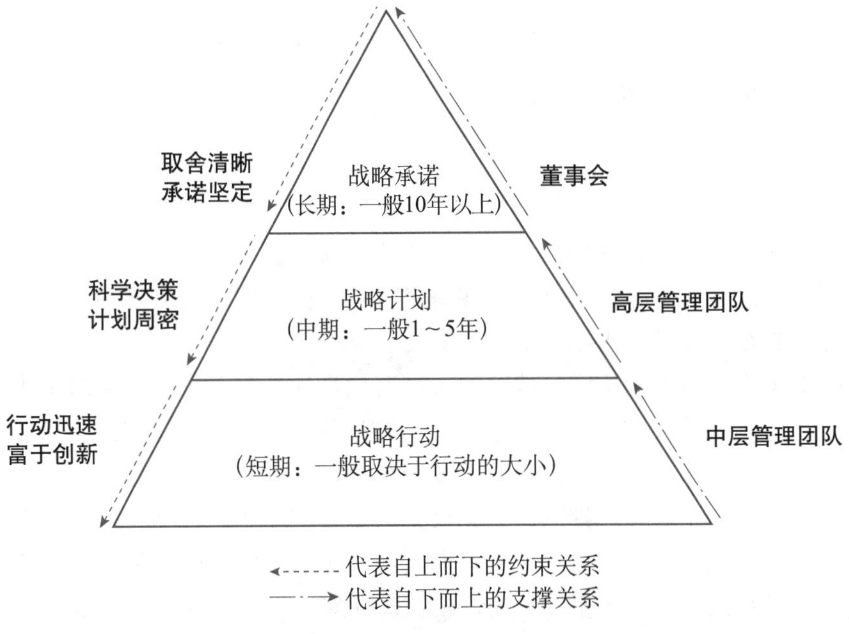

图 2－4　企业战略管理者的角色模型

1. 战略承诺的管理

在环境动态化和复杂化的影响下，企业外部和内部的利益相关者越来越明确地要求企业战略管理者采取以资源为基础的思维模式，在经营目的、行业范围、市场范围、经营方式和竞争定位等若干重大战略选择上做出尽可能清晰的取舍和长期的承诺。他们相信企业战略管理者在上述重大战略选择上越能够做到取舍清晰和承诺坚定，越有可能通过决策科学、行动迅速和创新构建、发挥和强化企业的核心专长。因此，在这种环境下有效实施企业战略管理要求企业战略管理者应该扮演的第一个角色也是最为重要的角色就是保证企业战略承诺坚定。

承担这一角色的战略管理者通常为董事会。有效扮演这个角色需要企业战略管理者：（1）有效地提出、凝练、表达和宣贯企业的战略承诺，包括宗旨、意图、愿景、理念等，以寻求企业内部和外部利益相关者的了解、认同、支持甚至监督；（2）基于对企业面临的战略问题和内外部环境的分析，在符合公司治理机制的前提下，可以对企业的战略承诺进行动态和慎重的调整，以保证企业能够不断构建、保持和强化自己的核心专长；（3）通过有效的组织、任免、激励和控制方法，保证企业战略承诺得到有效的贯彻。

2. 战略计划的管理

企业的战略承诺只是对影响企业中长期发展的重大战略做出选择，因此这些承诺都是宏观、定性和原则性的，其目的就是对企业中短期战略选择和行动提供决策原则、框架和指导。无论企业战略承诺是多么的志向高远、取舍清晰，承诺的实现都需要脚踏实地、量力而行。在动态和复杂的环境下，有效实施企业战略管理要求企业战略管理者能够在坚守承诺的前提下，对企业实现战略承诺的阶段性目标和实现这些目标的微观和具体行动做出科学决策。这也是有效实施企业战略管理要求企业战略管理者所扮演的第二个角色。

承担这一角色的战略管理者通常为高层管理团队。有效扮演这个角色需要企业战略管理者：（1）深刻地理解、把握企业战略承诺，并且能够从中推演出实现承诺的主要路径与阶段性目标；（2）熟知企业内外各种利益相关者的地位，动态地掌握他们的需求；（3）有效地收集、传递和处理有关企业外部宏观、市场、行业和竞争对手的各种信息；（4）有效地收集、传递和处理企业内部的各种经营信息；（5）有效比对和开发各种有利于企业实现其阶段性目标的战略选择，并且能够从构建、发挥和强化核心专长的角度做出恰当和具有一致性的抉择。

3. 战略行动的管理

在越来越激烈的市场竞争中，科学的战略决策只是企业能够有效实施企业战略的基础或者前提，但是企业能否有效构建、发挥和强化核心专长在很大程度上取决于企业的战略行动是否迅速和富于创新性。核心专长是企业在多次获得先动优势中累积而成的。在动态和复杂的环境下，有效实施企业战略管理要求企业战略管理者能够在科学决策的基础上，善于将决策转变为行动，将行动变成先动，将先动变成先动优势。这是有效实施企业战略管理要求企业战略管理者所扮演的第三个角色。

承担这一角色的战略管理者通常为中层管理者。有效地扮演这个角色需要负责具体行动的企业战略管理者：（1）理解整个企业的战略承诺和总体战略；（2）迅速把握具体行动的战略意图和关键成功因素；（3）掌握各利益相关者的要求和应对方法；（4）能够基于对抗或者博弈的特点制定行动方案和掌握策略要点；（5）具有良好的团队精神和领导魅力。当然，企业高层战略管理者必须为负责行动的企业战略管理者有效扮演上述角色构建好的条件：（1）有效宣传和贯彻企业的战略承诺和战略决策，使之为企业内部员工所理解和认同；（2）通过结构、机制和文化的建设，赋权于负责行动的战略管理者和全体员工，使他们能够先动和愿意创新。

第 3 节 公司治理的作用

嵌入在“乌卡特征”越来越明显的经营环境之中，企业战略管理者是否愿意和能否有效地发挥三种角色的作用，在忠实守信和控制风险的前提下，通过科学决策和有效管理实现企业经营的目的，成为整个社会尤其是利益相关者所关注的问题。针对有效发挥企业战略管理者作用所面临的信息不对称、利益冲突、委托代理成本以及风险管理问题，各个国家政府和企业制定了一套包括正式或非正式、内部或外部的制度机制或制度安排来协调公司与所有利益相关者之间的利益关系，以保证公司决策的科学化，从而实现企业经营目的。这一套制度机制或制度安排就是现代公司治理。通过优化公司治理模式和公司治理机制可以有效地规范企业董事会和企业高层管理者的互动行为，减少企业战略管理中的内部人控制问题，在一定程度上提高动态和复杂环境下企业战略管理的有效性和效率。

一、公司内部治理机制

公司内部治理是公司根据政府及相关部门的制度规定而制定的一套适合本公司特点的治理制度和机制，其核心目的是协调公司与利益相关者关系，保证公司决策的科学化，从而更有效地实现企业的经营目的。公司内部治理的核心内容包括：如何有效发挥和协同企业利益相关者的利益；如何保证董事会独立和科学决策；如何有效聘用、激励企业高层管理者和发挥他们的作用。

1. 股东及利益相关者权益保护机制

为了有效保护除股东以外的直接和间接利益相关者的利益，政府制定了保护债权人、顾客、职工、社区以及其他商业合作者权益的法律制度；为了保护股东，尤其是中、小股东的财产权、知情权、提案权、表决权、收益权和诉讼权，政府相关部门制定了信息披露、股东会、投票和表决、内部交易管理、独立董事和职工监事等制度。目前社会越来越关注如何完善大股东约束机制、中小股东权益保护机制以及股东以外的利益相关者参与公司治理的机制。

2. 董事会构成与运作机制

董事会成员分为三种类型。第一类是内部董事，他们是被选进董事会的高层管理者，如 CEO 和其他高层管理者等，负责具体执行业务，从事公司内部经营管理，有时也称为执行董事。第二类是相关外部董事，他们与公司存在某种合约或者其他关系。这些董事不参与公司的日常经营活动，但是他们和公司所存在的关系可能会影响他们的独立性。第三类是独立董事，他们既不参与公司的经营活动，又和公司不存在利益关系。按照中国证监会《关于在上市公司建立独立董事制度的指导意见》的规定，“独立董事应当……维护公司整体利益，尤其要关注中小股东的合法权益不受损害”。

为了有效行使董事会的职责以及保护中小股东的权益，董事会将按照规定设立战略、审计、聘用和薪酬委员会，各个委员会的主席以及主要成员由独立董事担任。目前社会越来越关注如何完善能够发挥非独立董事和监事作用的机制。

3. 高层管理者的聘用、激励和决策机制

企业高层管理者是具有特殊禀赋的人才，属于稀缺资源，其在企业中的特殊地位使得他们的决策不仅会对企业绩效产生很大的影响，而且决定着企业的长期命运。受股东会的委托，董事会的核心职能之一就是基于企业战略承诺，选择在价值观、知识、能力甚至年龄、性别等结构上“适合”高层管理者团队。高层管理者的聘用一般由董事会专门委员会提名，并且得到董事会和股东会批准。受股东会的委托，董事会的第二个核心职能就是制定有利于激励高层管理者的薪酬和考核制度，其中包括工资、奖金、股权和其他福利待遇。高层管理者的薪酬和考核制度一般由董事会专门委员会提出，并且得到董事会和股东会的批准。为了有效发挥高层管理者团队的作用，董事会还通过公司章程对高层管理者团队的人数、各自的职责、会议制度以及决策机制做出了相关的规定。

所有权和经营权的分离客观上形成了股东和管理者之间的委托代理关系，由于作为委托人的股东和作为代理人的管理者所追求的利益往往是不一致的，所以容易产生委托代理问题。例如，股东一般希望企业相对集中经营，而管理者为追求短期业绩和管理权力的扩大等则会选择高度多元化经营，从长期来看，管理者的这种选择不仅可能会导致股东收益下降，甚至可能会威胁股东的财产安全。解决好这一问题对企业的长远发展有重要意义，但即使在相对静态的环境中，委托代理问题也难以根除。随着环境动态化程度越来越高，股东对企业管理者决策正确性和行为恰当性的监督也越来越难，这是因为：第一，高层管理者所做的战略决策通常非常复杂且无规律性，仅仅通过对高层管理者的直接监控并不适合判断他们决策的质量；第二，高层管理者的决策对公司财务状况的影响好坏要在一定时期后才能表现出来，特别是由于公司战略决策对公司长期业绩的影响要大于其对公司短期业绩的影响，从而造成很难评估现有决策对公司未来业绩的影响；第三，在高层管理者的决策及行动和公司的实际表现之间的关系还受到许多不确定因素的影响，如不可预见的经济、社会或法律的变动，使洞察决策的效果变得很难。可以说，动态环境下的企业委托代理问题更为突出。

以激励为主、惩罚为辅的方法是解决股东与管理者委托代理问题的有效手段。首先，董事会要确定企业高层管理者的工资待遇和办公条件，这种待遇主要与其占据的位置有关，包括位置的价值和相应的工作及生活待遇，其目的是希望企业高层管理者基于对位置的珍重，善待股东和其他利益团体。其次，董事会要考虑给予企业高层管理者一定的奖金，这种激励与企业的短期（一般是年度）绩效的超预期增长挂钩。这种激励容易导致企业管理者在战略决策中的短期行为，故不应该让其成为管理者收入的主要部分。最后，董事会还会考虑给予企业高层管理者一些长期激励，如股权、期权激励等，目的是使高层管理者在决策过程中多考虑企业和股东的长期利益。除此之外，股东可能还会给企业高层管理者很高的退休金或退休以后的其他社会或福利方面的待遇，同样希望将管理者个人的长久幸福与企业、股东的长期利益挂钩，避免因个人利益而做出有损股东价值的行为。

在企业战略决策中，董事会与高层管理者的关系也是一个非常重要的公司治理问题。

如前所述，虽然董事会与高层管理者在企业战略决策中的分工有所不同，但是高层管理者的作用“略大”可能是更合理的治理安排。董事会应积极参与企业的战略决策，但是又不能过于积极参与企业的战略决策。董事会的主要职责首先应该是形成企业的战略承诺和目标；其次是要将合适的人放在企业高层管理者的位置上，并且通过合适的激励和监督去保证他们能够且愿意提出正确的计划与方案；最后还需要具备相应的信息和知识去判断企业高层管理者所提出的计划与方案是否正确。

战略聚焦 2-2

董事会与高层管理者的关系

有效实施企业战略管理不仅要求企业根据所处环境的变化趋势，动态调整企业管理者的角色和企业战略管理者的构成，更重要的是要有效管控董事会和高层管理者在企业战略管理中的关系。

在众多的企业战略管理者中，企业的董事会和高层管理者的角色和作用最重要，两者之间存在委托代理关系，会因为委托代理问题而影响企业战略管理的有效性，因此董事会与高层管理者的关系备受关注。在一些企业中，企业董事会在企业战略管理中占据绝对的主导地位，甚至完全取代了高层管理者，此时董事会的作用被称为幕后指挥。在另外一些企业中，则是高层管理者在企业战略管理中占据绝对的主导地位，甚至完全置董事会于不顾，此时董事会仅仅是摆设。大量的文献和实证研究表明，无论董事会是幕后指挥还是摆设，都会严重破坏董事会和高层管理者的关系，并且降低企业战略管理的有效性。有效实施企业战略管理要求董事会与高层管理者的关系不应该是在连续统一体中左或右边的极点上，而是应该在两个极点中间偏左的点 A 位置（见图 2-5）。

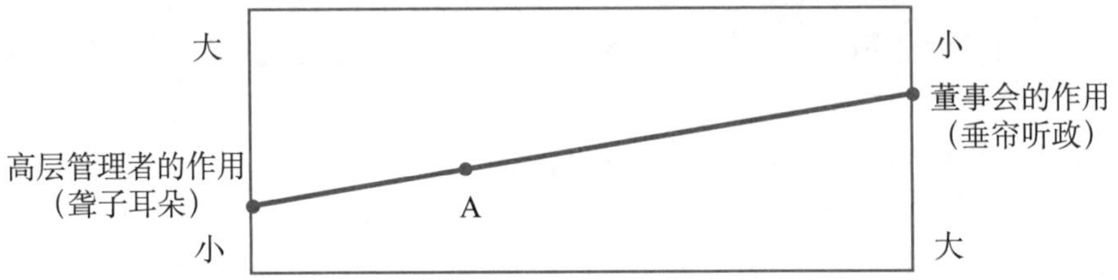

图 2-5 董事会与高层管理者的关系模型

第一，董事会与高层管理者在企业战略管理中的基本关系应该是各司其职、各尽其能，相互合作和相互监督。对于所有权与经营权分离的现代企业，董事会的主要作用应该是形成和捍卫企业的战略意图与宗旨，并通过合理的内部治理结构选择，有效地激励和监管高层管理者，审议和批准高层管理者提出的企业战略。高层管理者的主要作用是制定企业战略，并且在董事会批准之后负责企业战略的实施。有效的企业战略管理需要所有权和经营权分离，需要两个不同的群体代表所有权和经营权，董事会和高层管理者必须紧密合作和相互监督才能够发挥两者的优势，克服各自的劣势，保证企业通过有效的战略管理持续获得高于行业平均水平的收益。

第二，考虑到环境动态化和复杂化对企业战略管理的影响，越来越多的研究表明，高层管理者在企业战略管理中的作用可能要略大于董事会（见图 2-5），企业战略管理的有效性和效率会更高。环境的动态化和复杂化正在导致越来越多日益重要的战略决策逐步从事前、主动和理性决策转变为事中、被动和非理性决策，从而对企业战略管理者在有效制定和实施战略方面提出更多和更高的要求。相对于董事会来说，企业高层管理者在满足上述要求方面具有更大的优势，包括更了解企业外部和内部的环境，有更多的时间和更好的知识与能力，来有效制定企业战略和对企业战略进行快速与创新性的调整。

二、公司外部治理机制

公司外部治理是政府及其相关部门所制定的一套有利于推动企业发挥内部治理机制的制度机制与安排，其核心目的是帮助企业完善公司内部治理机制，推动董事会和高层管理者勤勉尽职，保证公司决策的科学化，从而更有效地实现企业的经营目的。公司外部治理机制主要包括公司治理原则与评价、有效的媒体监督、有效的资本市场、有效的经理市场等。

1. 公司治理原则与评价机制

为了提升本国以及国际经济合作组织内部各个国家企业的公司治理，全球主要的发达国家、欧盟、OECD、OPEC，也包括中国都颁布了内容大体相同的公司治理原则。我国《上市公司治理准则》自2002年颁布后，对中国公司治理的制度建设起到了重要的规范和推动作用。2018年中国证监会颁布了新修订的《上市公司治理准则》，充分体现中国特色，将新发展理念、党的建设与服务保障“三大攻坚战”等要求融入上市公司治理中，同时，积极借鉴国际经验，新增“机构投资者及其他相关机构”专章。另外，新修订的《上市公司治理准则》强化中小投资者保护、限制“野蛮人”入侵并避免滥用“金色降落伞”。

基于公司治理的理论和原则，证券市场、投资机构甚至是中介组织开展公司治理的评价，评价的高低将会影响投资者的意愿和股价。有效开展这种评价的重心在于构建衡量与诊断公司治理状况的科学评价体系，这对于指导投资者正确决策、保护利益相关者的利益、促使上市公司质量的改善、促进证券市场的发展，都具有重要的理论与现实意义。

2. 有效的新闻媒体监督

有效的媒体报道将使企业直接和间接的利益相关者更迅速、客观、全面和准确地了解和监督企业战略管理者的决策行为和企业的经营行为，并且对企业通过有效的公司治理协调股东和利益相关者的利益关系，提高企业战略管理者决策的水平，保证企业经营目的的实现具有重要的作用。媒体传播消息的受众包括公司股东、外部债权人以及监管机构。媒体对公司违规行为的报道会引起监管部门的关注，从而迫使企业管理者修正自己的不当行为。同时，媒体的报道也会对企业管理者和董事会成员的声誉产生影响，这也会使得他们有所忌惮，不敢进行违规操作。

现实中，也不乏有些媒体对公司进行敲诈。例如，21世纪网主编新闻敲诈案涉及数十家企业。因此，有效的媒体监督不仅需要良好的制度环境，包括对各种新闻媒体甚至自媒体的保护和监督的制度安排，而且需要一大批专业、高水平的各种研究机构和新闻媒体。

3. 有效的资本市场

有效资本市场的存在将使公司股票的市场价格快速和准确地反映公司的资产价值，包括公司治理、企业战略和经营行为方面所存在的问题，从而通过股票价格、股票交易和并购市场等机制促进企业内部治理机制的完善。资本市场的价格发现机制降低了投资者的信息成本和监督成本。在公司治理存在重大问题，股票价格持续下跌的情况下，如果企业内部治理不能够有效阻止或者纠正大股东、董事会以及高层管理者的错误决策行为，例如更换董事会成员和高层管理团队成员，那么有效并购市场的存在将导致该企业迅速成为收购对象，并且通过收购以及收购后的相关安排，例如更换董事会和高层管理者，来解决公司治理存在的问题。

4. 有效的经理市场

有效经理市场的存在将使各种高、中级经理人才的市场价格以最快的速度准确地反映这些人才的价值，包括这些人才在之前就业过程中所表现出的决策能力、经营能力和道德水平，从而通过经理人才的价格机制促进企业内部治理机制的完善。如果企业外部治理机制和内部治理机制能够有效发挥作用，那么不能够有效发挥战略管理者作用的董事长、高层管理者将面临解聘的威胁、就业的困难或者市场价格的下降，这些都将对在职的战略管理者形成有效的激励，使他们尽职勤勉地发挥自己的角色作用。

第 4 节　战略领导者的作用与特质

通过完善公司治理机制规范企业战略管理者的行为也存在局限性：（1）规范企业战略管理者的角色，形成角色之间的相互制衡可以减少内部人控制，但是同时也必然会降低企业战略决策和行动的速度和创新性；（2）规范企业战略决策（包括事前决策和事中调整）的程序可以提高决策的理性或者科学性，但是过于理性可能导致取舍不清和承诺不坚定；（3）在市场经济体系、资本市场和经理人市场不完善的情况下，角色和程序的规范并不能够保证战略决策的科学性。在环境动态化和复杂化的影响下，上述局限性将越来越严重地影响企业有效实施企业战略管理。

越来越多的研究和案例表明，拥有杰出的企业战略领导者可以在一定程度上克服上述三个方面的局限性。企业战略领导者首先是企业战略管理者，通常可能是企业的控股股东、董事长或者企业总经理，甚至同时拥有这三个身份。但是他对其他企业战略管理者的巨大影响力并不完全来自其所拥有的控股股东的位置或者职权，而是来自其所拥有的价值观和能力。通过杰出的领导能力，他可以将自己的价值观变成企业战略管理者的价值观，使取舍清晰、承诺坚定、决策科学、行动迅速和创新得到有机整合。如果杰出的企业战略领导者能够在尊崇公司治理结构和机制的前提下，通过影响其他企业战略管理者的选择，发挥自己在企业战略管理中的主导作用，完全可以弥补现代公司治理结构和机制的局限性。

一、战略领导者的价值取向

在动态和复杂的环境下，承诺坚定、决策科学、行动迅速和创新已经成为有效实施企业战略管理的三大要素，这三个因素的有机整合有利于企业不断构建、发挥和强化自己的核心专长。如果企业战略管理者的核心价值观正确，那么把握上述三个要素将会变得相对容易或者自然。关于核心价值观和企业战略领导者的论述很多，本章仅以导入性案例说明企业战略领导者的核心价值观的重要性和对转型期中国企业战略管理有效性的影响。

1. 事业为先

在越来越动态化和复杂化的环境中，取舍清晰和承诺坚定是有效实施企业战略管理和构建、发挥、强化核心专长的前提。但是，技术进步、经济全球化、市场竞争激烈导致企业坚持和做强主业越来越困难，新行业、高技术行业和高盈利行业的诱惑力越来越大。例如，格力电器曾经在家用空调的经营上面临巨大困难，也面临许多多元化发展的机会，更重要的是来自政府高增长的压力。面对上述挑战，企业战略管理者要想保持取舍清晰和承诺坚定变得越来越难，企业战略管理者完全可以以经济合理为由不断进入新行业和高盈利的行业，但最终会失去在主业上发展成为世界级企业的机会。应对这种挑战对于像朱江洪这种以事业为先的企业战略领导者来说则相对比较简单和自然，他不会因为主业经营困难或者陷入低潮而随意退出，更不会因为其他行业的机会更好就盲目多元化，因为在家用空调行业中发展成为世界级企业就是他本人的事业追求或者说价值追求。杰出的企业战略领导者完全可以以自身的价值选择和价值坚持保证企业战略承诺的坚定，提高企业战略管理的有效性。

2. 顾客为本

在越来越动态化和复杂化的环境中，科学决策是有效实施企业战略管理和不断构建、发挥、强化核心专长的关键。但是，在各利益相关者的要求错综复杂、不断变化的情况下，通过科学决策不断地识别和持续把握市场、行业发展的关键机遇，有效地分配和使用有限的资源，持续在关键领域建立竞争优势变得越来越难。应对这种挑战对以顾客为本的企业战略领导者来说相对比较简单和自然，因为只要坚持以顾客为本，企业战略领导者就可以根据顾客的不满找到市场、行业发展的关键机遇，将有限的资源重点配置到顾客认为关键的环节上，先后在生产、营销和研发等多个关键领域建立竞争优势。在中国空调行业，识别和把握一次重要机遇的企业较多，如有效把握空调市场启动优势，在生产制造上曾经具有竞争优势的科龙和华宝空调，但是能够持续识别和把握所有重要机遇的企业则不多。无论身处逆境还是顺境，朱江洪都常年跑市场，目的就是要从销售和顾客的不满中识别和把握重要的发展机遇，构建新的关键竞争优势。实证表明，杰出的企业战略领导者以其自身的战略导向保证企业的科学决策，并持续在关键环节构建竞争优势。

3. 重视克短

在越来越动态化和复杂化的环境中，行动迅速和富于创新是有效实施企业战略管理和不断构建、发挥、强化核心专长的基本方式。在环境不断变化的影响下，通过先动或者迅速跟进把握一次新机遇和构建竞争优势相对容易，通过多次先动或者迅速跟进把握新机遇和构建竞争优势则比较难，因为拥有一个关键竞争优势的企业往往会受制于路径依赖或者既得利益，无法识别新的关键机遇，更重要的是缺乏自我否定和超越的决心。应对这种挑战，对于重视克短的企业战略领导者来说相对比较简单和自然，因为他们的快速和创新不是源于抓机会或者赶时髦，而是来自抓短处或者找问题。与其他国内空调企业相比较，格力电器能够连续构建多重关键竞争优势就是因为朱江洪本人一直都更重视克短而不是扬长，他从来就无法忍受短处的长期存在。因此，每当顾客表现出不满，他就会利用这种不满想方设法学习和创新，不经意之间就持续把握住了多次先动和创新机会，并且最终将顾客感到不满的领域，例如生产、质量、营销和研发等先后变成企业的优势领域。

4. 敢于担当

在越来越动态化和复杂化的环境中，坚持做强主业要承受巨大压力，企业因此可能会错过许多快速发展和短期盈利的机会；连续多次偏执地将有限的资源高度集中地配置到关键领域要承受巨大风险，企业可能会因此一蹶不振；行动迅速和富于创新要有容错机制，虽然学习的代价可能很大。应对这种挑战，对于一个敢于担当的企业战略领导者来说相对比较容易。正是因为朱江洪的担当，格力电器才在长达 24 年的漫长时期承受巨大的制度压力和抵御住市场机会的诱惑，坚持主业和质量定位，才能连续先动性地在若干关键价值创造环节构建竞争优势，在全球家用空调行业形成自己的核心专长。企业战略领导者的担当来自其执着的事业追求、正确的价值取向和强烈的社会责任感。

二、战略领导者的素质特征

企业战略领导者能够在企业战略管理过程中，将自己的核心价值观转变为企业的核心价值观，并且有效地领导企业去实现企业的战略承诺，这与企业战略领导者具备一些一般企业战略管理者所不具备的素质密切相关。企业战略领导者因为具备这些特定的素质而成为企业的战略家，并且能够运用自己的方式和态度看待和处理各种利益冲突、长期与短期的冲突、整体与局部的冲突、理想与现实的冲突，最终在不可为处做出一番伟大的事业。有关杰出企业战略领导者素质特征的研究高度集中于以下几个方面。

1. 具有强烈的社会责任感

虽然在创业或者成为职业经理人之初，企业战略领导者的主要目的和一般企业战略管理者一样，无非就是寻求改善个人生活或者个人财富的增长，但是随着企业规模的扩大和管理职务的提升，杰出的企业战略领导者对企业利益相关者的重视程度迅速上升，将企业利益相关者长期利益的满足与个人的价值追求或者责任相联系。正是因为他们具有一般企业战略管理者所不具备的社会责任感，才能够使他们从更高、更长远的视角去应对各种利益相关者的矛盾，看似愚钝，实为睿智；看似利他，实是双赢。例如，作为中国空调行业的后发企业，格力电器不是依靠规模、价格、性能，而是依靠产品可靠性实现了对先动者的超越。上市以后的中集集团不是通过投资扩产、低价竞争而是依靠委托同行加工实现对国内集装箱行业的快速整合。

2. 具有长远或者战略性的眼光

正是因为具有强烈的社会责任感，企业战略领导者才比其他企业战略管理者更重视企业长期、稳定和持续的发展，更重视企业战略选择对企业发展的影响。例如，在经济转型过程中，对于企业的发展究竟是依靠政府还是依靠市场，杰出的企业战略领导者做出的选择基本上都是主要依靠市场；身处新兴市场国家，企业的战略选择究竟应该是以机会为导向还是以资源为基础，杰出的企业战略领导者选择了以资源为基础；面对各种“风口”行业和市值管理的诱惑，杰出的企业战略领导者担心的不是抓不住机会，而是担心动摇了企业继续做强主业的决心和耐力。正是因为他们具有长远或者战略性的眼光，他们所领导的企业才有效地避免了各种短期机会的诱惑或者干扰。

3. 具有强烈的企业家精神

学术界关于企业家或者企业家精神的描述通常是用一些褒贬不一的词，例如创新、冒险、偏激、执着、开拓、专注等，使人感到企业家或者具有企业家精神的人在性格组合上异于常人。其实杰出的企业战略领导者就是一种具有企业家精神的企业战略管理者。这些企业战略领导者往往能够以独特的视角发现新的商业机会，以丰富的想象力形成自己或者企业的愿景，敢于为实现企业愿景付出巨大的努力，包括精力和资源，善于在战略实施过程中不断先动、探索和创新，并且承担相应的风险。2003 年王传福跨界造车时，外界普遍不看好，甚至有香港投资者在电话会议上威胁要“抛售比亚迪股票，抛到死为止”。王传福力排众议，果断执行。如今，创业 29 年、造车 20 多年后，王传福终于迎来了属于自己的时代，成为新能源汽车的领导者。

4. 具有非常乐观和积极的心态

在实施企业战略管理的过程中，企业总是面临着理想与现实、外部与内部、机会与资源之间的矛盾，能否解决这些矛盾主要不在于企业战略管理者的知识多少或者能力高低，而在于企业战略管理者的心态。与一般企业战略管理者不同，企业战略领导者内心非常强大，总是能够保持一种非常乐观、积极和向上的心态，不断寻找、探索和发现解决上述矛盾的办法。例如，王传福认为很多企业因为不了解技术，把技术想象到一种令人畏惧的高度，实际上技术就像一层窗户纸，一捅就破。王传福把这种恐惧视为对手给后来者营造的一种“产业恐吓”，不断告诉后来者做不成，投入很大，研发很难，直到后来者放弃。比亚迪始终坚持全链条的自主研发、自主生产的原创精神，成为国内品牌的“自主大哥”。

三、战略领导者的能力特质

与一般企业战略管理者相比，企业战略领导者还拥有一些特殊的能力，使他们能够在战略制定的过程中有效地克服治理机制的不足，甚至是理性决策的不足，提升决策的速度和创新性；能够在战略实施的过程中有效地化解企业各种利益集团的矛盾，有效地克服内部资源和能力的局限性，有效地形成共识、激励下属，调动企业员工的积极性和创造性。

1. 洞察力

在越来越动态化和复杂化的环境下实施企业战略管理，企业战略管理者必须在非常有限的时间里做出对企业具有全面、长期和重大影响的决策，在事前和事中的战略决策中，企业战略管理者所面临的一个非常重要和普遍的挑战就是理性能力和科学方法的不足。企业战略领导者往往具有超常的洞察力，从而使他们的思维能够由近及远、由小见大、由树木见森林，这种能力恰恰是一般企业战略管理者所不具备的。第一，企业战略领导者有可能快速准确地判断外部环境的变化趋势，而不必过于依靠系统、全面和理性的外部环境分析。例如，美的前董事长何亨健当年就是仅凭北滘镇周边新建风扇厂的数量预测到中国即将爆发风扇大战，果断做出扩大出口的决策。格力电器前董事长朱江洪从国外买家的投诉中发现空调性能与质量的可靠性是行业竞争的关键成功因素，依靠狠抓产品可靠性使格力电器实现对行业先动者的赶超。

第二，企业战略领导者有可能快速准确地判断企业外部和内部利益相关者，包括企业内部管理者、员工的要求，而不必过于依靠大规模、长时间的调查和对数据的科学分析。随着企业规模的扩大和管理层次的增加，大企业，包括那些杰出企业的企业战略管理者开始越来越远离企业外部和内部的利益相关者，越来越不及时和真实地了解这些利益相关者的诉求，最终做出导致企业失败的战略决策。但是，杰出的企业战略领导者往往喜欢亲自和直接地与企业利益相关者沟通，哪怕是与一个小供应商、消费者、基层管理者或者一线员工的沟通都能够让他们迅速洞察企业面临的巨大危机，并且快速做出事关企业成败的重要决策。例如，1996 年正是因为亲自走访格力电器的经销商，朱江洪才了解到空调大战使那一年全国空调经销商面临普遍和严重的亏损，因而立即做出返利补偿经销商的决策，这使得后来全国空调经销商纷纷转投格力电器，使企业与经销商的关系成为格力电器成功的关键因素。

2. 整合能力

在越来越动态和复杂的环境中实施企业战略管理，企业战略管理者必须以有限资源与能力应对各种机会与威胁，不断获取资源、能力以迎接挑战。杰出企业战略领导者所具有的整合能力，更准确地说是动态整合能力，有利于企业既把握机会又控制风险，既获得资源又保持弹性，既竞争又能合作。企业战略领导者的这种动态整合能力首先源于他们对本企业竞争优势与劣势的判断能力，这种判断越准确就越有动态整合的动力；其次源于他们对各种利益相关者需求的洞察能力，这种判断越准确就越有可能找到动态整合的契机；最后源于他们对主要与次要、长期与短期、总体与局部的关系的分析能力，这种分析越准确，他们就越有可能找到最佳的动态整合方式，促成和保持与其他利益相关者的合作关系。

3. 变通能力

在越来越动态化和复杂化的环境中实施企业战略管理，企业战略管理者必须应对各种利益相关者复杂特别是相互矛盾的要求。杰出企业战略领导者所具有的变通能力使得企业既获得了利益相关者的支持，又没有牺牲企业的利益，还在适度的妥协或者让步中有效地实施了企业战略。企业战略领导者的变通能力首先来源于他们对各种利益相关者的重要性和需求的判断能力，这种判断越准确就越有可能知道企业在什么地方可以做出让步；其次来源于他们对企业战略的理解，这种理解越准确就越有可能知道企业在什么地方不能做出让步；最后来源于他们善于通过适当地“改变”换取企业战略的“不变”，善于通过在非原则性问题上的“让步”换取企业在原则问题上的“坚持”。这种变通能力对转型期中国企业有效实施企业战略非常重要。中国的经济转型其实就是制度重构或者制度完善的过程。能够在这种制度环境下发展并最终壮大起来，成为世界级企业的企业一般都具有一位变通能力极强的企业战略领导者，例如麦伯良和朱江洪这样的企业家。只有这样的企业战略领导者才能够保证企业根据自身的性质和特点对制度安排与遵从做出准确的判断，从而保证企业的战略选择始终不偏离核心专长的构建、发挥和强化。

四、如何有效发挥战略管理者的作用

1. 重视公司治理机制

企业战略管理者（包括区域分公司的企业领导）都应该将自己放在公司治理机制之下，不断完善公司治理机制和主动接受公司治理的约束。不论这些战略领导者具有多么创新和大胆的战略决策都需要按照公司治理机制规定的步骤和要求，在得到董事会审批之后方可实施。按照我们的理解，只要战略领导者没有私心，而且善于事前沟通和主动沟通，他们的创新意愿是不会被硬性阻止的。

2. 强调民主集中制的决策原则

重大战略决策一定要由相关专业人员（包括企业内外）进行专题研究（包括商业计划、可行性分析和研究报告等），编制正式文本文件；一定要由企业高层管理者举行专门的会议，针对正式文本文件进行集体研讨和决策。在这个过程中，中层管理者必须坚持“求实、创新”的基本原则；高层管理者必须坚持“利益高于一切”的基本原则；战略领导者必须坚持“先民主、后集中”的基本原则。战略领导者不宜过早表明自己的战略意图或者价值偏好，可以在集体研讨之后坚持自己的主张，甚至力排众议做出决断。在这个过程中，非常需要借助战略领导者的威望和要求，带动企业不断提高研究能力，完善决策机制和流程。

3. 重视正式沟通

在经营环境越来越难以预测和有限理性决策越来越重要的情况下，有效地实施企业战略管理越来越依靠：（1）及时和准确地发现战略问题；（2）正确判断战略改变的性质和范围；（3）针对战略问题做出合适的战略改变，保证战略制定的连续性、一致性和创新性有机结合；（4）通过相应的组织结构、干部队伍、资源配置、管理机制和企业文化的调整保证战略改变的实施。

为了在这个过程中有效地克服个人理性的局限性、各种信息不对称和组织内部的利益冲突，战略领导者更需要依靠内外部正式的信息系统、财务报表、经营分析和专题研究获取相关的信息；需要通过更加正式的会议（会议议程、上会文件、会议组织和会议纪要等）进行有效的沟通和研讨；需要通过更加正式的方式传达会议的精神和工作安排等。

思考题

1. 企业战略管理者应该如何应对环境复杂化和动态化带来的管理挑战？
2. 战略领导者是如何影响企业的战略选择的？
3. 公司治理与企业战略管理是什么样的关系？
4. 企业战略管理者有哪些角色？企业战略管理者包括哪些群体？
5. 如何有效发挥董事会与高层管理者在战略管理中的作用？
6. 如何在战略实施过程中做到承诺坚定与取舍清晰？
7. 企业战略领导者的核心价值观对有效实施企业战略管理的影响是什么？

能力拓展

请选择某一行业的企业，收集相关资料，比较相同行业的不同企业的企业战略管理者的角色、素质能力特征以及各企业的企业战略决策和实施机制。

第3章
战略承诺与基本战略选择

导入性案例

阿里巴巴集团——让天下没有难做的生意

阿里巴巴集团控股有限公司（简称阿里巴巴）1999年成立于杭州，是国内首家中小企业在线交易平台。自成立以来，阿里巴巴经历了令人瞩目的增长和变革，目前阿里巴巴已成为全球最大的电子商务公司之一，业务覆盖中国商业、国际商业、云计算、本地生活服务、菜鸟、云、数字媒体与娱乐以及创新业务等多个领域。自2017年首次进入《财富》世界500强，到2023年阿里巴巴已连续七年入围，并且排名一路上升，2023年位列世界500强企业第68名，中国企业500强第21名。

阿里巴巴成立伊始，创始人马云就公司发展提出了自己的期望：要建立一家持续发展80年（后调整到102年）的公司；要建立一家为中国中小企业服务的电子商务公司；要建成世界上最大的电子商务公司，要进入全球网站排名前十位。这些期望逐步演化成了阿里巴巴公司的战略承诺。二十几年以来，随着内外环境与顾客需求的快速变化，阿里巴巴先后经历了2000年与2008年互联网寒冬等带来的威胁，也经历了诸多其他机会的诱惑。公司业务范围已经从最初的B2B电商平台业务逐步拓展到全域电子商务平台、金融服务、云计算、物流网络、数字娱乐、本地生活等多个业务领域。市场范围已经从最初的中国局部市场拓展到中国整体市场，并逐步延伸扩大到全球市场。公司目前已经建立起广泛的全球业务网络，市场范围包括但不限于亚洲、欧洲和美洲等地区。公司管理模式也在不断进行调整，如组织结构2006年调整为“五虎将”，2011年调整为“独孤七剑”，2013年变为“独孤九剑”，2015年底调整为“小前台、大中台”互为协同的创新管理模式，2016年底将天猫与聚划算整合推出“三纵两横”架构，2020年开始打造敏捷组织推行经营责任制，2023年3月启动“1＋6＋N”的组织变革，2023年下半年突然重整组织架构并开启深度重组变革。然而，公司始终坚守未变的就是明确和坚定的战略承诺。

阿里巴巴清晰和坚定的战略承诺，首先体现在其使命方面。秉承“让天下没有难做的生意”的使命，二十几年以来，公司始终把中小企业的生存、成长和发展作为自身生存、成长的根基和希望。此使命贯穿公司整个发展历程，在承诺坚定的前提下阿里巴巴探索创新，通过连续的“划界、守界、跨界”过程，持续强化与发挥核心专长，逐步拓展业务边界，为中小企业提供更广阔的商业生态系统。首先，阿里巴巴创建以来一直致力于支持中小型企业，提供数字化解决方案和商业服务，帮助中小企业突破传统的商业壁垒，拓宽市场渠道，实现线上线下一体化运营。阿里巴巴在中国的零售商业业务主要由淘宝、天猫以及通过整合线上和线下功能提供升级消费体验的各种直营业务组成，它们已成为中国消费者日常生活的重要组成部分。其次，阿里巴巴通过实施全球化战略，推动全球市场的开放和合作，打破国界限制，致力于打造全球化的商业平台。例如阿里巴巴旗下 Lazada、速卖通等全球电子商务平台为不同国家和地区的企业提供了全球贸易的机会。通过这些平台，全球的买家和卖家可以进行跨国贸易，促进了全球市场的开放和合作，让不同国家和地区的企业能够更便捷地开展全球贸易。此外，阿里巴巴在交易平台的基础上，拓展了覆盖“到家”和“到目的地”两个不同场景的本地生活服务；成立解决国内外物流及供应链问题的菜鸟平台；打造中国最大的公有云服务（包括 Paas 和 Iaas 服务）；等等。围绕着阿里巴巴的平台与业务，一个涵盖消费者、商家、品牌、零售商、第三方服务提供者、战略合作伙伴及其他企业的生态体系已经形成。阿里巴巴始终坚守“让天下没有难做的生意”这一使命，为全球商业的进步与发展做出了重要贡献。

阿里巴巴清晰和坚定的战略承诺，也体现在愿景方面。阿里巴巴的愿景是：追求成为一家活 102 年的好公司。让客户相会、工作和生活在阿里巴巴。其中，相会在阿里巴巴：每天促进数以百万计的商业和社交互动，包括用户和用户之间、消费者和商家之间以及企业和企业之间的互动。工作在阿里巴巴：向客户提供商业基础设施和数据技术，让他们建立业务、创造价值，并与其他生态系统参与者共享成果。生活在阿里巴巴：拓展产品和服务范畴，让阿里巴巴成为客户日常生活的重要部分。102 年：阿里巴巴一直坚持长期主义，不断调整和优化组织架构，以适应不断变化的市场需求和业务发展。同时积极推动人才培养和管理优化，不断引进具有全球视野和创新能力的人才，构建了高效灵活的组织架构和团队协作模式，为公司的长期发展打下了坚实基础。阿里巴巴不仅关注自身的商业发展，也积极履行企业社会责任，强化长期主义。2023 年 7 月 24 日，阿里巴巴发布《环境、社会和治理报告（2023）》（简称“ESG 报告”），披露了系统性实施 ESG 七大战略方向的第一年的工作进展，进一步体现了其坚定履行保护环境和绿色低碳发展的长期承诺。

正是对战略承诺的恪守，推动着阿里巴巴在“划界、守界、跨界”的过程中不断构建与强化核心专长，从而连续地创造奇迹。自成立至今，阿里巴巴由最初 18 个人、50 万元创业资本，迅速发展成为雇员超过 20 万人、营收超过 8 600 亿元、净利润超过 650 亿元的电子商务帝国。2023 财年，阿里巴巴（淘宝、天猫）新增多达 512 万个商家；超 1.24 亿位消费者在淘宝、天猫年度消费超 1 万元；实现了服务 10 亿中国消费者的发展里程碑。其业务范围涵盖国内外商业、云计算、本地生活服务、菜鸟、云、数字媒体与娱乐以及创新业务等多个领域。其中，阿里云已成为全球第三大、亚太第一大的云服务商，服务客户遍及世界 28 个国家和地区，数量超过 400 万。阿里巴巴以其清晰和坚定的战略承诺，强化决策科学与计划周密，通过迅速的行动与创新，已经成为网上及移动商务的全球领导者。

资料来源：根据阿里巴巴官网、报刊与互联网新闻报道、券商分析师报告、期刊文献等资料编辑整理。

| 学习目标 |

- 了解战略承诺的性质。
- 理解战略承诺的内容与表现形式。
- 能够识别与分析具体企业的战略承诺及其构成。
- 领会使命陈述、愿景与战略意图之间的关系。
- 理解战略方向的各种选择。
- 了解战略目标的类型与内容，理解有效战略目标的基本要求，掌握制定企业战略目标的方法与技术。

面对企业经营环境越来越动态、不确定、复杂和模糊的挑战，阿里巴巴的企业战略管理者带领企业实现了持续的高增长，实现了从无到有、从小到大、从单一行业经营到相关多元化行业经营的转变，成为全球最具国际竞争力与影响力的中国科技公司之一。阿里巴巴的成功在很大程度上应当归于其在战略承诺上的取舍清晰与承诺坚定，归功于其围绕着如何兑现战略承诺在各个关键发展阶段做出了正确的战略选择，包括持续将最重要而有限的资源与能力投放到主营业务上，不断在主营业务的关键价值创造环节构建核心专长，通过一致性、连续性和创新性的小步跨界不断发挥和强化核心专长，从而使得公司的主营业务从 B2B 电子商务逐步拓展到包括全域电子商务平台、金融服务、云计算、物流网络、数字娱乐、本地生活等完整的商业生态。简单地说，阿里巴巴构建、发展和强化核心专长的战略管理过程就是战略承诺①驱动下的“摸着石头过河”或者“砥砺前行、不断探索”的过程。

与绝大多数企业战略管理教材不同，本教材不仅将“战略承诺与基本战略选择”作为独立一章，而且将这一章放在了“外部环境分析”和“内部环境分析”之前。做出这种特殊安排主要是基于以下两个考虑：第一，基于“乌卡环境”下企业战略与战略管理性质特点的变化，企业战略已经从计划驱动转变为承诺驱动，企业战略管理也从计划管理过程转变为“摸着石头过河”的过程，因此需要通过这种教材结构变化凸显战略承诺的重要性。第二，基于“乌卡环境”的影响，有效实施企业战略管理需要企业战略管理者掌握企业战略管理的逻辑体系，实现承诺坚定、决策科学与行动迅速的有机结合，因此需要这种教材结构变化。企业战略承诺主要是价值驱动的，企业战略承诺的坚守主要依靠价值坚持。除非企业经营环境发生长期、重大和根本性的变化，绝大多数企业的战略态势分析和战略改变都是以如何实现企业战略承诺为基本前提的。即使企业经营环境发生了长期、重大和根本性变化，绝大多数企业的战略改变，包括战略承诺的改变，也都是由低到高、由浅入深、循序渐进的。因此将“战略承诺与基本战略选择”放在内外部环境分析之前，不仅有利于防止企业以环境变化为理由盲目调整战略承诺，而且有利于提高企业外部和内部环境分析的有效性和效率。

---

① 关于战略承诺的具体定义，可参见本章第 1 节的详细阐述。

第 1 节　战略承诺的性质

一、战略承诺的做出

战略承诺（strategic commitments）也叫价值驱动型战略决策，是企业战略内容体系中最为宏观、根本的组成部分。战略承诺不仅包括企业的核心价值观、经营目的、社会责任以及商业道德等方面的价值追求，企业在经营范围、定位、方式、关键成功因素等方面的战略取舍，而且包括基于上述价值追求和战略取舍向顾客、供应商、企业员工等利益相关者做出的长期承诺。虽然战略承诺的做出或者调整与企业战略管理者对企业内外部环境变化分析，尤其是自身资源与能力的判断有关，但是战略承诺的做出和坚守主要不是源于对经营环境变化的经济理性分析，而是源于企业核心价值观、经营目的等，正是从这个意义上说，企业战略承诺是一种价值驱动型战略决策。承诺坚定是企业战略管理决策科学、计划周密、行动迅速与富于创新的前提。

有效的战略承诺首先要做到取舍清晰。所谓取舍清晰，是指企业在做出战略承诺之前就必须在核心价值观、经营目的、经营范围、市场定位、经营方式、关键成功因素、关键利益相关者、愿景等多个维度上做出取舍清晰和明确的表述，从而划定自己的战略边界（划界）。在越来越激烈的市场竞争中，企业战略取舍必须清晰的根本原因主要不是企业面临的外部机会有限，而是企业内部的资源能力有限。因此，战略取舍越清晰，企业战略就越容易被企业外部和内部的各种利益相关者理解、认同和支持，因为他们都知道一个取舍不清晰的企业是不可能成功的；战略取舍越清晰，越有利于企业有效分析企业外部和内部环境变化，越有利于识别关键成功因素或者价值创造环节，确保企业能将有限的资源与能力集中于构建关键竞争优势。

有效的战略承诺其次要做到承诺坚定。所谓承诺坚定，是指企业战略承诺一经确定就必须坚守，尤其是对经营目的、核心价值观、业务范围等核心战略选择的承诺必须长期恪守，即恪守自己的战略边界（守界）。如果企业经营环境发生长期、重大和根本性变化，企业战略管理者可以对企业战略承诺做出调整，但是调整决策的做出必须非常谨慎，调整过程必须循序渐进，调整的幅度和速度不能够过大。为此，战略承诺的做出或者调整都必须由企业董事会负责。董事会将根据企业核心价值观、社会责任以及商业道德等价值因素，同时考虑企业所面临战略问题与战略态势分析的结果，通过规范的程序，对如何做出战略承诺、是否需要以及需要在哪些方面多大程度上调整企业战略承诺谨慎地进行决策。战略承诺越坚定，越有利于企业在有限的时间里将有限的资源与能力集中于构建和整合多个关键竞争优势，形成核心专长。为了确保企业战略承诺顺利实现，同时使得企业战略行为能够体现出一致性、连续性与创新性特征，企业的战略承诺一经做出就必须长期坚持，它必须对企业的战略决策和行动提供长期和宏观的指导，并且在企业一系列连续的战略决策和行动中得到贯彻。因此，企业的战略承诺不能过于具体，以免企业在经营环境变化中错失发展的机会，导致企业战略行为缺乏创新性；同时，企业的战略承诺也不能过于宽泛，以免企业在经营环境变化中缺乏约束而过于冒险，导致企业战略行为缺乏连续性和一致性。随着“乌卡时代”的到来，经营环境的变化越来越迅速，企业战略管理者在实践中为了做到既承诺坚定又保持足够的应变力与灵活性，在加强对经营目的、核心价值观等承诺的同时，通过“小步快跑”连续创新的跨界方式，逐级放松了对业务范围、经营方式、经营定位与市场范围等的承诺。

越来越多的企业战略管理者认识到，无论企业经营环境如何变化，企业必须做到取舍清晰与承诺坚定，即明确和坚持本企业之初心与使命，必须明确实现初心与使命的若干基本原则，从而使企业能够在动态应对“乌卡环境”影响的过程中始终保持战略决策的有效性和效率，保持一系列战略决策之间的连续性、一致性和创新性，为企业不断构建、发挥和强化核心专长，并为企业长期稳定地获得超额收益（above-average returns）提供保障。导入性案例中阿里巴巴的战略承诺就做到了取舍清晰和承诺坚定。其中，取舍清晰主要体现在其“让天下没有难做的生意”的使命和“追求成为一家活 102 年的好公司”的愿景等方面。在此，公司清晰地选择了为企业尤其是中小企业赋能，让天下（它们）没有难做的生意，也清晰地表达了公司坚持长期主义、建设百年好企业的远大追求。承诺坚定则主要体现在长达二十几年的战略实践中，阿里巴巴始终坚持使命，通过构建电商平台并逐渐扩大到商业生态，助力中国乃至全球企业更好地理解顾客需求、扩大市场范围、提供便捷服务等，一直努力朝着“成为一家活 102 年的好公司”的愿景前进。在这一过程中，阿里巴巴不断地构建、发挥和强化自己的核心专长。

战略聚焦 3-1

战略承诺约束下的企业战略定位演化效应

战略承诺是一个独特的战略要素，它来自组织战略生成和演化的过程及其所促进的微观战略行为的决策过程，因而在企业战略定位的演化过程中，战略承诺扮演着非常重要的角色。

在战略承诺的逻辑中，表现在市场层面的战略承诺，如战略协同的形成和信任价值网络关系的建立，引导着战略定位的适应性演化，增强了战略定位与外部价值网络的适应性；市场响应机制的建立促进了战略定位的一致性演化，使企业战略层面的变化与事业脉络层面的变化保持一致，并使之成为为新战略定位提供支撑的有力保证。表现在资源和能力层面的战略承诺，如投射在产品资源集中性层面的战略承诺，会激发战略定位的持续演化，依靠持续、快速的变化促进战略定位的同一性保持。表现在价值活动层面的战略承诺，如技术活动层面的平衡性投入，在外部竞争环境、价值网络以及产业技术发展状况的影响下促进战略定位的适应性演化。表现在组织层面的战略承诺，即组织结构的规范性、组织能力的集中度和组织运营的复杂性，则成为战略定位惯性演化的构成。

资料来源：韩炜．战略承诺约束下的企业战略定位演化效应研究．管理科学，2010（4）.

二、战略承诺的表述

为了有效地贯彻企业的战略承诺并促进核心专长的构建、发挥与强化，企业需要以各种形式在内部和外部广泛传播战略承诺的内容，以便得到内部和外部利益相关者对企业的了解、理解、认同、支持和监督。

1. 正式表述形式：使命陈述

企业的使命陈述（mission statement），有时也称企业宗旨，是企业战略承诺或价值驱动型战略决策的一种较为正式、专业、全面、具体的表达和传播形式，核心内容不仅包括企业的经营目的和核心价值观，还包括企业的经营范围、经营方式、企业对关键成功因素的认知、企业对关键利益集团的承诺等。企业使命则是使命陈述中最为核心的内容，可以定义为使企业区别于其他同类企业的关于企业经营目的的陈述，也可以理解为对企业存在理由的表述，它明确了企业试图参与竞争的业务及其所要服务的顾客，即企业的活动范围与边界，简而言之，就是“我们是谁，我们要干什么，我们为什么在这儿”。总之，企业使命解释了企业存在的根本理由，反映了人们愿意在企业中工作的理想与动力，它不仅描述了企业的产品或目标客户，更是彰显了企业的灵魂。

一般来说，任何企业使命的形成都有一个历史的过程。一个企业在新建之初，使命大多比较模糊或比较简单，主要体现在对经营范围的陈述方面。随着企业发展和经营经验的积累，使命会逐步成熟和完善。虽然不同企业的使命陈述详略不一，表达方式也各不相同，但使命毕竟是企业战略中最引人注目、最易被公众了解的部分，也是最能够吸引和激励各种利益相关集团的部分，因此，企业必须慎重考虑如何陈述自己的使命。

为了保证企业战略承诺或价值驱动型战略决策能够得到有效的实现，企业使命陈述通常需要经过企业战略管理者的认真研讨和反复斟酌，并经过董事会的批准才能发布，因此具有高度权威性。对内，它将成为企业高层管理者制定其他层次战略的根本要求；对外，它将是企业与各个利益相关集团进行沟通的最为基础和可靠的文本。为了保证企业在战略上的连续性与一致性，使命陈述的时间跨度一般在十年至几十年之间。除非企业经营环境发生了根本性变化并经过董事会非常慎重的考虑与决策，否则企业使命特别是企业经营目的与核心价值观不应在短期内变动。

战略聚焦 3-2

使命陈述必须包含的要素

（1）顾客——谁是企业的主要顾客？

（2）产品或服务——企业的主要产品或服务是什么？

（3）市场——企业主要在哪一个地区或行业展开竞争？

（4）技术——企业的主导技术是什么？

（5）对企业生存、发展和盈利的关注——对企业近、中、远期的经济目标的态度如何？

（6）哲学——企业的基本信仰、价值观念和愿望是什么？

（7）自我意识——企业的长处和竞争优势是什么？

（8）对公众影响的关注——企业期望给公众塑造一个什么样的企业形象？

（9）利益协调的有效性——是否有效地反映了顾客、股东、公司员工、社区、供应和销售的厂商等各利益相关者的利益？

（10）激励程度——企业使命能否有效地激励企业员工？

资料来源：1. David F R，David F R. It's time to redraft your mission statement. Journal of Business Strategy，2003，24（1）：11－14.

2. Ireland R D，Hitt M A. Mission statements：importance，challenge，and recommendations for development. Business Horizons，1992，35（3）：34－42.

3. Pearce J A，David F R. Corporate mission statements：the bottom line. Academy of Management Executive，1987，1（2）：109－116.

企业编制和公布使命陈述的主要目的包括两个方面：一是针对那些基于特殊利益关注本企业的外部利益相关集团，企业采取这种更正式、专业、全面和相对具体的方式去陈述长期承诺和价值驱动型战略选择，目的是希望赢得他们的认同、理解、支持和监督。二是针对企业内部所有成员尤其是企业战略管理者，通过编制和公布使命陈述能够：（1）确保企业内部在经营目的上达成共识；（2）为有效使用企业的资源奠定基础；（3）为合理配置企业的资源提供依据或标准；（4）为企业建立和谐一致的氛围或良好的环境提供支撑；（5）为企业战略管理者明确战略方向、确定战略目标、制定企业政策提供依据；（6）为企业全体员工理解和监督企业的战略决策提供依据。

战略聚焦 3-3

宗旨陈述与组织认定

主流战略管理理论普遍认为企业宗旨陈述是理性分析的结果，尤其是企业战略管理者在对内外部环境进行理性分析后得出的逻辑结论。然而，现实中很多企业的宗旨陈述是企业最高管理者的某种主观认定或者非理性坚持。这些有着非理性坚持的企业不仅取得了优异的战略绩效，还获得了可持续发展的战略局势。这说明它们对企业宗旨陈述的非理性坚持是正确的，至少部分企业的战略行为已经表明了这一点。来源于社会学领域的组织认定从另一个角度揭示了企业的发展目标和使命。组织认定被用来描述组织中非理性地坚持某种观点或信念的一种状况，是组织中独特、持久、集中的认识，是组织成员对“作为一个组织，我们是谁”这一问题的一致理解。

组织认定和企业宗旨陈述从不同的角度以不同的方式回答了“企业为什么存在”的根本问题。组织认定是对宗旨陈述的约束和制约，而宗旨陈述则进一步强化了组织认定。组织认定的三个分析层次（个体认定、高管认定和组织认定）对企业宗旨陈述具有约束和指引作用。从组织认定到企业宗旨陈述需要经历一个从隐性到显性、从非正式到正式、从非理性到理性、从抽象到具体的过程。

资料来源：罗芳，叶广宇，蓝海林．从组织认定到企业宗旨陈述：研究综述与理论分析框架．管理评论，2013（10）.

由于使命陈述的沟通对象主要是企业内部与外部的利益相关集团，因此一个好的使命陈述应该满足以下要求：第一，既能够体现行业特点，又可以彰显自己的个性，也就是要让各个利益相关集团知道自己是一个既专业又具有独特性的企业。第二，既要具有

综合性，又能够突出重点，简单地说就是要满足主要利益相关集团的期望，否则就难以体现使命陈述应该具有的沟通作用，也无法为制定目标和战略提供有效的指导。第三，既要表现出取舍清晰，又能够留有余地，既要方便各个利益相关集团理解和监督，又要给自己未来的发展和调整留出足够的空间和弹性。一般而言，较为宽泛的使命陈述可以为企业战略管理者的创造性留有余地，而过于狭窄的使命陈述则会限制这种创造性，使企业在多变的环境中错失许多机会；较为宽泛的使命陈述也便于调和利益相关集团之间的差异，相对含糊、原则性地表现对各种利益相关集团的重视，可以避免产生不必要的矛盾。然而，企业的使命陈述又不能过于宽泛而对企业战略选择不加限制，因为过分宽泛的使命陈述无法统一企业内部与外部利益相关集团对未来的认识。

例如，阿里巴巴的使命陈述是：秉承“让天下没有难做的生意”的使命，以“客户第一，员工第二，股东第三”为核心价值观，追求成为一家活 102 年的好公司，让客户相会、工作和生活在阿里巴巴。该使命陈述既体现了行业特点——通过电子商务平台乃至打造更广泛的商业生态来让天下没有难做的生意，又彰显了自己的个性——强调客户第一、员工第二、股东第三的核心价值观，以及注重环境、社会与治理的长期可持续发展的“好公司”。同时，该使命陈述也实现了综合性与重点突出的结合，强调对主要利益相关集团如客户、员工、股东与社会的重视，因此公司才能追求成为一家活 102 年的好公司。阿里巴巴存在的根本理由就是支持中小企业发展。公司相信互联网能够创造公平的环境，让小企业通过创新与科技拓展业务，并更有效地参与中国及国际市场竞争。公司坚信专注于客户需求并为其提供解决方案（不论客户是消费者、商家或是企业），最终将引领公司的业务走向成功。此外，该使命陈述还体现了取舍清晰和留有余地。其中，取舍清晰表现在公司将价值创造范围明确为“让天下没有难做的生意”，强调公司将致力于消除商业环境中使得生意难做的各种挑战和难题。留有余地则体现在对“天下”“生意”以及“让……没有难做”的延伸解释。天下的范围当然可以涉及全世界，生意自然也有广阔的发展空间，构建商业生态来让生意不难做当然有足够的想象空间。

战略聚焦 3-4　企业的使命陈述

2. 其他表述形式

除了正式全面的使命陈述之外，基于内部与外部沟通的需要，企业战略承诺还存在一些其他表述形式，如战略意图、经营理念等。这些表述形式都是从使命陈述演绎出来的，重点突出了使命陈述中的某项特定内容。

（1）战略意图。企业的战略意图（strategic intent）是企业长期承诺和价值驱动型战略的一种大众化的表达和传播形式，它是企业雄心勃勃的宏伟梦想，也是企业动力之源。它能为企业带来情感和职能上的双重能量，核心内容就是要表述企业希望长期恪守的经营范围和长期追求的目标。有些学者则将战略意图视同愿景，认为战略意图是指企业理想的未来状况。它就是一个企业的愿望，即企业家希望全部成员集中精力去实现的一个愿望。

一个好的战略意图首先要做到言简易懂和便于记忆，通常不超过三句话；其次要做到志向高远和取舍清晰，一般需要为未来 10～20 年的发展确定业务、市场范围以及希望努力达到的目标；最后要做到现实可行和富有挑战性，使得企业内部和外部利益相关集团会因为支持和参与战略意图的实现过程而倍感自豪。表 3-1 列举的是部分企业在不同历史阶段所提出的战略意图。

表 3-1　部分企业曾经的战略意图

中集集团	成为世界一流现代化交通运输装备和相关服务的提供商。
华为公司	成为全球领先的电信解决方案供应商。
青岛啤酒	成为拥有全球影响力品牌的国际化大公司。
海尔集团	世界白色家电第一品牌、中国最具价值品牌。
菲利普石油公司	在公司所涉及的每一领域都做出最佳表现。
英特尔	致力于成为计算机行业芯片的首席供应商。
佳能	打败施乐。
本田	努力成为福特。

从上述战略意图的表述中可以发现，企业的战略意图需要体现以下几个方面的属性。首先，战略意图代表的是企业在经营内容和目标上的一种长期承诺，它是企业对于未来的看法，为企业提供高度认同的方向感（sense of direction）。例如，对于中集集团来说，选择交通运输装备和相关服务作为自己未来的主业就是一种承诺。也许做出这个承诺的决策是基于有限和经济理性的选择，但是坚持这个承诺显然需要的是非理性的偏执。这是因为，即使将来中集集团发现了比自己主业收益更高的行业，也不会轻易改变对这个主业的承诺。

其次，战略意图表现的是一种价值追求，体现出企业的使命感（sense of destiny），也正是基于这个原因，很多时候战略意图也被称为愿景。例如，在上述部分企业中，有些企业追求成为“世界一流”或者“全球领先”，有些企业追求“产品卓越”或者“品牌影响”，还有些企业追求“顾客信任”和“专业水平”，等等，这些都充分体现了企业具有使命感的价值层面的追求。

最后，企业的战略意图还需要体现资源配置的重点与方向，它聚焦于企业未来的独特核心专长，能够带领企业全体员工去寻找和发现新的竞争领域，从而体现战略意图的探索感（sense of discovery）。

（2）经营理念。松下幸之助认为，经营理念是“这家公司为什么而存在？”“这家公司朝什么方向前进？应当拥有什么形象？”等等。很多日本企业家则认为，企业的经营理念首先是企业的使命、宗旨等，经营理念规定了企业作为特殊社会组织的责任，以及应当把企业办成什么样的社会组织的基准，它是企业经营运作的基本依据。其次，经营理念应是企业发展目标的指南，它指明企业前进的道路和发展方向。最后，经营理念是企业进行决策的一系列根本指导思想和思维方法。企业经营需要时时刻刻做出决断，决断时所依据的根本准则就是经营理念。简而言之，一个公司能够统率众多员工，使众多员工团结一致的中心思想，就是公司的经营理念。

战略聚焦 3-5　日本企业经营理念的历史考察

三、战略承诺的作用

明确战略承诺是选择战略方向和制定企业战略目标的前提，也是企业所有决策方案制定和选择的基本依据，还是企业分配资源的重要基础。概括而言，企业战略承诺的作用主要表现在以下四个方面。

1. 坚定发展方向

有效的战略承诺可以帮助企业明确未来的发展方向、核心业务范围以及在核心业务中构建、发挥和强化核心专长的内在逻辑。战略承诺表明企业目前是一个怎样的组织，将来渴望成为一个怎样的组织，以及如何才能体现出与其他组织有明显不同的特征。通过战略承诺，企业可以坚定自己的发展方向，界定企业业务与战略行为的边界，明确资源配置的重点，确保企业朝着正确的方向前进而不至于偏离。

2. 强化各方合作

企业内部或外部存在多个不同的利益相关集团，它们对于企业有着不同的利益诉求。企业内外各方合作的基础是相关利益各方均有自己明确的定位和独特的价值，通过协同能为共同的事业做出贡献，而企业战略承诺就是各方能够协同的坚定基础。有效的战略承诺能够对不同利益相关集团之间所存在的利益冲突起到调和作用，推动相关利益各方基于企业战略承诺达成共识，强化相关利益各方的合作和增强企业凝聚力，从而充分有效利用相关利益各方的独特资源与价值来促进企业长期可持续发展。

3. 构建核心专长

有效的战略承诺能够帮助企业战略管理者准确地把握核心业务的关键创造价值环节，也能够帮助企业战略管理者排除经营环境的变化对于相关战略选择和执行的干扰，还能够帮助企业战略管理者获取、培育和整合各种资源，并将这些资源坚定地、持续不断地配置到企业所选择核心业务的关键价值创造环节上，做到极致的专注和专业，最终帮助实现企业核心专长的有效构建和发挥。

4. 彰显社会责任

通常企业战略承诺包括对员工、股东、消费者、社会以及环境保护等方面的承诺，这对于彰显企业社会责任意义重大。企业对社会责任的承诺又会帮助企业赢得利益相关集团乃至整个社会的认同与支持，最终获得更加可观的利润和持续发展的机会。正如美国本杰瑞公司总裁本 • 科恩说：“最让人惊讶的是我们的社会价值，也就是使命宣言中呼吁‘我们运用企业的力量来改善地方、全国与国际社会生活品质’的部分，事实上帮助我们变成了一个更稳定、更具获利性的高成长企业。”

第 2 节　战略承诺的内容

为了使战略承诺能够充分体现企业所处行业和自身个性特点，不同企业的战略管理者对战略承诺的表述各异。然而，综合分析不同企业的战略承诺之后，我们发现企业战略承诺的核心内容是相似的，主要包括以下内容。

一、经营目的与理念

企业战略承诺阐述了企业之所以存在的使命（mission）、根本理由或者目的，因此绝大多数企业在自己的战略承诺陈述中首先要表明本企业的经营目的，这是企业长期承诺中最重要的价值追求。

企业的经营目的首先是由企业的性质决定的。根据企业的性质，企业的经营目的大体上可以划分为三种：（1）受政府特许经营的公用事业或者特殊行业企业。这种企业在特定的区域中具有垄断地位或者一定程度的垄断性，无论所有制形式是国有还是民营，或者是其他混合形式，经营的目的都不是股东财富最大化，至少不应该以股东财富最大化为第一目的。（2）不受政府保护的非公用事业企业。这种企业主要是由私人投资和经营的，其所在行业通常高度市场化或竞争激烈，无论所有制形式是国有还是民营，或者其他混合形式，经营目的都是股东财富最大化。（3）介于上述两种类型之间的企业。作为经济转型国家，中国的情况相对比较复杂。例如，竞争性行业中的国有企业甚至国有控股企业都不能将股东财富最大化作为自己的唯一或者第一经营目的，因为它们还不同程度地肩负着维持社会稳定的责任。从这个意义上说，那些不以股东财富最大化为经营目的的企业，首先应在战略承诺陈述中说明自己的性质以及由此决定的经营目的，例如供电、供水、煤气和公共交通运输行业的企业。

然而，对于绝大多数在竞争性行业中经营的企业来说，在战略承诺陈述中将股东财富最大化作为自己唯一的经营目的也是不合适的，因为这种陈述未能突出企业的个性和境界，即独特的价值追求。戴维·帕卡德1960年在给惠普员工所做的演讲中指出，经营目的涉及的是一种除了赚钱之外的、企业存在的更深层次理由。帕卡德说："我想讨论一下公司存在的根本缘由，换句话说，我们在这里是为了什么？我想，很多人都以为，企业的存在仅仅是为了赚钱，这是错误的。尽管这确实是企业存在的一个重要理由，但我们要深入下去，去寻找我们存在的真正理由。通过深入调查，我们最终得出这样的结论，那就是一群人联合起来以一种机构的形式存在，我们称之为企业。这样他们可以完成一些个人完成不了的事情——为社会做出贡献。概括而言，企业就是要做一些有价值的事情。"

合理地规定企业的经营目的需要深入理解各利益相关集团的利益要求，了解各种利益要求之间的一致性和矛盾性，找出平衡利益矛盾的有效方法。对于大多数处于竞争性行业的企业来说，持续地满足顾客需求是实现或平衡所有利益相关集团利益的基础。因此，绝大多数企业从满足顾客需求的角度（当然不排除对这个主要目的的其他修饰或者限定）去陈述自己的经营目的。事实上这种陈述方式有以下几个好处：能够被各个利益相关集团认可和接受；有利于体现企业的个性；能够反映企业的价值追求和社会价值。例如导入性案例中的阿里巴巴集团，强调自己的经营目的是"让天下没有难做的生意"，旨在消除商业运作中的各种难题，为企业提供更便捷、高效的商业平台，推动全球商业的发展和数字经济的繁荣。

需要强调的是，企业的经营目的往往需要体现企业经营的本源目的。也就是说，经营企业，要实现短期盈利与长期可持续发展的平衡，在内部满足员工的需求，在外部平衡各种利益关系，这就需要立足于坐标原点思考：经营企业的基本目的究竟是什么？以建筑陶瓷为例，任何一个终端建材市场，有成千上万的店面、成千上万的品牌和成千上万的企业产品，消费者凭什么最后选择了某一品牌？是品牌宣传、广告影响，还是终端专卖店导购员的周到服务，或者是独特的产品花色与品质？经历了从产品浏览、思考判断到做出决策的复杂过程，消费者最终选择某一品牌的产品，说明了消费者对品牌、产品品质以及服务的认可。那么，制造企业又该如何回报支持自己的消费者呢？事实上，如果企业产品的质量不佳，顾客无疑会抱怨，就会有不良的口碑，对企业品牌的负面影响就会很大。在这种情况下，企业无论怎样加大广告宣传力度，都无法挽回对企业的不利影响。因此，立足于原点来思考企业的经营目的，就需要不断满足消费者的价值感受，持续地稳定与提升产品质量，通过连续不断的原创设计与研发创新，把更多的产品附加值和高品质服务带给消费者。

二、经营范围和方式

1. 企业的经营范围

从法律角度而言，企业的经营范围是指国家允许企业法人生产和经营的商品类别、品种及服务项目，反映企业法人业务活动的内容和生产经营方向，是企业法人业务活动范围的法律界限，体现企业法人民事权利能力和行为能力的核心内容。

然而，从企业战略管理的角度来说，企业经营范围所涉及的内容显然更为复杂。如果一个企业在战略承诺陈述中表明自己的经营目的是满足所有顾客的所有需求，那么没有什么利益相关集团会理解、认同和支持这个企业的战略选择和价值追求，因为他们都非常清楚，这种所有顾客需求都想满足的企业往往就是所有需求（包括各个利益相关集团的需求）都无法满足的企业。随着市场经济的完善和市场竞争的日趋激烈，只有那些能够持续发现与满足顾客需求的企业才能够持续地满足利益相关集团尤其是股东的需求。只有那些能够持续建立、发挥和强化竞争优势的企业，才能够最大限度地为顾客、股东和其他利益相关集团带来收益。为此，企业必须在满足顾客需求或者说选择企业经营范围上做出清晰的取舍和长期承诺，包括资金、人力、物力的投入和知识、经验的积累，这是企业战略必须首先明确的最为核心的内容。企业战略管理者必须将这种取舍和承诺置于战略承诺陈述之中，以表明企业是通过经营什么业务来实现经营目的的，进而规范企业其他层次的战略选择，接受企业利益相关集团对业务或者经营范围的严格监督。

（1）行业或业务范围。在战略承诺陈述中，企业首先应该说明自己所选择的是单一行业还是多个行业，以及所进入行业之间的相关性。企业利益相关集团可以根据这个陈述来判断该企业的战略性质。如果企业只希望满足顾客的某一种需求，该企业就是单一行业经营的企业，其战略性质是业务层战略；如果企业想满足顾客的两种或者更多的具有明显区别的需求，该企业就是多元化经营的企业，其企业战略性质就是公司层战略。需要说明的是，企业在界定行业或者业务经营范围的过程中既要取舍清晰，又要留足发展空间，因此企业战略管理者必须处理好“宽”与“窄”的关系。对于未来十几年或者更长的时间里，如果企业经营范围规定得太宽，则会失去取舍、限制和承诺的意义。例如，某精细化工企业将自己的业务范围定为“利用精细化工技术满足人类在衣、食、住、行上的需求”，这显然是企业经营范围规定太宽，失去了取舍和承诺的意义。如果经营范围规定得太窄，则可能导致企业错失发展、开拓的机会。例如，某个企业将自己定义为电视机制造商，就可能在后来发展中错过手机等行业的拓展机会。如果它将自己定义为家电制造商，那么当手机成为家电时，这个企业至少有可能认真探讨是否需要进入手机制造行业。在把握经营范围宽窄的问题上，企业战略管理者应该特别注意以下三点：第一，必须考虑企业现状和未来发展的潜力，而不必过于拘泥于所谓“行业”的概念。一个小企业可以将满足人类或者男性剪指甲的需求作为企业的经营范围，完全不必考虑指甲钳在统计上属于什么行业。第二，企业一定要尽可能从顾客需求出发来界定自己的经营范围，因为顾客的基本需求是不容易变化的。企业不要以某种产品、包装形式、技术服务特点或者技术等来定义自己的经营范围，因为满足顾客特定需求的具体产品、服务或者技术是动态变化并可以同时存在的。例如，将自己定义为瓶装口服液制造商的企业就是因此拒绝了其他包装形式；将自己定义为燃气热水器制造商的企业就是因此错过了进入电热水器和太阳能热水器领域的最佳时机。第三，企业经营范围的划分还有其他更具体的标准，包括性别、收入、消费方式等。如果企业在经营范围上没有办法与其他竞争对手形成差异，那么可以通过其他战略承诺内容的选择来达到同样的目的。

即使是根据顾客需求来定义企业的经营范围，企业战略管理者也需要正确地理解顾客需求的概念。随着居民消费收入的增长，顾客需求已经开始从单一功能向综合功能的产品转变，从对产品的需求向对服务的需求转变。为此，企业战略管理者在从顾客需求定义行业或者业务范围时必须认真思考一个基本问题：我们依靠什么来满足顾客的需求？制造电脑的企业强调的是问题解决方案的提供商；房地产公司宣称“我们为消费者提供的不是房子，而是一种生活方式”；物流企业提出“我们为顾客提供的不是运输服务，而是一种竞争力”。导入性案例中的阿里巴巴集团强调不仅仅是提供电子商务平台和相关服务，而是致力于“让天下没有难做的生意”。下面的一首小诗也许能够为战略管理者科学且艺术地界定行业或业务范围启发思路。

不要给我东西

不要给我衣服，我要的是迷人的外表。
不要给我鞋子，我要的是两脚舒服，走路轻松。
不要给我房子，我要的是安全、温暖、洁净和欢乐。
不要给我书籍，我要的是阅读的愉悦、知识和满足。
不要给我工具，我要的是创造美好物品的欢乐。
不要给我家具，我要的是舒适、美观和方便。
不要给我东西，我要的是想法、情绪、气氛、感觉和收益。
请，不要给我东西。

（2）市场经营范围。在战略承诺陈述中，企业也应该清晰表明自己所选择的市场经营范围，包括目标市场、目标顾客或者市场定位等。企业利益相关集团可以根据这个陈述来判断该企业的战略性质。如果企业的目标市场是本地区顾客，这个企业就是地方化企业，所制定和实施的战略就是市场集中战略；如果企业的目标市场是全国顾客，这个企业就是全国化企业，所制定的战略就是市场开拓战略；如果企业还想将目标市场进一步扩大到国外，希望满足多个国家甚至全球市场的消费者的需求，这个企业就是市场多元化或者国际化、全球化的企业，所制定和实施的是国际化或者全球化战略。

在那些市场需求差异比较大的行业中，企业战略管理者在确定目标市场的区域边界之后，还需要向企业利益相关集团进一步陈述自己的目标顾客或者市场定位。为此，企业战略管理者可以应用营销学中的市场细分理论和方法，进一步根据消费者的各种特点，例如性别、收入、教育水平、职业特点、消费方式、年龄等，采用一个或多个变量来确定自己的目标市场或市场定位。

在确定的行业中，企业战略管理者在界定市场经营范围时同样会遇到“宽”与“窄”的问题。如果企业将自己的市场经营范围，包括目标市场和目标顾客界定得过宽，那么市场增长潜力很大，但是利益相关集团，尤其是顾客、经销商和投资者会认为这个企业对顾客的承诺，包括专注和体贴程度等都不够。如果企业将自己的市场经营范围，包括目标市场和目标顾客界定得过窄，就会遇到相反的问题。

2. 企业的经营方式

企业的经营方式是一个内涵和外延都不是十分清楚，但是又使用非常广泛的概念。值得庆幸的是，使用这个概念的企业都有一个共同目的，就是强调本企业的经营是独特的。在明确行业和市场经营范围的基础上，企业陈述经营方式的主要目的是希望进一步凸显自己的专业化水平和战略独特性。但是，我们必须看到不同企业所选择的行业和市场经营范围不同，它们对经营方式的陈述也不一样。

对一个行业或者市场多元化的企业来说，企业在经营方式上的独特性主要源于两个方面：一是行业或者市场组合的特点，包括企业进入什么行业、如何进入、资产连接方式以及资源配置方式的特点；二是组合管理模式的特点，包括企业在公司治理、组织结构、管理机制和控制机制等方面的特殊性。例如，复兴国际上市之初就在战略承诺中强调自己所建立的是一个“高度多元化和高度专业化的行业组合”；建立组合的主要方式是资本运作，即通过并购方式发展；主要的管理模式是资产集权和经营分权相结合。

对一个单一行业经营的企业来说，企业经营方式的特点则更加具体，包括：目标顾客的需求与消费方式的特点；企业的竞争优势和传统。例如，同在化妆品行业，安利选择了直销的方式，玫琳凯则选择了咨询销售方式；同在小家电制造行业，美的选择以国内市场为主，新宝电器则选择了以出口加工为主。随着市场细分程度和市场竞争激烈程度的提高，同行业企业之间在经营方式上的差别越来越具体和细微。例如国美和苏宁，虽然它们的战略承诺较为相似，在很多场合被认为是经营方式相同的企业，但战略承诺只表明企业在经营方式上重大且基本的特点，在更为具体的经营方式上仍可以找到很多差别，包括：苏宁主要以发展自有门店的模式为主，而国美并购的比重略多；苏宁采用自建物流体系模式，而国美将部分配送业务外包。在与供应商的合作中，苏宁比较温和，对厂商时有让步，谋求共同发展，达到双赢；国美则态度强硬，在让利销售的过程中，国美实际上是将利润从上游厂家转移给消费者，而将其中的某些成本转嫁给上游厂商来对消费者进行部分让利等。

三、关键成功因素和关键利益相关者

1. 关键成功因素

为了确保企业在选择的特定业务范围与市场范围内，采用特定的经营方式成功地实现自身的经营目的，企业战略管理者还需要在战略承诺中考虑企业自身的关键成功因素，即通过在关键成功因素所在价值创造环节建立和强化竞争优势，确保战略承诺与战略目标的实现。

企业的资源、能力是有限的，能否将有限的资源持续地投入关键领域将决定企业所建立竞争优势的大小和可持续期的长短。相同的价值活动在不同行业、企业中的重要性不同。明确企业的关键成功因素其实就是向企业关键利益相关者承诺企业未来的资源配置重点。企业内部和外部的关键利益相关者将会根据企业对所需要建立竞争优势的关键价值创造环节以及关键成功因素的认知，来判断该企业战略选择和资源配置方式是否正确（符合自己的认知），从而决定是否以及在多大程度上支持该企业。他们也会对照战略承诺检查、监督和评价企业战略管理者兑现承诺的情况，决定是否继续支持企业。

2. 关键利益相关者

无论是从获得资源输入还是实现收益的角度来看，企业的存在和发展都需要得到利益相关者尤其是关键利益相关者持续的支持。企业的利益相关者可以分为资本市场利益相关者、产品市场利益相关者与组织利益相关者三类。

战略聚焦 3－6　美的集团对关键利益相关者的承诺

企业所选择的行业、市场和经营方式决定了不同的利益相关者对企业的重要性是不一样的。一个利益相关者参与企业经营管理的程度越高且越有价值，对企业就越重要。利益相关者对企业的重要程度越高，对企业业务、决策和行动的影响力或权力就越大。一般来说，与企业关键成功因素相关的利益相关者（即关键利益相关者）就是企业最应该关注或者重视的主体。因此，在明确企业的经营范围和方式之后，企业还需要在战略承诺中强调对关键利益相关者的关注。

要赢得关键利益相关者的持续支持，不仅需要让他们了解、认同、支持企业在战略承诺中所做的各种战略选择，而且需要给予他们合理的回报，包括与企业共享成功的好处。因此，企业应该在战略承诺中清晰地描述当企业经营周期完成之后，将如何与除股东以外的其他利益相关集团，尤其是关键利益相关集团共同分享经营成果。

四、核心价值观与经营方针

1. 核心价值观

企业核心价值观（有时也称企业价值观）是指导企业行为的最根本的优先顺序和准则。核心价值观说明了经理层和员工应该如何规范自己的言行，如何做好自己的工作，以及为了实现企业使命应该构建何种类型的组织。作为企业内部行为的驱动者与塑造者，核心价值观通常被视为企业文化的基础，即控制员工努力实现公司使命和目标的价值准则、规范和标准的设定。

一般来说，核心价值观是企业在长期经营过程中逐步形成的，尤其是企业创始人或创业团队成员在早期艰苦创业过程中的思想与行为，通过连续不断地强化，可能构成了企业价值观的重要内容。企业价值观一旦形成，在相当长的时期内通常不会发生改变。例如，阿里巴巴集团的六大价值观为：（1）客户第一，员工第二，股东第三。这是最核心的一点，只有持续为客户创造价值，员工才能成长，股东才能获得长远利益。（2）因为信任，所以简单。阿里巴巴的成长史就是建立信任、珍惜信任的历史。（3）唯一不变的是变化。拥抱变化是阿里巴巴最独特的 DNA。（4）今天最好的表现是明天最低的要求。面向未来，不进则退，要敢想敢拼，自我挑战，自我超越。（5）此时此刻，非我莫属。这是阿里巴巴的第一个招聘广告，是阿里人对使命的相信和“舍我其谁”的担当。（6）认真生活，快乐工作。公司希望员工像享受生活一样快乐工作，像对待工作一样认真地生活。

2. 经营方针

企业经营方针（或经营原则）是贯彻企业经营思想和实现经营目标的基本途径和指导规范，是针对某一时期企业生产经营过程中所面临的重要问题所采取的谋略与原则。经营方针是经营理念的细化，一般会在企业经营的各个方面提出具体的能够落实经营理念的指导方针，包括销售、客户服务、产品开发、产品采购、产品制造、质量管理等。需要说明的是，在企业发展的不同时期，经营方针可能只需要专注企业经营的某一个或少数方面提出指导方针。

例如，阿里巴巴集团的经营方针强调坚持长期主义，坚持创造价值，坚持消费、云计算、全球化的三大战略。面向未来，阿里巴巴将继续基于消费互联网和产业互联网的双轮驱动，一方面服务好千家万户，一方面支撑好千行百业。充分把握技术对商业变革的颠覆性机遇，抓住人工智能技术日新月异的历史契机，开拓未来更大发展空间。

五、企业愿景与追求

企业愿景（vision）是描绘企业期望成为什么样子的一幅画面，从广义上讲，就是企业最终想实现什么。因此，愿景清晰地刻画了企业的理想状况，使得企业的未来更加具体化。

企业愿景由两个方面的核心内容构成：一是确立企业长期的价值取向与价值追求，为此企业需要确立宏伟（big）、艰难（hairy）与大胆（audacious）的长期目标，这个长期可以是十几年甚至几十年。二是对企业未来想要实现的长期目标做出生动形象的描述。这个描述既要有实现的可能性，又要有挑战性；既要具有一定的可测量性，又要有一定的模糊性。另外，这个描述还应该是生动形象、充满激情和感染力且令人信服的。由于企业愿景的哲学意义体现在“因为你想成为什么，所以你就能成为什么”，而不是“因为你能成为什么，所以你想成为什么”。因此，有效的企业愿景通常具备以下特征。

（1）形象性。有效的企业愿景应当形象地描述战略管理者力图打造的企业类型和企业力争占据的市场地位。

（2）指导性。愿景应当为企业各项战略决策与员工行为提供长期方向的指引，以避免企业及其员工陷入具体事务的困扰，导致一叶障目而不见森林。

（3）聚焦性。愿景应足够具体且有针对性，以便为战略管理者的决策制定和资源配置提供需要聚焦的重点。

（4）灵活性。愿景也不能过度聚焦，否则企业对于市场、顾客偏好和技术的不断变化将会缺乏适应性。

（5）可行性。愿景应当是企业通过持续努力能够实现的长期目标。

（6）易于传达。能够在 5～10 分钟内阐述清楚，最理想的是能够浓缩成一句简单、易记的口号。

从战略聚焦 3－8 所列示的企业愿景来看，有的企业追求的是成为“世界一流”或者“全球领先”，当然也有企业追求的是“中国领先”，有的企业追求的是“品牌第一”或者“品牌影响”，还有的企业追求的是“顾客信任”或“专业水平”，等等。导入性案例中阿里巴巴集团的愿景则是“追求成为一家活 102 年的好公司”。然而，没有哪一家企业会直接将投资收益最大化作为愿景，这是因为投资收益最大化并不能使自己清晰地区别于其他企业。总的来说，愿景体现的是企业长期的价值追求，也正是愿景这种强烈的长期价值追求才能让一个企业区别于其他企业，才能让企业战略管理者得以排除短期机会和威胁的干扰，而长期专注于一项具体的业务。从上述愿景的分析中我们还可以发现一种暗含的启示，那就是任何一个行业中都会产生最成功的企业，而这个最成功的企业往往产生于那些对该行业承诺最大和追求最强烈的企业之中。

由于行业收益率总是变动的，单纯追求投资收益和财富增长最大化的企业很难对一个具体的行业做出承诺并长期保持承诺。显然，承诺不够坚定是这些企业难以获得成功的重要原因。

战略聚焦 3－7　以下企业的愿景有效吗？

企业向大众公布愿景的主要目的是什么呢？首先当然是为了促进沟通。企业的成功需要内部及外部现有的以及潜在的利益相关集团了解自己。考虑到企业所需要沟通的多数外部对象并非专业人士且他们并不想了解具体企业，因此企业只需要通过愿景简单地告诉他们自己是做什么的和希望做成什么样子。其次是为了赢得认同和支持。为了使得那些初步了解本企业的利益相关集团能够进一步对企业产生好感，甚至表现出合作或支持的意愿，企业必须先做出自己的承诺，即准备花多长时间和多少资源来实现远大的理想，以此来赢得这些利益相关集团的好感和可能的支持，因为人们普遍相信能够做出坚定承诺的企业更容易获得成功。最后是为了寻求监督。企业公开宣布自己的愿景，即就“承诺做什么和不做什么”接受利益相关集团的监督。通常来说，包括股东在内的利益相关集团都不喜欢经常改变承诺的企业，这就要求企业战略管理者必须信守承诺。

战略聚焦 3－8　中国 500 强企业的愿景

需要说明的是，一些战略管理教材与企业管理实践在处理愿景与企业使命关系时，存在不同程度的模糊和混用情况。例如，在美国战略管理理论界和实务界，一般非常明确地将愿景与使命区分为目标陈述与任务陈述，但有时将两者统称为目标陈述或使命陈述。在中国，陈述可谓五花八门。有的把愿景视为使命，有的则将使命当作愿景，有的采用经营宗旨的说法，有的则称作经营目标，甚至还有很多企业直接采用价值观或者经营理念来概括愿景和宗旨。事实上，愿景可以视为完整的企业使命陈述的一个部分。当需要简单表达时，它就独立出来成为愿景；当需要全面正式表达时，企业就会采用完整的使命陈述进行详细描述，此时愿景就构成了使命陈述的一个部分。当然，企业的使命与愿景也存在细微的差别。具体来说，使命更多地描述企业是做什么的，强调的是企业在当前最想做的事情；愿景更多地描述企业将要做成什么样子，强调的是企业在未来应该成为怎样的企业。

第 3 节　战略承诺的管理

作为企业战略内容体系中时间跨度最长、影响最为广泛的战略，战略承诺的管理的根本目的是构建、发挥与强化企业核心专长，其主要内容涉及管理主体，包括划界（战略承诺制定）、守界（战略承诺实施过程中坚持）与跨界（战略承诺实施过程中的创新）等的管理过程。

一、战略承诺的管理主体

从管理主体来看，企业战略承诺在战略管理者尤其是企业董事会主导下制定，最重要的管理主体当然就是企业董事会。管理的基本方式就是保证公司股权结构、董事会构成和董事会决策方式的合理性，以确保战略承诺的做出与任何调整都必须经过合理的流程和充分的讨论，从而反映各关键利益相关者的长期利益。除了董事会以外，从企业管理实践来看，战略承诺的管理主体（战略管理者）还包括股东大会、高层管理者、中层管理者以及外聘专业机构等。

战略管理者必须扮演好以下三种角色，才能有效应对“乌卡环境”下企业战略承诺管理过程中为构建、发挥与强化核心专长所面临的各种挑战。首先，也是最重要的就是战略管理者需要确保企业在战略上取舍清晰与承诺坚定。有效扮演这个角色需要企业战略管理者：有效地提出、凝练、表达和宣贯企业的战略承诺，包括宗旨、意图、愿景、理念等，以寻求企业内部和外部关键利益相关者的了解、认同、支持甚至监督；基于对企业面临的战略问题和内外部环境的分析，在符合公司治理机制的前提下，可以对企业的战略承诺进行动态和慎重的调整，以保证企业能够不断构建、保持和强化自己的核心专长；通过有效的公司治理、组织结构、人事任免、激励和控制方法，保证企业战略承诺得到有效的贯彻。其次，要求战略管理者能够在坚守承诺的前提下，对企业实现战略承诺的阶段性目标、重要原则、关键措施做到决策科学与计划周密。有效扮演这个角色需要企业战略管理者：深刻地理解、把握企业战略承诺，并且能够从中推演出实现承诺的主要路径与阶段性目标；熟知企业内外各关键利益相关者的地位，动态地掌握他们的需求；有效地收集、传递和处理有关企业外部宏观、市场、行业和竞争对手的各种信息；有效地收集、传递和处理企业内部的各种经营信息；有效比对和开发各种有利于企业实现其阶段性目标的战略选择，并且能够从构建、发挥和强化核心专长的角度做出恰当和具有一致性的抉择。再次，要求企业战略管理者能够在科学决策的基础上，善于将决策转变为行动，将行动变成先动，将先动变成先动优势。有效地扮演这个角色需要负责具体行动的企业战略管理者：理解整个企业的战略承诺和总体战略；迅速把握具体行动的战略意图和关键成功因素；掌握各关键利益相关者的要求和应对方法；能够基于对抗或者博弈的特点制定行动方案和掌握策略要点；具有良好的团队精神和领导魅力。

战略管理者要扮演好上述三种角色，需要其具有良好的核心价值观、素质特征与能力。其中，核心价值观包括事业为先、顾客为本、重视克短、敢于担当等；素质特征包括具有强烈的社会责任、具有长远或者战略性眼光、具有强烈的企业家精神、具有乐观和积极的心态；能力则包括良好的洞察力、整合能力与变通能力。

二、战略承诺的管理过程

战略承诺的管理过程，也就是划界、守界与跨界的战略决策过程，根本目的是以有限的资源和能力去构建、发挥和强化企业的核心专长，同时确保所构建的核心专长具有针对性以及构建过程既有效率又有效果。

划界即战略承诺的制定，其主要依据是企业核心价值观、经营目的以及社会责任等价值层面因素，而非对企业战略态势的经济理性分析；从内容来看，划界要求从宽到窄实现取舍清晰，既不能过于宽泛又不能过于具体，宽窄程度应当与企业资源能力匹配，最终体现志向高远。只有这样，战略承诺才能确保企业战略管理者采用“以静制动”的方式成功应对“乌卡时代”经营环境的变化，有效地构建、发挥与强化核心专长，做到既能控制风险又能充分利用发展机会。需要说明的是，企业划定边界的一系列决策既有可能是事前、主动、理性的决策，又有可能是事中、被动和价值的选择。从这个意义上说，企业战略边界并不是静态的，而是动态的。企业划分边界的一系列决策既包括划界，又包括破界；既包括创新性，又包括连续性。企业划分边界的决策一旦从策略上升到战略层次，并且最终转化成为一种价值承诺，真正意义上的企业边界或者战略管理才正式开始，这就是所谓承诺驱动型的战略管理。

守界即战略承诺的坚持。企业通常强调承诺坚定，要求战略管理者长期坚持在划定的企业边界范围内，关注关键价值创造环节来构建、发挥与强化核心专长。相对于划界或者跨界而言，核心专长的构建和强化更需要企业长时间守界，而不是不断跨界。越是大跨度的跨界，越是需要长时间守界。这是因为任何跨界都会打破原有机制创造活动的适配，需要通过长期的守界重新实现这些活动之间的适配。企业跨界的范围越大，那么这些行动的适配和磨合所面临的挑战就越大，所需要的时间自然就越长。相对于划界来说，守界过程可能面临更多更大的挑战，包括守界过程的艰辛、界外机会的诱惑、界内威胁的压力等。在这种情况下，过于理性的选择可能导致非理性的结果，因此守界更需要对价值的坚持，更需要砥砺前行、不断探索和学习。

跨界即战略承诺的创新或改变。虽然我们整体上强调承诺坚定，主张企业的战略承诺一经做出就必须长期坚持，以对企业的战略决策和行动提供长期和宏观的指导，确保企业核心专长的有效构建与发挥。但是，企业战略承诺并非一成不变，这主要体现在如下两个方面：（1）虽然对企业战略态势的经济理性分析并不构成战略承诺制定或调整的主要依据，但当企业经营环境发生重大、长期和根本性的变化时，公司董事会可能需要通过合理的流程来对战略承诺进行整体上的调整。（2）基于“乌卡时代”经营环境整体呈现动态性、不确定性、复杂性、模糊性程度越来越高的趋势，承诺坚定越来越表现在结构上而非整体上，即战略承诺中涉及价值选择部分的承诺需要更加坚定，而另外一些部分的承诺可能会逐渐弱化。事实上，为了做到既能承诺坚定又能保持足够的应变力，实践中越来越多的战略管理者在强化对经营目的、核心价值观和主营业务范围承诺的同时，逐步弱化了对经营方式、经营定位、市场范围等方面的承诺，从而使得企业能够根据经营环境的变化，以多种经营方式、多种竞争定位在多个区域市场做强自己的主业，并不断地构建和发挥核心专长。通过这种渐进性升级或小步快跑的方式，企业可以使战略承诺在较大程度上适应当前经营环境的变化，解决企业战略承诺“以静制动”存在的难点，实现战略承诺坚守与创新之间的平衡。例如，导入性案例中阿里巴巴集团战略承诺的坚定主要体现在对使命与愿景（也可以视为经营目的）、核心价值观和主营业务的承诺等方面，而对经营方式、经营定位与市场范围等的承诺则经历了一个逐渐弱化的过程。阿里巴巴集团通过这种做法，确保了公司能够适应经营环境的变化而不断成长。

需要特别说明的是，与守界一样，跨界也是为了企业核心专长的构建、发挥与强化。因此，跨界的顺序应当是从窄到宽、循序渐进的，新旧界之间首先必须保持高度的一致性与连续性，然后才是创新性与差异性。基于核心专长的构建、发挥与强化，对于尚未构建核心专长的企业来说，跨界经营必须有利于企业能够将关键劣势转化为关键优势；对于已经具备核心专长或者关键竞争优势的企业来说，跨界经营必须有利于企业发挥范围经济与规模经济的优势，必须有利于强化企业原边界内的核心专长或者构建主业所需要的新的关键竞争优势。

战略聚焦 3-9

企业战略管理：承诺、决策和行动

为了在企业战略管理理论和实践中有效地贯彻“动静结合”的原则，应该将企业战略的内容或者决策划分为有机联系的三个部分，即战略承诺、战略选择和战略行动，指导企业战略管理者在不同阶段，针对不同部分运用不同的方法，做出不同的决策，从而使企业战略行为能够在应对经营环境动态化方面实现“动”与“静”、连续性和创新的对立统一。

战略承诺是企业的长期战略。无论企业经营环境如何动态化，只有取舍清晰、资源集中、持之以恒的企业才有可能建立核心专长，并借此持续和稳定地获得高于社会平均水平的收益。由此，在企业战略内容体系中，企业战略管理者必须依据自己的价值选择和理性分析，对企业的经营目的、经营范围、经营方式、资源投入、利益分配重点，做出事前、主动和长期（一般时间跨度都在20年以上）的承诺；必须以战略意图和宗旨陈述的方式，将该承诺在企业内外进行广泛的传播，寻求企业内外利益相关团体的了解、认同、支持和监督，对企业所有的战略决策和行动形成有效的指导和约束；必须通过有效的公司治理和价值坚持来应对经营环境动态化的影响，包括各种威胁和诱惑的影响，有效实现以静制动。

在动态变化的经营环境中，企业战略管理者必须坚信：(1) 只有承诺坚定的企业才有可能在经营环境动态化条件下做到选择科学。只有选择科学了，战略行动的迅速和创新才有意义。(2) 承诺坚定是建立和发挥核心专长的前提，选择科学是建立和发挥核心专长的保障，行动迅速和富于创新则是建立和发挥核心专长的手段。如果企业外部和内部经营环境没有发生重大变化，选择科学是以实现战略承诺为前提的，即使面临各种威胁和机会，企业也不应该以选择科学为由轻易地改变自己的战略承诺。

资料来源：蓝海林．企业战略管理：承诺、决策和行动．管理学报，2015 (5).

第 4 节　战略方向的选择

明确战略承诺之后，企业战略管理者需要根据战略承诺对企业特定发展阶段（一般是 3～5 年）的战略方向做出确认或者选择。战略方向的选择，既包含以发展态势为依据的四种基本的战略方向的选择，又涵盖了以行业和市场范围为依据的四种基本的增长方向的选择。

一、四种基本的战略方向

所谓发展态势，是指将企业未来发展目标（资源配置与经营状况）与目前发展水平（资源配置与经营状况）进行比较而得到的企业发展趋势。一般来说，根据发展态势分析的结果，企业可以有防御型战略、增长型战略、收缩型战略、稳定型战略四种基本的战略方向选择，如图 3－1 所示。另外，规模大的企业可能拥有多个业务单元，各个业务单元的发展态势可能存在差异，故需要选择不同的基本战略方向。在这种情况下，整个企业的基本战略方向就是混合型战略，即各业务单元分别采用防御型战略、增长型战略、收缩型战略或稳定型战略所构成的一种组合。

目前发展水平 ＼ 未来发展目标	低	高
低	防御型战略	增长型战略
高	收缩型战略	稳定型战略

图 3－1　四种基本的战略方向

(1) 稳定型战略，是指企业根据发展态势，决定经营状况和资源配置保持目前较高发展水平的战略方向，即企业现有发展水平较高，而企业未来的发展目标与现有的发展水平相比变化不大的战略。企业现有发展水平较高，说明企业该业务单元已经在行业内占据了较为重要的位置。考虑到经营环境的变化尤其是顾客需求以及竞争对手行为的变化，稳定不是不发展和不增长，而是与环境变化尤其是顾客、竞争对手等的变化保持同步、稳定、非快速的发展和增长，并在考虑竞争互动的基础上继续保持原有的竞争优势与核心专长。采取稳定型战略的企业将聚焦于原有的经营范围和产品，考虑顾客需求与竞争对手的实际情况决定资源的投入，最终确保企业目前的经营方向、市场规模、业务领域、核心专长以及市场地位等基本不变或者以较小的幅度增长。对于那些预测外部环境变化不是很大并且前期经营相当成功的企业来说，稳定型战略可能是比较合适的。

（2）增长型战略，是指企业根据发展态势，决定深入挖掘内部资源能力以充分利用外部环境的机会，使企业在目前发展水平之上，向更高的发展目标迈进的战略方向。该战略旨在强化企业现有产品（服务）的市场地位，开拓新的产品或新的市场，采用新的生产经营方式或商业模式，不断扩大企业的经营规模，以获得更多的市场份额、更广的市场空间和更强的竞争优势。增长型战略是一种最流行、使用最多的战略。在企业战略管理实践中，该战略之所以被采用，原因并不仅仅是给企业带来了经营上的优势，还包括：在动态环境下，增长是一种求生存的手段；扩大规模和销售可让企业通过学习曲线与规模经济降低成本；许多企业战略管理者将增长等同于成功；增长快的企业容易掩盖失误；增长快的企业的战略管理者更容易获得晋升；等等。

（3）收缩型战略，是指企业现有发展水平比较高，但根据发展态势，决定企业未来资源配置与经营状况需要收缩，即企业未来发展水平大大低于现有发展水平的战略方向。同稳定型战略和增长型战略相比，收缩型战略是一种相对消极的基本战略。一般来说，企业实施收缩型战略是短期的或暂时的权宜之计，主要目的是避开外部环境的威胁或迅速实现自身资源的重组与优化配置，企业从某一业务领域退出后，再向其他有利的业务领域转移。有时，只有采取收缩或退出的措施，才能有效抵御竞争对手的攻击，从这个意义上说，收缩型战略是一种以退为进的战略。企业实施收缩型战略的可能原因主要包括：1）战略重组的需要。由于政策或者其他因素的影响，行业内顾客需求大大地萎缩，企业需要进行较大的战略重组。例如，原来在 K12 教培行业处于领导者地位的新东方，基于国家教培政策的巨大变化，主动采用了收缩型战略，实施战略重组，朝着农产品直播带货行业转型。2）行业处于衰退期。例如，基于人口出生率的持续下降，加上国家幼儿教育政策对高端幼儿教育的限制，高端幼儿教育行业逐步进入衰退期。在这种情况下，从事高端幼儿教育的企业被迫采用收缩型战略。3）失去竞争优势。企业可能由于顾客需求、竞争对手或技术等的快速变化失去竞争优势，并且在可以预见的较长时期内很难通过努力重构竞争优势，只能采取收缩型战略。

（4）防御型战略，是指企业根据发展态势，决定经营状况和资源配置保持在目前较低水平上的战略方向，即企业现有发展水平较低，而企业未来的发展目标与现有的发展水平相比变化不大的战略。一般来说，企业之所以选择防御型战略，主要是因为外部环境比较稳定，机会暂时不多，而企业目前的资源能力又较为有限，故只能维持目前的发展水平。但考虑到经过一段时期以后，外部环境也许有较多的机会，因此企业没有选择直接退出，而是选择防御型战略来等待未来机会的出现。

（5）混合型战略，是指企业根据发展态势，决定各个业务单元采用不同的基本战略方向。一般来说，规模大的企业较多采用混合型战略。这是因为规模大的企业往往拥有多个业务单元，这些业务单元很可能分布在不同的行业或者战略群之中，它们所面临的外部环境不同，所需要的资源和能力条件也存在差异，企业在各个业务单元的资源和能力分布不均衡。在这种情况下，如果企业所有的业务单元都采用同样的基本战略，如增长型战略，显然是不合适的。混合型战略就成了规模大企业在特定发展阶段的合理选择。

二、四种基本的增长方向

如图 3－2 所示，依据企业对行业和市场经营范围的战略承诺，企业需要在行业/市场集中战略、行业多元化战略、市场多元化战略（国际化战略）及行业与市场多元化战略四种基本的增长方向中做出选择。

		行业	
		单一行业	多个行业
市场	单一市场	行业/市场 集中战略	行业多元化战略
	多个市场	市场多元化战略	行业与市场 多元化战略

图 3－2　四种基本的增长方向

具体来说，企业的战略承诺如果表明企业专注于满足特定市场顾客群体在某一方面的需求，则企业相应地选择行业/市场集中战略增长方向，战略的性质就是业务层战略；如果企业致力于满足特定市场顾客群体在多个方面的需求，那么企业应该选择行业多元化战略增长方向，战略性质就是公司层战略；如果企业试图满足多个市场顾客群体在某一方面的需求，那么企业应选择市场多元化战略增长方向，此时战略的性质是公司层战略；如果企业希望满足多个市场顾客群体在多个方面的需求，那么企业应选择行业与市场多元化战略增长方向，这种情况下战略的性质就是公司层战略。

第 5 节　战略目标的制定

明确战略承诺与选择战略方向（包括基本战略方向和基本增长方向）之后，企业战略管理者还需要根据战略承诺与战略方向相应地制定企业的战略目标或者战略目标体系。

一、战略目标的性质和作用

战略目标是对企业需要努力实现的未来的一种精确、可测量的描述，或者说，是对企业战略经营活动取得的主要成果的期望值，也是企业在实现战略承诺过程中希望达到的阶段性结果。这些结果一般具有一定的可测性，无论是定量还是定性的目标。概括而言，企业战略目标是指企业在实现宗旨过程中所追求的阶段性结果，是在一些最重要领域对企业宗旨的进一步具体化，反映了企业在一定时期内经营活动的方向和所要达到的水平。

企业战略目标是一个系统，包括不同层次和领域的目标，其中最宏观、长远和定性的目标应该属于企业价值驱动型战略，也是企业长期战略承诺的一种表现形式。将企业的战略承诺转化为战略决策与行动，则需要具体目标的支持。从战略制定的基本程序来看，即使企业在战略制定中不需要修改战略承诺，也很可能需要修订自己的目标。因此，制定和提出企业目标是战略制定的起点，否则，战略管理的有效性和效率就无从谈起。企业只有设定了明确的战略目标，并以该目标为核心在企业内部形成紧密合作的团队，为实现目标努力奋斗，才能取得成功。就这个意义而言，企业的发展在很大程度上取决于战略目标是否明确。

二、战略目标的类型及内容

1. 战略目标的类型

为了全面和具体地细化企业使命，企业战略者需要制定各种不同层次和性质的战略目标，从这个意义上我们可以将战略目标视为一个复杂系统。

按照制定战略目标主体的层次，企业战略目标可以分为公司层战略目标、业务层战略目标和职能层战略目标。这些不同层次的战略目标有着紧密的联系，其中，职能层战略目标需要为业务层战略目标提供充分支撑，而业务层战略目标则需要为公司层战略目标提供充分支撑。

按照目标预期实现的时间，企业战略目标可以分为长期目标、中期目标和短期目标，并构成连续的嵌套目标体系。在这里，长期、中期和短期都是相对的概念，这些目标在构成内容上并没有根本性的区别，只是长期目标更多地体现综合性和战略性，短期目标重点关注近期内应取得的成果和应完成的具体任务，而中期目标介于二者之间，既需要体现一定的综合性和战略性，又需要适当地关注具体任务。

按照目标的业务性质，企业战略目标可以分为顾客服务目标、盈利目标、员工福利目标、社会责任目标等。对于不同的企业来说，上述战略目标的侧重点也存在差异。按照目标的因果关系，企业战略目标可以分为战略行动目标和财务结果目标。其中，战略行动目标是指与强化公司核心专长、巩固公司市场地位、改善公司核心业务前景相关的绩效目标；财务结果目标是指战略管理者为公司制定并努力达到的财务方面的绩效目标。一个公司的战略绩效应当同时采用战略行动目标和财务结果目标来衡量，前者是动因性的，后者是结果性的。也就是说，只有前者实现了，后者才能实现；同时，后者的实现能够为前者的实现提供灵活度和保障。

按照目标是否以数值来衡量，企业战略目标可以分为定性目标与定量目标两种。其中，定性目标是一种非数值目标，通常是指那些难以用具体数值或数量来表示的目标。这些目标通常涉及一些抽象的概念，例如企业地位、竞争力、满意度、质量、可靠性、及时性等。虽然这些目标无法直接测量或计算，但它们对于组织来说同样重要甚至更加重要。定性目标通常与主观感受、经验和判断等相关，需要在特定的背景和情境下进行理解和评估。定量目标则是一种数值目标，通常是指那些可以用具体数值或数量来表示的目标。这些目标通常涉及一些可衡量的指标，例如销售额、市场份额、利润、成本、生产率等。定量目标通常是客观的、可度量的，并且可以通过数据分析来跟踪和评估。一般而言，定量目标具有明确性和可衡量性的优势，也有利于资源配置和决策制定，并可以提高战略决策的科学性和准确性。但是，定量目标也存在一些重要不足。例如，一些与企业实力、行业地位、核心专长等相关的目标可能难以量化。另外，考虑到"乌卡时代"经营环境的高度不确定性、模糊性、变化性等，加上竞争对手的行为也难以准确预测，企业战略目标采用定量的方式可能会给企业战略决策与核心专长的构建、发挥和强化带来严重的不利影响。

2. 战略目标的内容

一个企业可以设立战略目标的领域很多，但只有关键成果领域（key result area）的绩效才会直接影响企业的兴衰存亡。因此，对于这些关键成果领域，企业应该分别制定相关的战略目标。由此，企业战略目标的内容可能包括盈利能力、市场、客户、生产率、产品、资金、生产、研发、组织、社会责任等诸多方面。

需要强调的是，一个企业并不一定在上述所有领域都制定战略目标，战略目标也不完全局限于以上各个方面。实践中企业可以根据自身战略承诺与基本战略选择的特点，对上述领域进行适当的取舍或增减，从而形成适合自身发展的战略目标体系。

三、有效战略目标的基本要求

企业战略目标的有效性将直接与战略承诺的实现密切相关。有效的战略目标必须满足以下三个要求。

1. 目标体系的依据合理

目标是企业在兑现战略承诺过程中期望达到的一些阶段性的结果，因为企业战略管理者必须基于对本企业战略承诺的理解，在相应的领域设立相应的目标。因此，企业战略承诺的内容越全面，企业目标的系统性就越高。

2. 目标体系的结构合理

虽然企业选择在什么领域建立什么样的目标主要以战略承诺的内容和要求为依据，但是在此基础上还必须考虑目标体系本身的结构合理性，以保证企业战略行为的合理性和企业长期稳定、持续、健康增长。

（1）目标体系的内容结构。一般企业都需要在以下若干领域建立相互平衡和匹配的目标：1）规模目标，例如销售规模、市场占有率、年平均增长率等目标；2）财务目标，例如总投资收益、自有资本收益率、利润总额、年平均增长率等目标；3）创新目标，包括技术创新和管理创新等方面的目标，例如拥有专利数量、新产品占总销售额的比重等；4）与社会责任有关的目标，例如员工收入、股东回报、减少污染、社区贡献等。随着时代的发展，战略目标的系统性和平衡性日益重要。如果企业过于重视其中某一类型的目标，而忽视另一类型的目标，就有可能导致企业战略行为不合理，进而阻碍企业长期稳定、持续和健康发展。例如，20 世纪 90 年代中期以后，国内一些大型企业尤其是国有大型企业集团受政府政策的影响，过于看重规模增长的指标，盲目追求进入世界 500 强。

这种盲目追求规模增长的导向容易导致企业在战略上采取盲目、快速和过分多元化的战略，其结果是其他类型的指标，包括资产安全、企业效益相关的财务指标和与企业竞争力提升有关的创新指标等急剧下降。同样，如果企业过于重视财务指标，那么企业的市场占有率、创新能力和社会责任方面的指标就会下降，影响企业长期稳定和持续发展。中国乳业曾出现的问题可以反映出很多大型乳业企业过于重视财务指标和增长指标，忽视了社会责任相关的指标，导致顾客和政府等多方利益相关者的不满甚至抛弃。

（2）目标体系的层次结构。考虑到企业规模大小的差异，企业战略管理者在构建企业目标体系的过程中一定要关注层次结构的合理性。在一个高度多元化发展的企业中，总部的主要战略目标是投资收益率；各个事业部的主要战略目标是市场占有率和利润；各个职能部门的主要战略目标是职能活动的有效性和效率。对于行业多元化经营企业的总部来说，在企业目标体系建立的过程中，应该清楚地划分目标的层次以及谨慎地考虑不同层次目标之间的连接，从而保证保证战略管理的有效性。

（3）目标体系的时间结构。企业目标体系包括长期、中期和短期目标。其中，长期目标是指涉及时间跨度在5年或5年以上的目标，它通常是企业根本性的、全局性的战略目标。中期目标是指涉及时间跨度在1年以上5年以下的目标。短期目标通常是指涉及时间跨度为1年或1年以下的目标。为了实施有效的战略管理，战略管理者需要关注目标体系在时间序列上的合理性，这样方可根据短期目标的实现情况动态地修正企业的中长期目标。

3. 目标体系的方法合理

面对环境动态化和竞争互动的动态化，企业战略管理者在构建目标体系的过程中还必须注意方法或者策略的合理性，正确处理好以下几个突出的矛盾。

（1）结果与手段的关系。在越来越动态的环境中，企业战略管理者实施战略时面临的各种“意外诱惑”和“突然打击”越来越多。如果在构建目标体系的过程中过于强调结果导向，就容易导致企业战略管理者在实施战略的过程中不择手段，从而损害企业长期稳定、持续和健康发展。例如，一个企业在制定战略的过程中强调经营结果，提出的目标是5年后企业销售规模达到100亿元，投资收益率达到6%。企业战略管理者在实施战略的过程中发现经营环境比制定战略时恶化了，竞争对手也增加了，要想完成销售目标很难，他们可能就会决定实施行业多元化，选择进入一些可以扩大销售额的行业；或者发现投资收益的目标很难实现，他们可能就会减少市场营销和研发的投入，或者选择进入一些风险低、收益率更好的行业。无论出现上述哪一种情况，尽管企业实现了5年的目标，但主业的地位下降了，主业的核心专长被侵蚀了。如果该企业在制定目标时再增加一些手段导向或者约束手段的目标，例如行业市场占有率与新产品创新等方面的目标，结果可能就会不一样。

（2）定量目标与定性目标的关系。一般来说，很多企业战略管理者偏好采用量化指标或者定量目标去构建目标体系，因为定量目标易于分解、测定和控制。例如，某个企业在制定10年发展战略时，提出10年战略目标是销售额1 800亿元、利润300亿元，当然成本就是1 500亿元。这样的目标很容易按照产品和年度进行分解，也很容易测定和控制实施的结果。但是，企业战略管理者必须看到：第一，有一些行动约束导向或者与关键竞争力提升相关的目标是很难量化的，但其重要性又高于量化目标。因此，企业战略管理者要尽可能将这些目标量化或者找到可测定的方法。即使找不到目标量化或可测定的方法，也要将这些定性目标纳入企业的目标体系，并且加以特别关注。第二，随着“乌卡时代”环境动态化程度的提高和环境可预测程度的下降，定量目标的准确性和指导性已经相对下降。例如，上述企业提出的三个目标有什么可靠的依据？如果少完成或多完成一点又说明了什么？相反，定性目标的指导性和作用反而在上升。例如，上述企业提出的三个目标的主要依据就是要赶超行业第一，因为现在行业第一企业的 10 年战略目标刚好是实现 1 700 亿元的销售额和 210 亿元的利润。如果是这样的话，这个企业就应该直接将目标确定为 10 年后成为行业销售额和利润第一。第三，在竞争互动越来越重要的情况下，企业战略目标的实现与否将越来越取决于竞争对手，而不是目标数额的完成与否。例如，如果上述企业将目标定为 10 年以后成为行业销售额和利润第一，那么它只要完成 1 701 亿元的销售额和 211 亿元的利润就实现了自己的目标。

（3）可能性和挑战性的关系。一些企业特别是转型过程中的国有企业的战略管理者喜欢将企业的目标定得高一些，即更富有挑战性，因为目标具有激励作用，将目标定得更有挑战性有可能激发企业各部门管理者的积极性。但是，企业战略管理者尤其是股东必须注意，将目标定得过高不仅会对企业各部门管理者产生相反的作用，而且会导致企业各部门管理者在实施战略的过程中采取一些有可能损害企业长远利益的行为。在制定企业战略目标的过程中，企业战略管理者一定要分析宏观经济环境的变化趋势，经济形势不好时要主动降低目标；一定要分析行业增长的潜力和速度，否则会导致企业多元化；同时也一定要分析企业的竞争优势，如果企业扩张长期超过其所具有的资源、能力和核心专长，就可能面临困境和重组。因此，企业战略管理者在制定企业目标时，要注意保持可能性和挑战性的平衡。

（4）坚持目标和动态调整的关系。一般来说，企业目标一旦确定就应该努力坚持和坚决执行，否则就无法实现企业的战略承诺。然而，这一基本的原则正在受到环境和竞争动态化的威胁，因为及时地调整目标已经成为动态适应和应对环境与竞争动态化的必要手段。为解决这一矛盾，企业战略管理者可以考虑运用以下策略去平衡企业目标的刚性和弹性：定性目标更应该保持刚性，而定量目标则容许有一定的弹性；以手段为导向的目标更应该保持刚性，而以结果为导向的目标则容许有一定的弹性；长期目标更应该保持刚性，而短期目标则容许有一定的弹性。另外，为了在增加弹性的过程中能够保持战略的持续性和稳定性，企业战略管理者可以为目标和战略的调整设置符合行业特点的节奏，例如每年或者每两年调整一次；同时根据目标重要性，设立正式化程度不同的调整程序，以防止管理者随意调整。

四、战略目标制定的方法和技术

适当的战略目标的制定除了需要与企业战略承诺和阶段性的基本战略选择相匹配，还需要按照规范的战略目标制定方法来进行，并且采用科学的战略目标制定技术。

1. 战略目标制定的方法

企业的战略目标与战略承诺密切相关，为了使企业战略目标的实现能够有效地兑现企业战略承诺，制定战略目标的方法包括如下四个步骤。

（1）调查研究。在制定企业战略目标之前，必须进行调查研究工作。在开始制定战略目标时，还需要对已经做过的调查研究成果进行复核，进一步整理研究，全面深入地把握和比较机会与威胁、优势与劣势、自身与对手、企业与环境、需要与资源等。将现在与未来加以对比，理清它们之间的关系，明确企业目前所面临的战略问题。

（2）目标拟定。在周密细致的调查研究基础上，通过对企业战略承诺、发展态势与基本战略的分析，便可以着手拟定战略目标。拟定战略目标包括拟定目标方向和拟定目标水平。前者需要依据既定的战略承诺，综合对外部环境和内部资源、能力的考虑，确定目标方向；后者则需要通过对现有资源、能力等诸多条件的全面衡量，对沿着战略方向展开的活动所要达到的水平做出初步的规定，这样便形成了可供选择的目标方案。

（3）论证。战略目标拟定之后，要组织多方面的专家和相关人员对目标方案进行评价论证。一般来说，评价论证主要包括三个方面：第一，评价论证要围绕目标方向是否正确来进行，需要重点关注拟定的战略目标是否符合企业战略承诺、发展态势与基本战略的要求；第二，评价论证战略目标的可行性；第三，需要对拟定目标的完善程度进行评价，着重考察目标是否明确，目标的内容是否协调一致，以及目标有无改善的余地。

（4）目标确定。在目标确定时，要注意从目标方向的正确程度、可望实现程度以及期望效益的大小三个方面权衡各个目标方案。最终选择的目标在这三个方面的期望值都应尽可能大。此外，目标确定还必须掌握决策时机。在决策时机上，既要防止在机会和问题都没有搞清楚时就轻率决策，又要避免优柔寡断，贻误决策时机。

2. 战略目标制定的技术

（1）时间序列分析法。是把过去和未来的某一目标值都看成是一个时间函数，这一序列是由相互配对的两个数列构成的，一个是反映时间顺序变化的数列，另一个是反映各个时间目标值变化的数列。编制时间序列是动态分析的基础，主要目的在于了解过去的活动过程，评价当前的经营状况，从而制定战略目标。这一技术一般适用于环境较为稳定的情况下对未来的预测。

（2）相关分析法。相关分析是研究变量之间存在的非确定性的数量依存关系。因果关系则是相关分析的一种，主要研究变量之间存在的主从关系或因果关系，从而判断变量的发展趋势，在此基础上制定战略目标。

（3）盈亏平衡分析法。这一方法是企业制定战略目标常用的一种有效方法，是根据产品的销售量、成本和利润三者之间的关系，分析各种方案对企业盈亏的影响，并从中选择最佳的战略目标。

（4）决策矩阵法。这种方法是以矩阵为基础，分别计算出各备选方案在不同条件下的可能结果，然后按客观概率的大小，计算出各备选方案的期望值，进行比较，从中选择优化的战略目标。采用这种技术方法一般需要具备三个条件：要具有明确的目标；要有两个以上的备选方案；存在各种可能状态，并能估计各种可能状态发生的客观概率以及可能的结果。

（5）决策树法。风险决策常采用决策树方法，决策树法的基本原理是以收益矩阵为基础，进行最佳选择决策。与决策矩阵法不同的是，决策树法是一种图解方式，对分析复杂的问题更为适用。决策树法能清楚、形象地表明各备选方案可能发生的事件和带来的结果，使人们易于理解做出决策的推理过程。

（6）博弈论法。又叫对策论法，是指通过数学方法来研究存在利害冲突的双方，在竞争性的环境中如何找出并制定战胜对手的最佳策略等问题。

（7）模拟模型法。即模拟某一客观现象建立一个抽象的模型，并对模型进行分析试验，以观察并掌握客观现象运动、变化的规律，找出错综复杂问题的解决方案。通过给各种模型输入不同的数据，再观察这些模拟的运转和可能产生的结果，从而制定合适的战略目标。

（8）平衡计分卡方法。平衡计分卡既是制定企业战略目标的工具，又是企业战略实施的工具。就战略目标制定而言，采用平衡计分卡可将战略承诺转化为企业某一阶段的财务、客户、内部流程以及学习/成长方面的具体战略目标。

思考题

1. 什么是战略承诺?
2. 有效战略承诺的要求是什么? 为什么?
3. 企业战略承诺应包含哪些内容?
4. 企业战略承诺有哪些表述形式?
5. 战略承诺有何重要意义?
6. 如何理解战略承诺实施过程中坚持与创新之间的关系?
7. 企业使命、愿景、战略意图以及企业战略承诺之间的关系是怎样的?
8. 企业可以选择的战略方向有哪些? 其选择依据是什么?
9. 什么是战略目标? 战略目标如何才能有效?

能力拓展

1. 给定一家上市公司（比如字节跳动）的官网，通过该网站以及其他信息来源收集与分析该公司的战略承诺，并判断该公司战略承诺的合适性。

2. 给定一家公司资料，分析该公司的战略目标体系。

3. 选择某个行业的上市公司，收集相关资料，比较同行业公司战略承诺的差异以及这种差异所带来的影响。

第2篇
战略态势分析

第 4 章

外部环境分析

导入性案例

中国企业的“百模大战”

2022 年 11 月 30 日，美国 Open AI 公司首次向公众推出文本生成人工智能聊天机器人 ChatGPT，ChatGPT 当即风靡全球，引发人工智能的热潮。ChatGPT 是人工智能技术驱动的自然语言处理工具，它能够基于在预训练阶段所见的模式和统计规律，来生成回答，还能根据聊天的上下文进行互动，真正像人类一样来聊天交流，甚至能完成撰写电子邮件、视频脚本、文案及翻译、写代码、写论文等任务。

ChatGPT 推出后，其功能快速迭代、升级。2023 年 3 月 1 日，Open AI 为 ChatGPT 推出付费 API（应用程序接口），主要目的是提供应用程序赋予开发人员访问一组例程的能力，而又无须访问源码或理解内部工作机制的细节。3 月 14 日，Open AI 推出具有强大图像和文本理解能力的 AI 大型语言模型 GPT-4。

拥有各种强大功能的 ChatGPT 能帮助公司提高工作效率，优化用户的体验感，各大公司都快速开发各种 ChatGPT 的应用或将其嵌入已有的系统中。2023 年 2 月 7 日，微软宣布将 GPT-4 模型集成到 Bing 中，在搜索引擎中提供类似 ChatGPT 的体验，Bing 全球下载量增长了 10 倍。除了微软，其他公司也通过 ChatGPT 加入了人工智能热潮，Y Combinator 支持的 4 家初创公司正在尝试构建“ChatGPT for X”，开发客户服务软件市场，据他们当时预测，到 2023 年底，全球客户服务软件市场将达到 581 亿美元。2023 年 6 月 15 日，梅赛德斯将 ChatGPT 添加到其车载娱乐系统中，增强汽车的对话技能。

ChatGPT 的成功引导中国企业纷纷进入人工智能领域。自 2023 年 3 月份开始，国内的 AI 大模型如雨后春笋般涌现。《中国人工智能大模型地图研究报告》显示，截至 2023 年 5 月底，国内 10 亿级参数规模以上基础大模型至少已发布 79 个。据统计，到 9 月份，国内大模型融资个案超过 100 起，2023 年整个行业新增投入在 150 亿～200 亿元。国内大模型市场可以用“百模大战”来形容。

中国大模型开发可以分为通用类、专业类两大发展路径。国内大的互联网企业甚至是著名大学都推出自研的通用大模型，百度的“文心一言”、阿里的“通义千问”、华为的“盘古”、腾讯的“混元”、清华大学的“ChatGLM”、复旦大学的“MOSS”等属于这一类。国内 AI 大模型的应用行业则正在从办公、生活、娱乐向医疗、工业、金融、教育等加速渗透，各行业龙头企业纷纷下场，如东方财富、蓝色光标、用友网络、美的集团等正在开发专业应用类的 AI 模型。IDC 预测，2026 年中国 AI 大模型市场规模将达到 211 亿美元，人工智能将进入大规模落地应用关键期。

人工智能强大的能力、日新月异的发展引发了大规模的讨论甚至是恐慌。2023 年 3 月 29 日，埃隆·马斯克组织 1 100 多名科技行业专家签署了一封公开信，呼吁“所有人工智能实验室立即暂停比 GPT-4 更强大的人工智能系统的训练”。我国也加强了对人工智能的监管。2023 年 7 月，国家网信办公布《生成式人工智能服务管理暂行办法》，自 8 月 15 日起施行，我国正式迎来首个国家 AIGC 监管文件。从曾经移动互联网时代团购的“百团大战”到如今大模型的“百模大战”，有了熟悉的味道。随着监管的完善、竞争的加剧、市场的扩大，人工智能行业将产生世界级的中国企业。

资料来源：1. ChatGPT，百度百科，https：//baike. baidu. com/item/ChatGPT/62446358？fr=ge_ala.
2. “百模”大战，解码国内 AI 大模型产业链现状，https：//baijiahao. baidu. com/s？id=1771923796736230386&wfr=spider&for=pc.

| 学习目标 |

- 了解企业外部环境分析的内容，掌握进行外部环境分析的思路和方法。
- 学习外部环境分析的相关理论和模型。
- 掌握外部环境分析中关键因素的信息收集来源和分析方法。
- 熟练运用相关理论、工具和分析方法，准确识别外部环境中的机会和威胁。

正如导入性案例所示，企业外部环境中各种因素的变化都会以机会或者威胁的方式对企业的生存和发展产生各种影响，甚至动摇企业的战略取舍与承诺。企业战略管理者需要及时、准确地分析和判断各种外部的机会或者威胁，以及它们将在什么环节、层次，以怎样的程度和方式影响企业的战略管理，这就是企业战略态势分析中外部环境分析需要完成的任务。企业经营环境的动态、不确定、复杂和模糊给企业战略管理者有效开展外部环境分析工作提出了越来越严峻的挑战。有效地应对这种挑战要求企业战略管理者有效掌握外部环境分析所需要的相关知识和方法，更需要企业战略管理者坚守自己的核心价值观和基本的战略承诺。只有善于取舍才能做到专注，只有坚持专注，才能形成专长。面对外部环境越来越动态、不确定、复杂和模糊的影响，企业战略管理者需要基于企业的核心价值观和战略承诺动态逐级展开以下四项工作：（1）根据对企业外部环境的分析，判断哪些外部环境的变化将会对企业形成长期、重大和根本性的影响；（2）根据上述判断，分析这些影响将会给企业带来什么性质和程度的影响，判断这些影响是否构成企业的关键机会或关键威胁；（3）基于关键机会的把握或者关键威胁的应对，对企业战略内容体系改变以及调整的层次、内容做出准确的判断；（4）根据战略调整的具体任务和要求，针对解决具体战略问题的需要，再对外部环境变化进行更加深入和细致的分析，分析和评估企业在解决具体战略问题上可以利用的各种机会和应该避免的各种威胁。成功的企业家通常会将主要精力放在前三项工作上，而将第四项工作交给企业高层管理团队或者外部咨询机构去完成。本章将围绕上述四个步骤的有效开展，系统介绍外部环境分析的性质特点、内容体系和相关的方法。

第 1 节　企业外部环境分析的目的与特点

一、外部环境分析的目的

任何企业都是处在一个特定的外部环境中的，例如特定的区域、特定的行业、特定的市场和特定的时间。在这个特定的外部环境中，企业需要从特定的外部环境中获得所需要的输入，需要在特定的外部环境中实现资源转换，需要在特定的外部环境中实现输出并获得收益。外部环境分析的主要目的就是使企业在整个战略管理，特别是企业战略制定过程中能够准确地把握企业所面临的主要机会和威胁，或者说企业所面临的各种可能的战略选择，从而使企业所有的战略决策不仅能够做到趋利避害，而且表现出前瞻性和创新性。如导入性案例中各企业是在对生成式人工智能技术及其所带来的影响、市场前景、政府管制等进行了深入细致的分析之后，认为生成式人工智能技术是未来的方向，存在巨大的应用空间和市场前景，给企业带来的机会大于威胁，这才决定大举进入该领域，推出自己的大语言模型、生成式人工智能产品。为此，企业战略管理者必须掌握影响企业生存和发展的各种因素以及各种因素作用和影响企业的方式，必须掌握外部环境中关键因素的变化趋势及其对企业的影响。

二、外部环境分析的特点

外部环境分析是针对企业以外的影响战略决策和实施的各种变量进行分析。因此，外部环境分析的第一个特点是分析的对象是企业以外的要素，企业对这些分析要素难以产生直接的影响，它们是相对客观的存在。外部环境分析的第二个特点是分析是以客观的事实、数据为基础的，通过多种模型、方法得出的对所有企业都适用的结论。在此基础上，不同的企业结合自身的实际情况作出相应的战略选择。所以说，外部环境分析只是给出了企业的可能战略选择。外部环境分析的第三个特点是外部环境中的不同因素对企业战略选择的影响是不同的，在外部环境分析过程中要区别对待，要针对关键要素进行深入的分析。正如导入性案例中，政策、制度、顾客需求、市场前景、竞争对手等都会对企业决定是否进入人工智能行业产生影响，但当跨时代引领性的人工智能新技术出现后，企业在做是否进入的战略决策时主要考虑的是新技术所带来的深远影响及其对现有行业的颠覆性，当然这与生成式人工智能技术的影响力、所带来的行业变革等紧密相关。

三、外部环境分析的难点

外部环境中因素众多，各种影响因素都有，既有直接影响企业战略决策的因素，又有间接影响的因素。在进行外部环境分析时，首先要解决的难题就是在大量的外部环境因素中选择那些重要且关键的因素进行分析，从而为企业战略决策提供有效的支持。其次，外部环境中各因素对企业决策的影响是交织在一起的，在分析过程中选用什么模型、方法以及如何开展分析以明确各因素的影响机制，这里面有科学的成分，但更考验分析者的经验和能力。最后，对不同的企业而言，外部环境中的机会和威胁是相对的，如政府加强对人工智能的治理对在位优势企业可能是机会，但对准备进入企业可能是威胁。因此，外部环境分析需要与内部环境分析进行动态结合，只有这样才能得出相对准确和有效的外部环境分析结果，这更多体现的是战略分析的艺术。

第 2 节　企业外部环境的构成和影响

外部环境的不断变化不以企业的意志为转移，而且这种变化会以机会和威胁两种不同性质的方式给企业的发展带来重大的影响。有效地实施企业战略管理要求企业战略管理者要熟悉企业外部环境的构成、外部环境因素的影响机制以及提高外部环境分析的有效性。

一、外部环境的构成

企业外部环境是指在特定时期处于企业之外而又将对企业的生存和发展产生影响的各种因素的总和。企业战略管理者在理解和把握企业外部环境的构成之前必须解决好两个前提：

第一，注意外部环境分析的时限。所谓“特定时期”就是与企业战略制定的时间跨度密切相关。如果一个企业决定制定未来 3 年、5 年甚至 10 年的战略，那么这个所谓的“特定时期”就是指企业未来 3 年、5 年甚至 10 年。企业战略管理者需要特别注意的是：（1）一些在“特定时期”之前的外部环境因素有可能因为不再产生影响而被排除在企业外部环境构成之外；（2）另一些因素由于将要对企业的生存和发展产生影响而进入“特定时期”的范围。对于转型期的中国企业来说，企业战略管理者必须动态地把握中国经济转型和对外开放的进程，并且依据这种判断识别哪些外部环境因素将成为“历史”，哪些外部环境因素可能会变得越来越重要。

第二，注意外部环境分析的边界。外部环境分析的边界取决于企业所在国家的开放程度和企业活动的范围。经过 40 多年的改革开放，中国的开放程度大大增加，中国与其他国家的市场边界日益模糊化，国内外企业之间的合作越来越密切，导致几乎所有中国企业的外部环境分析都不能只看国内。例如，人民币对美元的贬值，可能会导致需要进口原材料的中国企业的净利润率降低，致使企业出现亏损。

在上述两个前提的基础上，企业战略管理者才有可能基于对企业发展的历史、目前的处境和未来环境变化趋势的分析确定企业外部环境的主要构成因素。为了使企业战略管理者能够在有限的时间里以正确的方法准确识别和分析外部环境因素及其对企业的影响，企业战略管理学者提出了外部环境的基本构成因素，并且将这些因素划分为三个不同的层次（见图 4－1）。

第一层次是企业的宏观环境，主要包括影响企业战略选择的政治与法律、经济、社会文化、技术、人口、自然六个方面的因素。

第二层次是企业的市场与行业环境，主要包括市场结构、顾客诉求、消费方式、商业模式等与市场相关的因素，以及由供应商、购买者、潜在进入者、替代产品、行业内部的竞争者组成的行业环境。

第三层次是竞争环境，主要包括战略群、企业竞争对手等因素。

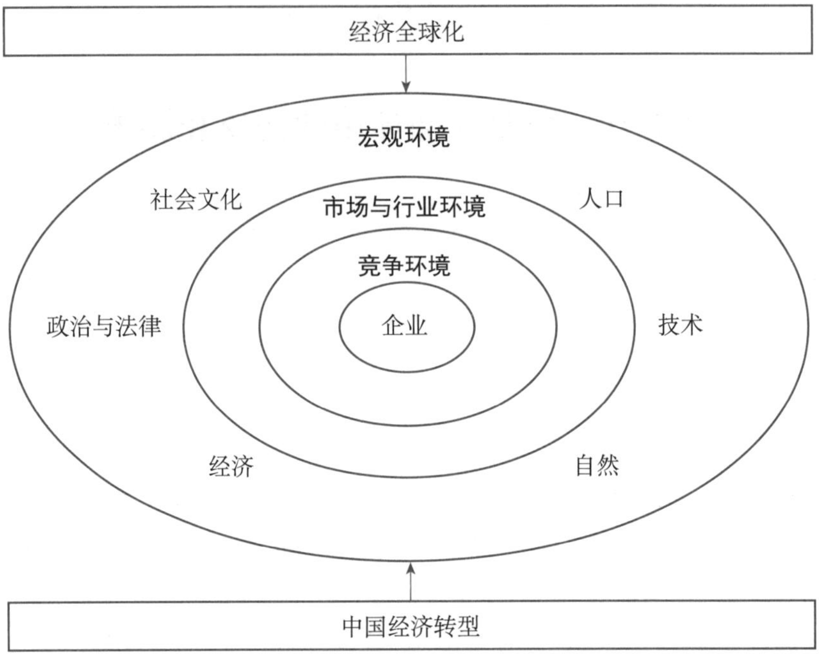

图 4-1 外部环境的基本构成因素

二、外部环境因素的影响

在展开企业外部环境分析之前，企业战略管理者还必须从以下几个方面理解外部环境因素对企业生存和发展的影响机制，从而更好地了解和应对各种外部环境因素对企业的影响。

1. 产生影响的主体

外部环境主要通过企业的各利益相关者来影响和作用于企业。企业外部环境的各种因素被划分为宏观环境、市场与行业环境、竞争环境，这些环境主要是通过政府、社区、供应商、顾客、竞争者、所有者、债权人以及其他相关利益者影响和作用于企业的。因此，企业战略管理者必须根据企业所处国家、行业以及企业的特征和性质等来动态掌握谁是企业的关键利益相关者，以及他们的需求是什么，他们能够以何种方式影响和作用于企业。例如，对于处于充分竞争行业中的企业，无论是国企还是民企，顾客是企业最重要的利益相关者，企业外部环境很多时候是通过影响顾客的需求、消费方式等给企业带来机会或威胁。

2. 产生影响的方式

外部环境对企业生存和发展的影响方式存在很大的差异，其中一些影响属于市场影响，例如，顾客、供应商、员工、债权人甚至所有者对企业的影响，这种影响的大小主要取决于企业与利益相关者相互关系的程度和讨价还价权力的大小。政府、社区、竞争者对企业的影响也取决于相互关系的程度，同时受到国家政治和经济体制的制约。还有一些影响属于制度因素影响，这种影响的大小取决于制度的性质。(1) 强制性制度影响一般是指来自政府或者具有政府背景的贸易或者行业组织所制定的法律、规章或者政策，企业拒绝接受这种制度安排将会受到惩罚。例如，2023 年 7 月，国家网信办联合国家发展改革委、教育部、科技部、工业和信息化部、公安部、广电总局公布《生成式人工智能服务管理暂行办法》就属于强制性制度，企业必须执行和遵守。(2) 规范性制度影响一般是指来自政府或者具有政府背景的贸易或者行业组织所制定的扶持或者优惠政策，企业拒绝接受这种制度安排会损失享受扶持或者优惠政策的机会。(3) 认知性制度影响一般是指来自与企业相关的利益团体所认同的价值观念或者道德规范，企业拒绝接受这种制度安排将会影响利益相关者对企业的支持。

3. 产生影响的途径

外部环境通过两种方式影响企业战略行为（如图 4-2 的实线所示）：一是直接方式，即企业外部环境三层次上的因素都可以直接影响企业的战略行为，如人工智能管理办法，就是政府政策发挥了直接影响。二是间接方式，即宏观环境的变化首先会导致和决定市场和行业环境的变化，市场和行业环境的变化再导致和决定竞争环境的变化，最后通过竞争环境影响企业的战略行为。了解企业外部环境的层次结构和影响关系，将有利于企业战略管理者提前了解和预测外部环境的变化，迅速洞察外部环境对企业战略行为的影响，从而领先对手对外部环境，尤其是市场与行业环境的变化做出战略性反应。

4. 企业对外部环境的反作用

在企业外部环境尤其是企业利益相关者的作用之下，企业，尤其是行业领导型企业并不是完全被动的（如图 4-2 的虚线所示）。企业有可能通过自己长期或者创新性的战略行为推动竞争环境、市场与行业环境，甚至一般环境的变化。例如，美的集团正是通过实施“双智战略”引领了中国家电行业的转型升级，促进了自己与上下游及相关企业的合作，带动了国内家电需求侧和供给侧的升级，引发整个国家和社会对发展智能制造的重视。杰出企业战略管理者的社会责任感和对事业的追求来源于他们对企业战略力量的深信不疑，了解企业战略行为与企业外部环境的相互作用关系和机制将有利于企业战略管理者了解和相信企业战略的力量，并且能够致力于通过自己的战略行为去影响和引领竞争者行为、行业结构的优化和企业经营环境的变化。

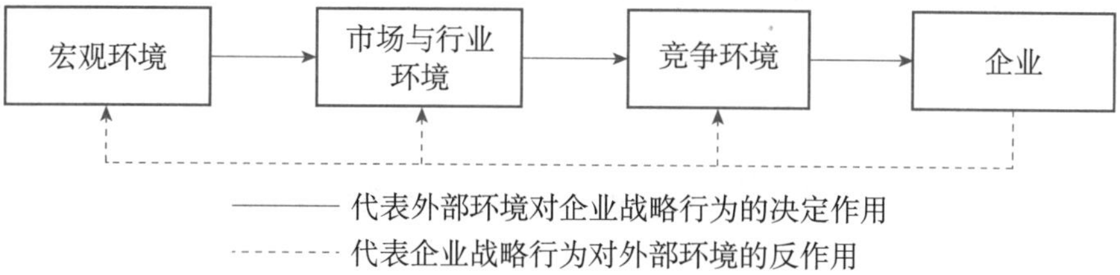

图 4-2　企业外部环境与企业战略行为的关系

三、外部环境分析的有效性

在“乌卡环境”下有效实现外部环境分析是一件非常具有挑战性的工作。在整个企业战略管理活动过程中，外部环境分析贯穿始终，为战略问题的提出、战略方案的制定、战略的有效实施及时提供支撑，外部环境分析已越来越成为战略管理者的一项经常性工作。当然，不排除在一些企业中，在战略制定阶段，外部环境分析工作是一项临时性工作，通常由企业内部或者外部组成的任务小组承担，在限定的时间内完成。无论是作为临时性工作还是经常性工作，提高外部环境分析的有效性和效率都是有效实施企业战略管理需要解决的问题，企业要在尽可能短的时间里，以正确的方法，对关键外部环境因素进行准确的分析，并对关键机会和威胁做出正确的判断。

（1）为了提高企业外部环境分析的有效性和效率，企业战略管理者需要深刻把握推动外部环境变化的主要驱动因素，从而准确地预测关键因素的变化趋势，洞察这些变化趋势对企业未来的影响，使企业的战略决策表现出前瞻性和创新性。推动外部环境变化的主要驱动因素就是指在特定时期和区域推动企业外部所有环境因素变化的主要和根本的力量，在这一种或者几种力量的推动下，企业外部环境中的各种因素呈现出相同的趋势和特点。在导入性案例中，最主要的外部环境变化驱动因素是人工智能技术。对于中国企业来说，过去和未来推动中国企业外部环境变化的主要驱动因素就是全球化和中国经济转型。中国企业战略管理者对于全球化趋势的认识和分析将有利于其把握企业外部环境变化的根本动因和趋势，对于中国经济转型的分析和理解将有利于把握中国企业外部环境的特点，并且做出符合中国情境特征的战略决策。

（2）为了提高企业外部环境分析的有效性和效率，企业战略管理者需要掌握外部环境分析的基本逻辑方法：1）基于对企业历史的分析，把握过去影响企业发展的外部因素；2）密切关注当前发生的重大事件对企业外部环境构成因素的影响，尤其是新增外部因素；3）基于对企业外部利益相关者和企业内部人员的调查，筛选出外部环境中的关键影响因素，并且予以重点关注；4）对关键外部环境因素的变化趋势进行预测和分析，确定企业未来发展所面临的重大机会和威胁。

（3）为了提高企业外部环境分析的有效性和效率，企业战略管理者不仅需要了解企业外部环境的构成及其相互作用，掌握正确的思维逻辑方式，而且需要注意另外两个方面的问题：1）从事企业外部环境分析的人，无论是企业战略管理者还是企业内部或者外部的专业人士，都需要对企业内部环境有充分和客观的了解，因为任何外部的机会与威胁都是相对于企业内部的优势与劣势而言的。2）企业外部环境分析涉及的领域相当广泛，需要使用不同学科的知识和方法，因此从事企业外部环境分析需要整合不同学科领域的人员。

第3节　企业的宏观环境分析

企业的外部环境分析是从宏观环境分析开始的。所谓宏观环境，是指可以广泛影响特定空间范围内所有市场、行业和企业战略行为的各种外部因素。首先，企业宏观环境具有先动性的特点，往往需要经过一段时间才能逐步导致市场和行业、竞争环境的变化，因此要求企业战略管理者在分析宏观环境的过程中必须具有前瞻性和洞察力。其次，企业宏观环境具有广泛性的特点，通常会对处于这个环境中的所有市场和行业以及所有企业的竞争环境产生广泛影响，因此要求企业战略管理者在分析宏观环境的过程中必须有很强的目的性和针对性。最后，企业宏观环境还具有复杂性的特点，其内部各因素既有很大差异又相互影响，因此要求企业战略管理者在分析宏观环境的过程中必须善于抓住主要因素，并且分析主要因素的变化趋势对其他因素的影响。为了提高企业宏观环境分析的有效性和效率，企业战略管理者应该重点做好以下三个方面的工作：（1）了解宏观环境中各类因素的主要内容和特点；（2）掌握对宏观环境分析的主要方法；（3）熟悉对宏观环境分析的主要步骤。

一、宏观环境的构成

企业的宏观环境包括政治与法律、经济、社会文化、技术、人口、自然六大方面的因素。表 4－1 只列举了每一类宏观环境因素中的主要因素，企业战略管理者在实际工作中可以根据企业的实际需要进行选择和增减，以提高宏观环境分析的有效性和效率。

表 4－1　宏观环境的具体因素

政治与法律环境	• 税法 • 消费者权益保护法 • 知识产权保护法	• 劳动者保护法 • 环境保护法 • 反垄断法
经济环境	• 国内生产总值（GDP） • 利率 • 汇率	• 通货膨胀率 • 货币政策 • 财政政策
社会文化环境	• 文化传统 • 风俗习惯	• 宗教信仰 • 社会价值观
技术环境	• 新技术 • 产品创新 • 区域技术创新体系	• 新知识 • 新理论 • 技术创新政策
人口环境	• 人口数量 • 年龄结构 • 区域分布	• 性别结构 • 文化水平 • 收入分配
自然环境	• 全球气候变暖	• 清洁能源

资料来源：迈克尔·A. 希特，等. 战略管理：概念与案例：第 10 版. 北京：中国人民大学出版社，2012.

1. 政治与法律环境

企业宏观环境中的政治与法律环境因素主要是指一个国家或地区政府的政治制度、政府政策和法律法规等因素。考虑到对企业战略选择的影响，企业宏观环境中的政治因素应该包括政治制度、外交政策、国防政策、经济政策以及中央与地方政府的关系等。例如，2020 年 11 月发布的《中共中央关于制定国民经济和社会发展第十四个五年规划和二〇三五年远景目标的建议》提出，加快构建以国内大循环为主体、国内国际双循环相互促进的新发展格局。这是对“十四五”和未来更长时期我国经济发展战略、路径作出的重大调整完善，是着眼于我国长远发展和长治久安作出的重大战略部署，对于我国实现更高质量、更有效率、更加公平、更可持续、更为安全的发展，对于促进世界经济繁荣，都会产生重要而深远的影响（刘鹤，2020）。企业战略管理者需要前瞻性、创新性地意识到并重视这些变化，以制定合适的战略和顺利推进战略实施。企业宏观环境中的法律环境应该包括与企业经营有关的各种法律和法规，例如税法、劳动者保护法、消费者权益保护法、环境保护法、知识产权保护法、反垄断法等。这些因素对市场和行业环境、竞争环境和企业战略行为的影响往往具有强制性、直接性的特点。

战略聚焦 4-1　2023年中国出台大量经济刺激政策

2. 经济环境

企业宏观环境中的经济因素主要是指：（1）基本经济结构和特点，包括经济体制、经济结构、产业结构、生产力布局和对外开放的程度等。（2）国民经济发展状况，包括国民经济增长、国际贸易增长、居民收入增长、资本市场和通货膨胀的状况等。（3）政府的经济政策，包括财政政策、金融和货币政策、贸易政策、政府预算等。（4）国际经济形势、经济发展趋势以及企业面临的经济国际化、市场全球化等状况。这些宏观经济环境因素的变化将在各个方面影响企业的市场、行业和竞争环境，进而影响企业的战略行为。例如，2023年以来，我国几家大房地产企业陷入债务危机先后“爆雷”，加之我国经济增速放缓，致使在全球主要发达经济体美国、欧洲各国通货膨胀时我国的CPI、PPI仍然保持稳定，消费低迷。这些变化将导致很多行业的竞争出现剧烈的变化，企业应该从战略高度重视和关注这些变化给企业经营带来的影响，从而前瞻性地制定应对措施。

在中国加入世界贸易组织之后，国内外市场的边界越来越模糊。虽然我国现在强调要构建以国内大循环为主体、国内国际双循环相互促进的新发展格局，但这是要坚持开放合作的双循环，通过强化开放合作，更加紧密地同世界经济联系互动，提升国内大循环的效率和水平。因此，无论是以国内市场还是国外市场为主的企业，都必须深入思考这种变化所带来的影响，仍然要面对经济全球化的影响，面对跨国企业的竞争。随着新冠疫情基本结束后全球主要经济体逐步复苏，国际经济形势、国际市场将迎来新的变化，这些变化都将对中国企业的战略选择产生重要影响。例如，2023年美国通过国会法案、政府限制令等进一步加强对我国高科技技术的封锁和企业的打压，使得中美贸易摩擦没有减缓的迹象，国际贸易出现了新的变化。这些都将影响全球经济的走向和跨国企业的战略行为，进而影响中国企业的战略行为。由此可见，在分析企业外部环境，特别是经济环境的过程中，中国企业战略管理者必须具有全球化视野；必须了解国际经济体系、国际贸易规则和跨国企业的基本特点；必须了解全球经济变化趋势及其对中国经济和企业的影响等。

3. 社会文化环境

企业宏观环境中的社会文化因素是指特定历史时期社会发展的一般状况，包括人们的宗教信仰、社会价值观、文化传统与风俗习惯等。这些因素既源远流长又不断演化，它们以各种潜移默化的方式影响企业各利益相关者，影响利益相关者对企业的看法和要求，从而对企业经营和发展的各个方面产生非常重要的影响。社会文化因素的变化有可能改变消费者的需求和消费方式，从而给企业带来新的机会或者威胁，企业需要依据这些变化改变自己的经营战略。ChatGPT 展现出的强大功能以及在不同行业具体应用中所表现出的惊人高效率，一举打消了大家对人工智能的质疑，加速了市场对人工智能的接受，也推进了其他企业进入人工智能领域。社会文化因素的变化还有可能改变各利益相关者对企业社会责任和道德行为的看法，从而决定他们在多大程度上认同或者支持企业的战略选择，这也同样要求企业改变自己的战略行为。2023 年开始，我国政府加大了医疗反腐力度和扩大了公费医疗药品集采范围，改变了医药行业的生态体系、竞争结构和关键成功因素，改变了医药企业的竞争状况、商业模式和核心专长，重新树立了社会对医药企业的看法，将对企业经营、战略行为产生重大和深远的影响。

4. 技术环境

企业宏观环境中的技术环境主要是指国家技术进步的整体水平和变化趋势、政府技术进步或者创新战略、国家技术创新的体系和变化、国家对技术进步的鼓励和保护政策等。技术环境的变化不仅可以影响宏观环境中其他环境因素的变化，而且可以对企业的市场和行业环境、竞争环境以及企业的战略选择产生直接的影响。技术进步速度的加快有可能消除市场和行业的边界，缩短产品生命周期，创造新的产品、顾客和市场需求；有可能降低企业生产、运输和劳动力的成本，或者提高生产、运输和通信的效率，提高企业竞争互动的效率；有可能改变行业竞争结构、行业游戏规则和企业的商业模式等。未来的市场争夺将是技术制高点的争夺，忽视技术的危害是极大的，那些不重视技术管理的企业迟早会发现它们的未来是由技术支配的。技术的影响不仅表现在高技术企业，其他企业也一样。即使是低技术或服务行业也要密切注意技术进步带来的机会和威胁。

战略聚焦 4－2　解读中国人工智能管理办法

互联网引领了科学技术的发展，颠覆了很多行业，改变了行业竞争规则，重构了政府、行业、供应商、消费者和竞争者之间的关系，造就了多个互联网巨头，如中国的阿里巴巴、腾讯、小米、京东等。互联网技术成为企业战略分析时应重点考虑的影响因素。现在，人工智能将引领新一代科学技术的发展，将极大地提高工作效率，创新产品和服务，改变企业经营方式，颠覆现有行业，重构产业生态，市场规模预计将是移动互联网规模的 10 倍。企业战略管理者需要在战略分析时充分认识到人工智能技术的重要性和所带来的颠覆性影响，培养和应用人工智能思维来重新思考和建立企业的战略。

5. 人口环境

企业宏观环境中的人口环境主要是指一个国家或者地区的人口数量和社会学特点，包括居民的性别结构、年龄结构、文化水平、区域

战略聚焦 4－3　中国上市公司纷纷进入养老地产

分布、民族构成、收入状况，以及居民在工作、消费、闲暇方式上的选择。人口环境的变化不仅会导致市场需求、消费方式和商业模式的变化，而且会导致企业劳动力成本、生产方式等方面的变化，从而影响企业的战略选择。

6. 自然环境

自然环境因素是指自然环境中潜在的和实际的变化，企业战略就是要积极应对和处理这些变化。生态、社会和经济系统中的变化是相互影响的，强化自然环境保护是全球的大趋势，企业需要关注这一变化。与之前经济高速增长相伴的是中国自然环境的日益恶化，恶性的自然环境破坏事件增多。党的十八届三中全会以来，我国政府加大了自然环境保护力度，提出建设生态文明，并在 2015 年印发了《中共中央国务院关于加快推进生态文明建设的意见》，强化环境保护管理，加大投资，这些都将为中国企业带来新的机遇和挑战。2019 年我国加大了对养猪产业的环保督查，关闭了很多环保不达标的小型养猪场，叠加非洲猪瘟的影响，使得中国猪肉市场供给骤降，猪肉价格持续上涨，各大型养猪企业如牧原股份、新希望等赚得盆满钵满，甚至各大房地产企业都纷纷宣布进军养猪行业。

在识别自然环境因素时，企业应该注意一些重要的自然环境特征。其中，全球变暖和清洁能源值得特别注意。全球变暖是当今全球关注的主题，许多国家和公司都在努力预测其对社会和商业运营的影响。先动企业正寻求在这一趋势变化中培育竞争优势，实施“绿色战略”，主张通过增强环境的可持续性来获得利益。清洁能源是值得关注的另一个自然环境因素，例如，电动汽车正引领汽车行业发展的新方向，我国政府推出了新能源汽车的扶持政策，促进我国新能源汽车的发展，这将改变我国汽车行业的竞争格局。2023 年我国新能源车的渗透率已超过 30%。

战略聚焦 4-4　比亚迪汽车——新能源汽车引领者

二、宏观环境分析的步骤

企业外部环境分析是一项非常复杂和具有挑战性的工作，不仅涉及政治、经济、社会、文化、技术等多个学科的理论知识，而且需要采取包括以一手数据和二手数据为基础的多种调查、分析和预测的方法。企业战略管理者最需要掌握的就是宏观环境分析的基本步骤和思路，从而保证整个分析过程的有效性和效率。

1. 发现影响企业战略选择的主要宏观环境因素

企业宏观环境分析的第一步就是要发现会影响企业未来战略选择的主要宏观环境因素。在这个过程中，企业首先需要根据对企业外部和内部环境的初步判断来决定自己是否需要改变企业的宗旨，尤其是行业和市场范围。如果企业未来不准备改变自己的行业和市场范围，那么企业战略管理者主要通过两种方法发现影响企业战略选择的主要宏观环境因素：（1）历史分析法，即在企业发展历史（以前的总结和战略）的分析中发现影响企业战略选择的主要宏观环境因素。除非企业所处外部环境发生了重大变化，否则过去影响企业战略选择的主要环境因素一般将会继续影响企业未来的战略选择。例如，无论汇率如何变化，汇率过去和将来都是影响出口加工企业战略选择的主要宏观环境因素。（2）重大事件分析，即对正在发生或者将要发生的重大事件及其影响进行分析或者预测，确认这些重大事件的发生将导致哪些原来的主要因素不再继续发挥作用，哪些新的因素成为主要因素。如新冠疫情对外部环境、企业和个人行为的影响，是会彻底结束、完全恢复如初，还是像感冒一样与人类一直共存呢？这可能是很多企业需要认真考虑的问题，如航空、旅游、文化娱乐等公司。如果需要改变企业未来的行业或者市场范围，那么发现影响企业战略选择宏观环境因素的难度将极大提升，这就是俗话说“不熟不做”的道理。

2. 确定宏观环境中的关键因素

企业宏观环境分析的第二步是确定宏观环境中的关键因素。通常在第一步所确认的主要因素仍然过多，对这些因素不分轻重地全部深入分析将严重影响企业战略决策的有效性和效率。因此，企业战略管理者应该在第一步分析的基础上，针对第一步所确认的主要因素进行更深入的研究，确定每个重要因素的权重，并且将那些权重高的重要因素确定为关键因素。在确定重要因素权重的过程中，企业战略管理者的经验非常重要。当然，他们也需要考虑企业内外部专家和中低层管理者的意见。例如，企业战略管理者可以运用问卷调查和专家意见法来确定这些重要因素的权重。

3. 预测关键因素的变化趋势

企业宏观环境分析的第三步是预测关键宏观环境因素的变化趋势。经过前面两个步骤，企业战略管理者可以将主要的精力高度聚焦于那些影响企业未来战略选择的关键因素，并且运用科学的方法对这些关键因素的变化趋势进行预测。在这个过程中，企业战略管理者需要收集更加翔实和具体的历史数据，掌握相关专家的分析结果，并且运用定量和定性的方法对关键因素的变化方向、程度进行预测。

4. 判断关键因素变化趋势对企业战略选择的影响

企业宏观环境分析的第四步是判断关键因素变化趋势对企业战略选择的影响。综合前述三个步骤的分析结果，企业战略管理者可以：（1）判断关键因素变化趋势及其对企业未来战略选择的影响，明确哪些因素的变化趋势将有利于企业的发展（即确认为“机会”），哪些因素的变化趋势将不利于企业的发展（即确认为“威胁”）；（2）结合关键因素的权重和对企业影响程度的判断，进一步确定哪些机会是“重大机会”，哪些威胁是“重大威胁”。当然，有些关键因素变化趋势对企业战略选择的影响可能是双重的，既是机会，又是威胁。对于这种因素的分析，需要从积极和消极两个方面进行。

第 4 节　市场环境分析

与其他教材不同，本教材在企业宏观环境分析和行业环境分析之间特别安排了市场环境分析。做出这种安排的主要理由是：第一，宏观环境的变化会导致顾客需求和消费方式的变化，企业需要通过市场环境分析确认顾客需求和消费方式发生了哪些变化，分析和预测这些变化将如何影响企业的目标市场、市场定位和经营方式选择。市场才是制定企业战略的起点，没有消费者市场需求和消费方式的差异化，企业不可能实施差异化战略。第二，宏观环境的变化会进一步导致行业边界模糊，企业需要通过市场环境分析确认自己所处的行业或者业务领域。行业指的是提供相互间密切替代的产品或服务的一组公司，这些产品和服务满足相同的基本顾客需求，例如，电器行业、电脑行业、饮料行业等。宏观环境尤其是技术进步和消费方式的变化正在逐步打破有形产品之间、无形产品之间，以及有形和无形产品之间的边界，导致原来界定明确的行业边界越来越模糊。企业战略管理者进行行业环境分析之前有必要依据宏观环境变化趋势，在预测顾客需求和消费方式变化的基础上更准确地定义行业的边界，甚至重新定义自己所处的行业。例如，美的集团根据对新时代顾客需求的理解和未来技术、行业发展趋势的预测，实施“双智战略”，已由家电企业转型成为全球化科技产业集团。在行业颠覆、跨界融合成为常态，多样化的顾客需求对企业发展的影响越来越大的时代，企业市场环境分析的重要性越来越突出，有效的市场环境分析将为接下来的行业环境分析确定合适的边界和前提。

一、市场结构分析

企业战略管理者需要分析本企业的目标市场是否发生了变化，尤其需要注意到市场边界和行业边界越来越模糊，这是因为：（1）在经济全球化条件下，越来越多的跨国企业以更加直接的方式进入中国和各个地区的市场；（2）交通和通信状况的改善大大降低了企业跨地区经营的成本；（3）网络技术的发展和电子商务的应用使消费者可以通过网络购买产品和享受服务等；（4）在技术进步速度越来越快的情况下，新的产品、新的服务方式和新的商业模式层出不穷。企业战略管理者应该根据市场和行业边界的变化重新分析竞争对手，重新分析自己的优势和劣势，重新评价和定义自己的目标市场。

企业战略的核心就是取舍，而这种取舍的起点就是基于顾客需求和消费方式分析的目标市场选择，包括企业的业务范围、市场范围、经营方式等的确定。在市场细分和选择目标市场的过程中，企业战略管理者需要重点关注市场结构的影响。市场结构指的是一个市场中企业数量与规模的分布情况。市场是集中的（只存在少量的买方）和分散的等市场结构特征能够使得企业对市场可能的竞争本质有一个快速和合理的评估。测量市场结构的常见方法是 N 企业集中度比率（N-firm concentration ratio），就是计算市场中的 N 个最大企业的市场份额之和。例如，空调行业的 4 个企业的市场集中度是 0.7，表示前 4 个最大的空调制造企业总的市场份额占整个行业的 70%。在计算市场份额时，通常采用销售收入。另一个常用来度量市场结构的指标是赫芬达尔指数（Herfindahl index），就是计算市场中所有企业市场份额的平方和。计算赫芬达尔指数时，一般只选取市场份额为 10%及以上的企业，因为更小企业的市场份额平方值太小，对赫芬达尔指数的影响可以忽略不计。

根据市场结构的不同，市场可以划分为完全竞争市场、垄断竞争市场、寡头垄断市场和完全垄断市场四种市场类型。市场结构对企业的行为与绩效会产生深远的影响。例如，在完全竞争市场中，企业自由进入与退出市场使得所有的获利机会慢慢消失，以至于价格趋于最低平均成本。垄断企业制定的价格往往大大高于边际成本和平均成本。具体的市场结构类型及其价格竞争强度见表4－2。企业战略管理者认清市场结构特征有利于制定正确、可行的战略。

表4－2　四种市场结构

市场结构	赫芬达尔指数范围	价格竞争强度	市场特点				典型市场
			厂商数目	产品差异	价格控制程度	进出难易程度	
完全竞争	低于0.2	激烈	很多	基本没差别	没有	很容易	农产品
垄断竞争	通常低于0.2	可能激烈或者低，取决于产品的差异	较多	有差别	有一些	比较容易	服装、食品
寡头垄断	0.2～0.6	可能激烈或者低，取决于企业内的竞争	几个	有差别或无差别	较大程度	比较困难	石油、通信
完全垄断	0.6或者更高	通常很低，除非有进入威胁	一个	唯一且无替代	很大，但受管制	几乎不可能	供电

资料来源：改编自：贝赞可，等．战略经济学：第4版．北京：中国人民大学出版社，2012.

二、顾客需求分析

顾客就是上帝，顾客需求是企业生产、营销的出发点。从市场的角度出发，顾客需求有三个层次，分别是需要、需求和欲望。其中，需求是指投向某种商品而且有支付能力支撑的欲望。要了解顾客需求，不是一件简单的事情。有些顾客并不知道自己真正需要什么，或者说他们根本不能准确描述自己的需求。在进行顾客需求分析时，可从以下五个层面来分析、确认顾客需求：(1) 明确表述的需求，如想要一辆不是很贵的汽车；(2) 真正的需求，如顾客想要一辆使用成本低而不是购买价格低的汽车；(3) 未明确表述的需求，如顾客希望能从4S店里获得优质的服务；(4) 令人愉悦的需求，如顾客希望获赠车载导航系统；(5) 潜在的需求，如顾客希望被认为是懂车的行家。

改革开放以来，我国居民的收入一直保持较快增长。随着居民收入水平的提高，居民需求表现出以下比较明显的变化趋势：(1) 市场需求的多样化导致产品多样化，甚至越来越个性化；(2) 市场需求的重点逐步从对产品的需求转向对服务的需求，包括与产品销售、使用和维修有关的各种服务；(3) 市场需求已经越来越多地包含了对社会价值的追求，包括对节约能源、环境保护等社会责任的关注。因此，在宏观环境分析的基础上，企业战略管理者应该更关注顾客需求的细分和取舍，应该在努力成为产品提供商的同时成为服务提供商，在满足消费者的物质需求的同时满足消费者的社会需求。

三、消费方式分析

在一定社会经济条件下，消费者同消费资料相结合的方式即消费方式，包括消费者以什么身份、采用什么形式、运用什么方法来寻找、购买和使用消费资料，以满足其需要。消费者生活在纷繁复杂的社会之中，其消费方式受到经济、社会、心理等多种因素的影响，主要有三大类：内在因素、外在因素和企业市场营销因素。影响消费方式的内在因素包括消费者的性别、年龄、认知、之前的消费经历等；外在因素主要有人口、经济、政治与法律、技术、社会文化环境等；企业市场营销因素是指企业销售产品的战略和策略组合，如购物由完全的线下实体店向以电商为主、线上线下相结合的方式转变。

经过 40 多年的改革开放，中国经济发展取得了巨大的成就，中国市场经历了从短缺到过剩、从封闭到开放的转变，顾客的需求和居民的消费方式发生了翻天覆地的变化。企业进行顾客需求和消费方式的分析就是要形成对市场和行业的基本认识，回答这样几个问题：企业所处的行业主要满足什么需求？企业所处的行业以什么技术或者方式满足这种需求？企业所处的市场和行业是怎样界定的？其边界是否发生了变化？

在进行外部环境分析的过程中，企业战略管理者需要注意到现代市场是买方市场，消费者的选择很多，不同产品之间的质量差别很大；现代社会是信息社会，消费者接收的信息很多，甚至还存在大量的欺骗和误导性信息。企业战略管理者还需要注意到网络技术、交通运输技术和通信技术的发展，使消费者的购买方式选择越来越多，各种方式在方便程度和价格上的差别很大。消费者的性别、年龄、性格、文化水平等也在很大程度上决定他们对消费方式的选择。因此，在宏观环境分析的基础上，企业战略管理者应该更关注宏观环境变化对顾客消费方式的影响，关注顾客在消费方式上的差别，根据这种差异来确定目标顾客、目标市场和商业模式的选择。

战略聚焦 4-5　Z 世代消费观

四、商业模式分析

在重新评价了市场结构、顾客需求、消费方式等之后，企业战略管理者还需要进一步考虑与目标市场相适配的商业模式，通过怎样的价值创造活动组合和管理模式才能够最有效地满足目标顾客的需求。

商业模式就是一个企业赚钱的方式。许多企业能够创造和保持竞争优势，并不是因为技术创新性有多强，而是因为开发出了一套切实可行的商业模式。商业模式是企业创造价值、构建竞争优势的核心逻辑，表现为层层递进的三个方面：价值发现、价值匹配和价值获取。

（1）价值发现。明确价值创造的来源，企业最终能否构建竞争优势取决于它是否拥有顾客。企业在对顾客诉求、消费方式和目标市场进行分析的基础上，进一步明确和细化顾客价值所在，确定价值来源，这是商业模式开发的第一步。

（2）价值匹配。价值来源不同，实现的方式也不同，需要用企业的资源、能力以及相应的运作来实现。企业需要针对顾客的核心价值，根据自身的资源和能力情况，对企业的不同活动进行相应的增加或删减、加强或削弱，以设计出与顾客价值匹配的商业模式。

（3）价值获取。制定竞争战略，实现价值，保持竞争优势，这是企业进行外部环境分析的目标。许多企业是新技术、新产品和新服务的开拓者，但不是这些创新利益的占有者，根本原因是它们忽视了对创新价值的获取。价值获取的途径有两个：一是在价值创造的链条中为企业选择核心的角色。价值链中每项活动的增值空间是不同的，企业占领了整个价值链中价值增值最大的活动，就保证了价值获取。二是建立进入障碍，最大可能地保护商业模式的细节。

价值发现、价值匹配、价值获取是开发有效商业模式的三个必经阶段，每一过程都不能省略。在制定企业战略时，应该沿着这种逻辑思路去分析前述的宏观环境和行业结构影响因素的变化对商业模式的影响，具体分析和判断商业模式是否发生变化和发生了什么样的变化，应该如何适应、利用和引领商业模式可能发生的变化。

战略聚焦 4-6　OpenAI 公司的商业模式

第 5 节　行业竞争环境分析

在宏观环境变化的影响下，企业战略管理者不仅需要关心市场，特别是顾客的需求，更需要关注行业以及与行业有关的其他因素对企业盈利和战略选择的影响。企业战略管理者的工作是分析行业中的竞争结构，确认机会与威胁。哈佛商学院教授迈克尔·波特发现：企业盈利水平的高低在很大程度上取决于行业平均收益率的高低；行业平均收益率的高低取决于行业竞争强度的高低；行业竞争强度的高低取决于行业竞争结构；行业竞争结构取决于五个变量（或称五种力量）及其相互作用，如图 4-3 所示。这五种力量是：（1）潜在进入者的威胁；（2）供应商讨价还价的权力；（3）顾客讨价还价的权力；（4）替代产品的威胁；（5）行业内部竞争的特点。如果这五种力量都强，这个行业盈利潜力就低；反之，则这个行业的盈利潜力就大。

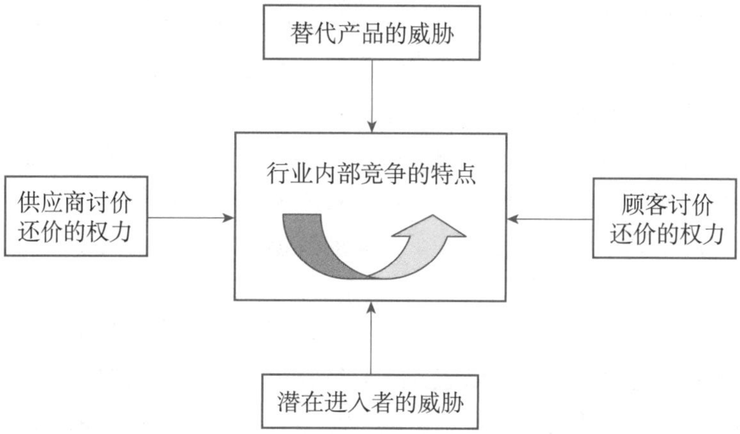

图 4-3　行业竞争结构分析模型

波特的行业竞争结构分析模型（也称为“五力模型”）对企业战略管理的影响巨大而深远。行业竞争结构分析的目的是：（1）预测现有行业盈利的潜力，决定继续从事还是退出这个行业；（2）分析一个新的行业，并且决定如何进入这一行业；（3）分析现在所处行业的竞争特点，制定相应的竞争战略，通过调整资源配置或者改变行业竞争结构提高企业的盈利水平。企业战略管理者喜爱这个模型的根本原因就在于它可以帮助企业管理者提高战略决策的水平。

因此，在完成宏观环境分析之后，企业战略管理者必须分析宏观环境的变化是否导致行业竞争结构发生了重大、长期和根本性的变化，以及行业竞争结构的变化是否会对企业的战略选择产生重大影响。从这个意义上说，企业战略管理者必须熟知波特的行业竞争结构分析模型。

一、潜在进入者的威胁

一个行业的潜在进入者威胁的大小主要是指愿意进入该行业的企业数量的多少和进入该行业的难易程度。在行业的早期发展阶段，新进入者或许会带来新的资金和新的创意，促进整个行业的形成和发展。但是行业进入成熟阶段之后，新进入者越多，行业竞争强度就越大，行业平均收益率就越低。虽然行业的早期进入者可以通过信息封闭的方法阻止潜在进入者的进入，但是在市场经济条件下这种方法只能发挥短期作用。从长期来看，新进入者威胁的大小实际上取决于行业进入壁垒的高低。在其他因素不变的情况下，行业进入壁垒越高，行业竞争结构就越好，行业平均收益率就越高，行业吸引力就越大。

企业战略管理者在决定进入或退出一个行业之前需要分析这个行业进入壁垒的高低，从而判断自己是否应该进入或者退出这个行业。对那些已经在某一行业经营的企业而言，同样需要分析所在行业进入壁垒的高低，以通过主动的战略行动提高行业进入壁垒，在保证整个行业盈利水平的同时，提高企业自身的盈利水平。下列因素是构成行业进入壁垒的主要因素：

（1）规模经济。“规模经济表现为在一定时期内产品的单位成本（或者说生产一件产品的运作成本）随总产量的增加而降低。规模经济的存在阻碍了对产业的侵入，它迫使新进入者要么一开始就以大规模生产并承担遭受原有企业强烈抵制的风险，要么以小规模生产而接受产品成本方面的劣势，这两者都不是进入者所期望的。”如果一个行业的规模经济效益比较明显，而且这个行业中已经有了具有明显规模优势的大企业，规模经济就构成了这个行业的进入壁垒。例如，深圳中集集团在集装箱行业建立了规模经济，格力电器、美的、海尔等在空调行业创造了较大的规模经济，这构成了对其他企业的行业进入壁垒。

（2）个性化市场将削弱规模经济的进入壁垒作用。现在许多公司为满足顾客的个性化需求，提供大量的定制化产品。随着先进制造技术、工业4.0的发展，定制在越来越多的行业成为可能，个性化定制在制造行业越来越普遍。生产定制化产品的企业最重要的是如何快速响应客户需求而不是建立规模经济。

（3）产品差异。产品差异包括两种：一种是有形差异，主要是指产品规格和性能上的差异，例如比亚迪汽车希望“比其他公司的产品更智能、更环保、更安全且外观更美”。另一种是无形差异，例如品牌差异，格力电器大量投放广告，就是试图给顾客树立清晰的品牌形象，在顾客中形成品牌差异。一般来说，产品的有形差异越大，供需双方就会为克服交易成本而锁定对方。在这种情况下，新的进入者很难打破供需双方已经建立起来的供需关系。产品的无形差异越大，新的进入者将面临更大的品牌障碍或者说消费者的感情障碍，企业需要大量的时间和投入来培育自己的消费者群体。

（4）初始资本投入。“竞争需要的大量投资构成了一种壁垒，特别是高风险或不可回收的前期广告、研究与开发等。不仅生产设施，而且顾客信用、库存及启动亏损都可能需要资本。”初始资本要求越高，符合要求的企业就越少，新进入障碍就越大。例如，飞机制造、通信设备、汽车制造等行业的利润率比较高，吸引力大，但除了技术含量高是进入门槛，初始投资规模大也使得具备进入条件的企业并不多。

（5）顾客转换供应商的成本。在某些行业，产品是高度标准化的，顾客转换供应商不需要发生成本，新进入者进入这些行业的门槛就低。例如，纯净水行业。但是，另一些行业中，顾客转换供应商需要发生成本，包括调整配方、测试产品、调整生产线、培训工人、消费习惯的改变等所发生的成本，以及由此可能产生失误和各种损失。在这些行业中，新进入者就会明显处于不利地位。一般来说，供应商和顾客的关系越密切，顾客转换成本越高。

（6）进入分销渠道的难度。在越来越多的行业中，销售渠道、网点和货架等正在成为最稀缺的资源。“在某种程度上，产品的最优分销渠道已被已有的公司占有，新进入者必须通过降价、分担广告费用等方法争取分销渠道接受其产品，而这些方法的采用均降低了利润。”在这种情况下，许多潜在进入者所面临的障碍，不是生产不出高品质的产品，而是需要足够的资金、时间来克服渠道的约束。在渠道导向的行业，许多中小企业反映，“现在进商场门槛奇高，杂费众多，中小企业很难跨进去。即使进入了现有的渠道，往往结账期也很长，遇到商场关门结业，一笔‘血汗钱’就可能泡汤。不要以为进了商场就可高枕无忧，商家一旦使出绝对取缔权，供应商就只有乖乖走人”。在这种行业中，已经占据渠道的企业可以通过建立感情或者资本纽带为新进入者制造渠道障碍。电商、直播带货的发展弱化了线下实体分销渠道的作用，但新出现的直播“坑位费”、电商平台的进驻费用和运营专业性等增加了进入新型分销渠道的难度。

（7）规模效益以外的其他成本劣势。除了规模成本，新进入者还有可能面临其他的成本劣势，例如要素成本、学习成本、网络成本、折旧成本以及取得地点或网点的成本劣势。在其他因素相同的情况下，先动企业有可能以更低的成本获得某些要素，例如土地、网点和人才；有可能建立学习成本和网络成本优势；有可能通过加速折旧建立成本优势；有可能占据最优的制造地点或者销售与服务的网点。在其他条件相同的情况下，跟进者一般难以克服这些劣势，而且劣势的大小与跟进的速度负相关。

（8）政府政策和专利。政府的行业保护或者限制进入的政策、政府或行业协会制定的行业标准、受法律保护的各种专利都是强有力的行业进入壁垒。例如，政府主管部门为人工智能制定管理办法，规范了行业行为，提高了该行业的进入门槛。因此，已经处于行业之中的企业可以通过影响政府、提高行业标准和申请专利等各种方法主动提高行业进入壁垒。

二、供应商讨价还价的权力

一个行业平均盈利水平的高低与该行业上游供应商讨价还价权力的大小密切相关，

因为下游行业企业与上游行业供应商的关系就是讨价还价的关系。如果供应商的议价权力大，那么它们会在同样质量和服务的情况下向下游行业企业提高采购价格，或者在同等价格下自动降低产品和服务质量，从而压低整个下游行业的利润率。因此，在进出一个行业或者制定行业竞争战略之前，企业战略管理者需要分析这个行业供应商讨价还价权力的大小或变化情况。一般来说，供应商讨价还价的权力在下列情况下会更大：

（1）供应商所处行业集中度高。行业集中度通常根据一个行业规模最大的前五名、前十名企业的市场占有率来测定。如果供应商所处行业的集中度高，而其下游行业的集中度低，就代表着供应商讨价还价的权力高度集中于少数大企业，而所供应行业的讨价还价的权力则高度分散于过多的中小企业，于是出现“店大欺客”的情况。从这个角度来看，主动提高本行业的集中度是增强自己对供应商讨价还价权力的有效方法。

（2）所供应的产品几乎没有替代产品。如果顾客的需要只能由一种产品或者一个行业的供应商来满足，而不是可以由多种产品或者多个相互替代的行业满足，那么这个顾客讨价还价的权力就小，而供应商讨价还价的权力就大。这就是所谓“只此一家，别无分店”。因此，企业应尽量避免进入这种行业，或者在进入之后主动协助其他上游企业开发可替代的原材料或者零配件。

（3）购买者对供应商来说不是重要顾客。如果一个企业所采购的产品数量只是一个供应商产量的极少部分，那么这个企业很难具有与其供应商讨价还价的权力。相反，如果企业所采购的数量占到了一个供应商全年产量的很大比重，比如70%以上，那么购买企业讨价还价的权力就很大，甚至可以说它已经“俘虏”了这个供应商。因此，为了压低供应商讨价还价的权力，企业应该相对集中地采购。

（4）所供应的产品对顾客非常重要。如果供应商的产品或者服务对顾客来说是非常关键的（例如空调压缩机或者燃油汽车发动机、电动汽车的锂电池），那么这个供应商的权力相对比那些生产非关键产品（例如五金零配件）的供应商要大。为此，许多大的空调企业或者汽车制造企业都加大对关键部件的控制力度，投资建立自己的压缩机、发动机或锂电池工厂，例如美的与东芝合资成立专业制造空调压缩机的广东美芝制冷设备有限公司，广汽集团控股的广汽埃安新能源汽车股份有限公司投资成立因湃电池科技有限公司进行锂电池的研发、制造和销售，其目的是希望免受这些关键部件供应商讨价还价权力过大的制约。

（5）所供应的产品是非标准化的。如果供应商所提供的产品或者服务是非标准化的，那么顾客转换供应商的成本和风险大，供应商讨价还价的权力也就增强。因为，一方面，即使其他企业能够生产出相同的非标准化产品，但是它们在投资之前也会担心投资风险而犹豫；另一方面，采购企业担心交易成本太高而不愿意事前做出可以让潜在供应商放心的承诺。

（6）所供应的产品转换成本高。如果顾客在转换供应商的过程中，需要改造设备、调整工艺或者有可能发生质量问题，那么供应商的议价权力比较大。这种现象在日常生活中随处可见，如顾客使用智能 ABC 输入法已得心应手，使用五笔输入法需要重新学习、改变输入习惯，这时，即使前种输入法软件的供应商提高了价格，客户想到转用后种产品的难度，也只得接受提价。

（7）供应商容易进行前向一体化。在供应商与采购企业讨价还价的过程中，谁的终极权力更大在很大程度上取决于哪一方进入对方的行业更容易。如果供应商能够比较容易地通过前向整合进入顾客所处的行业，那么其权力自然大一些。相反，如果企业能够比较容易地通过后向整合进入供应商所在的行业，那么企业讨价还价的权力更大。

三、顾客讨价还价的权力

一个行业平均盈利水平的高低还与其顾客讨价还价权力的大小密切相关。如果顾客讨价还价的权力比上游行业企业的大，那么顾客会要求这个行业的企业在保持同等的产品或服务质量的情况下降低产品价格，以及在同等价格时提高产品和服务的质量，上游行业的平均盈利水平就会下降。因此，在进出一个行业或者制定行业竞争战略之前，企业战略管理者需要分析和判断顾客讨价还价权力的大小或变化情况。在下列情况下顾客讨价还价的权力相对较大：

（1）顾客所处行业的集中度高。如果顾客所处行业的集中度相对于供应商所处行业更高，就意味着顾客控制和压低价格的能力更大。例如，汽车整车厂的集中度相对比较高，相对来说，汽车零配件制造行业的集中度比较低，汽车零配件企业在与整车厂的讨价还价过程中一般处于严重不利的地位。

（2）顾客所购买的产品没有差异性。如果顾客所购买的产品没有差异，他们对特定供应商的依赖性就很小，就有更大的选择权和讨价还价的权力。一旦供应商所提供的产品是一种标准化商品，可以由大量具有巨大生产能力的供应商提供，顾客就可能从多个供应商那里分批购买以推动订单竞争。

（3）顾客没有转换产品的成本。如果顾客在转换供应商的过程中不会发生更多的成本，他们挑选或者更换供应商就更加容易。从这个意义上讲，顾客采购标准化零配件的讨价还价的权力更大，采购非标准化零配件的讨价还价权力更小。

（4）顾客所处行业的利润率低。顾客所处行业的利润率越低，就说明这个行业竞争越激烈。通常情况下，顾客的价格敏感性越高，就越有可能压低供应商的价格，而供应商为了不让顾客退出，不得不接受顾客的压价。

（5）顾客更容易进行后向联合。在这种行业中，如果顾客实行后向联合，实现部分或者全部零配件（原材料）自己生产，就威胁到供应商的发展和生存。广汽埃安成立锂电池制造公司就是后向联合，它希望通过这一行为来削弱现有锂电池供应商讨价还价的权力，降低锂电池价格。

（6）所购产品对顾客的产品或者服务质量影响不大。如果顾客的产品质量受卖方产品影响极大，则顾客通常对价格不甚计较；反之，如果顾客的产品质量受卖方产品影响不大，则顾客会在与供应商讨价还价的过程中处于有利地位。

（7）购买者对供应商所处行业非常了解。在其他条件相同的情况下，购买者越是了解供应商所处行业，讨价还价的权力就越大。这不仅是因为购买者容易进入其所了解的行业，而且因为购买者更容易控制讨价还价的力度。

四、替代产品的威胁

替代产品是指实现同样功能的不同产品（或服务）。在决定进出一个行业时，企业战略管理者必须了解本行业是否存在功能相同的替代产品，因为替代产品是本行业盈利潜力的最高限制。如果一个行业完全没有替代产品，那么这个行业的企业有可能在供求严重失衡的情况下获得暴利；相反，如果这个行业有替代产品，那么即使企业遇到供求失衡的情况也无法获得暴利，因为当价格上升到一定程度时，替代产品就会被激活，对被替代产品进行替代。

即使企业不需要决定是否进入或者退出一个行业，只是要制定在现有行业中的竞争战略，企业战略管理者也需要对替代产品的威胁进行动态的评价。因为替代产品会随时威胁其所处行业的盈利水平，甚至生存的基础。例如，中国民用航空运输业是央企占有主要市场和相对垄断的行业，造成主要航空公司在降低价格和提高质量等方面长期不够进取，甚至集体打击那些敢于实施降价竞争或者服务创新的同行企业。尽管行业内的市场竞争被遏制，但替代产品的威胁对这一行业的盈利水平产生了重要的冲击。目前真正威胁这些航空公司的已经不是那些行业内的小型合资或者民营的航空公司，而是高铁。

五、行业内部竞争的特点

影响一个行业平均盈利水平的最重要的力量来自本行业的竞争态势以及影响其战略的行业特点。在有些行业中，企业之间经常围绕着价格进行激烈的“割喉式”竞争，过高的竞争强度甚至会导致整个行业处于亏损状态。在另一些行业中，企业之间的竞争处于良性状态，竞争围绕创新、速度、效率等展开而不以价格为重点，因此整个行业的盈利水平就较高。在选择进入或者退出一个行业时，企业战略管理者应该避免进入那些经常爆发价格战的行业。一般情况下，具有下列性质特点的行业更容易发生“割喉式”价格战。

（1）行业内部存在大量实力相当的竞争者。一个行业竞争者多且难以拉开差距时，行业内部的竞争就会集中于价格，而且经常发生价格战；价格竞争往往不只发生在几个企业之间，而是很快波及全行业；价格战一旦爆发，持续的时间往往比较长，因为大家拥有规模类似的资源基础，允许采取连续的、激烈的竞争行为，寻求妥协的成本太高。这种行业的价格战一般要到整个行业竞争者减少到一定程度，或者竞争者在实力上明显拉开差距之后才会逐步平静下来。

（2）行业增长缓慢。无论在产品生命周期的哪一个阶段，行业增长趋缓都意味着竞争将围绕着现有市场瓜分，因此，竞争会更加激烈或者残酷。这种行业的价格战一般要到大量企业退出或者被并购之后才有可能停止。

（3）固定成本高。如果一个行业的固定投资大，单位产品的固定成本高，那么意味着整个行业的盈亏平衡点高，销售额的变化对企业盈利和亏损的影响极大。为了增加盈利或者减少亏损，企业会频繁动用价格战。如果这种行业的资产专用性高，那么即使全行业陷入亏损，只要产品的销售还能够产生正的边际收益，价格竞争仍会持续下去。

（4）库存成本高。库存成本高的行业主要有三种：一是产品体积大、价值低的行业；

二是产品容易腐烂变质的行业，例如农副产品；三是产品更新快的行业。由于这些行业的库存成本太高，因此，一旦生产过剩，企业宁可低价抛售，也不愿意增加库存。在这种行业中，只要有一家企业生产过剩就有可能引发全行业价格战。

（5）产品差异性小。产品标准化程度越高的行业，陷入价格战的可能性越大。因为在这种行业中，价格差异可能就是最明显的差异，竞争只能围绕着价格而不可能围绕着性能或者质量进行。例如，生产标准化和一次性使用产品的行业，如饮料用吸管行业就是一个典型，几乎没有顾客会记住吸管的品牌或者关注吸管的质量，价格是最受关注的差异点。

（6）产能跨越式增长。大多数行业的生产能力是渐进式增长的，因此其中一些企业扩大产量并不会导致整个行业陷入价格战。但是，也有少数行业的生产能力是阶梯或者跳跃式增长的，例如石化和钢铁行业，这些行业中有一个企业增加新的装置，就可能导致整个行业出现长期供过于求，引发行业内的价格战。

（7）竞争者经营目的多种多样。竞争者经营目的不同导致行业内部竞争更加激烈的现象，在中国表现得最为典型。在国内许多行业的竞争中，有的企业管理者打价格战的目的是股东收益的最大化，有的则是为了利润最大化，有的是为了升官，还有的是为了融资，因此，许多行业价格大战实际上是非理性和不可思议的。正如有人说的那样："同样是血染的风采，但是有的人是以自己的血换风采，有的人是以国有资产换自己的风采。"

（8）退出成本高。一个行业的退出成本越高，从这个行业退出的难度越大，行业内部持续发生价格战的可能性就越大。行业的退出成本一般由以下几个因素构成：设施和设备专业化程度、遣散员工或者解除劳动合同的成本、退出后发生的固定成本、战略关系的限制或者退出的感情障碍、政府或者社区的退出限制。

六、行业竞争结构分析模型的总结

行业竞争结构分析模型为行业环境中各种竞争力量的系统分析提供了强大的工具，帮助企业战略管理者进行战略性思考。需要注意的是，五种竞争力量之间存在相互影响，在进行分析时必须同时考虑所有的因素。另外，应该从行业总体的角度而不是从特定企业的角度进行分析。这些力量在整个行业范围内共同产生的影响决定了行业的吸引力。

七、驱动行业变化的主要因素

行业竞争结构并不是一成不变的。宏观环境的变化会导致行业竞争结构发生变化，这就是企业战略管理者需要动态分析行业竞争结构的原因。在中国经济转型的初级阶段，对外开放和发展市场经济在总体上降低了行业进入壁垒，从而导致中国比较普遍地出现了行业竞争加剧的现象，这是经济转型过程中的必然，也是非常重要的一个阶段。现在新技术的出现成为影响行业竞争结构变化的主要因素，如移动互联网、人工智能等改变了行业内不同力量的平衡，加剧了行业内竞争。随着我国改革开放的不断深入，企业战略管理者必须清楚地知道，在市场经济条件下，驱动和优化行业竞争结构已经不能够主要依靠政府计划和行政手段来实现了。企业战略管理者尤其是行业中的领导型企业或者希望成为行业领导型企业中的企业战略管理者必须知道，驱动行业竞争结构变化的另一种力量就是企业战略的力量，这也是企业战略管理者必须分析行业竞争结构的另一个重要原因。随着中国市场化程度的提高，企业战略管理者必须更关注如何通过主动的战略性行为去提高行业进入壁垒，增强对供应商和顾客讨价还价的权力，抑制替代产品竞争力的提升和避免本行业经常性地陷入价格战。一个企业如果能够在驱动行业竞争结构变化中采取主动的战略性行动，优化行业结构，就有可能享受先动的好处和确立自己的行业地位。

战略聚焦 4-7　互联网对行业竞争结构的影响

第 6 节　企业竞争环境分析

技术进步、经济全球化和市场化程度的不断提高，导致行业边界模糊和企业活动范围扩大，竞争对手及竞争环境是企业战略管理者需要深入分析和重点关注的内容。在企业之间竞争互动的范围、强度和水平不断提升的趋势下，企业战略管理者必须了解宏观、市场和行业环境变化对竞争格局的影响，并且准确地确认自己的竞争对手；必须理解竞争对手对外部环境变化的反应，把握克敌制胜的机遇；必须了解竞争对手的实力和行为模式，做到知彼知己，百战不殆。

客观和全面地评价外部环境变化对企业竞争环境的影响需要企业战略管理者做好以下三方面工作：（1）根据上述关于市场和顾客的分析，将整个行业竞争划分成若干战略群，以此理清整个行业的竞争格局和基本态势；（2）分析和预测企业所在战略群内企业对宏观环境、市场环境和行业环境变化的反应，据此确定自己的直接竞争对手；（3）在此前提下，进行竞争环境分析，确认其中的机会和威胁。

一、战略群分析与企业竞争对手的选择

由于目标市场、商业模式、市场定位以及互动情况的差异，同一行业内部的企业实际上被划分成若干战略群。一个战略群是由一个行业内目标市场和市场定位相似的竞争者所组成的群体。同一个战略群中的企业在许多方面相同，例如可比的产品线宽度，相似的价位、档次，相似的分销渠道，相似的目标消费群体，相似的技术手段，相似的服务和技术支持。

战略群的分析方法常被用来分析行业的竞争结构，判断竞争状况、定位以及行业内企业的盈利状况。处于同一战略群的企业是竞争最激烈的对手，竞争次激烈的对手就是毗连该战略群的企业。战略群之间越接近，群体之间的竞争敌对状态越强烈。距离远的战略群中的企业之间几乎没有竞争。战略群的形成与稳定应该是行业竞争结构合理与企业竞争行为成熟的表现。战略群的存在与相互之间的竞争，有利于保持本行业的竞争力。

利用战略群分析，企业战略管理者可以更好地了解宏观环境、市场环境和行业环境对整个行业竞争格局和变化趋势的影响，更好地把握行业竞争的关键成功因素，这些因素往往是划分战略群的主要依据和不同战略群盈利水平的差异所在；企业可以明确竞争对象并将战略注意力集中于关键的竞争对手。

战略聚焦 4-8　新能源汽车战略群

二、竞争对手分析

在竞争环境和竞争互动越来越动态化的条件下，速度与创新逐步代替规模成为竞争优势的主要来源；战略相同尤其是战略目标相同逐步代替实力相当而成为划分竞争对手与合作伙伴的主要标准；预测竞争对手的战略行为逐步代替分析竞争对手的实力成为竞争对手分析的主要目的。因此，竞争对手的分析应该从收集、分析和预测竞争对手的战略行为开始。通过对竞争对手的分析，企业希望了解以下内容：

（1）竞争对手未来的目标是什么？

（2）竞争对手正在做什么、能够做什么？

（3）竞争对手对行业是怎么看的？其制定战略的假设基础是什么？

（4）竞争对手的资源和能力怎样，其优势和劣势是什么？

1. 竞争对手的战略分析

在战略群分析的基础上，企业战略管理者应该对本战略群内竞争对手的战略进行比较分析，包括将自己未来的意图、宗旨、目标、战略和资源配置的重点与这些竞争对手进行比较分析，从中了解它们将来的战略选择和可能采取的具体战略行为。在行业和市场边界越来越模糊的情况下，现在不是竞争对手的企业完全有可能因为意图、宗旨和目标相同而在将来成为竞争对手。如各大互联网巨头与顺丰快递曾经是合作关系，但阿里巴巴、京东等纷纷深度介入到物流配送业务中，它们在快递业务上成为竞争对手。相反，现在是竞争对手的企业也许会因为意图、宗旨和目标不同不再成为对手，而可能成为合作伙伴。了解竞争对手未来的意图、宗旨、目标可以帮助企业战略管理者更准确地判断谁是企业未来的竞争对手，预测竞争对手的战略行为。

对竞争对手的战略分析还应该包括对战略背后的各种支持性的假设进行分析。任何战略都是建立在对外部环境、市场环境和行业环境变化趋势等假设的基础之上。如果假设不成立，那么战略选择可能是错误的。在完成大部分外部环境分析的基础上，企业战略管理者应该可以从与竞争对手战略假设的分析和比较中，进一步判断谁的战略是建立在正确的战略假设基础之上。如果竞争对手的战略假设是违背外部环境变化趋势的，就会给本企业带来战胜对手的重大机会。

2. 竞争对手的竞争行为分析

为了在竞争中准确地预测竞争对手对本企业战略行为的反应，企业战略管理者应该进一步了解：（1）竞争对手的高层管理者，包括其主要成员的经历、知识、年龄等，主要成员的价值观、行为模式和对风险的偏好，企业战略管理者的决策方式；（2）竞争对手的发展历史、企业传统和企业文化；（3）竞争对手的市场多样性、产品多样性以及其他与预测竞争对手反应相关的情况。正所谓“知彼知己，百战不殆”，有效的企业战略应该能够准确地预测竞争对手的反应，甚至能够影响它们的反应。

3. 竞争对手的实力

竞争对手的实力一般由三个方面因素构成：竞争对手的资源状况、竞争对手的能力水平和竞争对手的核心专长。

（1）竞争对手的资源状况。企业资源是战略制定与实施的基础，对竞争对手的有形和无形资源进行分析能够预测其可能采取的战略行为。同时，通过比较自己与它们的资源状况，可以为企业制定合适的战略提供依据。

（2）竞争对手的能力水平。对竞争对手能力的分析涉及的对象较多，包括产品、代理商、营销与销售、运作、研究和工程能力、总成本、财务实力、组织等许多方面。通过对上述事项逐一考察，我们可以最终确定竞争对手的能力，然后分析出自己的优势与劣势，从而为确定企业最终的战略定位提供可靠的依据。

（3）竞争对手的核心专长。核心专长是企业获取高于行业平均水平利润的基础，了解竞争对手的核心专长，能够帮助企业战略管理者认清竞争对手的核心优势在哪里、最关注的竞争领域在哪里，能够帮助企业构建自己的核心专长和避免恶性竞争。

第7节　行业关键成功因素

一个行业的关键成功因素就是促使行业中的企业在市场竞争中获胜的主要因素，也是价值创造的关键环节和企业应该建立核心专长的领域。即使在同一个行业，目标市场、市场定位和商业模式不同的企业，其关键成功因素也是不同的。即使目标市场、市场定位和商业模式相同，宏观环境、市场环境和行业环境的变化也会导致关键成功因素发生变化。从这个意义上说，关键成功因素不是一成不变的，也从来不是放之四海而皆准的。

结合对宏观环境、市场环境、行业环境和竞争环境的分析，尤其是对主要竞争对手战略的分析，企业战略管理者需要在外部环境分析的最后阶段，对行业或者战略关键成功因素进行分析和归纳，这种分析的有效性是建立在企业战略管理者对外部的机会、威胁和主要竞争对手已经比较明确的前提下的。假定其他竞争对手都具有相同的理性水平和行业经验，那么竞争对手战略选择的依据和资源配置的重点就很有可能是行业关键成功因素。以下三个问题的答案也能帮助企业战略管理者定义行业的关键成功因素：（1）购买者是根据什么来选择产品品牌的？哪些产品特征是重要的？（2）假定已知竞争对手的特点和战略，企业需要具备什么资源和竞争能力才能在竞争中获胜？（3）哪些缺点最能导致一个企业产生明显的竞争劣势？

考虑到企业资源与能力的有限性，有效的企业战略管理者不仅需要准确地判断关键成功因素，而且应该有能力制定有效的战略去克服自己在关键成功因素上的劣势和发挥自己在关键成功因素上的优势。

思考题

1. 外部环境分析的目的是什么？
2. 外部环境由哪些内容构成？它们之间的关系是怎样的？
3. 宏观环境由哪几大类因素构成？分析的步骤是怎样的？
4. 为什么在行业环境分析前要先进行市场环境分析？
5. 行业竞争结构由几个变量构成？分析的目的是什么？
6. 为什么要进行战略群分析？
7. 竞争对手分析的内容有哪些？
8. 如何确定行业的关键成功因素？

能力拓展

企业可以从公开或非公开的渠道获得很多信息用于进行战略分析。非公开的信息来源包括：市场调研、企业调研、高管深度访谈、专家讨论会等。公开的战略信息来源更加多样和广泛，包括：期刊、报告、政府文件、书籍、报纸、上市公司年报、行业报告、资料库、数据库等。互联网的发展使得企业收集、分析和运用信息变得更加容易。请阅读美的集团 2023 年年报中关于外部环境分析的部分，指出美的集团进行了哪些外部环境分析，分别使用的分析工具和方法是什么，相关的结论是什么，以及公司拟采取哪些应对措施。进行美的集团外部环境分析所需的信息可通过表 4－3 中所示途径获取。

表 4－3　美的集团外部环境分析信息获取途径

资料领域	获取途径
政治与法律	中央人民政府门户网站：http：//www. gov. cn 最高人民法院网站：http：//www. court. gov. cn
经济、人口	国家统计局网站：http：//www. stats. gov. cn 中国人民银行网站：http：//www. pbc. gov. cn 商务部网站：http：//www. mofcom. gov. cn
技术	中国家用电器协会网站：http：//www. cheaa. org
行业资料	标准普尔产业报告 行业研究报告 国研网：http：//www. drcnet. com. cn
新闻报道	中国咨询行数据库：http：//www. bjinfobank. com
竞争对手与合作伙伴资料	Wind 资讯 巨潮资讯网：http：//www. cninfo. com. cn 各上市公司官方网站
研究资料	中国知网：http：//www. cnki. net
美的集团资料	美的集团官网：http：//www. midea. com/cn

第 5 章

内部环境分析

导入性案例

小米造车，凭什么?

在多次的谣传与辟谣、传言与否定之后，小米最终还是决定要造车了!

2021 年 3 月 30 日，小米集团发布公告：“本公司董事会正式批准智能电动汽车业务立项。本公司拟成立一家全资子公司，负责智能电动汽车业务。首期投资为 100 亿元人民币，预计未来 10 年投资额 100 亿美元。本集团首席执行官雷军先生将兼任智能电动汽车业务的首席执行官。”紧接着在当晚的发布会上，雷军满怀激情地表示，小米进军智能电动汽车行业，是小米历史上最重大的决定，也是他人生中最后一次重大的创业项目，他愿意压上人生所有积累的战绩和声誉，为小米汽车而战。

那么，小米为何要造车?

主营业务发展受限

在 2021 年 3 月 24 日小米公布的 2020 年第四季度和全年业绩报告中，小米的多项核心业绩数据低于市场预期。报告显示，小米 2020 年全年营收 2 458.65 亿元，市场预期 2 489.25 亿元；经调整后净利润为 130 亿元，市场预期 133.43 亿元。2020 年第四季度营收 704.6 亿元，市场预期 752.26 亿元。资本市场对小米的这一业绩似乎并不满意。报告发布第二日，小米股价一度大跌 8%。根据 Canalys 报告，2020 年小米手机在国内市场年度增长率为 3%，这得益于华为让出来的部分市场份额。但是包括手机在内的多项业务，并未达到预期，在核心手机业务上，小米 2020 年全年智能手机收入 1 522 亿元，同比增长 24.6%，低于彭博的预估值 1 542.4 亿元。

硬件增速放缓是全球大势。IDC 数据显示，2020 年全球智能手机出货量为 12.92 亿台，同比下滑 5.9%。中国智能手机市场出货量为 3.26 亿台，同比下跌 11.2%。IDC 此前预测，在出货量和出货规模方面，全球智能手机市场出货金额 2020—2023 年年均复合增长率仅为 4.31%。

此外，在小米的“手机+IoT”双引擎战略中，IoT 业务也出现了放缓的态势。2020 年小米 IoT 与生活消费产品部分收入为 674 亿元，同比增长仅为 8.6%，而 2019 年小米的 IoT 产品收入增速达到了 41.7%，IoT 的营收增速放缓是不争的事实。虽然增速放缓可能是受到新冠疫情的影响，但是在 IoT 的基石——手机硬件的市场容量近乎触顶的情况下，IoT业务的发展前景可能并不会太乐观。

显然，小米的主营业务已经面临迫在眉睫的挑战。

新的风口——智能电动汽车

主营业务增长放缓，业绩不及市场预期，小米急需寻找一个新的增长点。那为什么选择造车？一方面是近年资本的确在向造车集中，另一方面是信息中心可能会从手机向智能汽车转移。

从数据上看，新能源汽车的确有较大的发展空间。中国汽车工业协会预计，2021年，中国新能源汽车有望达到40%的增长。根据国务院印发的《新能源汽车产业发展规划（2021—2035年）》，新能源汽车新车销售量将在2025年达到汽车新车销售总量的20%。

在国家战略和政策的扶持下，地方政府对新造车项目的支持力度不容忽视。比如，上海市政府引进了特斯拉；上海国资投资平台、上汽集团、青浦投资平台、杨浦投资平台联合领投威马D轮100亿元融资；上汽集团、浦东新区和阿里巴巴集团三方联合注资打造了智己汽车，其中上汽集团持股54%，浦东新区持股18%，阿里巴巴占18%，员工和用户共同持有10%。再比如，合肥市政府在2020年与蔚来达成合作后，双方又签署了进一步合作框架协议，并增持蔚来汽车中国股份。在2021年初，合肥市政府又与零跑科技正式签署战略合作协议，将在新能源汽车领域开展全面、深度的合作。

与造车新势力不断吸引资本和多方关注不同，智能手机的增长天花板触手可及，同质化、价格战问题此起彼伏，全球智能手机市场在近两年陷入停滞。汽车作为下一个最具前景的智能终端设备，也必然成为这些头部手机厂商寻求多元化发展、开拓新的增长点的重要抓手。

文渊智库创始人王超在接受《商学院》记者采访时表示，小米造车的另一个很大原因是雷军担心未来十年，整体的终端、信息中心可能从手机变成智能汽车。“这是有可能的，未来汽车的造车复杂程度不断降低，用电动机代替内燃机，再加上汽车整体的智能性，自动驾驶、物联网等，就有可能让汽车真正成为下一个信息中心。小米不想错过这个浪潮。”在王超看来，如果信息中心转移的话，小米一旦错过，就有可能像诺基亚手机一样被智能时代抛弃。

王超认为，目前电动汽车行业肯定是一个大风口。“因为随着中国的碳达峰目标以及全球趋势，未来十年、二十年之后，所有的汽车都会变成电动汽车，这无疑是一个巨大市场，仅中国包括私家车在内的汽车保有量就接近3亿辆，从全球来看更是一个巨大的市场，那么电动汽车市场无疑是一个触手可及、看得到的容量极大的市场。因而即便是目前很多企业都往造车行业扎堆，但是实际上比起传统汽车来说，这个市场容量还是巨大的。”王超说道。

互联网分析师丁道师认为，过去一年资本行业的动态证明了造车这个风口是最受资本和业界关注的风口，一些新能源汽车企业在刚刚起步的状态，就能获取几百亿美元的估值，而传统的互联网企业要想做大自己的估值，需要很多年的深耕。“且从政策层面来说，对新能源汽车的鼓励政策也多于对手机行业的支持。”

小米造车的优势

尽管智能汽车前景向好，但造车是一项庞大且复杂的工程，涉及巨额的资金投入以及强大的研发能力，更包括整合上下游产业链资源的能力和服务体系。尽管目前科技公司基本掌握算法等方面的核心技术，但相较于手机行业的供应链整合和渠道铺设方式，智能汽车行业的技术壁垒显然更高。电动汽车的核心在于三电系统，即电池、电机、电控。仅电池这一项技术，就需要车企不断努力。

王超认为，小米造车看起来不太符合大家的判断，因为毕竟它在手机行业里面，还有这么大规模，去做汽车要分出很大一部分精力。“但是汽车跟消费电子不太一样。从手机、路由器到电视，再到家用电器，总体上来说都是相通的，再加上实际上小米并不是米家里所有东西都去做，它更多的是投资一些生态链企业，目前它已经投资了100多家生态链公司去做米家的产品，而它自身主营业务还是手机、电视等。”

在王超看来，小米造车的跨度还是挺大的。造车需要巨大的财力和精力，因而更多的造车新势力选择将全部精力投入整车制造上，比如小鹏、理想、蔚来等都是放弃原有业务去创业。不少分析人士都在担忧，造车会不会将小米拖垮，毕竟目前主副业兼顾来造车的企业尚在少数。

王超认为，小米造车优势在于：曾经从零做起进入硬件行业，有一定的供应链能力，以及雷军所说的，小米账上有1 080亿元现金，以及行业内的一些资源优势。但劣势也是显而易见的，“毕竟隔行如隔山，汽车制造与手机制造是两码事儿，再加上在汽车制造领域已经有深耕多年的车企，所以小米的进入从时间上就晚了很多”。

此前，小米的逻辑是通过自己巨大的粉丝优势与供应商谈判，从而降低成本，达到价格最优，以至于性价比最优。那么小米造手机的逻辑能否复制到造车上呢？王超认为，如果从这个角度来说，目前的造车新势力一年都有几万辆的车，比亚迪如今已经做到年产二三十万辆，特斯拉已经能够做到年产50万辆，相对于刚刚开始造车的小米，它们已经拥有大量的粉丝用户、相对成熟的技术和产品，更具有议价优势。因此，小米在造手机时的逻辑优势，在造车上无法复制。

资料来源：改编自：王倩．小米造车，凭什么？．(2021-04-04). BUR商学院．

| 学习目标 |

- 了解内部环境的概念和内部环境分析的目的。
- 熟悉内部环境分析的过程和挑战。
- 理解企业历史和现行战略对未来战略选择的影响。
- 掌握企业资源和企业能力分析的方法。
- 理解核心专长的关键性和可保持性来源。
- 把握企业核心专长的概念和作用。

在通过外部环境分析，特别是初步识别和把握企业未来发展可能面对的机会和威胁的同时，企业战略管理者同样需要进行内部环境分析，因为外部的机会、威胁与内部的优势、劣势总是相对而言的。外部环境分析是企业战略态势，甚至是整个企业战略决策的逻辑起点，企业战略管理者需要分析企业可能面对的机会与威胁，才能有效地识别和把握企业内部的优势与劣势。内部环境分析则是战略态势分析，甚至是企业战略决策的关键依据，企业战略管理者需要根据对企业内部优势与劣势的判断，才能最终确定企业外部的机会与威胁，做出合理的战略选择。当前智能电动汽车行业无疑是全球，尤其是中国经济增长的一个新的“风口”，市场容量巨大、政府大力支持、资本市场青睐，这些都是手机行业难以望其项背的。但是，智能电动汽车行业也可能是一个巨大的“天坑”——规制影响强、技术更新快、资本投入大、竞争强度高，这些挑战同样远超手机行业多个量级。对于小米而言，这个“风口”究竟是不是机会，很大程度上取决于手机与智能电动汽车行业是否具有实质性的相关关系，小米在手机行业的资源、能力或者核心专长能否在智能电动汽车行业得到有效的转移、发挥和反身强化。正如导入性案例所示，小米的企业战略管理者已经在内外部行业分析的基础上做出了“决定进军智能电动汽车行业”的战略选择，这个战略选择是否正确其实存在着巨大的争议。在外部环境分析的基础上，本章将进行内部环境分析，具体包括内部环境分析的目的、过程和挑战，内部环境分析的内容，可能激发的战略选择三个部分的内容。

第 1 节　内部环境分析的目的、过程和挑战

在完成企业外部环境分析之后，企业战略制定工作在逻辑上就进入到企业内部环境分析。企业内部环境是指企业内部拥有的与企业经营活动相关的各种要素，尤其是各种资源与能力的总和。如果说企业外部环境分析主要是揭示企业（基于现有的优势和劣势）未来将面临的机会和威胁，使企业能够根据趋利避害的原则掌握企业发展面临的各种可能的战略选择，企业内部环境分析则是重点揭示（针对上述机会和威胁）企业的资源、能力以及竞争优势与劣势，使企业能够根据扬长避短的原则最后确定企业发展面临的各种现实的战略选择。随着企业的经营环境愈加动态、不确定、复杂和模糊，逻辑在后的企业内部环境分析在重要性上已经超越逻辑在先的企业外部环境分析，在企业战略选择上发挥着决定性作用。有效实施企业战略管理不仅要求企业战略管理者更加重视企业内部环境分析，而且要求他们更加深刻地理解内部环境分析的目的、过程和挑战。

一、内部环境分析的目的

企业经营环境的动态性、不确定性、复杂性和模糊性导致企业准确判断机会和威胁的难度加大。机会和威胁的转换越来越快，企业战略管理者越来越深刻地认识到，构建、发挥和强化核心专长，不仅仅是把握行业发展机会，更是有效制定和实施企业战略的关键。企业内部环境分析的主要目的就是通过全面、深入和客观地分析企业内部资源和能力，提高企业外部环境分析的有效性，更准确地判断企业所面临的机会与威胁；提高企业战略选择的科学性，更合理地做出企业的战略选择；提高企业战略实施的有效性，更合理地制定实施战略转型的策略。为了有效地说明内部环境分析的目的，我

们将依据外部环境分析的两种不同结果和企业战略管理者的两种不同意图分别展开论述。

（1）基于外部环境分析的结果，如果企业战略管理者决定继续实施现有战略，那么企业内部环境分析的主要目的就是要决定：如何通过对企业拥有的、可整合和有限的资源进行有效的配置和整合，为顾客创造更大的价值，以构建、发挥和强化核心专长。与此同时，需要重点关注以下几个关键问题。

第一，基于继续实施现有战略的需要，企业内部环境分析的主要目的就是要把握现有业务经营上到底有什么资源与能力，如何判断这些资源与能力的优势与劣势，如何判断这些优势与劣势的重要性和可保持性。

第二，在保持现有战略不变的前提下，现有的资源配置和整合存在什么问题，应该如何改进才能够克服劣势或者构建、发挥和强化核心专长，以更有效地为现有的顾客创造价值。

第三，如果企业需要适当地调整现有战略（例如增加产品或者扩大区域市场），企业现有的资源与能力能否在新的产品或者新的市场上构建、发挥和强化核心专长，从而为潜在或者未来的顾客创造更大的价值。

（2）基于外部环境分析的结果，如果企业战略管理者决定对现有战略进行重大改变，包括经营方式、竞争定位、行业范围或者市场范围等，那么企业内部环境分析的主要目的具体表现在以下三个方面。

第一，企业内部环境分析的结果将在一定程度上决定企业外部环境分析，特别是发现机会和威胁的范围。企业内部环境分析的结果深深地影响着企业的注意力范围和注意力配置方向，由此也就决定了机会和威胁的识别范围。

第二，企业内部环境分析的结果将在很大程度上影响企业对现实机会和威胁的看法，从而成为企业战略选择的主要依据。每当企业战略管理者把增长目标定得太高或者在经营上遇到困难时，行业多元化就可能成为企业战略管理者最优先的选择，但也可能是最容易犯错误的选择。无论是过高还是过低评价企业的优势，都可能导致企业战略管理者在外部环境分析中对机会与威胁的认识产生偏差。因此，全面、深入和客观的内部环境分析的作用就是要让企业战略管理者准确判断哪些是可能的机会，哪些是现实的机会，并且依据竞争优势的发挥和强化做出最终的抉择。

第三，企业内部环境分析的结果将在很大程度上帮助企业有效实施新战略。有效的内部环境分析不仅明确了自己的优势和核心专长，更重要的是也明确了自己的劣势和自己实施新战略可能面临的核心障碍，这对于有效实施新战略尤其是行业多元化战略具有至关重要的作用。

二、内部环境分析的过程

无论外部环境发生了什么样的变化，企业战略管理者必须先了解企业内部资源和能力的形成、现状以及水平，然后判断外部环境变化对企业的影响，并且做出能够有效扬长避短和趋利避害的战略选择。有效的内部环境分析应该围绕以下四个方面的内容有序展开，如图5-1所示。

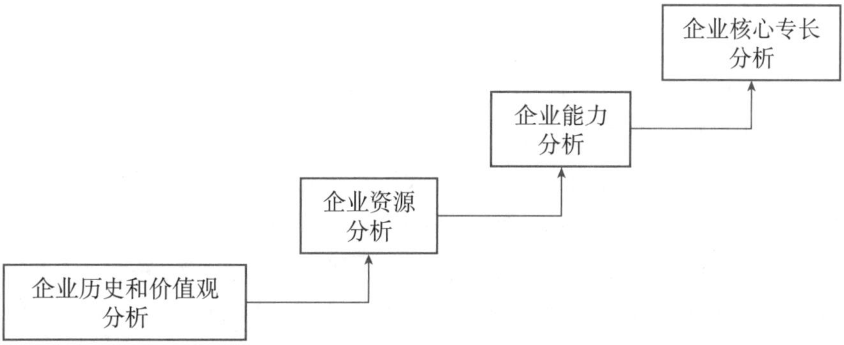

图 5-1 企业内部环境分析的内容和过程

第一，企业历史和价值观分析。企业是在特定的历史中逐步发展而来的，历史分析有利于企业战略管理者了解企业资源和能力的形成，以及竞争优势和劣势的来源，掌握企业的管理传统和行为模式。企业在历史发展中还会逐渐形成和确立企业特定的价值观，这种价值观正是企业软实力的体现。对企业价值观的分析有助于战略管理者了解企业战略选择背后的价值判断而不仅仅是利益取舍。

第二，企业资源分析。企业的战略选择首先是受制于所拥有的资源和能够整合的资源。因此，企业战略管理者需要理清自己的资源，包括资源的类型、数量和质量等，通过与竞争对手的比较来确认自己在资源上的优势和劣势，评价资源优势的价值创造力和可保持性。资源分析的核心是了解自己是否具有实施现有战略和新战略的资源优势，以及如何通过资源的有效配置和整合来形成所需要的资源优势。

第三，企业能力分析。企业战略选择还受制于所拥有的能力以及对能力的整合。战略管理者需要理清自己的能力，包括能力的类型、数量和质量等，通过与竞争对手的比较来确认自己在能力上的优势和劣势，评价能力优势的价值创造力和可保持性。能力分析的核心目的是要了解自己是否具有实施现有战略和新战略的能力优势，以及如何通过能力的发挥和整合来形成所需要的能力优势。

第四，企业核心专长分析。企业战略选择还受制于核心专长的发挥和强化。企业战略管理者需要根据企业即将实施的战略和核心专长的标准，判断企业资源和能力的优势是否构成了企业的核心专长。企业的核心专长实际上就是企业的目标市场、市场定位或者商业模式与其所具有的资源、能力优势的最佳匹配，这种匹配具有很高的价值性、稀缺性、难以模仿性和不可替代性。

三、内部环境分析的挑战

对于外部环境分析的结果（机会和威胁），企业战略管理者可以通过多种手段予以应对，并间接作用于企业内部资源配置，相对来说，内部环境分析的结果（优势和劣势）以及在此基础上所做的战略决策会对企业资源配置和人员升迁等产生更加直接的影响。因此，相对于企业外部环境分析来说，企业内部环境分析会面临更大的困难和挑战。有效实现企业内部环境分析将面临以下三个方面的挑战，需要在工作团队的构成、工作方法的选择和工作中的人际关系处理上做出一些特殊的安排。

（1）不确定性。企业内部的优势和劣势总是相对于企业所面临的外部机会和威胁而言的。在做出经营范围、目标市场、市场定位、商业模式等战略选择之前，企业战略管理者很难有针对性地判断企业的优势和劣势，从而使企业内部环境分析的过程和结果充满不确定性。企业战略管理者的知识结构、价值取向和思维模式也会在很大程度上影响企业对内部优势、劣势的判断和认识，并放大这种不确定性。有效克服不确定性的影响需要企业战略管理者尽量安排同一个团队既负责分析企业外部环境，又负责分析企业内部环境，要充分认识到机会、威胁与优势、劣势之间的相对和匹配关系。

（2）复杂性。企业内部的各种资源和能力都是相互关联和共同作用的，准确判断哪一种具体的资源或者能力是优势还是劣势，对于企业战略管理者来说非常困难。要克服内部环境分析的复杂性，战略管理者不仅需要对企业过去和将要选择的行业与市场的特殊性非常熟悉，深度把握企业经营方式和商业模式的特点，而且需要掌握相应的分析方法和技巧。

（3）利益冲突性。企业内部环境的分析其实就是对过去和现在各个管理部门和管理者表现的评价，这将在很大程度上决定企业未来的资源配置和人事任免。因此，在判断企业竞争优势与核心专长的过程中，战略管理者会受到来自内部各个利益团体的压力、干扰或阻挠。为保证内部环境分析的客观性和有效性，企业战略管理者需要为有效的内部环境分析营造良好的氛围，包括形成新的愿景、营造危机意识等，需要尽可能采用客观的数据、具体的案例和科学的分析方法。

第2节　历史与价值观分析

企业的今天或多或少地体现了其发展历史和组织印记（organizational imprinting）。企业未来的战略行为在很大程度上受制于企业的成长路径和行为模式。将企业历史和价值观作为内部环境分析的起点，主要是基于以下考虑：（1）回顾和深入分析企业的发展历史，可以帮助企业战略管理者从环境与企业战略相互作用的角度入手，了解企业资源配置和能力形成的过程，包括外部环境与企业战略行为的协同演化过程，认清企业是在什么环境条件下、通过什么样的战略行为、把握了什么样的机遇、建立了什么样的竞争优势；了解企业核心专长的形成过程和机理，认清企业先后建立的资源和能力优势是如何有效组合或者整合而成为核心专长的。（2）通过了解企业的诞生和发展过程中的重大历史事件，企业战略管理者可以深入了解企业的成长路径，掌握企业价值观、管理传统和行为模式，为企业战略制定和实施提供帮助。成立于1938年的华润集团经历过抗日战争、解放战争，并为中国的改革开放做出过杰出贡献，这种经历和历史决定了华润集团具有不同于一般企业的价值观念、管理传统和行为模式，因而其战略制定和实施也具有独特性。

一、历史分析

在分析企业历史的过程中，企业战略管理者需要以环境与企业战略行为的互动为主线，重点分析以下三个方面的内容：（1）外部环境变化对企业战略选择的影响；（2）企业战略选择与企业资源、能力优势的建立和发挥；（3）环境变化、战略选择与企业核心价值观、管理传统和行为模式的形成。在分析企业历史的过程中，企业战略管理者应该遵循以下基本步骤和方法：

第一，根据对企业外部环境的重大变化、企业战略行为的重大改变、企业经济效益指标变化的综合考虑，将企业发展历史划分为若干阶段。

第二，按照不同阶段企业外部环境的重大变化、企业当时面临的战略问题、企业应对环境变化所采取的战略行为及其结果，分析企业资源、能力优势和劣势的形成过程。

第三，在各个历史阶段的分析中，重点分析关键战略行为、关键历史事件和关键战略领导对企业增长模式、企业文化、管理传统和核心价值观的影响。

第四，总结和提炼出企业的价值观、管理传统或者行为模式，并且结合企业外部环境分析的初步结果，从把握机会和避免威胁的角度判断企业在企业文化、管理传统和核心价值观上的优势与劣势。

二、价值观分析

企业价值观是指企业及其员工的价值取向和基本信念。企业价值观会深深地影响战略管理者的战略决策，它为企业应该干什么和不应该干什么提供了重要的价值判断标准。如果说外部环境分析是为了确定是否“值得做”，资源、能力与核心专长分析是为了确认是否“能够做”，那么历史和价值观分析则是为了确认是否“应该做”，这是对企业战略选择和决策在价值观上的约束。现实中，对于企业而言，“值得做”也“能够做”的事情或业务仍然太多，若是没有明确的价值观作为约束，多元化将会异常严重，此时做专、做精、做强、做大也会极为困难。在分析企业价值观的过程中，企业战略管理者可以从如下两个角度切入：

第一，领导人特征。企业价值观深受创始人或领导者的影响，因为企业的领导者，尤其是民营企业的领导者的价值观实际上可以约等于企业价值观。因此，对企业价值观进行分析，战略管理者应该以创始人或领导人为起点，分析领导人的成长环境、个人经历和言谈举止等，借此理解企业价值观的形成和确立过程。

第二，行事的风格。企业价值观除了受人（领导者）的影响，企业战略管理者自身也会积极地影响企业行事风格。企业价值观并非虚无缥缈的抽象概念，而是实实在在的行动。行为会反映价值观，因此，分析企业的价值观，还可以从企业内部的工作流程风格和企业向外发展的战略选择风格切入。

总体而言，企业的历史和价值观具有紧密的联系，事实上企业价值观正是在企业不断发展的历史中形成和完善的。“经一事，长一智”这一成语很好地概括了企业历史和价值观之间的联系，历史正是理解价值观形成的重要因素。企业在历史中“经一事”而“长一智”，此后还会影响其对资源配置、能力构建的方式和方向，并最终影响其战略选择方向。

第3节　企业资源分析

企业资源就是企业可以获取和整合的与企业价值创造活动有关的各种要素，包括有形的和无形的、财务的和非财务的要素。在其他条件相同的情况下，企业拥有的和能够有效整合的资源，包括资源的数量、质量、分布等特性，可以通过直接和间接的方式决定企业的战略选择和经济效益，企业能力的大小在根本上取决于企业资源优势的大小。正是在这个意义上，以资源为基础的观点认为，拥有和有效发挥特定的资源优势可以使一个企业持续和稳定地获得高于行业平均水平的收益。

进行企业资源分析的主要目的是基于企业现行战略所面临的问题，考虑到企业外部环境分析所提供的可能选择，认清企业自身的资源优势和劣势，分析企业可以整合的外部资源，判断企业所拥有和可整合资源的多少、质量、稀缺性、可获取性和可转移性，为企业战略管理者做出战略抉择提供依据。

一、企业资源的分类

从企业资源的内在属性来看，我们可以将企业的资源划分为人力资源、有形资源和无形资源三种，如表5-1所示。其中，企业的人力资源是指企业成员向企业提供技能、知识和参与决策的能力，又称人力资本。有形资源是指那些可见的、能够量化的资源，包括生产设施、制造设备、销售设备以及正式的报告系统等。无形资源是指那些根植于企业之中、不可见或者难以量化的资源，这些资源通常以一种独特的形式存在，不易被竞争对手了解和模仿，包括知识、品牌、声誉、关系以及行为模式等。

表5-1　企业资源的分类

人力资源		企业员工的数量、年龄、知识、专业和文化
有形资源	实物资源	企业经营所需要的场所、设备的数量、分布和水平
	财务资源	企业内部和外部整合的各种财务资源
	组织资源	企业正式的组织结构和计划、控制、协调系统
无形资源	技术资源	专利、版权、质量标准、商业秘密、与科研机构的关系
	声誉资源	商标、品牌、商誉、关系（包括与客户、供应商以及利益相关者的关系）

从企业资源可以获取的途径来看，我们可以将企业资源区分为企业自有资源和企业可利用资源。企业自有资源就是企业具有产权的各种资源和企业直接雇用的人力资源，而企业可利用资源是企业以其他方式整合并可以有效利用的资源，这种资源可以存在于企业内部，也可以存在于企业外部。企业可以整合的资源数量和类型取决于企业内部资源的分布和质量，以及企业在全球价值链中的地位。在互联网时代，企业整合外部资源用于自身的战略执行显得尤为重要。例如，滴滴公司自身仅拥有极少量的汽车，但可以凭借其先进的平台和算法调动数百万辆汽车为其顾客服务。

二、企业资源分析的重点

在其他条件相同的情况下，企业拥有和可以整合的资源比竞争对手的数量越多、水平越高，那么这个企业的竞争优势越大，战略的可选择性越多。因此，在企业内部资源分析的过程中，企业战略管理者首先应该基于外部环境分析的初步结论，尤其是关于竞争对手的分析，对企业资源的数量和水平进行全面、客观的分析，确定自己的优势和劣势。企业战略管理者可以从构建、发挥和强化优势的角度，也可以从克服、改善或者抑制竞争劣势的角度制定企业的战略。有效的资源分析不仅取决于资源的多少和大小，更重要的是取决于企业资源是否具有以下特点。

（1）资源的价值性。在企业资源数量和质量大体相同的情况下，资源的价值创造力取决于资源配置的领域、资源配置的时间和资源的可转移性。面对新的市场机会，新宝电器可以在不改变组织结构、机制和文化的条件下，通过吸纳或者自建的方式快速增加新的产品线、市场区域或者零部件。分析资源的价值创造力不仅有利于企业战略管理者理解企业资源的优势和劣势，更有利于企业战略管理者有效地配置企业的资源。

（2）资源的稀缺性。在其他条件相同的情况下，企业所拥有的资源越稀缺，这个企业的资源优势就越大。中集集团之所以能够在全球集装箱行业建立和保持全球领先的位置，就是因为该企业在 20 世纪 90 年代初期的战略布局使其牢牢掌握了地点优势。当时该企业的总裁麦伯良就认识到：第一，随着全球制造业转移，集装箱产业制造基地也会随之转移，中国将成为全球制造品的最大出口国和全球集装箱的最大制造国。第二，考虑到集装箱的运输成本，谁能够在中国主要的集装箱码头旁边制造和提供集装箱，谁就会掌握这个行业未来最稀缺的资源，并且成为全球最大的集装箱制造商和服务商。基于这种判断，该企业的战略管理者没有将上市所筹集的资金用于把握在其他行业获取高收益的机会，而是利用行业低潮在 1993—1999 年连续横向整合多家中国沿海码头旁边的集装箱制造企业，领先韩国现代集团完成了对集装箱行业的整合和布局。现在的中集集团可以在全球需要增加集装箱的港口，以最有竞争力的价格提供品种系列最全的集装箱产品。

（3）资源的难以获取性。企业资源优势的大小与其资源的难以获取性密切相关。企业资源的难以获取性主要是指竞争对手需要付出更多的成本和时间才能够获得相同的资源。在其他条件相同的情况下，具有下列特征的资源具有难以获取性：第一，在特定历史条件和社会环境下形成的资源，例如品牌、商誉、关系等无形资源。第二，具有不可复制性的资源，例如特殊的自然资源、地点或者网点。第三，需要长期学习或者相互磨合才能够形成的资源，包括组织资源、人力资源、技术资源等。

（4）资源的不可替代性。所谓资源的不可替代性，就是指竞争对手不可能开发出相同功能的资源。随着技术和管理进步的加快，尤其是新型商业模式的不断涌现，越来越多过去被认为不可替代的资源被替代了。作为一个小家电出口加工企业，新宝电器每年需要向分布于全球市场的上千家家电企业加工出口几十大类、上千品种、7 000 多万个产品，并制造这些产品的绝大多数零部件。在相对比它规模大或者专业化程度高的竞争对手看来，新宝电器关键的资源优势就是其特有的组织结构、管理机制和企业文化。依靠这种组织资源优势，新宝电器总部能够比同行对手更有效率地管理、协调和整合分布在产品研发、国际营销、产品制造和零部件制造四个维度上的各种资源。在下列情况下，企业在资源数量和质量上的优势和劣势有可能发生根本性的转变：第一，制度或者政策的变化。制度尤其是产业政策的变化有可能使企业的资源优势瞬间转变为资源劣势。第二，技术进步的影响。那些依托原有技术积累了雄厚资源的企业会发现，它们拥有的资源在技术进步的影响下迅速贬值。第三，顾客需求和消费方式的变化。移动互联网、电子商务改变了年轻一代的消费方式，从而导致建立在原有渠道之上的企业资源优势发生根本性变化。

第 4 节　企业能力分析

企业能力是指企业所拥有的利用和整合企业资源实现企业经营目的所需要的各种知识和技能。这些知识和技能是企业在利用和整合资源的过程中，通过实践、学习、积累而形成，通过企业内部的传播、培训和共享而增强的。进行企业能力分析的主要目的是基于现行战略所面临的问题，结合企业外部环境分析所提供的可能选择，判断企业所拥有和可整合能力优势的价值创造能力、稀缺性、可获取性和不可替代性，判断企业自身的能力优势和劣势，为企业战略管理者做出战略抉择提供依据。

在其他条件相同的情况下，企业所拥有的利用和整合资源能力的水平将在很大程度上决定企业的战略选择和战略实施的效益。企业的能力不仅可以决定现有资源的利用水平，而且可以决定外部资源的整合水平。从核心专长的构建、发挥和强化的角度来说，企业的能力优势在以下三个方面比资源优势更为重要：（1）在知识经济和网络经济条件下，企业能力优势的价值创造力更高；（2）在全球价值创造网络化条件下，具有能力优势的企业更容易获取和整合资源；（3）相对于企业资源优势来说，企业的能力优势具有更大的难以模仿性和可扩展性。

一、企业能力的构成

为了提高企业能力分析的有效性和效率，我们可以将企业能力划分为以下四种类型（见表 5-2）：（1）管理能力，包括企业所有管理者必须具备的计划能力、组织能力、领导能力、控制能力等一般管理能力。（2）经营能力，包括企业管理者所具备的各种专业经营技能，如营销能力、财务管理能力、采购能力、生产能力、研发能力、投融资能力、渠道能力、供应链管理能力等。（3）整合能力，包括企业管理者通过战略、预算、文化等各种方法综合协调内部资源的能力和企业管理者发挥自身资源与能力优势利用和整合外部资源的能力。（4）动态能力，即企业灵活应对外部环境变化的应变能力、创新能力和重组能力。随着市场竞争水平和强度的提升，企业的一般管理能力和经营能力逐步演变成为企业的基础能力，而企业的整合能力和动态能力将在很大程度上决定企业基础能力的发挥。

表 5-2　企业能力的构成

管理能力	计划、组织、领导、控制等能力
经营能力	研发、生产、财务管理、采购、投融资、营销、渠道、供应链管理等能力
整合能力	内部整合能力、外部整合能力
动态能力	应变能力、创新能力、重组能力

二、企业能力分析的要点

在企业能力分析的过程中，企业战略管理者首先应该基于对外部环境中机会和威胁的初步判断，尤其是关于竞争对手的分析，对企业能力的数量和水平进行全面、客观的分析，确定自己的优势和劣势。企业战略管理者可以从构建、发挥和强化优势的角度，也可以从克服、改善或者抑制竞争劣势的角度提出企业的战略选择。有效的能力分析不仅需要关注能力的数量和水平，更重要的是要关注企业能力是否具有以下特点。

(1) 能力的价值性。在企业能力数量和质量大体相同的情况下，企业能力的价值创造力取决于：第一，企业能力分布的领域。根据价值链理论，企业所在的行业、市场定位、商业模式不同，价值链上不同环节的价值增加作用不同，关键成功因素也不相同。企业在关键成功因素上或者增值最大领域所具有的能力优势就是关键能力优势，相反，企业在关键成功因素上或者增值最大领域所具有的能力劣势就是关键能力劣势。第二，能力的可转移性。相对于企业的资源来说，企业能力具有更高的可转移性，也正是在这个意义上企业的能力优势比企业的资源优势更加重要。对于那些希望实施多元化和国际化战略的企业来说，能力可转移性的分析尤为重要，因为这种分析将决定企业实施什么样的行业多元化战略或者国际化战略。中集集团通过在标准集装箱行业的发展，建立了自己在生产管理、成本管理、质量管理、采购管理等能力上的突出优势。正是因为这个企业的战略管理者对这些能力优势的可转移性（当然同时也包括不可转移性）具有非常清晰的认识，企业围绕这种能力的可转移性边界构建了以集装箱、机场廊桥、特种车辆和天然气储运设备为内容的行业相关多元化组合。

(2) 能力的稀缺性。在激烈竞争的市场环境下，企业能力优势的大小还取决于企业所具有的能力的稀缺性。在其他条件相同的情况下，企业能力的稀缺性越大，企业所具有的竞争优势就越大。企业战略管理者需要特别关注企业是否具有其他竞争对手所不具有的能力优势，基于这种独特的能力优势的发挥而制定独特的竞争战略。企业所具有的稀缺性能力通常源自企业的特殊成长历程和独特价值观念。在家具定制行业快速增长的尚品宅配家居股份有限公司（简称尚品宅配）的前身就是专门开发家具设计图形软件和家具企业信息管理软件的圆方时代软件公司，这家企业在全屋家具定制、个性化定制、大规模定制方面所具有的特殊能力均源于其在软件行业所形成的 IT 基因和定制化服务导向。

(3) 能力的难以获取性。分析企业能力需要特别关注能力的难以获取性。衡量能力难以获取性的指标有两个：第一，学习和模仿这种能力的时间；第二，学习和模仿这种能力的成本。在其他条件相同的情况下具备下列几个特征的能力具有更大的学习和模仿成本或者难以获取性：第一，历史上形成的能力。由于这种能力形成的历史条件是不可复制的，因此竞争对手很难在新的条件下学习和模仿这种能力。第二，综合性的能力。这种能力是多种知识、经验和技巧混合的结果，竞争对手很难了解其具体构成。第三，嵌入在特定社会文化中的能力。这种能力的形成得益于企业所嵌入的特定区域的文化，竞争对手很难在这个特定区域之外复制这种能力。

(4) 能力的不可替代性。与绝大多数企业资源不同，企业能力一般都具有不可替代性。虽然随着企业竞争的加剧和企业的进步，企业所需要的能力从一般管理能力上升到经营能力、整合能力和动态能力，但是企业上一层次的能力需要下一层次能力的支撑。没有一般管理能力基础的企业是不可能具有很强的经营能力、整合能力、动态能力的。

企业战略管理者必须明白且谨记，企业能力的高低是相对于自己所选择的战略，包括行业、市场、地位甚至商业模式而言的。对于企业能力高低的判断是可以转化的。如果企业高度集中做“小事”，能力就由低变高；如果企业盲目追求做“大事”，那么相同的能力就会立即由高变低。企业战略管理者在对企业能力的高低做出判断之前，必须分析和回答下列两个问题：一是相对于企业现行战略的有效实施而言，企业能力是高还是低。如果所得出的判断是低，那么企业战略管理者应该考虑稳定或者收缩行业或者市场经营范围，而不是继续扩大行业或者市场经营范围，反之则可以实施增长战略。盲目扩大企业的行业或者市场经营范围绝对不是解决企业能力不足的好方法。二是相对于企业所面临的战略选择，企业能力是高还是低。如果所得出的判断是低，那么企业战略管理者需要考虑选择合作或者并购的方式实施新战略，并且重视通过合作和并购克服自己在能力上的劣势。如果企业战略管理者总是高估自己的能力，企业就有更大的可能性越变越小；反之，如果企业战略管理者总是能够正确评估自己的能力，企业就有更大的可能性越变越大。

第5节　企业核心专长分析

在第1章中介绍了核心专长的概念内涵与构建机制，本节在此基础上继续介绍如何判断基于资源和能力的竞争优势是否构成核心专长，从而有针对性地去开发和培育核心专长（见战略聚焦5-1）。以资源为基础的观点认为，企业长期盈利水平的高低不仅受所在行业平均盈利水平的影响，更受企业自身的资源和能力状况，尤其是核心专长的影响。企业的战略选择从根本上说应该以核心专长的构建、发挥和强化为依据。因此，企业战略管理者必须在完成资源与能力一般分析的基础上，进一步通过竞争优势与劣势的分析，判断企业是否具备核心专长和应该具备什么样的核心专长，为企业未来的战略选择提供关键支撑。

战略聚焦5-1

核心专长

核心专长是指能够作为企业竞争优势来源的能力，具体而言，主要包括两个方面的含义：一方面指的是其能够为企业带来独特的竞争优势，即这种能力能够帮助企业在与外部环境的互动过程中通过利用机遇或者降低威胁来创造价值，并且这种能力是其他竞争对手所不具备的；另一方面指的是其能够为企业带来持续的竞争优势，这种持续的竞争优势来源于这种能力的难以模仿性和不可替代性，即其他企业不能轻易构建这种能力，并且这种能力对于企业而言是不可替代的。

普拉哈拉德和哈默于1990年初在《哈佛商业评论》上提出核心专长这一概念时指出，至少有三种方法帮助企业确定核心专长：(1) 核心专长能够帮助企业进入多个市场；(2) 核心专长能够为企业创造客户价值；(3) 核心专长难以被其他企业复制。后续学者对此进行了大量研究，逐渐形成了普遍认同的四个判断标准：

- 有价值。即这种能力能否为顾客带来价值？或者说顾客是否认为其有价值？
- 稀缺。只有少数企业具备这种能力。或者说，当多数企业具备这种能力时，其战略价值将会大打折扣。
- 难以模仿。竞争对手很难模仿这种能力。竞争对手很容易模仿的能力很快就会失去其战略价值。
- 不可替代。竞争对手很难用其他能力替代这种能力。很容易被替代的能力，其战略价值也很容易受到侵蚀。

企业可以根据这四个标准来判断哪些资源和能力可以成为自身的核心专长，从而发展自身的竞争优势。需要指出的是，这四个标准并不是判断核心专长的唯一工具，价值链分析同样可以帮助企业分析自身的核心专长。价值链分析侧重于对核心专长的维护和发展，四个判断标准侧重于对核心专长的发掘，企业在实际应用的过程中应根据自身战略合理选择分析工具。

由此可知，判断企业哪些资源和能力构成的竞争优势可以成为自身的核心专长主要有四个判断标准：有价值、稀缺、难以模仿和不可替代。其中有价值和稀缺反映的是核心专长的关键性，而难以模仿和不可替代说明的则是核心专长的可保持性。接下来，分核心专长的关键性分析和可保持性分析两个部分进行介绍。

一、核心专长的关键性分析

核心专长的关键性分析首先应该从竞争优势的针对性入手，分析企业目标市场的顾客需求、定位战略或者商业模式和企业的价值链。其次，核心专长的关键性分析需要运用关键成功因素分析，进一步确认在与企业特定目标市场、商业模式和价值链匹配的多种优势中，某一种或者几种竞争优势是否更为关键。核心专长的关键性主要体现在两个方面：竞争优势具有价值创造力、竞争优势具有稀缺性。

1. 竞争优势具有价值创造力

企业就是一种资源转换器和价值放大器，其存在的理由在于将各种资源和能力转换为产品或者服务，并且给顾客提供最大价值感受的同时为企业的利益相关团体尤其是股东带来最大的价值回报。究竟哪一种资源或者能力上的竞争优势更关键和更富有价值创造力？为此，我们需要运用迈克尔·波特所提供的一种分析工具，即企业价值链分析。

一般来说，如果企业在价值创造最大的环节上具有独特竞争优势，当企业面临目标市场扩大的机遇时，就最有可能发挥自己的独特竞争优势去扩大市场和提高价格。同样，如果企业面临外部环境的威胁，尤其是市场竞争激烈时，企业就可以通过发挥自己的独特竞争优势避免威胁的打击。

在图5-2所示的价值链中，企业价值链中的价值创造活动被划分为基本活动和支持活动两类。基本活动包括输入物流、制造与运营、输出物流、市场营销及销售、服务等活动。输入物流的价值创造活动包括：接收、储存和分发从供应商那里购得的投入品、检验以及存货管理。制造与运营的价值创造活动包括：将投入转化为最终产品的生产、装配、包装、设备维修、设施规划、生产运作、质量保证、环境保护等。输出物流的价值创造活动包括：收集、储存以及发送最终产品给客户的行为，如最终产品的仓储、订单提取和打包、装运、发货设施的运作等。市场营销及销售的价值创造活动包括：消费者行为分析、需求分析、产品定价、销售行动、市场研究与计划、销售渠道、广告、促销等。服务的价值创造活动包括：为购买者提供帮助，如安装、闲置部件的存放、维护和修理、技术支持、购买者调查以及投诉处理。

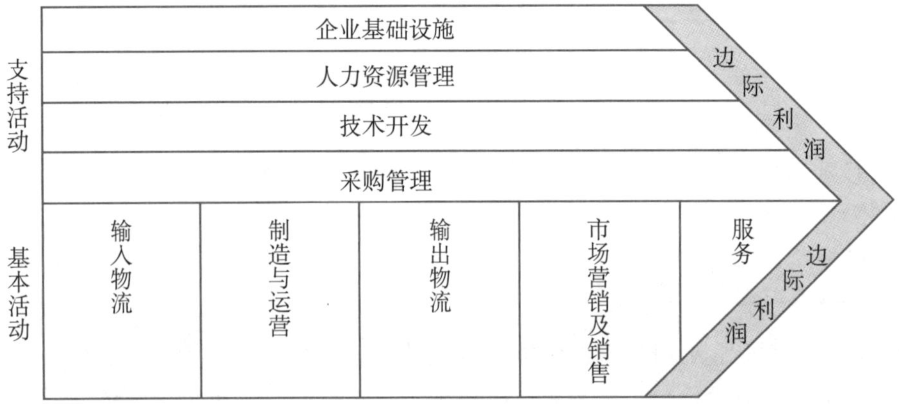

图5-2　企业价值链

资料来源：Porter M E. Competitive Advantage：Creating and Sustaining Superior Performance. New York：Free Press，1985.

支持活动包括企业基础设施、人力资源管理、技术开发、采购管理等。在价值链的支持活动中，企业基础设施是指企业的内部软、硬环境因素，是所有其他价值创造活动的基础设施和制度环境，包括制度建设、组织结构、管理机制、控制系统和公司文化等。由于最高管理层对企业基础设施具有巨大的影响，通过强有力的领导，企业最高管理层可以改造企业基础设施，进而影响所有其他价值创造活动的绩效。与人力资源管理相关的活动包括：招聘、聘用、培训、开发与补充企业各层级职员，劳工关系方面的活动，开发以知识为基础的技能，对员工进行激励等。技术开发是产品和运营过程的设计，包括产品研究与开发、流程研究与开发、业务方案的改善、设备设计、计算机软件开发，通信系统，计算机辅助设计与工程，设计和开发新的数据库，以及计算机的支持系统。与采购管理有关的活动是购买燃料、能源、原材料、设备及零配件、商品以及办公用品等。

在企业的价值链上，究竟哪一种活动更具价值创造力？对于这个问题的回答取决于对多种因素的综合分析。首先，企业所在的行业。对于钢铁行业来说，采购和物流是价值创造力最大的活动，但是对于化妆品行业来说，市场营销则可能是价值创造力最大的活动。其次，企业的目标市场。例如，同样是化妆品行业，以高收入人群为目标市场的企业更重视研发，而以低收入人群为目标市场的企业则更重视促销。在相对落后的地区，抽奖促销活动可能非常有效，但是在发达地区这类活动的作用有限。再次，企业的商业模式。例如，同样是以中等收入人群为目标市场，但在零售、直销和顾问咨询三种不同的商业模式下，化妆品企业价值创造活动的重点及其重要性也是不一样的。再如，阳江十八子公司将刀具的销售与旅游和文化结合，构建了独具特色的价值链，温氏集团将公司运作与农户养殖紧密结合，构建了自身价值创造的特殊价值链。

战略聚焦 5-2

麦肯锡公司的价值链分析

作为一种有效的战略分析工具，价值链分析能够确认由企业控制的、具有潜在价值的资源和能力。价值链是指企业的一系列商业活动，包括产品和服务的开发、生产及营销。企业价值链中的每一环节需要不同资源和能力的运用和融合，不同的企业对可以采用的价值链活动做出不同的选择，因此，企业价值链活动的不同组合最终可以使企业拥有不同的资源和能力。

同一产业中的不同企业，对所从事的活动环节可能有不同选择，因而表现出截然不同的资源和能力。例如，原油勘探需要大量的资金投入，需要企业具有雄厚的财务资源、土地开发权（物质资源）、丰富的科技知识（人力资源）等，因此，原油勘探企业与其他石油企业（如汽油销售企业、炼油企业）相比，需要不同的资源和能力。与勘探企业不同，汽油销售企业需要的资源投入包括用于加油站建设的财务资源与物质资源，也包括从事产品销售所需的人力资源和组织资源。

即使处于相同价值链环节的企业，所采取的经营方式也可能相差甚远，因而形成各自不同的资源和能力。例如，对两家从事石油成品油销售的企业而言，一家可能通过自建渠道来完成销售，而另一家则可能借助经销商来进行销售。尽管这两家企业可能拥有类似的人力资源和组织资源，但其财务资源存在很大差异。

研究企业的价值链促使我们从更微观的层面考虑企业的资源和能力。尽管可以比较宽泛地对企业资源和能力加以考察，但通常情况下，考虑每个企业所从事的具体活动，对于我们理解企业的财务、物质、人力以及组织资源更有帮助，从这个意义上讲，价值链分析可以帮助企业更详细地理解基于资源的竞争优势来源。

由于价值链分析有助于确认企业拥有的财务、物质、人力及组织资源，在过去几十年间，众多学者纷纷致力于开发价值链的分析工具，已经形成几个得到广泛认可的价值链分析方法，其中麦肯锡公司及波特开发的价值链框架比较有代表性。麦肯锡公司价值链包括六种不同的行为：技术开发、产品设计、制造、营销、分销及服务。如图 5-3 所示。

技术开发	产品设计	制造	营销	分销	服务
资源	功能	整合	定价	渠道	服务速度
复杂性	物理特性	原材料	广告/促销	整合	独立价格
专利	美观	产能	销售队伍	存货	
产品/流程选择	品质	地点	包装	仓库储存	
		零件生产	品牌	运输	
		装配			

图 5-3　麦肯锡公司价值链分析

资料来源：杰伊·巴尼，威廉·赫斯特里，李新春，等．战略管理：第 3 版．北京：机械工业出版社，2010.

下面以星巴克公司为例，说明该公司价值链的内容。① 从基本活动来看，星巴克在各项活动上都具备自己的特色：（1）输入物流：拥有行业内最经济合算的运输价格。（2）制造与运营：完全集成的闭环制造系统。（3）输出物流：复杂的面包房分销模式、精准的咖啡需求预测流程；强有力的库存周转。（4）市场营销及销售：顾客忠诚度计划；口碑营销；重视顾客体验——第三类场所；星巴克咖啡移动车计划。（5）服务：鼓励员工为顾客提供额外的服务。从支持活动来看，星巴克的特点也是非常突出的：（1）企业基础设施：门店群集概念；拥有自己的门店设计团队；与地产商紧密合作。（2）人力资源管理：以大专院校毕业生为主，重视培训；丰厚薪酬；高度激励。（3）技术开发：烘焙曲线；烘焙技术软件化；单向阀包装。（4）采购管理：广泛的国际采购；良好的供应商关系。

2. 竞争优势具有稀缺性

竞争优势的稀缺性指具有某种竞争优势的企业很少，很稀缺，只有一个或者少数几个企业拥有该竞争优势。企业所拥有的竞争优势稀缺性越高，企业盈利水平就越高。拥有不稀缺的资源和能力最多能够为企业带来竞争均势而不能带来竞争优势。只有拥有稀缺的资源和能力，或其他企业不具备的资源和能力，才有可能为企业带来竞争优势。因此在分析竞争优势稀缺性时，一定要引入外部环境分析，在与竞争对手进行全面比较的基础上去发现企业所具有的竞争优势是否具有稀缺性。

竞争优势的稀缺性有两个来源：一是发现了独特的顾客诉求，选择了独特的市场目标，创造了匹配的价值活动组合（商业模式）；二是拥有或者能够整合有效运行上述商业模式所需要的资源和能力。这两者的完美匹配最终使企业具备了发现、满足和保持独特顾客诉求和商业模式的资源和能力优势。必须强调的是，竞争优势稀缺性的第一个来源是前提。没有这个前提，资源和能力的独特性就没有意义。有了这个前提，一般性的资源和能力也有可能变得独特和稀缺。例如，深圳嘉兰图工业设计公司发现老人对手机具有独特的诉求，而这种诉求长期被其他手机企业忽略，于是，该公司基于老人手机的独特诉求，利用自己拥有和可以整合的资源、能力成功生产、制造和销售了 100 多万部老

① 材料来自毅伟商学院（Richard Ivey School of Business）的案例《星巴克公司》，1997 年。

人手机。正是基于这个目标市场和商业模式，其工业设计能力与手机行业的关系就成为独特和稀缺的能力。

二、核心专长的可保持性分析

虽然具有竞争优势的企业不一定具有核心专长，但建立在核心专长基础上的竞争优势具有可保持性。或者说，虽然有些企业具有一定的竞争优势，但如果没有核心专长的支撑，竞争优势就很难保持。建立在核心专长基础上的竞争优势具有可保持性主要体现在两个方面：竞争优势的难以模仿性和竞争优势的不可替代性。

1. 竞争优势的难以模仿性

在其他条件相同的情况下，某种独特竞争优势被学习和模仿的成本越高，那么这种独特竞争优势的可持续性越长。在竞争对手学习和模仿越来越容易的情况下，企业战略管理者必须要确定独特竞争优势的可持续性。一般来说，具备下列特征的竞争优势具有更高的学习和模仿成本。

首先是历史上形成的竞争优势。时间是一维的，企业基于特定的历史条件发展起来的竞争优势很难为另一个特定历史条件下的企业所学习和模仿。在 1990 年以前，中国对外出口的产品非常有限，大部分集装箱制造工厂都面临长期亏损的局面。中集集团为了能生存下来，通过加强内部管理和改变生产工艺与技术，形成了成本管理的优势，中国远洋运输集团的参股解决了产品的销售问题，中集集团在成本管理方面的优势开始体现，并逐渐成为中国集装箱行业经济效益最好的企业。1990—1994 年世界集装箱领域处于过度竞争阶段，世界经济形势的恶化导致贸易减少，极大地降低了对集装箱的需求，再加上集装箱行业过剩的生产能力，使得集装箱制造行业成为“鸡肋”，在“食之无味、弃之可惜”的窘境下，多数跨国企业依据波士顿矩阵选择放弃集装箱生产。中集集团则在此期间在中国沿海连续收购 8 个集装箱厂，从而在采购、生产和营销等方面形成了巨大的规模优势，并一举奠定了行业第一的地位。采用同样的方法和同样的思维方式，中集集团在 1997 年亚洲金融危机和 2008 年美国金融危机期间，连续收购世界各地的集装箱生产厂，并成功地将企业形象由低成本的集装箱供应商转变成为最优的集装箱供应商。回顾中集集团的历史，我们可以说有很多独特的能力和资源优势是在特定历史条件下建立的，在新的历史条件下，新的进入者很难学习和模仿中集集团的独特竞争优势。

其次是综合性的竞争优势。建立在特定资源和能力基础上的竞争优势，很容易被竞争对手所模仿，因为竞争对手能够比较清晰地了解企业竞争优势的构成；但是，面对综合性的竞争优势，竞争对手是很难模仿的，因为企业竞争优势构建在多种资源和能力的综合基础上，竞争对手很难清楚地了解其内在的资源和能力构成以及具体的构成比例。宝洁公司的销售能力是公认的核心竞争优势，全世界的快速消费品公司都希望在尽可能短的时间内学习并模仿宝洁公司的销售能力，甚至高薪聘请宝洁公司的销售人才。但是，这些对手至今仍未能够成功模仿。原因在于宝洁公司在销售方面的竞争优势并不仅仅建立在销售队伍方面，而是来自市场营销、市场调研、产品研发、生产制造等部门的支持；来自能够促使这些部门一体化的结构、机制和文化。换句话说，那些将宝洁公司销售管理者请回去的企业并不能够复制宝洁公司的成功，因为它们没有了解宝洁公司在销售方面的竞争优势是综合性的而不是单一的，其中最难复制的就是支撑这种能力的组织性资源，即结构、机制和文化。

再次是根植于特定社会或组织文化的竞争优势。根植于社会和组织文化的竞争优势是最难模仿的竞争优势，也是最具特色的竞争优势。如德国人以品质精细著称，德国企业也以品质精细获得竞争优势，这种竞争优势的获得是根植于德国特定的社会文化的，其他区域的企业很难模仿；同样的道理，日本企业在成本和效率方面的优势也是根植于日本（资源高度贫乏的国家）特定的社会文化，其他区域的企业很难模仿。阳江十八子公司形成了自身特定的刀具文化，并依据刀具文化形成了自身独特的商业模式，其他企业很难模仿；广东温氏集团扎根农村，依托农民养殖的特点形成了“公司＋农户”的特殊商业模式，其他企业很难模仿；格力电器凭借多年来对产品质量的追求以及科技支撑，形成了产品质量过硬的竞争优势，多年以来形成的组织文化造就的竞争优势，其他企业很难模仿；通用电气从建立之初就确立的“创新”组织文化，一直引领企业高速稳定发展，其他企业很难模仿。从饮食业来说，虽然目前全国各地都有羊肉泡馍，但无论如何，羊肉泡馍还是西安的最好吃；北京全聚德的烤鸭全国闻名，原因也在于它根植于北京特定的社会文化。

最后是具有可转移性或者可扩展性的企业竞争优势。竞争优势的可转移性或可扩展性是指企业在某个具体领域建立的竞争优势是否可以得到有效的发挥、转移并且在发挥和转移中得到进一步强化。如果企业的关键竞争优势，例如品牌、研发或渠道优势，具有良好的可扩展性，那么竞争优势的难以模仿性将得到进一步强化。腾讯公司在即时通信领域所建立的竞争优势最初体现在其 IM 工具 QQ 上，2011 年，腾讯公司将在 QQ 方面的核心专长成功转移到微信业务，推出可以发送图文信息、语音视频信息，支持多人语音对讲等功能的移动社交软件微信，用户还可以在朋友圈中和好友实时分享生活点滴。

作为时下最热门的移动社交平台，微信正在改变人们的沟通方式和生活方式。众多企业借助微信公众平台为用户提供定制化和更创新的服务体验，用户则可以通过微信体验更便捷的移动互联网生活方式。不仅如此，腾讯公司还将在即时通信领域的核心专长转移到微信支付、O2O 等微信延伸业务的发展，以及 QQ 空间、QQ 音乐、QQ 浏览器、腾讯游戏、腾讯文学、腾讯动漫、腾讯地图、应用宝等领域。依托技术工程核心专长，腾讯公司在云运营平台、云数据处理平台、互联网海量应用支撑服务平台，为亿级用户提供云计费服务和安全保障。不仅有效扩展了公司的业务范围，而且有效提升了公司的竞争力和盈利能力。

2. 竞争优势的不可替代性

如果企业资源和能力优势很难被学习和模仿，那么竞争对手会想办法寻找或者开发替代的资源和能力，从而改变整个商业模式。如果某种资源和能力带来的竞争优势可以被其他的资源和能力替代，则企业建立在这种基础上的竞争优势会面临被侵蚀的威胁，其可保持性会降低。例如，随着汽车在中国的普及，原来那些在市中心的商业企业的地理优势就受到了很大的影响，因为越来越多新的商业企业并不试图去市中心最繁华的地方办公，相反，它们可能去一些交通和停车相对便利的地方建立规模更大、装修更好的办公场所，从而实现了对市场中心老商业企业地点优势的替代。家电零售企业纷纷实行连锁经营，试图以网点优势作为核心专长，压低家电制造企业讨价还价的权力。随着喜欢网购的年轻人成为家电销售的主要对象，越来越多的家电企业开始建立自己的网络销售平台，直接为这些顾客销售产品，从而对传统的家电零售行业形成了越来越严峻的挑战。那些具有战略洞察力的家电零售企业已经开始收购网上销售企业，同时对自己店内销售的产品和方式进行调整，通过整合门店和网络两种渠道以及线上和线下两种销售模式，形成了新的商业模式。

如果企业所建立的竞争优势很容易被竞争对手采取其他形式建立的竞争优势替代，这种竞争优势就不是可持续的竞争优势，只有那些不能被替代的竞争优势才是可持续的竞争优势，至少在一段时间内不能被替代。事实上，由于科技进步和信息技术的发展，不可替代的竞争优势已经很难获得。科技进步使得技术诀窍很难长时间不被竞争对手了解，信息技术的发展使得寻找替代的竞争优势的渠道更加多样。因此，企业所建立的不能被替代的竞争优势只能是在某一段时间内不能被替代，在较长的时期内，所有的竞争优势都有可能被替代。

第 6 节　可能激发的战略选择

一、SWOT 组合分析

推动企业战略选择的根本动因是企业内外部环境的诸多变化将使企业不断面临重大战略问题，有效地解决这些问题需要战略管理者制定相应的战略或对企业正在实施的战略做出一系列调整。从这个意义上说，有效识别战略问题和问题的来源是进行战略选择的前提。

企业外部环境和内部环境的变化使企业经常面临各种各样的问题，有效发现和确定战略问题是企业战略管理者必备的战略能力。企业战略管理者对于战略问题的认识通常并不深入和系统，主要是源于对短期经营问题碎片式的感知或者对少数环境因素变化的洞察。所谓战略问题，就是那些源自企业内部和外部关键环境因素的趋势性变化，并且对企业现在和未来发展具有重大、长期和根本影响的问题。

企业战略管理者在分别完成外部与内部环境分析之后，需要运用 SWOT 模型对战略态势做进一步的综合分析和内外比对，根据对关键因素变化趋势和影响的深入和系统分析，按照重大性、长期性和根本性评价，确定企业未来所面临的战略问题和解决战略问题的基本原则。

企业面临的战略问题基本上可以分为两类：一类是企业没有把握外部机会或者避免外部威胁的战略问题；另一类是企业没有发挥优势或者克服劣势的战略问题。有效地确认企业所面临的战略问题是有效制定企业战略的一半，而且是更重要的那一半。SWOT 分析矩阵对于战略问题的确认具有两个方面的重要作用：一是通过外部和内部环境分析找到企业可能面临的战略问题；二是通过 SWOT 的反复比对或者组合，最终确认企业所面临的现实战略问题，即有可能解决的战略问题。企业之所以需要在外部环境分析与内部环境分析的基础上进行 SWOT 分析，是因为在完成内部环境分析之前所得到的所谓机会与威胁的判断缺乏针对性，因为机会与威胁都是针对特定的优势与劣势而言的；没有完成外部环境分析之前所得到的所谓优势与劣势的判断也缺乏针对性，因为优势与劣势都是相对于特定的机会和威胁而言的。SWOT 分析矩阵如图 5－4 所示。

		内部因素	
		优势（S）	劣势（W）
外部因素	机会（O）	SO 组合 凭借公司的优势，充分利用外部环境所带来的各种机会	WO 组合 通过各种方式弥补公司的劣势，充分利用外部环境所带来的机会
	威胁（T）	ST 组合 利用公司的优势，尽量规避外部环境所带来的各种威胁	WT 组合 通过各种方式弥补公司的劣势，尽量规避外部环境所带来的威胁

图 5－4　SWOT 分析矩阵

运用 SWOT 分析矩阵确认战略问题的具体步骤是：

（1）企业战略管理者需要将企业外部的各种机会、威胁和企业内部的优势、劣势非常具体地列举出来，反复分析和比对，确认企业有哪些可以把握而没有把握的机会，有哪些应该防范或避免而没有防范或避免的威胁，有哪些可以发挥但是没有发挥的竞争优势，有哪些应该克服而没有克服的劣势。需要强调的是，经过这种分析和比对得到的所谓机会或者威胁就是相对于企业的优势和劣势而言的，同样，所谓的优势或者劣势也是相对于企业的机会和威胁而言的。

（2）企业战略管理者再对外部环境因素（O，T）与企业内部因素（S，W）进行组合比对分析，从而得到如图 5－4 所示的四大类可能解决的战略问题：1）SO 组合，如何凭借公司的优势，充分利用外部环境所带来的各种机会的问题。2）ST 组合，如何利用公司的优势，尽量规避外部环境所带来的威胁的问题。3）WO 组合，如何通过各种方式弥补公司的劣势，充分利用外部环境所带来的机会的问题。4）WT 组合，如何通过各种方式弥补公司的劣势，尽量规避外部环境所带来的威胁的问题。值得注意的是，当企业的业务范围涉及多种甚至不相关业务时，SWOT 分析需要将公司整体作为重点分析对象，并针对每一种业务展开分析，从而明确战略问题来源于公司整体层面还是业务层面，最终确认企业所面临的战略问题。

（3）企业战略管理者还需要进一步识别出战略问题的性质。首先，企业战略管理者需要根据战略问题的实际情况判断战略制定主要在哪个层次上展开，战略制定的主要内容是什么，以及战略制定的任务应由谁来完成，等等。如果战略问题发生在多元化经营企业的总部，那么战略调整或者制定新战略的工作将在公司层展开，主要的内容将与行业组合和组合管理模式相关，战略制定工作将由企业的总部承担。如果战略问题发生于某一个具体的行业或者业务事业部，那么战略制定将在业务层展开，主要的内容将与市场定位、商业模式和竞争优势相关，战略制定工作将由事业部承担。其次，企业战略管理者需要根据战略问题判断战略调整将主要发生在什么逻辑层次上。如图 5－5 所示，取决于企业所面临战略问题的性质，企业战略调整可以发生于企业战略承诺、基本战略（战略方向）、战略目标、公司层或业务层战略的任意一个层次，并且由此引发自上而下的相应调整。

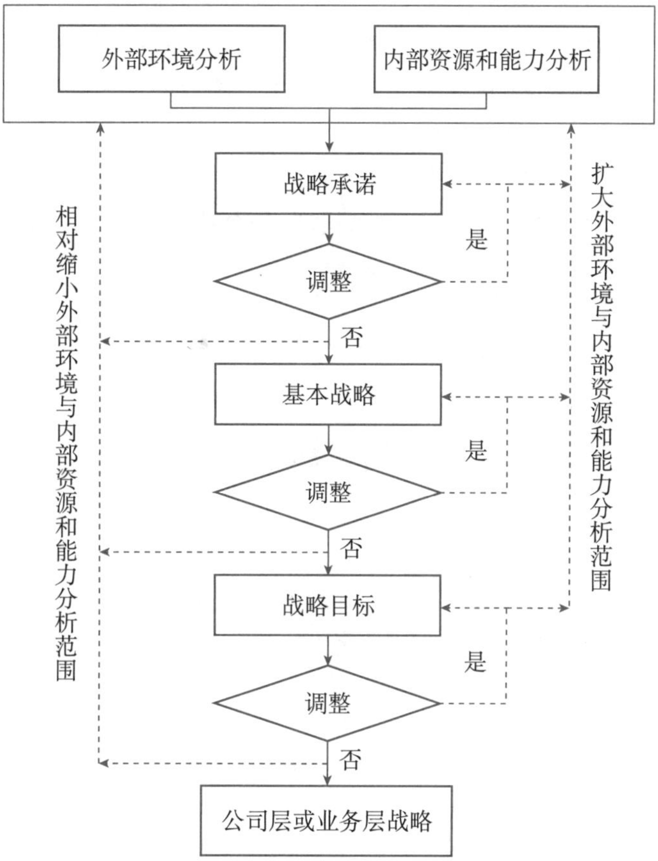

图 5-5 战略制定或调整的内在逻辑

二、确定正确的战略驱动

基于 SWOT 分析识别四种类型的战略问题和认识战略问题在整个战略制定过程中扮演的角色后，战略管理者还需明晰应对每一类战略问题的战略选择背后的战略驱动，如此才能够为后续的战略制定与实施提供强有力的支撑。

SO 组合态势下的战略问题需要选择能够充分利用自身优势去获取外部机会的战略加以应对。SO 组合是一种“内外兼优”的良好态势，在这一态势下企业借助自身的优势便能够获取外部机会，自身优势和外部机会实现了良好的匹配。从利益和优势最大化出发，企业可采取相关多元化或国际化战略，来扩大规模经济效应，同时将优势在利用中得到进一步提升。因此，在 SO 组合态势下的战略驱动主要是核心专长的发挥与强化。

WO 组合态势下的战略问题需要选择能够弥补公司劣势且充分利用外部机会的战略加以应对。WO 组合是一种“内峻外和”的态势，考虑到外部机会易逝和内部能力构建较慢的现实情况，并购将会是这一态势下的企业战略选择之一。借助并购战略企业能够在相对较短的时间内弥补自身不足并抓住外部机会。故而 WO 组合态势下的战略驱动主要是核心专长的构建。

ST组合态势下的战略问题需要选择能够利用公司优势且尽量规避外部环境中威胁的战略加以应对。在“内和外峻”的情势下，考虑到外部威胁具有不以企业意志为转移的外生不确定性，企业的战略选择主要还是以寻找能够利用自身优势的新市场为主。此时多元化（更多是非相关多元化）将是一个可能的战略选择。在这种逻辑下，ST组合态势下的战略驱动就是核心专长的发挥与强化。

WT组合态势下的战略问题需要选择能够弥补公司的劣势且尽量规避外部环境带来的威胁的战略。在“内外交困”之下，战略联盟是企业可能的战略选择之一。借助联盟对象的优势来弥补自身的不足以增强抵御威胁的能力，同时还能够在一定程度上克服或者转移外部的风险。因此，从本质上而言，WT组合态势下的战略驱动是核心专长的构建。

思考题

1. 企业历史会以何种方式、在多大程度上影响企业的未来战略？
2. 为什么内部环境分析具有复杂性、不确定性和利益冲突性？
3. 如何理解企业资源和能力优势的关键性？
4. 如何理解企业资源和能力优势的可保持性？
5. 核心专长是如何构建、发挥和强化的？
6. 竞争优势可保持性的主要来源是什么？
7. 为什么核心专长可能对企业发展产生两种性质完全不同的作用？

能力拓展

以一家企业的战略选择为研究案例，分析该企业资源、能力和核心专长与战略选择之间的关系，判断这个具体企业的战略选择是否有利于构建、发挥和强化企业的核心专长。

第3篇
战略制定

第 6 章

经营战略：构建竞争优势

导入性案例

传音控股

深圳传音控股股份有限公司（简称：传音控股）自成立以来，一直着力为用户提供优质的以手机为核心的多品牌智能终端，并基于自主研发的智能终端操作系统和流量入口，为用户提供移动互联网服务。传音控股主要从事以手机为核心的智能终端的设计、研发、生产、销售和品牌运营，主要产品为 TECNO、itel 和 Infinix 三大品牌手机，包括功能机和智能机，销售集中在非洲、南亚、东南亚、中东和南美等全球新兴市场国家。2023 年，全球手机市场低迷，手机市场也在动荡中悄然洗牌，传音控股凭借对新兴市场的开拓，跻身行业前五。2024 年 2 月 22 日，传音控股（688036）业绩快报显示，2023 年营业收入为 623.92 亿元，同比增长了 33.9%；归母净利润达到 55.02 亿元，同比增长了 121.55%。

2006 年，传音控股创始人竺兆江从波导辞职后，在香港成立传音科技（传音控股的前身）。竺兆江很少出现在媒体上，但他所创办的传音被业界冠以“非洲手机之王”的称号。初入非洲时，竺兆江选择在撒哈拉以南、南部非洲以北的非洲市场建立根据地。传音控股最早创立的品牌 TECNO 定位于中高端品牌，2007 年又建立另一个定位于低端市场的品牌 itel，依托这两个定位传音控股研发出了具有拍照、四卡四待、防汗等适合当地用户的功能手机。在非洲，TECNO 被视为中高端品牌的代表，还一度被誉为“非洲诺基亚”。2013 年，传音控股在智能手机领域开始发力，针对科技、时尚年轻人消费群体推出智能高端手机品牌 Infinix。无论是功能机还是智能机，传音控股的手机均以性价比取胜。itel 售价大约为十几美元至 100 美元，TECNO 售价大约在 15 美元至三四百美元之间，Infinix 的售价则在 80～300 美元。

传音控股的核心技术主要体现在深肤色拍照技术、硬件新材料应用创新、大数据用户行为分析、移动互联产品服务多个方面，其中多项“美颜”技术是专门为非洲人深肤色定制而生的，包括深肤色人像夜间拍照、深肤色智能美颜、深肤色人脸识别、拍照智能场景识别、拍照补光技术等。传音控股率先在非洲建立深肤色数据库，拥有行业内非洲规模最大的用户人群数据，通过对这些数据的不断分析与挖掘，传音控股的技术创新及应用能够更为精准契合非洲市场的用户需求、使用环境，与同行业其他企业针对非洲等新兴市场用户的产品相比拥有更领先的性能和用户体验，具有独特的行业技术壁垒。传音控股基于高度本地化的用户研究与技术研发团队，在非洲率先开发针对深肤色人群的拍照技术，同时在手机新材料、充电、OS 系统研发、互联网大数据等技术领域均领先于同行其他企业。以非洲市场为例，传音控股研制了深肤色摄像技术、夜间拍照捕捉技术和暗处人脸识别解锁功能等个性化应用技术。同时考虑到非洲国家的基础设施水平，还有支持四卡四待、低成本高压快充、超长待机等技术。可见，“非洲特供”的技术底色已经成为传音控股早期抢占市场的一大优势。

传音控股率先将行业内的前沿技术与非洲市场特点相结合，通过技术融合与迭代开发形成有竞争力的产品；传音控股有很强的技术研发转化应用能力，其核心技术在传音控股的手机产品中均实现产业化应用。随着 AI 技术的不断发展，智能手机成为 AI 交互的终极入口。2023 年 5 月传音控股发布了可以接入 OpenA、拥有实现 ChatGPT 文字交互的 AI 助手的智能手机。据公司披露，其全场景智能平台搭建、垂直领域多模态感知与交互技术研究等 AI 项目正在开发验证阶段。

相比于竞争对手，传音手机在以下方面存在优势：第一，传音专注于在以非洲为代表的新兴市场进行技术创新并研发出适合本地化的产品。经过多年的积累，基于非洲本地化的深肤色用户数据库及深肤色拍照技术、硬件新材料应用创新及移动互联网服务，在行业内具有领先优势，同时传音还建立起与本地环境及用户需求高度契合的研发体系、销售网络、售后服务，在适应通信网络较差且区域分散的非洲市场方面形成自己的独特竞争优势。第二，传音已在非洲建立起基于“手机＋移动互联网服务＋家电、数码配件”的商业生态模式。针对未来市场竞争可能加剧的情况，传音移动互联网、家电及数码配件业务所产生的经营收入和利润支持其在移动终端领域的深度投入，并形成有效的循环。第三，得益于非洲等新兴市场的人口红利、大规模的潜在用户群体以及当地经济发展带来的消费水平的不断提升，移动互联网的发展还将进一步扩大的手机行业的市场规模。

目前，新兴市场国家仍处于“功能机向智能机切换”的市场发展趋势中，整体上，新兴市场国家的智能机渗透率相对于北美、西欧和成熟亚太发达经济体及中国市场较低，功能机换智能机仍然是新兴市场驱动智能机市场增长的一个重要因素。传音持续加大对非洲以外市场的开拓及品牌宣传推广力度，在非洲市场继续保持稳定增长的基础上，非洲以外市场销售收入同比也有较大的增长。通过在非洲市场多年运营，并借助高性价比价格策略、营销渠道网络、本土化技术创新等手段，传音控股逐渐占据了当地最大的市场份额。

资料来源：根据公司网站及相关新闻资料整理。

| 学习目标 |

- 掌握经营层战略的定义和适用范围。
- 掌握低成本定位战略、高差异定位战略和聚焦战略的性质与特点。
- 理解独特性战略和整合性战略的内容。
- 掌握发现独特的目标市场和顾客诉求的方法。
- 理解经营层战略如何保持取舍和持续创新。

如果一个企业在其宗旨陈述中只选择某一个具体的行业或者业务，例如传音控股公司选择专做手机，而且其战略态势分析的主要目的也是继续"做好、做强和做大"这个具体行业或者业务的话，那么这个企业所制定的战略被称为经营层战略。与公司层战略不同，经营层战略的主要目的不是通过行业或者业务组合的构建与经营实现投资收益的最大化，而是通过特定的定位选择，构建、发挥和强化企业在特定业务中的核心专长，实现市场占有率和利润率的最大化。由于经营层战略制定与实施具有很强的针对性、互动性，甚至博弈性，因此经营层战略也被称为竞争战略。传音控股公司自成立以来一直坚持"Think Globally，Act Locally"（全球化视野、本地化执行）的经营理念，长期专注和深耕以非洲为主的新兴手机市场，实现了差异化与低成本的有机整合。即使在当前全球手机市场持续低迷之际，该公司2023年营业收入为623.92亿元，同比增长了33.9%；归属母公司净利润达到55.02亿元，同比增长了121.55%，以"非洲手机之王"的身份跻身全球手机行业前五的行列。该公司之所以能在以非洲为主的新兴手机市场占据主导地位，首先是因为该公司能够将有限的资源与能力高度聚焦于手机行业，聚焦于以非洲为主的新兴市场，聚焦于新兴市场的低端和终端市场。其次是在定位清晰的基础上，通过全球化与本地化的结合，一方面发挥了中国在手机市场上所形成的国家优势，另一方面在本地化营销、本地化研发和本地化运营方面形成了企业的特定优势，在低成本与高差异的整合方面形成了核心专长。本章将在介绍经营层战略性质与特点的基础上，重点揭示企业战略管理者如何通过有效制定定位战略，包括基本定位战略以及相关的创新实践，构建与特定定位战略匹配的竞争优势。

第1节　经营层战略的定义和类型

无论企业的规模有多大或者企业的名称叫什么，我们都应该根据企业所涉足的行业（或者业务）范围及其市场范围来判定企业将要制定的战略是经营层战略（business-level strategy）还是公司层战略（corporate-level strategy）。由于这两种不同性质和特点的战略在制定的思维方式和方法上存在很大的区别，准确地判断和划分战略类型是企业战略管理者有效制定企业战略的基本前提。

一、经营层战略的定义

经营层战略，也称业务层战略或竞争战略，它是指企业为了在一个特定业务领域中发挥竞争优势或建立新的竞争优势以为顾客创造最大价值所采取的一系列决策和行动。按照其定义，经营层战略具有以下特点。

（1）经营层战略的主要决策与行动都与一个特定或者具体业务的经营和管理有关，目的是能给这个特定或具体业务的顾客群体持续地创造最大的价值感受。"business"等同于"行业"，经营层战略也被看成单一行业企业的战略。传音的成功首先在于其业务的选择或者定义取舍清晰，传音始终以新兴市场的消费者为中心，重视新兴市场消费者被忽视的需求，让尽可能多的人尽早享受科技和创新带来的美好生活。"2023年度最受非洲消费者喜爱的品牌”百强榜中，传音旗下三大手机品牌TECNO、Infinix及itel分别位列第9、29及30名，数码配件品牌oraimo首度入榜位列第96名；在百强榜中，TECNO连续多年位居入选的中国品牌之首。

（2）经营层战略与企业所涉及的具体业务（或行业）有关。其核心目的是在该业务（或行业）领域内尽可能地维持竞争优势，并以此获得高于平均水平（即平均风险水平）的收益。因此经营层战略必须体现出强烈的顾客导向、业务特点和竞争指向，又称为竞争战略。传音瞄准的不是一般顾客对手机产品和服务的需求，而是特定顾客的个性化需求；需要符合的不是一般手机行业的特点，而是特定目标顾客的特点；需要指向的不是一般手机，而是提供符合当地用户使用习惯的好产品。

（3）为了在业务竞争中持续获得高于平均水平的收益，经营层战略要紧紧围绕不断发现、满足和保持顾客需求，并不断建立、强化和发挥企业竞争优势；要不断发挥企业过去和现在的竞争优势为顾客创造价值，从而带来利润的增加；要不断建立新的竞争优势，需要企业将今天的利润投放于建立新的竞争优势，从而带来市场占有率的扩大。企业如果单纯追求利润最大化将会导致未来利益受损，单纯追求市场占有率最大化则会导致企业没有未来。传音能“坚持用户导向、深度洞察用户需求”，不断迭代创新，努力为用户提供高质量、稳定、安全的产品。传音通过打造高效的用户和技术双驱动的创新研发能力，不断强化差异化的产品竞争力，扩大在新兴市场本地化科技创新方面的竞争优势，提升用户价值与体验。结合行业技术发展趋势及在新兴市场积累的对本地情况的洞察，传音在人工智能语音识别和视觉感知、深肤色拍照算法、智能充电和超级省电、云端系统软件、智能数据引擎、硬件新材料应用创新、OS系统等领域，开展了大量的科技创新研究。

（4）为了能够在一个特定的业务领域中不断建立、强化和发挥自己的竞争优势，经营层战略所包括的一系列主要决策和行动之间必须保持一致性和稳定性。经营层战略的制定、实施和控制不是一次性的，而是由一系列决策和行动构成的，有些决策和行动是速度或者创新优先，有些决策和行动则是理性或者科学优先。如果这些决策和行动不能在兑现企业战略承诺上表现出应有的一致性和稳定性，那么这些决策和行动就不能作为某种经营层战略的有效组成部分，最终结果必然是企业原有竞争优势逐步被消耗和弱化。传音作为一家高科技公司，唯有不断在核心技术方面保持领先。例如，传音控股基于安卓系统开发了自己的操作系统，旗下三大手机品牌分别搭载了HiOS、itelOS和XOS，并对传音控股开发的软件，如Boomplay、Scooper进行引流。随着AI技术的不断发展，智能手机作为AI交互的终极入口，未来有望由智能手机升级为AI手机。传音控股在相关方面也有所布局，于2023年5月份发布了可以接入OpenAI、拥有实现ChatGPT文字交互的AI助手的智能手机。据公司披露，其全场景智能平台搭建、垂直领域多模态感知与交互技术研究等AI项目正在开发验证阶段。

二、经营层战略的类型

对于经营层战略的战略管理者来说，行业或者业务选择的决策要么是事前已经确定好的，要么是总（母）公司给定的。因此，经营层战略制定的主要目的不是改变行业或者进行业务选择，而是围绕现有的行业或者业务持续建立竞争优势并最终获得高于平均水平的收益。在市场竞争不激烈的情况下，关于经营层战略类型的研究主要有两个方面：第一，企业战略管理的计划学派认为正确制定企业经营层战略需要企业战略管理者采取理性或者科学的思维方式和方法，并且提出了包括SWOT模型在内的比较系统和科学的战略思维方式和方法，其核心是企业战略管理者需要在理性分析企业内外部环境的基础上，把握关键成功因素和发挥自己的核心专长。第二，以H. 伊格尔·安索夫（H. Igor Ansoff）为代表的一些学者认为企业经营层战略的核心问题不是思维方式和方法的正确，而是选择正确的增长战略。伊格尔·安索夫将经营层战略按照增长方向（产品方向和市场方向）划分为四种（见图6-1）：（1）市场渗透（market penetration）战略，即在现有市场上增加现有产品的销售；（2）市场开发（market development）战略，即扩大现有产品的销售区域；（3）产品开发（product development）战略，即在现有市场增加产品系列或者类型；（4）多元化（diversification），即通过新产品开发新市场。

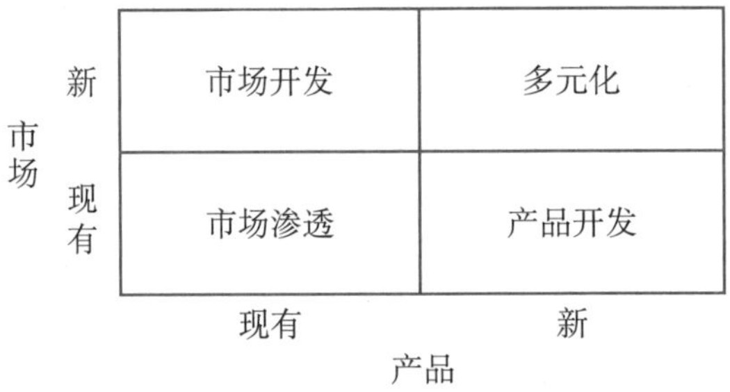

图6-1 安索夫矩阵模型

资料来源：H. Igor Ansoff. "Strategies for Diversification". Harvard Business Review，1957，Vol. 35，Issue 5，pp. 113-124.

在此基础上，随着市场竞争越来越激烈，科学技术和管理水平不断提升，有关经营层战略选择或者类型的研究越来越丰富，有效地制定和实施经营层战略需要掌握以下四种主要经营层战略类型，并且理解它们之间的关系和区别以及适用的前提条件。

（1）基本经营战略（generic business strategies）或者基本定位战略（generic positioning strategy）。迈克尔·波特从产业经济学的角度研究了企业经营层战略与企业盈利水平的关系，认为企业持续获得高于行业平均水平盈利的基本战略只有两种：一种是在全行业中达到低成本的位置；另一种是在全行业中占据高差异的位置。因此，围绕这两个位置展开的竞争就是企业经营层战略中最基本的战略，称为基本经营战略或者基本定位战略。迈克尔·波特的定位战略是以下列假设为前提的：第一，企业的目标市场被划分为广泛市场和狭窄市场两种基本类型，其中狭窄市场是按照各种不同变量进行细分的市场；第二，消费者需求或者购买偏好被划分为成本导向和差异导向两种类型；第三，消费者具有足够的理性可以在成本和差异之间进行取舍，也就是说，在价格相同时，消费者会选择差异大的产品，在产品差异小时，消费者会选择价格低的产品；第四，有效构建企业竞争优势要求企业在差异定位和成本定位之间做出明确的选择，因为“夹在中间”将使企业难以构建竞争优势；第五，如果企业所处的经营环境，尤其是影响行业盈利水平的五种力量都不断恶化，占据成本或者差异优势的企业所受的影响最小。因此，能够占据低成本或者高差异位置的企业就有可能持续获得高于平均水平的盈利。

（2）独特性定位战略（unique positioning strategy）。随着市场竞争尤其是同质化竞争的日趋激烈，越来越多的学者和企业意识到波特的基本定位战略已经难以满足企业经营层战略选择的需要：将目标市场划分为广泛和狭窄两个类型，或者将消费者划分为成本导向和差异导向两种类型，都越来越难以反映市场的差异化或者个性化需求；随着技术进步和管理水平的提高，例如大规模定制、价值链全球分工与整合、互联网技术等，企业越来越具有有效整合高差异和低成本两种竞争优势的能力。于是一些学者和企业战略管理者沿着关于聚焦定位的基本思路，对波特基本定位战略，尤其是关于“夹在中间”的看法提出了质疑。独特性定位战略的主要特点是：第一，在差异导向和成本导向之外，选择具有独特性的顾客诉求作为目标市场；第二，针对顾客的独特诉求，打破高差异或低成本产品或者服务的价值曲线，按照顾客诉求对产品或者服务进行设计；第三，打破高差异或者低成本的取舍，构建支撑独特性定位的竞争优势和管理模式。目前以满足顾客差异化或者个性化需求为主要目的的商业模式创新在理论上基本属于独特性定位战略的范畴。

（3）整合性定位战略（integrative positioning strategy）。在科学技术和管理水平较低的情况下，在差异定位和成本定位之间做出“非此即彼”选择的好处多于坏处，其好处是凸显了两种定位战略的差异或者对立，提高了构建相应竞争优势和管理模式的有效性；其坏处是不利于发挥规模和范围经济效益，也不利于应对多点竞争以及不利于企业控制市场。随着科学技术和管理水平的提高，尤其是事业部制管理模式的成熟和广泛应用，越来越多的学者和企业发现，在顾客需求差异比较大的行业中企业可以采取事业部制管理模式同时实施两种基本定位战略：首先通过总部对实施两种基本定位战略的事业部放权以解决两种基本定位战略“相克”的问题；其次通过总部对实施两种基本定位战略的事业部集权以发挥组合的规模和范围经济效益，达到“相生”的效果。目前全球汽车企业基本上实施这种整合性定位战略，在“相克相生”的问题上取得了良好效果。

（4）动态竞争互动战略（dynamic competitive interaction strategy）。随着市场细分的逐步深化和市场集中度的不断提高，竞争对手之间围绕定位所发生的互动对于企业有效实施经营层战略越来越重要。以达·维尼和陈明哲为代表的一批学者在对行业内部和企业之间多阶段、多产品和多市场之间的竞争互动行为进行研究后，提出了动态竞争的相关理论和方法。动态竞争战略主要服务于经营层战略实施过程中的战略选择，目的是通过竞争对手的分析和选择、竞争对手之间连续和多点竞争行为的预测和博弈性分析，制定既能够抑制对手优势又能够发挥对手之间优势的互动战略，依靠快速和创新构建竞争优势。

本章将对上述四种经营层战略的前三种进行逐一介绍，第四种动态竞争互动战略将在下一章介绍。第一种战略正如其名，是最基本的经营层战略，而独特性定位战略和整合性定位战略则是在基本经营战略上的一种新实践和新发展。虽然不同行业、规模的企业可以分别选择上述三种不同类型的战略，但是实施独特性定位战略或整合定位战略的战略管理

战略聚焦 6-1 迈克尔·波特与《竞争战略》

者必须熟知第一种战略的基本理论和方法。第四种经营层战略则是服务于上述三种战略的实施，特别适用于定位相同企业之间的竞争互动。

第 2 节　基本定位战略

迈克尔·波特认为，如果按照企业所选择的市场区域大小进行划分，经营层战略可以划分为广泛市场上使用的战略和狭窄市场上使用的战略，后者即聚焦战略（focus strategy）。如果按照企业竞争优势的类型进行划分，可以将经营层战略划分成两种不同的定位战略，即低成本定位战略（cost leadership strategy）和高差异定位战略（high differentiation strategy）。无论这两种定位战略是被大企业在广泛的市场上使用，还是被中小企业在相对狭窄的市场上使用，其基本性质和特点都是相同的，因此，低成本定位战略和高差异定位战略又称基本竞争战略（generic competitive strategy），而聚焦战略又分为低成本聚焦战略和高差异聚焦战略。在图 6 - 2 中所示的四种基本定位战略中，没有哪种战略天生或者普遍比其他战略更好，至于哪种战略更能为企业带来可持续的竞争优势或收益将取决于企业外部环境所带来的机会和威胁，以及企业内部资源组合所产生的优势和劣势。

图 6 - 2　波特的基本定位战略

资料来源：迈克尔·波特．竞争优势．北京：华夏出版社，2005.

根据迈克尔·波特提出的定位战略的内容，经营层战略的制定首先可以理解为企业对相对静态的市场“位置”（position）的选择，其中包括：（1）顾客诉求的选择；（2）竞争优势的选择；（3）价值链创造活动的组合。其次，经营层战略的制定还可以理解为围绕占据和保持“位置”而做出的一系列动态的决策和行动，目的是不断建立、保持并发挥与占据和保持定位相关的竞争优势。

一、低成本定位战略

低成本定位战略是一种可以分别在广泛和狭窄两个市场上使用，通过建立和发挥各种成本优势，力求占据低成本位置的战略。实施低成本定位战略的企业有可能通过发挥低成本竞争优势获得高于平均水平的收益，即使外部环境恶化，其低成本定位和优势也能表现出更强的应对风险的能力和可持续性。

1. 顾客诉求的选择

低成本定位战略所瞄准的顾客对产品（或者服务）的性能与质量的诉求相对大众化或者标准化，但是对产品或者服务的价格相对比较敏感。在企业所提供的产品和服务能够达到行业标准的前提下，低成本定位战略所选择的目标顾客更看重价格的竞争力。因此，低成本定位战略具有以下基本特征：（1）主要提供相对标准化的产品或者服务，一般不会针对狭窄的市场开发性能和质量特别好的产品或者服务；（2）产品或服务的主要性能和基本质量能够为大多数顾客所接受，企业一般不会刻意在产品或者服务的性能或者质量上超过顾客的期望；（3）产品或者服务的价格相对较低。因此在面对性能、质量与价格取舍时，实施这种定位战略的企业会在保证基本性能和质量的前提下，更偏好保证价格的竞争力。

2. 建立成本优势的主要领域

针对目标顾客的价值诉求，实施这种定位战略企业的基本战略选择是在保证产品或者服务的性能与质量达到行业标准或者能够为多数顾客所接受的情况下，通过有效的管理努力降低产品或者服务的成本。在市场经济条件下，随着信息的公开和企业学习能力的提升，企业仅凭这种基本战略选择很难占据和保持低成本定位。实施这种定位战略更有效的战略选择是在认真和深入分析目标顾客诉求的基础上，找出顾客并不需要或者并不重视的诉求，对原有的产品价值曲线进行某种程度的重构，在相对减少或者剔除一些不必要的产品性能或者适当降低产品质量的同时更大幅度地降低产品或者服务的成本，提高产品或者服务的相对价值竞争力。有效地实施低成本定位战略，首先要求企业在对目标顾客诉求的分析和理解上超越其他竞争对手，从而保证战略选择的有效性；其次要求企业能够在下列关键领域建立一种或者多种资源和能力上的竞争优势。

（1）高效率、大规模、低成本的生产和物流设施、设备。这种定位战略所提供的产品或者服务只需要达到标准化、大众化和低价格的要求，不需要针对特定顾客诉求开发性能或质量特别高的产品或者服务，不需要对市场需求的变化或者顾客的特殊要求做出过于快速的反应。因此，实施这种定位战略的企业首先不需要小规模、低效率和高成本的生产和物流设施；其次，不需要在采购、劳动力、物流、土地及能源等各种成本相对比较高的“位置”建立自己的生产和物流设施；最后，由于上述两个“不需要”，实施低成本定位战略的企业就可以选择在各种要素成本相对比较低的地区通过大规模、高效率和低成本的生产和物流设施设备、工艺流程和技术，生产相对标准化的产品，享受低要素成本与管理成本、规模经济与范围经济效益的好处。近几年为了应对沿海地区劳动力成本、土地成本和物流成本上升的压力，把握信息、制造技术进步带来的好处，我国沿海地区实施低成本定位战略的制造企业采取了一些值得关注的战略行动：1）从沿海地区向中部和中东部、中南部地区搬迁或者部分搬迁；2）加大对产品平台化和生产自动化的投入；3）为这些企业配套的企业也被迫采取相同的战略行动。随着沿海地区制造业企业的转型升级，中部或者中东部、中南部地区将在高水平上形成若干以高效率、大规模和低成本为特点的制造基地。

（2）将营销、研发、服务的成本降到最低水平。因为这些企业目标顾客的主要诉求是价格而不是产品或者服务的性能、质量，更不是特殊的产品性能或者服务，所以实施这种战略的企业一般不需要从事过于复杂的营销活动，不需要从事基础性、创新性和针对性的产品开发，不需要提供精准、及时、高情感的售后服务。实施这种定位战略的企业会将战略思维的重点放在：1）在保证产品性能、质量和服务基本合格或者为多数顾客所接受的前提下，降低各种成本，包括将研发重点放在如何降低原材料、生产工艺和过程的成本上，而不是提高产品性能和质量上，放在应用性技术的整合和模仿上，而不是基础性的研发上；在努力提高销售规模的同时，尽量选择单位产品广告、渠道、人员、物流成本最低的营销方式；在不引起顾客不满的前提下，将送货、安装、保修等服务的成本降到最低水平。比如，小米手机在初期的产品销售中约80%通过网络直销完成，通过小米官方商城、天猫和京东旗舰店直接面向最终消费者发货，省去了分销铺货的高昂成本，剩余约20%的销售，则与三大通信运营商合作，通过推出定制机将产品连同话费打包销售给顾客。这些措施减少了经销商、代理商的中介成本以及建设实体店的成本。此外，在网络直销后的物流配送环节，小米公司通过与顺丰、EMS等第三方物流公司长期稳定合作，建立了良好关系，在提高议价能力的同时，也节约了物流成本。2）通过取消和减少顾客认为不必要或者不重要的营销、研发和服务活动，使产品或者服务的成本下降超过顾客价值感受的下降程度，提升产品或者服务的绝对成本竞争力。比如，小米手机在2011年推出小米1.0时，通过预售制的销售方式降低库存成本，通过互联网直销的渠道创新降低渠道成本，通过“米粉”们的口碑传播降低营销费用。也就是说，庞大粉丝群和巨大粉丝效应主要通过口碑营销和互联网营销实现，从而极大削减了广告宣传、人力、交通、通信等费用。正是上述各价值链环节的增效降本，最终小米1.0版本的定价是划时代的1 999元，实现总计销售700多万台，2012年实现约108亿元的营业收入，堪称奇迹。

（3）严格控制采购成本。由于低成本定位战略瞄准的是大众化市场，生产的是标准化产品，实施的是大规模制造，追求的是低成本优势，因此实施这种战略的企业在原材料和零配件采购上更关注产品的成本，而不是性能和质量；在评价和选择供应商时更为关注的是低成本制造、大规模生产和及时供货的能力。为了严格控制采购成本和上下游企业之间的交易成本，实施这种战略的企业一般会采取全资或者战略联盟的方式实施纵向整合战略，提高自己在采购成本上讨价还价的权力。例如，凭借采购规模优势，与供应商签订大量和长期的采购合同，甚至要求供应商在附近建立工厂；通过全资或者参股的方式直接收购或者建立配套工厂。比如，小米手机采取预售方式事先确定产量，进而计算出采购量，通过批量采购的方式，充分利用供应商的数量折扣，将采购价格降到了最低。

（4）严格控制生产运营和行政开支。基于构建上述竞争优势的要求，实施低成本定位战略的企业一般实施相对简单化和集权化的管理模式：1）采取职能结构，行政管理层次一般为一层，最多两个层次，目的是尽可能降低行政开支；2）不设置高水平的市场研究、营销策划、基础研究和人力资源部门，不重视面向市场的信息系统建设、面向未来的战略计划和提升员工创新性的培训；3）不需要通过分权和主管激励的方式激发员工的创造性，主要实施以降低人员管理成本为主的计件工资制和以挽留熟练工人为原则的福利制度；4）企业文化主要倡导成本导向而不是创新导向。比如，小米手机将生产环节外包给英达华、闻泰、富士康等公司，免去了建工厂、建生产线、买设备等大量的固定资产投入，省去了固定制造成本。此外，小米手机在富士康为小米加工手机的生产基地，每一个车间仅需要配备 4 名小米公司的员工，就可以控制车间的整个生产链，大大节约人工成本。

（5）数字化技术的应用因提升运营效率而降低成本。新一代数字化技术，即人工智能、大数据和云计算等技术，应用于企业设计、生产、营销、服务等价值链的各个环节，从而能够有效地提升运营效率，减少试错成本和运营风险，最终实现总体成本的优化和领先。比如，美团曾经提出过“三高三低”原则来指导企业发展，“三高”指高质量、高效率、高科技，“三低”指低成本、低价格、低毛利。美团建立同城即时配送物流的智能调度系统，包括订单指派、路径规划、预计到达时间等，同时研发团队设计了骑手智能助手，不断提升配送员的“附加”能力，让他们越送越“熟”，越送越“顺”，越送越“快”。美团外卖智能配送调度系统每天匹配 50 多万名“外卖小哥”，基于海量数据和人工智能算法，确保平均配送时长不超过 28 分钟，提升用户体验的同时也有效地控制了配送成本。

3. 价值链创造活动组合的特点

为了有效实施低成本定位战略，企业不仅需要在上述一个或者多个领域中建立和发挥与降低成本有关的资源及能力优势甚至核心专长，而且需要围绕低成本定位战略构建和磨合整个价值链创造活动组合或者系统。一般来说，与有效实施低成本定位战略相匹配的价值活动组合具有图 6－3 所示的特点。

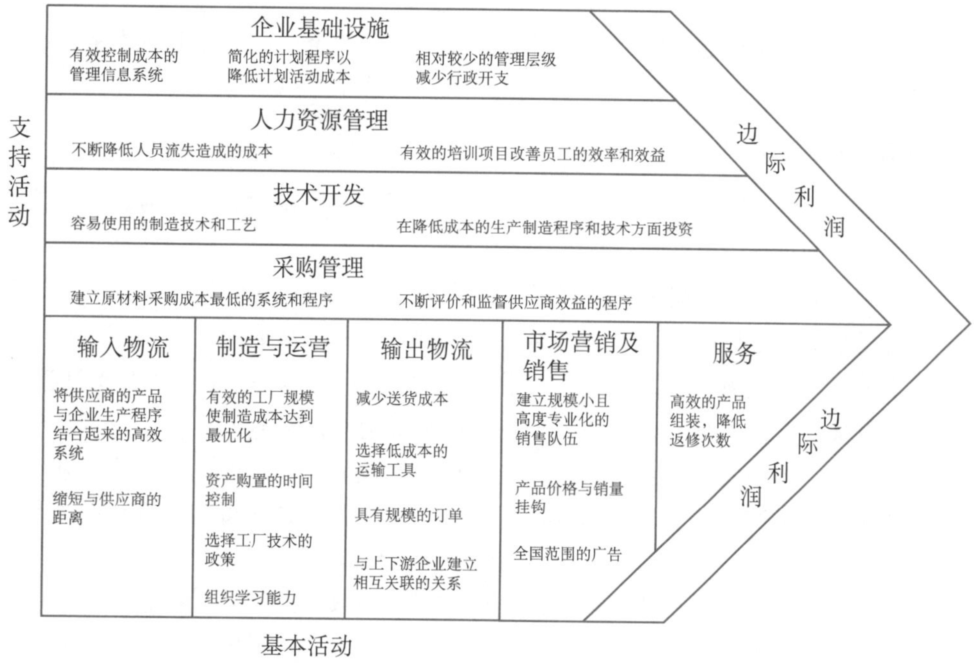

图 6－3　与低成本定位战略相匹配的价值活动组合的特点

资料来源：迈克尔·A. 希特，R. 杜安·爱尔兰，罗伯特·E. 霍斯基森. 战略管理：概念与案例：第 8 版. 北京：中国人民大学出版社，2009.

4. 低成本定位优势的可持续性

企业在部分或者全部领域中所建立的成本优势不仅能够支持企业占据低成本的位置，而且使企业具有相对高的抗风险能力。即使外部经营环境变化导致构成行业竞争结构的五种力量都朝恶化的方向转变，占据低成本位置的企业仍然可能保持自己的竞争优势，持续获得高于行业平均盈利水平的收益。

（1）通过不断努力获得低成本优势的企业本身就是最重要的行业进入障碍。一般情况下，如果新的进入者不能在经营规模、生产效率和学习成本等方面获得超越现有企业的成本优势，它们是不敢贸然做出进入该行业的决策的。

（2）在顾客讨价还价权力上升的情况下，顾客会压低整个行业的产品或服务的价格。在这个时候，具有低成本优势的企业正好能发挥自己的优势而保持或者提升讨价还价权力，并且总是能够“笑到最后”。因为随着整个行业企业数量的减少，低成本定位的占据者将会存活下来，并且最终逆转与顾客讨价还价的权力。

（3）在供应商讨价还价权力上升的情况下，低成本定位企业的采购规模大，具有比其他竞争对手更强的消化能力和讨价还价的权力。如果连低成本定位的企业都无法抵御成本上升的压力，其他企业早就已经迫于成本压力而退出。最终的结果可能是制造企业与供应商之间的议价权力强弱关系发生扭转。

（4）在行业内部竞争激烈的情况下，大多数同行竞争对手都不愿意与低成本定位的企业进行正面竞争。因为发生正面的价格战，得益的一般也是具有低成本优势的企业。其较低的成本意味着，当其他竞争对手由于价格战把利润消耗殆尽以后，它仍能获得适当的收益。

（5）当替代产品在性能上增加威胁时，低成本定位的企业可以在低成本上保持与替代产品的价值竞争力。

5. 低成本定位的风险

虽然有效实施低成本定位战略的企业具有非常明显的可持续竞争优势，但是在建立和保持自己定位的过程中也面临一些潜在的风险。

（1）采用低成本定位战略的企业通常会忽视顾客需求。首先，选择低成本定位战略的企业很容易形成成本导向而不是顾客导向的习惯。在制定战略时，它们通常更关心如何降低成本而不是满足顾客需求，而这又往往会导致牺牲或者降低产品或者服务质量。其次，选择低成本定位战略的企业缺乏市场调研的能力，因为它们的信息管理系统主要侧重于内部，重点关注成本控制，而营销能力相对比较弱。如果低成本定位企业不能够根据目标顾客的诉求选择降低成本的领域，或者不关注目标顾客诉求的变化，那么其低成本定位战略就会失去有效性，甚至会面临被顾客抛弃的情况。

（2）技术进步有可能导致低成本定位企业的设施和设备过时，采用新技术的企业或者其他地区的竞争对手会获得更大的成本优势。例如，交通运输的发展正在导致市场边界越来越模糊，其他地区的企业完全有可能取得更大的成本优势。近年来，中国高速铁路的发展使得航空公司过去的优势航线受到了极大的威胁，公路运输同样受到了冲击。随着武广高铁投入运营，经营武汉—广州航线的各大航空公司只能通过降低票价和提高服务标准来维持该航线的竞争优势；随着广州—汕头高铁投入运营，广州到汕头的大巴几乎停运。同样，技术进步有可能导致低成本定位企业的设备或者设施过时，使后进入的企业具有更大的成本竞争优势。

（3）采用低成本定位战略企业的最大威胁来自模仿、学习和改变竞争的规则。相对于高差异定位战略来说，低成本定位战略更容易被学习和模仿，有些甚至可能是不讲规则或者不合法的模仿。我国燃气热水器和炉具行业就存在这种问题。万和集团瞄准该行业原本的领导者万家乐燃气热水器公司，采取低成本定位战略。但是，现在威胁万和集团的对手正是新的采用学习和模仿的低成本竞争者。一个企业即使在低成本定位方面建立了难以学习和模仿的竞争优势，但是仍然有可能受到游戏规则改变的威胁。

为了防御低成本定位战略的潜在风险，实施这一定位战略的企业必须注意：

（1）保持顾客导向。虽然实施低成本定位战略要求企业树立强烈的成本导向，但是企业战略管理者不能因此而忽视对顾客消费能力、消费偏好以及消费行为方面变化的把握，因为成本导向首先是以企业必须满足顾客需求、优化顾客价值感受为企业经营出发点的。不能满足顾客需求的低成本定位战略是盲目的。

（2）保持创新能力。在中国企业的现实经营环境中，被学习和模仿，甚至被假冒产品威胁都是企业不可回避的一种“正常”生活，只有创新才是有效应对学习、模仿甚至被假冒的有效方法。真正威胁低成本定位企业的不是学习和模仿自己的企业，而是那些利用创新来改变规则的本行业企业和替代行业企业。近年来，互联网和互联网技术的应用已经变成再造企业和行业价值链的越来越强大且普遍的工具。例如，通过互联网，制造商能够与零部件供应商在新产品设计上紧密合作，减少设计转化为生产的时间。有关供应商零部件的警告声明和产品问题也能够立刻被相关供应商获知，并迅速采取行动做出修改。除此之后，不同的电子采购软件包通过减少数据的手工处理和用电子数据交换取代传统纸质文件（比如索取报价单、购买订单、订单接受、装船通知）让购买程序更有效率。

二、高差异定位战略

差异是指与竞争对手的产品或者服务的不同。高差异定位战略是一种可以分别在广泛和狭窄市场上使用，通过建立和发挥差异优势，力求占据有利位置的战略。实施高差异定位战略的企业有可能通过发挥差异优势获得高于行业平均盈利水平的收益，即使面临恶化的外部环境，其竞争定位和优势也表现出更大的应对风险能力和可保持性。

1. 顾客诉求的选择

高差异定位战略所瞄准的顾客对于产品（服务）性能和质量上的诉求是相对特殊化或者差异化的，但是他们对产品或者服务的价格相对不敏感。在企业所提供产品或服务价格合理的前提下，高差异定位战略所选择的目标顾客更看重的是产品或者服务在性能、质量上的差异竞争力。因此，高差异定位战略具有下列特征：（1）特殊的产品性能；（2）超常的质量；（3）高标准的服务；（4）让消费者有地位特殊的感受；（5）快速创新；（6）相对比较高的价格。这种定位战略的基本战略思维就是，通过向愿意支付高价格的顾客提供他们认为满足上述价值诉求的产品和服务而获得高于行业平均盈利水平的收益。

2. 建立差异优势的主要领域

针对目标顾客的价值诉求，实施高差异定位战略企业的基本战略选择是在保证产品或者服务具有高性能和高质量的前提下，通过有效的管理努力提高产品和服务的差异化或者特殊化。在市场经济条件下，随着信息的公开和企业学习能力的提升，企业仅凭基本战略选择很难占据和保持高差异定位。实施这种定位战略更有效的战略选择是在认真和深入分析目标顾客诉求的基础上，找出顾客最需要或者最重视的价值诉求，对原有的产品价值曲线进行某种程度的重构，在相对增加和创造一些顾客最重视的产品性能或者提高质量的同时，更大幅度提升产品或者服务的价格，提高产品或者服务的相对价值竞争力。有效地实施高差异定位战略首先要求企业在对目标顾客诉求的分析和理解上超越竞争对手，从而保证战略选择的有效性；其次要求企业能够在下列关键领域建立一种或者多种支撑高差异定位的资源和能力优势。

（1）市场和消费者研究。高差异定位战略所瞄准的目标顾客诉求具有差异化或者特殊化的特点，能否抓住顾客在产品性能、消费方式或者消费心理等方面未被其他竞争者发现的特殊诉求，将决定企业能否在顾客最关注或者最重视的领域建立关键的差异优势。实施这种战略的企业必须能够不断跟踪、发现甚至引领目标顾客的需求变化，才有可能有效地建立超越竞争对手的差异优势。

（2）创造新的营销概念。为了满足目标顾客差异化或者特殊化的价值诉求，实施高差异定位战略的企业不仅需要在营销的所有功能领域建立资源和能力优势，而且需要在创造新的营销概念和引导消费方面具有特殊优势。例如，在汽车行业实施高差异定位战略的企业，首先必须在产品、品牌、渠道、促销、服务等各个方面具有很好的能力，然后在此基础上围绕自己在上述一个或者几个特殊方面所创造出的差异或者特点形成独特和整体的营销概念或者市场形象，这样才能满足顾客差异化或者特殊化的价值诉求，树立和保持在顾客中的美誉度和忠诚度。再如，创办于 2013 年 2 月的亚朵集团，旗下拥有亚朵酒店、亚朵轻居、亚朵 S 酒店等系列品牌，根据定位不同为顾客提供差异化的服务。亚朵酒店引入竹居（流动图书馆）、IP（知识产权，如与吴晓波频道合作打造了“亚朵 · 吴酒店”）等，创造差异化的产品和服务组合。亚朵酒店秉承“人文、温暖、有趣”的产品哲学，强调从经营房间到经营空间再到经营人群，致力于打造新中产品质生活入口——“第四空间”，即酒店不仅是睡觉的地方，也是人文、温暖、有趣生活方式的入口。

（3）全面质量管理。实施高差异定位战略的企业必须非常清楚地知道，其目标顾客对所购买和使用的产品或者服务具有充分理性和非常挑剔的要求，因此企业需要在包括原材料采购、生产、营销、配送和售后服务的全过程实施全面质量管理，以提供超过顾客期望的质量。实施高差异定位战略的企业一般都具有强烈的质量文化。比如，谭木匠公司成立于 1997 年 3 月，2009 年 12 月在香港联交所挂牌上市。谭木匠倡导以“工匠精神”打造一系列差异化的木梳、镜子、饰品等小木制品，在技术上将现代制造技术与传统手工艺技术相结合，在文化上将现代流行时尚与中国传统文化工艺相结合，在个性上将产品的艺术性、工艺性、观赏性、收藏性与实用性相结合，以追求成为“全世界以木为本质的实用工艺品的第一品牌”的战略定位。

（4）产品或者服务的研究与开发。实施高差异定位战略的企业必须非常清楚地知道，其目标顾客对产品或者服务具有特殊的需求。虽然不一定知道什么样的技术和方式才能最大限度地满足顾客的特殊需求，但是企业有能力和意愿去尝试最新的产品技术和服务方式。因此，企业应该高度重视基础性的研究与开发，以产品或者服务的动态创新方式去满足目标顾客的诉求，保持目标顾客的满意度和忠诚度。比如，英国戴森公司每年研发费用占销售收入达 10%～15%，使其拥有 3 000 多项专利和超过 500 项发明，首创了“无叶风扇”产品。公司推出 Supersonic 吹风机，可产生高速、高压、可控的气流，吹走头发表面的水分，减少对热量的依赖，同时，多款风嘴输出可控制的精准气流，既防止头发过热损伤，又考虑细软发质和敏感头皮的顾客差异化需求。这种高差异化的产品，带来了高溢价，其价格接近 3 000 元。

（5）充分发挥人才作用的管理体制。基于构建和保持上述竞争优势的需要，实施高差异定位战略的企业一般会选择更为复杂和分权化的管理模式：1）一般采取的是职能结构，但是行政管理层次相对较多，主要的目的是支撑企业为顾客提供更加差异化或者特殊化的产品与服务；2）一般需要设立高水平的市场研究、营销策划、基础研究和人力资源部门，重视面向市场的信息系统建设、面向未来的战略计划和提升员工创新性的培训；3）一般需要通过分权和主观激励的方式激发员工的创造性，主要实施以保证产品或者服务质量的计时工资制和以鼓励员工参与及创新为特点的福利制度；4）企业文化主要倡导质量导向而不是成本导向。

（6）应用数字化技术来创造用户差异化价值。数字化时代用户的行为在线化，行为被记录为数据，通过数据和算法可以得到用户的更精准的洞察和画像，从而能够开发出更符合用户个性化需求的产品和服务。比如，SheIn 隶属于南京希音电子商务公司，是一家主打女装的跨境快时尚品牌。2019 年全年上新 15 万款，平均每月上新一万余款，官网数据显示在 2020 年 12 月 21 日至 12 月 27 日的一周内，平台新增 SKU 数量为 12 359 个；同时，新款从设计到成衣只用 2 周时间，拥有完备的仓储物流系统，主要市场的物流到达速度为 1 周以内。2020 年该公司的营收近 100 亿美元，实现连续 5 年营收超过 100%增长。SheIn 服装的上新速度快和逆势增长，重要原因之一就是数字化技术在用户端和供应链全面普及应用。比如，在选品方面，不同于 Zara 借助“酷猎手”（cool hunter）通过时装发布会、街头、专卖店等渠道获取时尚流行元素，SheIn 则通过技术手段爬取各类服装零售电商平台的数据，通过 Google 趋势上的热搜词研究等方式，总结流行元素，根据这些元素进行设计后联系工厂进行生产。

与实施低成本定位战略的企业不同，实施高差异定位战略的企业不可能在所提供的产品或服务上创造和保持全面的差异。首先，实施高差异定位战略的企业必须高水平地满足目标顾客对产品或者服务的基本需求，然后才能上升到满足目标顾客的差异化需要；其次，在高度竞争的条件下，企业只有高度集中资源和精力才有可能在一个或者几个领域创造和保持差异优势。因此，在有效实施高差异定位战略方面，中国企业不仅要提高整体管理水平，而且要在构建和保持差异优势方面更加聚焦和执着。

3. 价值链创造活动组合的特点

为了有效实施高差异定位战略，企业不仅需要在上述一个或者多个领域建立和发挥与提高差异有关的资源及能力优势甚至核心专长，而且需要围绕高差异定位战略的实施构建和磨合整个价值链创造活动组合或者系统。实施高差异定位战略的企业可以全部或者部分按照图 6－4 设计价值链创造活动组合。

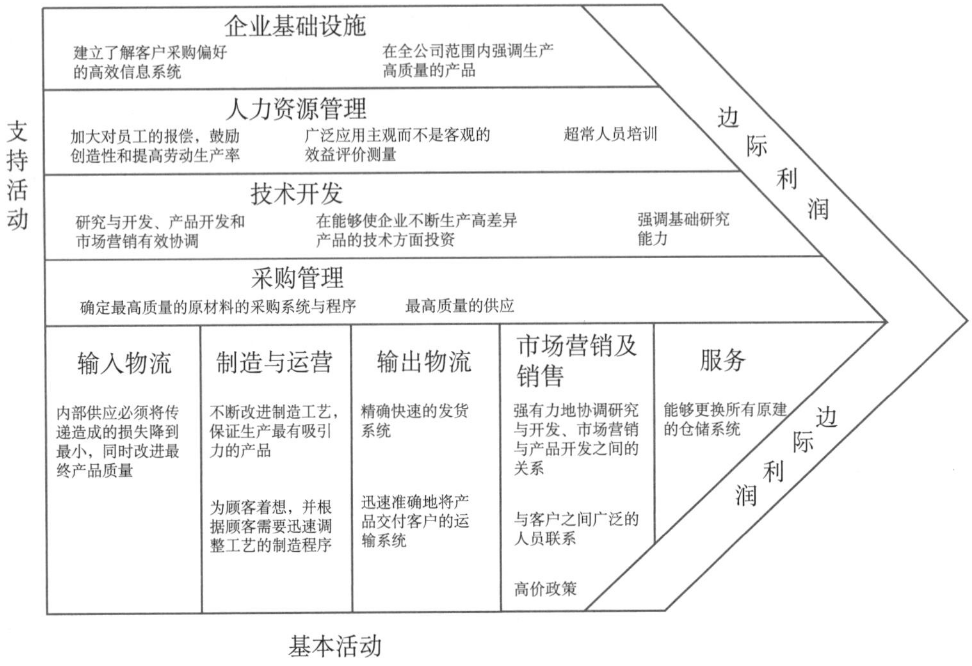

图 6－4　与高差异定位战略相匹配的价值活动组合的特点

资料来源：迈克尔 · A. 希特，R. 杜安 · 爱尔兰，罗伯特 · E. 霍斯基森．战略管理：概念与案例：第 8 版．北京：中国人民大学出版社，2009.

4. 高差异竞争优势的可持续性

企业在价值创造体系中一个或者多个领域中所建立的差异优势不仅能够支持企业占据高差异的定位，而且具有相对高的可保持性。即使外部经营环境变化导致构成行业竞争结构的五种力量都朝恶化的方向转变，保持差异优势和高差异定位的企业仍可以持续地获得高于行业平均盈利水平的收益。

（1）通过不断努力获得高差异优势的企业本身就构成了最重要的行业进入壁垒。因为如果新的进入者没有可能克服技术、营销，特别是与品牌有关的无形壁垒而获得更大的差异优势，它们是不会冒险做出进入决策的。

（2）高差异定位战略的目标顾客对价格不敏感。即使在顾客讨价还价权力上升的情况下，高差异定位战略的目标顾客所关注的仍然是差异而不是成本；实施高差异战略的企业往往具有更强的缓解价格下行的能力，更有可能在激烈的竞争中坚持到最后，成为“笑到最后”的企业。

（3）在供应商讨价还价权力上升的情况下，高差异定位的企业一般有比较高的利润，也具有比其他竞争对手更强大的消化成本的能力和讨价还价的权力。当高差异定位的企业难以消化成本压力时，它们可以将部分成本压力转移给顾客，因为顾客对产品的性能和质量更为敏感而对价格不敏感。

（4）在行业内部竞争激烈的情况下，大多数同行竞争对手都可能无法与高差异定位的企业进行正面竞争，因为高差异定位战略的目标顾客具有很高的品牌认知度和忠诚度。

（5）当替代产品在价格上增加威胁时，高差异定位的企业可以通过提升产品或者服务的性能和质量，保持对替代产品的价值竞争力。

5. 高差异定位战略的风险

一般来说，采用高差异定位战略企业的风险主要来自：（1）顾客认为采用高差异定位战略企业的产品/服务定价太高；（2）顾客认为企业所创造的“差异”不重要或者不再重要；（3）采用高差异定位战略的企业可能被竞争对手模仿和学习，竞争对手有可能以更低的价格为顾客提供同样的产品或者服务；（4）采用高差异定位战略的企业可能在扩大销售规模方面存在困难。事实上，少数中国企业的最初成功得益于在品牌、渠道和售后服务方面所建立的差异优势，但是这种差异优势在追求“做大”和成为“世界 500 强”企业的过程中会逐步弱化。

三、聚焦战略

相对于在广泛市场上实施高差异定位战略或者低成本定位战略的大企业来说，多数中小企业认为自己资源能力有限，决定在更细分或者狭窄的市场上实施聚焦战略。从这个意义上说，聚焦战略与市场细分的营销策略具有许多相似之处。企业战略制定者可以按照市场细分的方法，将消费者的年龄、性别、收入、个性偏好、消费方式、所在区域环境或者文化差异等特征作为选择实施聚焦战略的依据。与在广泛市场上实施低成本或者高差异定位战略的企业不同，实施聚焦战略的企业可以针对一个狭窄市场实施一种聚焦战略，例如低成本聚焦战略或者高差异聚焦战略，也可以针对两个或者多个市场分别实施上述两种不同的聚焦战略。

在市场竞争越来越激烈的情况下，聚焦战略成为越来越多企业，尤其是中小企业的生存和发展之道，这种定位战略的有效性在市场分割性特征明显的中国国内市场上表现得比较突出：（1）对于资源和能力有限的企业来说，实施特定区域市场聚焦战略不仅可以使它们集中有限的资源在区域市场上创造竞争优势，而且可以有效地利用国内市场分割性的环境特点。例如广东风行、燕塘牛奶和珠江啤酒就是采用高差异聚焦战略的企业，以有限的资源在广东市场上创造了很强的差异优势。再如，哔哩哔哩（简称 B 站）创建于 2009 年 6 月，用户聚焦于 1990—2009 年出生的年轻人，占比约 81.7%。B 站具有独特的社区属性，这与爱奇艺、优酷和腾讯等长视频或短视频平台都是完全不同的，包括丰富的内容互动机制、二次元弹幕文化、一键三连、“鬼畜视频”等内容和亚文化，都为 B 站营造了独特的社区氛围，B 站的点赞数、评论数等数据指标都高于其他视频平台。据 2020 年 B 站公布数据显示，《bilibili 晚会：二零一九最美的夜》，同时观看人数峰值超 2.5 亿人，播放量逼近 1 亿次，在微博话题阅读量达到 8.8 亿，话题讨论量达 102.3 万，相比于卫视晚会在网络讨论和传播度上较为领先。2020 年 5 月在青年节前夕，短视频《后浪》一经在 B 站播放，迅速刷屏，一夜之间播放量超过 1 462 万，有超过 20 万条弹幕和近 5 万条评论。当然，B 站的聚焦战略也在不断调整，2019 年制定和实施“品牌破圈、用户增长、组织架构优化”的新战略后，效果明显。从2020年的统计数据来看，B站86%的用户为35岁以下的用户，即从过去的“90后”“00后”的圈子已经逐步渗透到“85后”甚至是“80后”。(2) 对于资源和能力相对比较强的企业来说，分别采用低成本聚焦战略和高差异聚焦战略有利于有效利用国内不同区域市场的差异性，尤其是居民收入、消费方式以及营销制度上的差异。这可以在相当程度上说明为什么中国企业偏好实施多品牌或者多市场定位战略。

实施聚焦战略的企业有可能凭借所建立的企业竞争优势获得高于平均水平的收益，但是市场定位和竞争优势的可保持性也会面临一些风险：(1) 相同或者更小的竞争对手可能在更加狭窄的市场范围实施聚焦战略；(2) 原来在广泛市场上竞争的企业可能会参与狭窄市场上的竞争，使实施聚焦战略的企业面临多点竞争的劣势；(3) 受经济全球化和需求趋同化的影响，实施聚焦战略的企业可能会面临市场萎缩和变化的威胁，这可能是全球化条件下所有中小企业面临的最大挑战。

第3节　基本定位战略的新实践

企业选择了特定的定位战略意味着对特定的目标市场、价值链创造活动组合、竞争优势和管理模式做出了一种取舍和承诺，有效实施特定的定位战略需要企业在战略行为上表现出一种“刻意的专注和必要的偏执”，长期实施特定的定位战略会使企业在战略上形成一种行为模式或者价值方式。因此，一个企业在围绕某种定位战略建立“核心专长”的同时，也为自己实施其他定位战略埋下了“核心障碍”。正是从这个意义上讲，迈克尔·波特认为高差异定位战略与低成本定位战略是“相克”的，同时实施两种定位战略的企业有可能陷入“夹在中间”的危险境地。在企业发展的特定历史阶段，波特的基本定位战略，包括上述“夹在中间”的判断不仅为企业制定经营层战略奠定了理论基础，而且为企业战略管理者有效实施定位战略提供了有效的指引。

随着环境的变化和企业管理实践的发展，波特的基本定位战略遇到了越来越多的挑战和质疑。

(1) 是否存在一种介于两种基本定位战略之间的所谓整合性定位战略？相对于高差异或者低成本定位来说，这种整合性定位战略所瞄准的定位就是“伊甸园”(见图6-5)。由于具有这种定位战略的企业在理论上兼具两种可持续的竞争优势和从两个方面稳定获得超额利润的可能，一直成为许多成功企业希望品尝的“禁果”。自从基本定位战略问世以来，寻找“伊甸园”和尝试整合性定位战略一直是企业的追求，“伊甸园”和整合战略是最佳定位战略的标志。从图6-5可以看到，具有高差异和低成本定位战略的企业处在“伊甸园”；只具有一种优势定位的企业处在成本或者差异优势地带；只是部分拥有两种优势的企业处在竞争地带；在成本和差异方面都有一定劣势的企业处在危险地带；在成本和差异两个方面具有很大劣势的企业处在“死亡谷”中。当前我国企业整体竞争实力不高的原因就是处在“伊甸园”中的企业太少，目前还有许多知名企业都是处在图的左下角(高差异和高成本)或者右上角(低成本和低差异)。

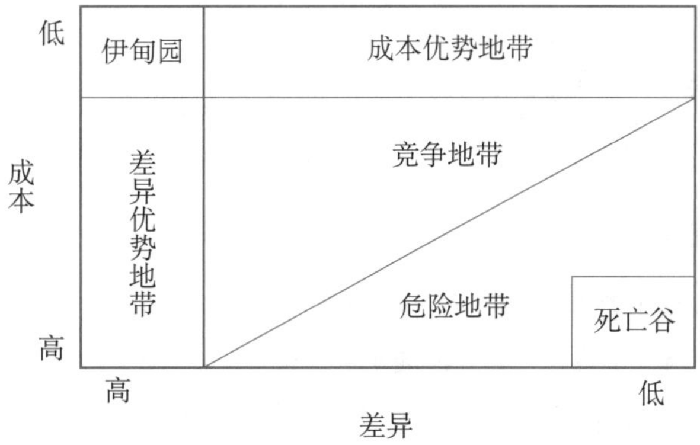

图 6-5 赫尔模型

资料来源：蓝海林．企业战略管理理论与技术．广州：华南理工大学出版社，1993.

（2）在实施定位战略的过程中如何避免同质化竞争？在转型期中国企业发展的特定阶段上，中国消费者收入水平低、需求差异小、消费行为不成熟，同时市场机制不健全，竞争同质化严重困扰着中国企业的发展。这一点可以从人们对钱·金（W. Chan Kim）教授提出的蓝海战略思想的热捧中得到证实。有些企业因此质疑迈克尔·波特的基本定位战略过于简单化，只提供了两种定位战略，一些企业则直接在两种基本定位战略之外寻找新的定位战略，希望能够摆脱同质化竞争的纠缠。

2004 年，迈克尔·波特在《哈佛商业评论》上发表了《什么是定位战略》一文，认为竞争战略同质化问题不是来源于自己提出的定位战略，而是来源于普遍存在的传统化竞争思维，即把效率而不是有效性当作竞争战略的核心。他将这种传统化的竞争思维描述为：企业为成为现有产品/市场/经营方式上的"最佳实践者"或者"效率最高者"而竞争，即在同一条道路上比速度，然而第一名只有一个，优势不大且难以保持。波特认为，现代竞争思维应该将竞争战略的重点聚焦于发现、满足和保持独特的目标市场、产品、经营方式，目的是选择不同的顾客诉求来建立独特的竞争优势，就像是各个运动员选择了不同的比赛赛道。认真分析波特的所谓现代竞争思维，可以发现他的定位战略思想有了新的变化，尤其是在关于狭窄市场上的聚焦战略部分：（1）重新强调应该将市场，特别是顾客需求，而不是效率作为企业制定竞争战略的关键；（2）提出企业如果能够发现独特的顾客诉求（unique demand），就可以摆脱定位战略在成本和差异之间的简单取舍，并基于满足顾客诉求去整合低成本和高差异两组竞争优势；（3）将发现、满足和保持独特的目标市场作为避免竞争战略同质化的关键。波特关于独特性战略的理论特别适合中小企业摆脱同质化竞争。

在迈克尔·波特的基本定位战略理论问世之后，企业的经营环境已经发生了一系列重大的变化，经济全球化、技术进步和管理手段的现代化从根本上改变了世界市场的格局、市场和企业的边界、企业经营和管理的方式，企业跨区域、跨行业的管理技术和管理方法有了很大的进步，导致企业在同时实施两种基本定位战略方面有了一些新的发展。正是基于这种认识，相当一批企业在掌握迈克尔·波特基本定位战略理论的基础上，以

战略聚焦 6-2　迈克尔·波特：战略定位的三个出发点

满足顾客需求为导向，以获取持续高于平均水平的收益为目的，对有效整合低成本和高差异两种竞争优势做出一系列有意义的探讨，推动基本定位战略发生了一系列新的变化。

一、独特性定位战略

顾客的诉求在本质上都包括低成本和高差异两个部分，其中有些顾客更关注低成本，有些顾客更关注高差异，还有一些顾客的诉求分布于这两个极端诉求之间。在提出基本定位战略时，迈克尔·波特并不是刻意漠视介于两种定位之间的顾客诉求，而是认为基于这种诉求定位的企业很难建立和保持竞争优势。事实上，迈克尔·波特在提出高差异定位和高差异聚焦战略时强调满足顾客独特的价值诉求，以至于他更愿意将高差异定位战略称为“独特性定位战略”或者“别具一格战略”。《蓝海战略》作者钱·金教授一直强调自己超越了迈克尔·波特的基本定位战略，但是从本质上说蓝海战略是源于迈克尔·波特的定位战略，尤其是关于独特性定位的思想。

在经济全球化和技术进步的推动下，企业跨区域获取、整合、运营和管理各种资源的能力越来越强，以至于企业认为它们完全有可能高度集中于一种独特的目标市场或者顾客诉求，提供独特的产品，建立独特的价值组合体系和运用独特的管理模式。这种企业高度专注于目标顾客独特的诉求，以至于没有按照高差异或者低成本对这些顾客进行分类；没有过多地考虑自己所具备或者需要构建的是高差异还是低成本优势，更没有纠结于到底应该如何在高差异或者低成本定位战略之间做出非此即彼的取舍。但是，这些企业的确分别从高差异和低成本两个方面获得超额利润。例如，拼多多强调“多实惠”的成本定位和“多乐趣”的差异化定位。类似地，尚品宅配公司通过大数据和智能制造，提供全屋家具定制，一方面针对顾客需求进行差异化定制家具，另一方面通过智能制造降低材料成本、提升制造效率，实现低成本。考虑到以发现、满足和保持独特目标市场或顾客诉求为核心的竞争战略很好地回应了上述两种定位战略存在的问题，我们可以在操作上暂时将这种竞争战略称为“独特性定位战略”。与有效制定和实施高差异或者低成本定位战略一样，制定和实施独特性定位战略需要关注以下关键步骤或者环节。

1. 选择独特的顾客诉求

发现和选择独特的顾客诉求，并且将具有独特诉求的顾客作为企业的目标顾客，是企业实施独特性定位战略的第一步，也是最重要的一步。为此，企业战略管理者需要重温市场营销的基础理论——市场细分和目标市场选择。

所谓独特的顾客诉求就是难以被归类为高差异或者低成本的顾客诉求，或者说是对现有产品或者服务不满的顾客的诉求。例如，尚品宅配的目标顾客就很难被归类为高差异或者低成本类型的顾客，其独特之处在于顾客希望通过定制家具节约空间（这属于高差异顾客诉求），同时顾客又不愿意支付高于传统家具的价格（这属于低成本顾客诉求）。如果企业能够发现顾客独特的诉求或者未满足的诉求，按照目标市场理论，企业战略管理者只需要认真回答几个问题：

（1）具有某种独特需要的顾客数量是否足够多，或者说对某种现有产品或者服务不满的顾客相对于企业来说是否足够多?

（2）这一组具有独特需要或者诉求的顾客是不是稳定的、可测的?

（3）这个潜在的目标市场是否可以接触和把握?

如果对上述三个问题的回答均是肯定的，那么企业可以根据对内部环境的分析，特别是对资源优势、能力优势和核心专长的判断，决定是否可以将其中某个具有独特诉求的群体作为自己的目标市场。深圳嘉兰图工业设计公司发现老人对手机具有独特的价值诉求，但是市场并没有能够真正满足他们需求的产品；这种诉求的独特性具有很高的稳定性、可测性和可接触性；老人手机的市场规模足够大，于是该公司决定将老人手机作为自己的目标市场。

2. 设计独特的产品或服务

有效实施独特性定位战略的另一个关键就是企业能够在产品或者服务的设计上打破低成本和高差异之间的对立和取舍，从低成本和高差异两个方面重构产品或者服务的价值曲线，既满足顾客的独特诉求，又能够保证实现企业的盈利目标。为此，我们需要重温市场营销在产品设计方面的基本理论。如果企业选择的目标市场具有独特性，那么其产品诉求就会表明这些顾客既不是极端的低成本定位战略的目标顾客（在全部设计变量的选择上都偏向图 6－6 的最左端），又不是极端的高差异定位战略的目标顾客（在全部设计变量的选择上都偏向图 6－6 的最右端），而是介于两个目标顾客群体的中间，并且具体的分布也是不一致的。为了满足独特性目标市场的顾客诉求，实施这种战略的企业必须在原来的低成本定位或者高差异定位战略所选择的产品价值曲线之外，重新设计一个新的产品价值曲线。当然，这样一种独特的产品或者服务的设计有可能不是一次性完成的，而是需要企业在长期实践中经过多次调整逐步完善。

按照基于基本定位战略设计的产品设计选择连续统一体，深圳嘉兰图工业设计公司发现很难将老年人对手机的诉求定义为高差异或者低成本的类型，因为他们在某些方面的诉求可以是高差异的，在某些方面的诉求又是低成本的，所以该公司需要依据图 6－6 为老年手机设计一个新的价值曲线。

导入性案例中，深圳传音控股股份有限公司初入非洲时，以撒哈拉以南的非洲市场为根据地创立中端手机品牌 TECNO，2007 年又创立低端手机品牌 itel，2013 年传音进入智能手机领域，针对科技、时尚年轻消费群体创立 Infinix 智能高端手机品牌。传音手机不断围绕非洲地区消费者使用手机的环境因素、使用者的体质特征和使用偏好等因素，在检测环境温度的电流控制技术、深肤色摄像技术、夜间拍照捕捉技术、暗处人脸识别解锁功能以及防汗液等方面掌握了核心的新型应用技术，并研发能适应当地用户拍照、四卡四待和防汗等功能的手机。无论是基于中低端市场的功能机还是针对独特需求的智能机，传音手机均以性价比取胜。传音控股立足非洲庞大人口需求，以本地化的应用创新深耕新兴市场，并配合国内成熟的制造业以及互联网技术能力，逐渐构建起传音控股的核心专长。TECNO 品牌被认为是中高端手机品牌的代表，被誉为“非洲诺基亚”。

3. 建立独特的价值链活动体系

有效实施独特性定位战略不仅需要独特的产品或者服务的设计，更需要有效开发和

图6-6　产品设计选择的连续统一体模型

运行与定位匹配的价值活动体系，并且在价值链的关键环节上建立竞争优势。按照蓝海战略的思想，如果企业需要向顾客提供具有独特性的产品或者服务，即对原有产品性能与质量进行增加、减少、创造和删除，那么同样需要对整个价值链进行重新调整，建立相应的竞争优势（见图6-7）。比如，广州长隆集团是集野生动物园、主题公园、酒店、餐饮、娱乐休闲等营运于一体的中国旅游行业龙头企业集团，目前拥有广州长隆旅游度假区和珠海横琴长隆国际海洋度假区。2019年接待游客接近4 000万人次，其中珠海长隆海洋王国入园人数已突破千万，开业六年来保持稳定快速增长，跻身全球主题乐园前十。长隆在动物元素、观赏模式、娱乐项目、酒店服务等方面进行了增加、减少、创造和删除等，创造了主题乐园的新“蓝海”。在动物元素上，长隆野生动物世界避免传统动物园“景点一日游”的做法，减少了动物种类，但是扩大珍稀动物种群规模，为两万多只珍稀动物提供一流家园。在观赏模式上，突破“兽在笼中坐、人在笼外看”的传统模式，创造自驾车观赏模式、空中缆车模式等，形成沉浸式立体观赏体验。在娱乐项目上，长隆借鉴了传统主题公园的商业模式，通过建立欢乐世界（过山车等机动游戏）、水上乐园等，营造出同传统动物园不同的欢乐、刺激体验。同时，增添科普学堂、小小饲养员等科教益智和亲子体验项目。在酒店服务上，长隆借鉴休闲度假村的经营模式，通过特色酒店吸引游客。此外，长隆研发自有 IP，如大熊猫三胞胎、卡卡虎等动漫形象，并与其他 IP 开展合作，建立长隆自己独特的文化和原创 IP。总之，长隆通过增加、减少、创造和删除的动作框架，创造新的价值曲线，拓展了传统城市动物园经营模式，真正实现了野生动物园和整个度假区的城市化和休闲化，不仅能吸引传统的家庭游客，而且把年轻客群以及都市白领等“非顾客”变成顾客。

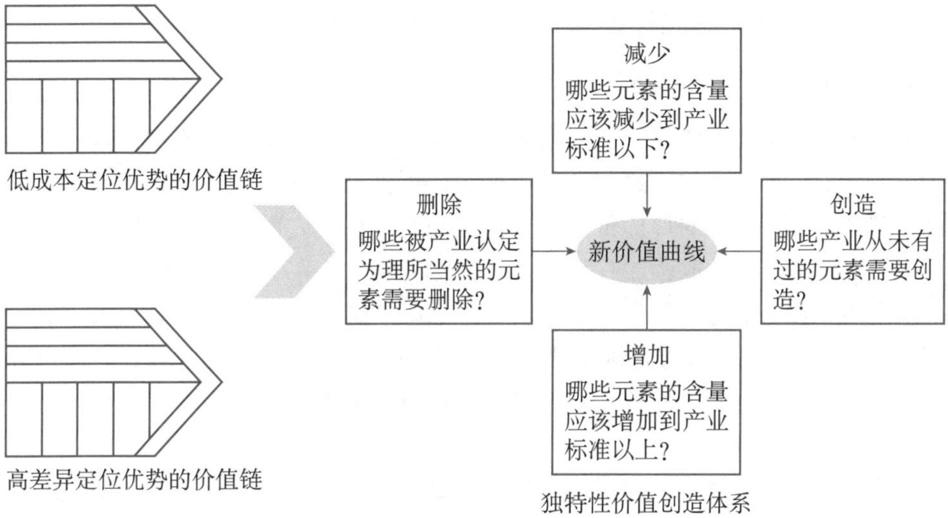

图 6－7　独特性定位战略的价值链设计

资料来源：W. 钱·金，勒妮·莫博涅．蓝海战略：超越产业竞争，开创全新市场．北京：商务印书馆，2005.

美国西南航空公司是采用独特性定位战略的一个典型，其在满足独特的旅客出行需求的过程中，建立了独特的价值链活动体系（如表 6－1 所示）。在中国燃气具行业中，华帝公司的成功在很大程度上源于其采用了独特性定位战略（见表 6－2）；万家乐公司所采用的则是高差异定位战略，由于万家乐存在高成本劣势，它的实际市场定位是在差异优势地带；还有一些中小企业采用低成本定位，它们基本上没有差异优势，市场位置处在成本优势地带；行业中的绝大多数企业处在竞争地带和危险地带。

表 6－1　美国西南航空公司对高差异与低成本定位战略的整合

低成本定位战略	高差异定位战略
• 全部采用一个机型：波音 737 • 选择各个城市的第二机场 • 专门飞短途航线 • 飞机上不提供餐食 • 一般只在机场停留 15 分钟 • 没有旅行社预先定位服务 • 没有机动留位	• 关注顾客的满意度 • 员工的忠诚感和积极性很高 • 为商务顾客提供新型服务（如电话和传真）

资料来源：Michael A. Hitt，R. Duane Ireland，Robert E. Hoskisson. Strategic Management：Competitiveness and Globalization. Third Edition. South-Western College Publishing，1999.

表6-2　华帝公司对高差异与低成本定位战略的整合

低成本的优势	高差异的优势
• 与地理位置有关的成本优势：土地便宜，劳动力成本低 • 企业性质决定的成本优势：税收和管理成本低 • 相对比较低的广告投入和营销费用 • 强大的地区工业配套能力降低了原材料的购入成本 • 设施、设备的投入很少	• 以绿色为代表的公司形象设计 • 关注关键零配件的质量：高质量的不锈钢和进口的点火装置 • 注重柜台的布置和商品的位置突出 • 具有比较高的产品创新能力：产品的工业设计和性能

资料来源：余凯成．管理案例研究．大连：大连理工大学出版社，2000.

4. 保持战略取舍和持续创新

独特性定位战略的价值创造能力来源于发现、满足和保持独特的目标市场，以满足顾客诉求代替低成本和高差异之间的简单取舍；更来源于针对独特的目标市场，采用独特产品与服务设计、独特的目标价值创造体系和管理模式之间的磨合与匹配。因此，企业必须保持对顾客诉求的取舍才有利于形成最佳的匹配关系，并且构建和保持核心专长。战略的本质不仅在于选择“取”什么，更在于选择“舍”什么。企业必须做出取舍主要源于三个方面的压力：一是企业形象与声誉的不一致性；二是目标市场、产品组合和价值链创造活动体系之间的不一致性；三是企业价值链创造活动体系和管理模式之间的不一致性。

波特之所以把竞争战略称为定位战略，主要目的在于督促企业要在市场定位选择上保持清晰取舍，只有这样企业才能将所有的资源和精力都放在持续创新上。持续创新的必要性则来源于：(1) 产品和服务的设计需要动态地改进和完善；(2) 价值链创造活动组合的整合需要长期磨合；(3) 资源整合方式和管理模式需要反复调整；(4) 目标市场、产品和服务的设计、价值链创造活动体系和管理模式之间的匹配需要企业持续改进。

在保持取舍和持续创新的过程中，企业战略管理者需要一定的偏执和坚持。从这个角度上说，企业战略管理者在遇到下列几种情况时，要特别注意保持自己的定位独特性和创新持续性：(1) 遇到新的市场机会；(2) 向先进企业学习；(3) 接受上市辅导；(4) 接受咨询公司建议。相当一部分企业就是在遇到上述几种情况时，盲目追求高收益的机会或者向行业标杆看齐，逐渐放弃了自己原有的战略取舍和持续创新。

二、整合性定位战略

从理论上说，能够整合高差异与低成本两种定位战略应该是收益最高的竞争战略。美国管理学者赫尔（W. K. Hall）在总结多项研究成果的基础上提出了一个反映竞争战略与市场定位关系的模型，认为采用整合性定位战略有可能获得高于行业平均水平收益的根本原因在于：这种战略可以向顾客提供两种价值——某些方面的差异和某种程度的低价格，而选择这种战略的企业也相应地获得两个方面的收益（见图6-5），同时实施两种定位战略的企业可以占据“伊甸园”的位置。使用整合性定位战略的盈利潜力是巨大的，但其难度和风险也是巨大的，所以这种定位才被称为“伊甸园”。与独特性定位战略相比较：(1) 整合性定位战略所瞄准的目标顾客诉求不是一个独特的目标市场，而是两个对立的目标市场；（2）整合性定位战略所提供的产品或者服务不是专门针对一种独特的顾客诉求，而是要分别满足两种对立类型的顾客诉求；（3）整合性定位战略不是只有一个价值链创造活动体系，而是要同时构建或者运行两个不同的价值链创造活动体系；（4）整合性定位战略不是只有一个管理模式，而是需要同时构建和运行两种不同的管理模式，包括结构、机制和文化等。实施整合性定位战略的最大难度在于既要充分认识两种定位战略的“相克”，又要通过整合使之“相生”。实施整合性定位战略的最大风险在于稍有不慎就会“夹在中间”或者“两头不着边”，输给专注实施一种定位战略的企业。

随着通信、交通技术和多维度整合管理方法的进步，少数管理水平比较高的企业在实施整合性定位战略方面取得了令人瞩目的成功，如丰田汽车公司、假日酒店集团以及新宝电器股份有限公司等。这些企业成功实施整合性定位战略的主要经验包括以下两点。

（1）高度重视高差异与低成本定位战略之间存在“相克”的关系，充分理解两种定位战略在目标顾客诉求、产品或者服务的设计、竞争优势的构建、价值活动组合以及管理模式上都存在差异性和对抗性。在此基础上，实施整合性定位战略的企业一般会将分别实施两种不同定位战略的经营单位在组织结构上分立，设立两个不同的事业部；企业一般会根据两种定位战略的差异性在经营上适度放权，包括在产品研发、品质管理、人力资源、物流采购上实施部分放权；企业一般会允许不同事业部采取不同的管理机制和企业文化。新宝电器成立之初主要从事小家电出口加工制造，2014 年以前一直专门从事厨房小家电产品出口代工，也就是通常所说的 OEM 企业。基于这种清晰的战略选择，新宝电器不断将企业资源和精力配置在高效率制造、产品应用开发、客户综合服务、产业链整合等关键价值创造环节，来构建企业关键竞争优势，并通过组织、机制和文化的多次改变和迭代，提高了关键竞争优势的可保持性，在满足全球中低端小家电客户对成本、制成、交付，尤其是“一站式采购”的需要方面形成了核心专长。2014 年之后，为了应对来自国内和其他发展中国家企业的竞争、国内劳动力和环境保护成本不断上升以及国内政府部门的制度要求，新宝电器开始实施转型升级战略。在经营模式上，逐步从 OEM 向 ODM、OBM 转变，开始以自主品牌试水国内低端市场；在产品定位上，逐步从中低端市场向中高端市场提升。实施这些维度上的转型升级可以发挥和强化原有的核心专长，推动销售规模扩大，但是从 OEM 向 ODM、OBM，从中低端向中高端，从国际向国内市场的转型步履艰难，在战略上陷入“高不成低不就”的境地，企业的盈利水平和盈利增长基本处于徘徊不前甚至下降的状况。这是因为不同定位战略所要求的价值取向、关键竞争优势和管理模式是“对立”的。

（2）高度重视高差异与低成本定位战略之间存在的“相生”关系，充分理解两种定位战略在经营上存在程度不同的范围经济和规模经济优势，在与竞争对手的互动上存在多点竞争的优势，在发展上存在相互促进和带动的优势。在此基础上，实施整合性定位战略的企业一般将实施两种定位战略的部分放在一个总部管理之下，通过战略决策、财务管理、人力资源和企业文化的相对集权，实现两个事业部在战略和经营上必要的共享与协同；一般会根据两种定位战略的整合程度将一部分管理权限相对集中于总部，例如营销、基础研发、共用原材料的采购权，以体现两种定位战略的整合，发挥整合性定位战略的上述组合优势。有效地实施整合性定位战略可能需要企业借鉴多元化企业或者国际化企业的组合管理技术，并且需要企业进行正反两个方面多次反复磨合。新宝电器实施由OEM向ODM、OBM，从中低端向中高端，从国际市场向国内市场的转型战略之后，在产品研发、制造技术、客户资源、供应渠道等职能活动上存在“相生”之处，可以获得“共生”所带来的经济效益。为了实现这种“共生”所带来的经济效益，新宝电器在组织结构、管理机制和企业文化上实施了多项管理创新。首先，按照高、中、低三种不同的产品定位划分制造、营销和研发部门，将实施三种不同定位战略的责任落实到具体的经营单位上，实施专门化经营；其次，为了克服三种定位战略之间的“相克”之处，将质量管理、采购管理、人力资源管理甚至企业文化管理的权力适度下放，让该高的高上去，该低的低下来；最后，为了促进三种定位战略之间的“相生”，总部在保留适度集权的基础上，优化信息平台、强化协同机制、简化管理流程。新宝电器通过产品平台化、制造自动化和生产专业化强化低成本优势，通过创新研发、专门化营销和定制化的生产线构建高差异的竞争优势。新宝电器2023年业绩显示，2023年营业收入实现146.47亿元，较2022年增长6.94%；实现利润总额13.08亿元，较2022年同期增长4.08%；实现归属于上市公司股东的净利润9.77亿元，较2022年同期增长1.64%。

采用整合性定位战略有可能获得高于行业平均水平的收益的根本原因是，这种战略可以向顾客提供两种价值——某些方面的高差异和某种程度的低价格，使用这种战略的企业也相应地获得两个方面的收益。大量的研究表明采用整合性定位战略可以获得高于行业平均水平的收益。在低收益率的行业有可能整合使用高差异和低成本定位战略，具有多种竞争优势的企业可以获得比只有一种竞争优势的企业高的收益率，采用整合性定位战略的企业是行业内收益率最高的企业。随着全球化进程和技术进步的加快，越来越多的企业开始在全球市场或者局部市场上采用低成本和高差异的整合性定位战略，与依靠一种基本竞争战略相比，采用整合性定位战略的企业可以获得更好的竞争定位以快速适应变化的环境、采用新技术和有效地发挥核心专长。但是，也有实施整合性定位战略的企业处于经营困境，造成这种状况的宏观原因很多，而企业方面的原因主要有三个：一是这些企业的资金实力和科技实力不够；二是企业在战略上存在盲目多样化和过分多样化的问题，造成有限的资源过于分散；三是有限的资源没有高度集中于建立差异优势或者成本优势。

思考题

1. 如何理解企业经营层战略的内涵及适应范围？

2. 如何理解波特提出的低成本定位战略和高差异定位战略，以及如何进行企业的价值链活动设计？

3. 独特性定位战略制定的依据是什么？

4. 如何分析独特的目标市场或者顾客诉求？

5. 如何理解整合性定位战略？请举例说明。

能力拓展

请查找小米公司、尚品宅配公司、新宝电器、传音控股等企业的网站或相关资料，研究这些企业是如何确定其独特性目标市场或者顾客诉求的，企业为了实现在独特性目标市场的竞争优势，是如何设计企业的价值活动的。

第 7 章

经营战略：核心专长的发挥与强化

导入性案例

索菲亚公司的战略演化与竞争互动

2001 年，索菲亚家居股份有限公司（以下简称索菲亚公司）的两位创始人开始接触并学习欧洲定制家具的商业理念，并将 SOGAL 壁柜移门产品引入中国。2003 年，索菲亚公司在国内市场首次推出了百叶趟门衣柜，自此成为经典。

从 2005 年开始，索菲亚公司瞄准中国家庭对衣柜的个性化需求，决定聚焦于衣柜一个品类的定制化生产和销售，构建公司的核心专长。在制造环节上，索菲亚公司开始由原来的全柜定制生产模式向大规模定制生产模式转变，并且在此过程中积极探索利用信息化实现“半柔性”的定制化生产。2005 年，索菲亚公司引入信息化管理，创新地采用“标准件”与“非标件”结合的复合生产模式，使定制衣柜有了市场普及的工业化生产基础，建立了行业生产标杆。索菲亚公司聚焦衣柜的特定需求，深入研究和探索柔性化生产的能力，并且通过一系列措施实现了部分（半）柔性化生产。通过信息技术的引入，生产线中 40%的生产实现了非标准化的生产，并采用标准柜与非标准柜的生产规范使得定制衣柜能有标准尺寸的存货。这一关键性能力极大地提高了企业的产能，降低了企业的生产成本与出货周期。到 2008 年前后，索菲亚公司开始主导全国定制衣柜的市场份额，并完善了自己经销商体系。通过战略聚焦，索菲亚公司在衣柜这个细分市场上实现了产品多样性、半柔性生产与渠道资源等优势能力的组合，构建了与这个特定战略定位相匹配的若干关键优势，形成了索菲亚公司自认为的“第一代的核心专长”，即“半柔性生产＋品牌赋能”。

战略开拓

从 2009 年开始，索菲亚公司通过引入信息化、自动化等技术，将柔性制造的水平从 2010 年的 60%提升到 2011 年的 100%。在发挥和强化既有柔性生产的优势能力基础上，索菲亚公司开启了一系列产品品类的拓展，包括与法国司米公司合作重新进入定制橱柜领域。伴随产品品类的开拓，索菲亚公司开始了品牌推广战略，利用一整套品牌营销推广与渠道运营体系，在定制家具行业的若干品类细分市场开始实施跨区域的市场开拓战略。此后，索菲亚公司还围绕不同品类产品的细分市场，将生产体系从最终产品市场向上延伸到关键零部件，向下开拓自主品牌营销，从而完成整个产业链布局。伴随这一开拓战略，索菲亚的核心专长从之前的“半柔性生产＋品牌赋能”强化升级为“柔性制造＋品牌营销能力”。

自2013年底开始，索菲亚公司逐步将信息与数字化中心、宁基智能和极点三维打造成为公司的“三驾马车”，使公司在设计、供应链管理、生产、服务等多个核心优势环节上推行信息化、数字化和智能化。与此同时，索菲亚公司正式宣布开始“大家居”战略，向全产业链、全品类定制（柜类）家具产品线扩张。在销售渠道环节，索菲亚公司开启了“直播＋社群”、网红带货等营销新模式，积极开拓和打造全渠道营销体系。在数字化、互联网化的营销转型升级中，索菲亚公司开始从单一品牌向多品牌裂变模式发展。在产业链的维度上，索菲亚公司进一步向材料研发环节开拓，推出了环保性能优越的康纯板，其环保力度超越欧洲标准，在业内掀起了定制家具板材的无醛热潮。在这一轮战略开拓中，索菲亚公司依托互联网和大数据技术，完成了从终端门店产品独立展示向线下场景化体验展示的转变；通过网络平台和实时交互技术，索菲亚与多国顶尖设计师达成“梦幻联动”的合作方式，从设计出发提升企业产品创造力。伴随这一战略开拓，索菲亚的核心专长从前一阶段的“柔性制造＋品牌营销能力”强化升级蜕变为“平台化设计＋智能化柔性生产＋数字化营销（服务）能力”。

竞争互动

在索菲亚公司建立核心专长，并不断发挥和强化其核心专长，实施战略开拓的这十多年里，定制家具行业另外两个巨头——欧派家居集团和尚品宅配公司，也几乎经历了基本相同的发展历程，并且形成了各自的经营定位与核心专长。

欧派家居集团是中国橱柜行业的先行者和龙头企业。2003年欧派采取“不收加盟费”的方式，招揽经销商，销售网络迅速扩张。“品牌＋渠道”双管齐下，使欧派家居集团在橱柜的研发、制造、品牌和渠道方面构建明显的竞争优势。2005年开始，欧派家居集团通过实施产品开拓战略先后进入了衣柜、木门、整体卫浴等的制造和销售领域。2013年12月，欧派家居集团进一步实施了销售渠道的创新，开拓了家居大卖场渠道，并且于2014年提出“大家居”概念。欧派家居集团凭借“大家居”概念所形成的先动优势，结合尚品宅配公司所提出的定制化经营方式，形成了以整体厨柜为核心，涵盖整体衣柜、定制木门、厨房电器、整体卫浴、墙饰壁纸、实体面材、商用厨具等各类家居产品的“大家居”产品组合，并且进一步以线下业务为主，逐步展开了线上业务。

尚品宅配公司原来是一个致力于开发和销售家具设计和家具企业管理软件的公司。2004年尚品宅配公司开始从软件行业“跨界”进入家具行业，在家具的大规模制造与个性化定制之间创造出一种新的业态——家具的大规模定制。基于软件设计的特长，尚品宅配推出“上门量尺→出设计图→报价→送货安装→保修”五大免费服务。这个服务改变了行业内普遍的对设计图收费的情形（设计图单独收费，后面下单，就可以抵货款，否则设计费不退还）。用免费政策吸引潜在客户，下单成功率提高，尚品宅配快速崛起。2007年起，尚品宅配创建官网商城新居网，拓展线上渠道的家居用品团购；2009年转型为自有电商运营平台，把线上获得的客户信息分配给直营店或卖给经销商，销售门店迅速跟踪，将潜在客户转换为现实客户。在产品维度上，2008年尚品宅配开发了能满足全屋家具需求的第一套“元产品”系统，可以根据消费者需求形成不同产品进而形成产品组合，如电视柜组合、鞋柜组合、沙发茶几组合，进行套装销售。在此基础上，尚品宅配公司进一步扩大了其产品线的跨度，经营品类覆盖整体衣柜、定制床、橱柜等，以及家居配套产品如沙发、床垫，并且正式提出“全屋定制”的概念。

2019年前后，国内定制家具三巨头不约而同地走向了全屋定制整装领域，开始在多产品、多种品牌、多渠道展开了一系列的竞争互动，其目的就是通过这种竞争互动进一步构建、发挥和强化各自的竞争优势。经过三年疫情的沉淀，2023年春索菲亚公司率先大幅度降价，行业内部各个企业对此做出了不同的回应，其中欧派集团立即选择不跟进，而尚品宅配公司则选择“变相”跟进。如今这场“价格大战”已经基本结束，各个企业，尤其是上述三大企业在这场竞争互动中的策略选择值得我们仔细研究。

资料来源：欧派、索菲亚、尚品宅配三巨头整装之争谁将胜出？. https：//www. doors10. com/article _ 1696. html.

欧派VS索菲亚VS尚品宅配：千亿级的巨量市场里，到底谁更牛逼?！. https：//www. sohu. com/a/240093341 _ 690934? qq-pf-to=pcqq. c2c.

| 学习目标 |

- 把握企业发挥和强化竞争优势的几种基本开拓战略。
- 把握企业开拓战略与管理模式之间的关联。
- 理解企业动态竞争的本质以及企业竞争优势与竞争互动之间的关系。
- 把握企业动态竞争互动的维度。
- 把握企业动态竞争互动的基本决策原理与模型。
- 把握企业动态竞争互动中的各个关键决策要素。

通过在特定行业领域内实施定位战略，包括基本定位战略、独特性定位战略或者整合性定位战略，企业可以基于对特定行业和特定定位的战略承诺，在价值创造的关键环节上构建与定位匹配的多种竞争优势或者核心专长。正如导入性案例所示，索菲亚公司、欧派家居集团和尚品宅配公司早期的成功与它们有效实施定位战略密切相关。与同一时期的许多成功企业不同，上述三家企业在早期并没有实施高度不相关的多元化战略，而是实施了一种以做强主业为核心的开拓战略。从实现可持续增长的角度来看，上述三家企业都是基于企业所构建的关键竞争优势或者发挥和构建核心专长，在产品、市场、定位、经营方式甚至价值链等多个维度进行开拓，在不断开拓中既实现了高增长，又降低了风险。从动态竞争互动的角度来看，这种以做强主业为核心的开拓战略能够在保证企业资源和精力高度集中的前提下，大幅度提升企业实施动态互动和“多点竞争”的能力，从而在与竞争对手全面和快速的竞争互动中既能够充分发挥自己的竞争优势，又能够有效抑制竞争对手优势的发挥。本章的主要内容分为前后相关的两个部分：第一部分具体介绍企业在围绕特定定位构建若干竞争优势或者核心专长之后，如何在多个维度上选择和实施合适的开拓战略，才能达到发挥和强化企业竞争优势或者核心专长的目的；第二部分介绍企业有效实施定位和开拓战略的过程中，如何有效地制定和实施动态竞争和多点互动的战略。

第 1 节　开拓战略

一旦企业发挥和强化核心专长并考虑实施市场维度或产品维度的开拓战略，企业都必然面临需要整合更多的资源、建立更大或更复杂的组织以及应对更多样化的外部市场环境。因此企业可以通过创新调整经营方式的途径发挥和强化既有的核心专长，支撑企业沿细分市场、产品线、价值链、市场定位甚至经营方式等不同维度实施战略开拓。企业的核心专长从原有的产品向新的产品、从原有的区域向新的区域以及从原有的经营方式向新的经营方式不断地开发和拓展，从而在产品（或者服务）、市场区域和经营方式这三个维度上形成了三种开拓战略（见图 7－1），即市场开拓战略、产品开发战略和经营方式创新战略。通过实施这三个维度上的开拓战略，企业可以有效地利用交易成本、规模和范围经济效益发挥核心专长，扩大企业的增长机会，提高盈利能力和防范风险的能力；同时，企业还可以利用交易成本、规模和范围经济效益来强化企业的核心专长。

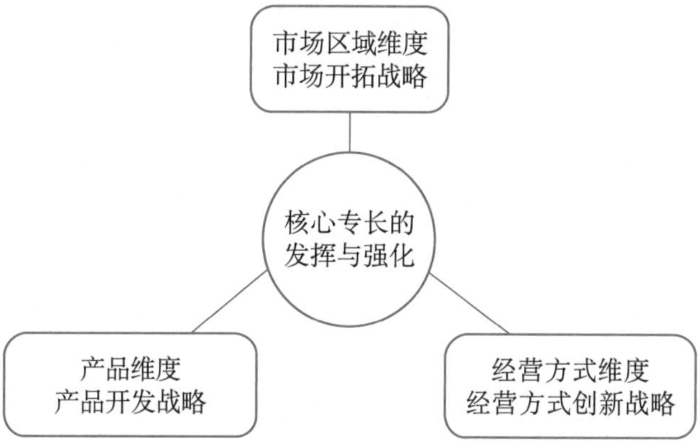

图 7－1　核心专长发挥与强化的三个维度

一、市场开拓战略

通过有效实施定位战略，企业可以利用原有的特定区域市场来构建关键的和可保持的竞争优势或者核心专长。但是，继续在原有的特定区域市场扩大主营业务（或者产品）的市场占有率和发挥核心专长，会遇到市场规模和潜力的限制，此时企业就可能选择市场开拓战略。从严格意义上来说，所谓市场开拓战略就是国内市场开拓战略，专指企业以原有的产品和原有的经营方式去开拓国内另外一个区域市场的增长战略，其中既包括跨区域营销和制造等经营行为，又包括跨区域投资或者并购等战略行为。如果企业需要开拓的不是国内的另一个区域而是国外的一个或者多个国家的市场，那么市场开拓战略就转变为国际化战略（本书将在第 9 章对国际化战略进行论述）。有效实施这个战略的基本前提是，企业可以通过实施市场开拓战略利用其在国内原有某个特定区域市场构建的竞争优势或者核心专长来把握即将进入的区域市场的发展机会，并强化竞争优势或者核心专长。

中国是全球规模和增长潜力较大的市场，也是市场环境较为复杂和动态的市场，更是全球竞争激烈的市场。在中国国内市场上有效地实施市场开拓战略，有利于企业利用区域差异、规模经济和范围经济等带来的效益获得以下三个方面的好处：（1）在成本和差异两个方面提升企业的效率，发挥和强化企业的核心专长；（2）通过跨区域经营和投资提升企业的风险管理控制能力；（3）通过跨区域适应和学习，提高企业的创新能力。同时，在中国国内市场上有效地实施市场开拓战略也会受到国内特有的各种情境特征的干扰或者阻力。从这个意义上说，开拓国内市场有可能和开拓国际市场一样（甚至更加）具有挑战性。因此，企业战略管理者在制定和实施市场开拓战略的过程中，必须根据企业所处的行业、市场和企业管理传统，在以下三个方面做出谨慎的选择。

第一，国内市场开拓的基本战略。在制定和实施开拓国内市场战略的过程中，企业战略管理者首先需要在全国化战略、区域化战略或者跨区域化战略三种战略中做出选择（如图 7－2 所示）。在中国经济转型的特定阶段，国内各个区域之间的自然、社会、习惯和收入方面差别很大，因此企业在开拓国内市场的过程中将面临差异化的消费需求和消费方式的影响；国内各个区域之间改革开放的进程和企业经营环境，尤其是制度环境差异也很大，因此企业在开拓国内市场的过程中所面临的市场环境在统一、高效、公平和有序方面仍需改进。在这种情况下，如果企业采取全国化战略，企业将在多个职能领域获得巨大的规模与范围经济效益，但是也会在具体的区域市场上失去地方响应能力，尤其是对当地顾客需求和竞争对手的响应能力。如果企业采取区域化战略，企业将在多个职能领域提升区域响应能力，提升顾客满意度和区域竞争能力，但是也会无法获得开拓国内市场所应获得的规模与范围经济效益。实施国内市场开拓战略的企业需要根据所处行业或者市场的结构特点在上述两种战略中做出选择，但是随着市场化改革的深入、技术进步以及企业管理能力的提升，多数有效实施国内市场开拓战略的企业所选择的是跨区域战略，即对前两种战略的整合战略。一方面这些企业在产品研发、制造、采购方面实施集权，通过产品或者服务的同一化或者标准化最大限度地获取规模与范围经济效益；另一方面这些企业在产品定价、广告、促销、渠道等方面实施分权，通过营销活动的差异化最大限度地提高对区域市场需求和竞争的响应能力。

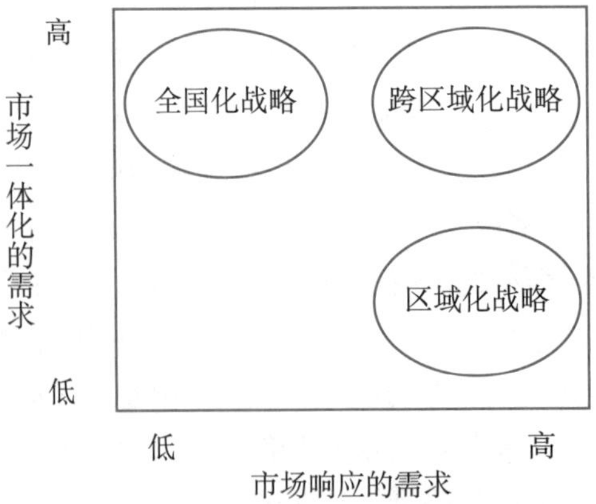

图 7－2　国内市场开拓的三种战略

第二，国内市场开拓的策略选择。基于对中国国内市场的规模、增长潜力的认识，企业战略管理者必须认识到市场开拓战略是实现企业增长，尤其是构建和发挥核心专长最有效益的战略选择。同时，基于对中国国内市场独特情境特征，尤其是多重制度与国内市场分割的认识，企业战略管理者又必须认识到，在现阶段中国企业实施市场开拓战略是一种具有挑战性的增长战略。有效地实施国内市场开拓战略需要企业战略管理者：(1) 根据本企业所处行业和国内市场的特点，高度重视国内区域市场需求和制度差异性而不是同一性，认真分析这种差异性对企业实施市场开拓战略可能产生的不利影响；(2) 根据本企业所具有的核心价值观、管理传统和核心专长，高度重视企业核心价值观、管理传统和核心专长的可转移性，高度重视国内市场需求和制度环境差异性对核心价值观、管理传统和核心专长跨区域转移和强化的负面影响；(3) 在充分估计可能面临的挑战和困难的基础上，企业战略管理者应该强调国内市场开拓的节奏而不是速度，尤其是制定和实施一个严格的时间表；应该强调创新和变通，而不是照搬原有战略、方式和管理模式。考虑到国内市场环境的动态性、不确定性、复杂性和模糊性，企业战略管理者应该将有效实施国内市场开拓战略的重点放在公司治理、结构、机制、战略领导和文化的创新上，力求为企业有效开拓国内市场提供制度上的保障。

第三，国内市场开拓的渠道选择。伴随着互联网以及数字经济的崛起，企业开拓市场的渠道从传统的线下实体渠道逐渐拓展到互联网渠道。当企业从特定区域市场向更广范围的市场开拓时，其可以选择传统营销渠道的代理商、经销商、连锁模式等方式，逐步拓展到其他地区甚至是全国市场；也可以通过各种互联网电商渠道开拓市场，比如通过开设网上商城商户、微商渠道、直播渠道等。对于任何一个行业来说，电商渠道本身也是稀缺的。因此，企业需要根据自身既有的核心专长选择恰当的电商渠道或者线上线下渠道组合（O2O）来实现市场开拓战略。如果企业已经建立起自有品牌，且产品标准化程度较高，则适合选择网上商城渠道，包括天猫、京东等综合性电商渠道，或者是自建自主品牌商城（比如网站或 App 等）。如果企业既有优势在于与特定消费群体沟通交互中提供半定制化或定制化的产品或服务，则更适合采用线上线下相结合的社群渠道，比如私域社群等，快速渗透到不同区域中的细分市场。如果企业既定优势在于供应链与敏捷制造，那么直播电商等直接面对消费者的渠道则更容易发挥和强化这些企业针对特定消费群体黏性推广多样化产品或服务的优势。

二、产品开发战略

通过特定区域市场集中或者国内市场开拓战略，一个企业围绕特定业务和定位构建了关键的、可保持的竞争优势甚至核心专长，企业也在区域市场或者全国市场通过对需求的把握、品牌知名度的构建、销售渠道的掌控等构建起自己的竞争优势。企业在继续扩大主营业务的市场占有率、发挥和强化企业核心专长时会受制于产品品种系列，甚至品牌数量等，致使企业开始实施产品开发战略。所谓产品开发战略就是企业在原有市场上围绕相近的顾客需求，通过开发和销售更多系列、品种的产品实现增长的战略。例如，原来做空调的格力电器利用空调压缩机的技术开发了空气能热水器，这不仅涉及产品研发活动的扩大，而且带动了其他经营和投资活动的扩大。如果企业在原有市场上开发和销售的产品不是以满足相近的顾客需求为目的，例如格力电器开发移动电话，那么这种产品开发战略就转变为相关甚至不相关多元化战略，这部分的内容将在本书第8章中进行专门论述。

如果一个企业能够通过特定区域市场集中或者市场开拓战略在特定业务和定位上构建关键的、可保持的竞争优势甚至是核心专长，则至少说明这个企业在以下四个方面具有竞争优势和实施产品开发战略的潜力：(1) 能准确把握特定定位的顾客需求、消费方式和使用场景，例如，对特定定位的顾客对厨房家电的需求和消费方式的把握，而且这种对顾客需求和消费方式的把握可以被其他相似产品共享和进一步强化；(2) 在特定业务或者产品的研发、制造和供应链系统方面形成明显的资源与能力优势，这种资源与能力优势可以被其他在研发、制造和供应链方面相似的产品共享和进一步强化；(3) 在特定区域或者全国市场上的营销构建了资源与能力优势，而且这种资源与能力优势可以被其他品牌、渠道和营销方法相似的产品共享和进一步强化；(4) 在围绕特定业务和定位上构建核心专长的过程中，企业相应地构建了一种与之匹配的管理模式，这种管理模式的优势有可能对产品或者业务组合的扩大提供强有力的支持，并进一步强化管理模式的优势。如果这个企业实施产品开发战略，就可以在上述四个方面充分发挥和利用规模经济与范围经济，不断地发挥和强化核心专长。

除了多款型产品的开拓，企业还可以沿着产业链实施产品开拓战略。比如，比亚迪起家于充电电池产品，至今充电电池业务依然是比亚迪的核心专长。比亚迪从充电电池向汽车产业链的新能源汽车产品拓展，如今成为中国销量最大的电动汽车企业。沿产业链拓展产品的战略有可能帮助企业在拓展产品的同时发挥和强化企业在既有市场上的供应链优势与技术优势等。同时产业链上下游不同环节的产品之间还可能形成协同效应，使得企业在发挥和强化原有核心专长的基础上构建新的组合或协同优势。

在科技进步、经济全球化和经济转型不断加快的背景下，市场需求与消费方式越来越多样化、个性化，行业、业务甚至产品的边界越来越模糊，新一代信息技术、智能制造技术和管理技术正在迅速提升企业利用和整合内外资源的能力，这些都为企业实施产品开发战略提供了巨大的支撑和发展潜力。由于这些外部环境的变化对于所有企业的影响是相同的，所以企业在实施产品开发战略过程中所遇到的市场竞争会越来越激烈，企业战略管理者对于这种可能遇到的情形必须充分重视。综合上述机会与威胁的分析，企业战略管理者有效实施产品开发战略的过程中必须把握好产品开发的目的、进程和速度。

第一，实施产品开发战略的目的。有效实施产品开发战略的基本目的不是简单地通过把握机会或者“风口”来实现销售与利润的增长，而是通过发挥和强化自己的核心专长来实现销售和利润的增长。企业战略管理者在决定是否开发某个新品种或者新系列产品时，不能只考虑市场机会的大小，还需要考虑能否发挥自己的核心专长，能否强化核心专长，以支撑企业可持续地健康发展。

第二，实施产品开发战略的进程。在判断开发某个特定产品能否有效发挥和强化核心专长时，企业必须对前述四个具有竞争优势和实施产品开发战略潜力的方面进行认真和全面的评估。从静态的角度来说，如果一个企业开发的产品能在上述四个方面发挥和强化企业的核心专长，那么企业应该迅速和大胆地实施产品开发战略。如果一个企业开发的产品只能在几个要素上满足发挥和强化核心专长的要求，那么实施这个产品开发战略需要相对谨慎；如果一个企业开发的产品只能在少数要素上满足发挥和强化核心专长的要求，那么这个产品开发的战略应该搁置或者放弃。从动态的角度来说，有效实施产品开发战略其实是一个动态演进的过程。企业需要在一个产品上有效发挥和强化核心专长，再以此为基础继续利用下一个产品去发挥和强化核心专长，在循序渐进中不断通过产品开发来发挥和强化核心专长。

第三，实施产品开发战略的速度。在实施产品开发战略的过程中，绝大多数的困难不是因为可以开发的产品品种不多，而是可以同时开发的产品品种太多；不是因为可以动态整合的外部资源不足，而是核心专长不够突出，企业的资源整合能力不够；不是因为企业的人、财、物等有形资源不足，而是相关的知识、管理等无形资源不足，尤其是管理模式不能有效地匹配战略。这些企业的战略管理者之所以盲目加快产品开发战略的实施速度，在于他们夸大了市场需求多样化所带来的市场机会，忽视了围绕满足这些需求的竞争的激烈程度；在于他们夸大了整合外部资源和能力的容易程度，而忽视了整合这些资源和能力与企业核心专长的关系；在于他们夸大了企业在研发、制造甚至市场等方面有形资源的优势，忽视了企业在理解顾客需求、消费方式、使用场景以及构建与战略相匹配的管理模式等方面所面临的劣势，以及克服这些劣势所需要的资源和能力的投入程度以及投入所需的时间。

三、经营方式创新战略

在科技进步的推动下，顾客的需求和消费方式的多样化引发了企业经营方式甚至是商业模式的创新，并对传统的经营方式形成了越来越明显的替代威胁。面对这种外部威胁，在传统经营方式上构建关键的和可保持的竞争优势甚至是核心专长的企业只有一个选择，那就是在继续做强传统竞争方式的同时，通过积极拥抱新的经营方式来发挥和强化企业的核心专长。相反，通过经营方式创新而构建了关键的和可保持的竞争优势甚至是核心专长的企业开始发展传统经营方式，因为这些企业发现传统经营方式不仅有存在的理由，而且能够对新的经营方式的发展发挥重要的支撑作用。因此，新旧经营方式的并举与融合正在成为一种趋势，具体形式包括但不限于以下几种。

第一，传统的 OEM 企业向 ODM 和 OBM 转型，形成了 OEM、ODM、OBM 整合的经营方式。新宝电器就是一个依靠 OEM 的经营方式而在厨房小家电出口加工方面构建起核心专长的企业。面对资源、市场和环境的制约，新宝电器很早就意识到这种技术落后、劳动密集、附加值低的经营方式难以为继，开始实施从 OEM 向 ODM 和 OBM 转型。在过去的十几年中，新宝电器先后在研发、制造、品牌、营销等关键领域进行了大量和持续的投资，在不同阶段上实施管理模式创新和迭代，形成三种经营方式相互支撑和协同发展的组合，目前 OEM、ODM、OBM 的占比大约分别是 30%、40%、20%。

第二，传统的大规模制造企业向个性化定制转型，形成了大规模与个性化定制、线上与线下相结合的经营方式。在新一代信息技术、智能制造技术和市场需求多样化的推动下，中国家具行业出现了一种全新的经营方式，即大规模定制。以尚品宅配为代表的一批软件和互联网起家的企业利用信息化、互联网、大数据、云计算、先进制造技术从个性化定制向大规模制造、从线上到线下发展，而以欧派、索菲亚为代表的一批相对比较传统的大规模家具制造企业则从大规模制造向个性化定制、从线下向线上发展。在相对比较传统的家具制造行业创造出了一种大规模与个性化、线上与线下相结合的全新经营方式，发展出多家市值超过百亿元的上市公司。

第三，传统的制造企业向服务业发展，形成了制造＋服务的经营方式。随着科技进步，尤其是新一代信息技术、智能制造技术和顾客消费方式的变化，越来越多的传统制造企业向服务业延伸，通过发展服务业来把握顾客的需求，方便顾客使用产品，提高顾客的满意度和企业的盈利水平。例如，海尔、美的、格力等进入商用空调领域后，不仅向顾客提供越来越多的节能、环保、自动化设备，而且向顾客提供远程运行、维护和保养服务；传统的中药饮片制造企业通过发展智慧诊断、智能药房、智慧煎煮、智慧配送等服务，创新了自己的经营方式，在传统 B2B 业务的基础上增加了直接面向顾客的 B2C 业务。

嵌入在动态、不确定、复杂和模糊的经营环境中，在实现经营方式转型升级的过程中，无论所实施的转型升级是沿着产业链向下还是向上，企业同样面临着巨大的挑战。

第一，不要夸大经营方式转型的作用。企业的经营方式并不是企业战略的全部内容，顾客偏好某种消费方式并不代表顾客会忽视对产品或者服务的基本需求。在经营方式创新方面取得先动优势的企业往往会夸大经营方式创新的作用，例如无论消费者是通过线上还是线下购买家具，无论这个家具是不是大规模定制的，消费者最看重的还是产品性价比、产品质量以及送货与安装。这些先动企业所存在的问题往往不是创新不够，而是基础不牢或者并不能够满足顾客最基本的消费需求。实施传统经营方式的企业也会不自觉地夸大经营方式创新的作用，在经营方式创新带来的威胁面前，完全忘记自己在满足顾客基本需要方面所具有的关键竞争优势或者核心专长。其实只要这些企业能够迅速跟进，扬长避短，完全有可能抑制先动者的优势，做到后来者居上。

第二，不要盲目提高转型升级的速度。经营方式创新一般不会创造很高的技术和制度壁垒。为了扩大和形成先动优势并得到资本支持来推动经营方式创新的企业，往往会不惜代价地加大资金的投入和提高市场扩张的速度。经营方式的转型需要一个过程，大量企业的跟进与盲目加快转型的速度往往会使先动者成为“先烈”。在传统经营方式上已经构建了核心专长的企业即使需要拥抱新的经营方式，也不能够盲目地提高转型升级的速度，因为其在构建原有核心专长的过程中已经给自己拥抱新的经营方式构建了核心障碍。这些企业的战略管理者必须意识到，基于原有的核心专长只要谋定而动，即使速度不快也足以化解竞争对手的威胁。

第三，新旧经营方式并不完全是相互替代的关系。在绝大多数情况下，新旧经营方式并不完全是相互替代的关系，有可能是并存的关系，更多的情况下是相互叠加的关系。对于传统企业来说，在坚持传统经营方式的同时发展新的经营方式所面临的不是缺乏动力的问题，因为这些企业从根本上认为这种转型升级是战略性的问题；对于经营方式创新企业来说，在发展新经营方式的同时又去发展传统经营方式所面临的则是动力的问题，因为这些企业从根本上就认为这种转型升级只是一种权宜之计。基于这种情况，实施新旧两种经营方式的企业之间也不一定是你死我活的敌对关系，相反有可能是相互利用的合作关系。例如，传统制造企业和互联网营销企业的战略管理者都认为各自在转型升级方面存在巨大的困难，他们完全可以通过相互间的合作而不是自己独自转型的方式实现转型升级。

四、开拓战略实施的路径

企业沿着产品、市场或经营方式维度的战略开拓需要秉承循序渐进的“扬弃”原则。单纯为了扩大规模而贸然地对产品、市场或经营方式实施开拓战略并不是目的，发挥和强化企业既有的竞争优势甚或核心专长，拓展优势的深度与范围，表现为企业在多个产品类型、多个细分市场或多种经营方式上的扩张。因此，多数时候企业实施开拓战略并不会沿着三个维度“多路出击”，而是依托其中两个维度上既有的优势基础，延展开拓另一个维度。

因此，比较可行的开拓战略实施路径大体上可以分为三种情况：

一是在坚持发挥和强化既有产品（组合）与经营方式的优势的基础上拓展细分市场。企业可根据不同区域细分市场的具体需求情况，以及不同数字媒介与电子商务渠道的特性，分析可以发挥甚至强化企业既有核心专长的潜在（区域）市场，建立全新的细分市场定位，并实施市场开拓。市场开拓的初期应尽可能沿用原有的经营方式。

二是在坚持发挥和强化既有（区域）细分市场与经营方式的优势的基础上拓展产品。企业可在已建立优势的区域市场中跟踪分析消费者需求或研判产业结构演变趋势，分析可以发挥甚至强化企业既有核心专长的潜在新产品，建立全新的产品线定位，并实施产品开拓。当然在产品开拓的初期应尽可能沿用原有的经营方式。

三是在坚持发挥和强化既有产品（组合）与（区域）细分市场的优势的基础上延展和创新不同经营方式。在既有产品与区域市场定位下，企业也可以创新出新的经营方式，在发挥和强化既有核心专长的基础上升级和拓展企业价值创造的能力。

企业实施开拓战略还可能是一个维度接一个维度拓展的循环演进过程。企业可以先在既有的产品（组合）与经营方式的核心专长基础上，延伸拓展到新的细分市场；再以新的市场定位为基础，开拓新产品；最后企业基于开拓出的新市场与产品优势范围创新经营方式以进一步发挥和强化企业的核心专长。比如，有的制造企业基于原有产品维度上的优势先从传统渠道延伸到互联网渠道，再根据线上线下两个渠道客户群体的整体情况拓展产品组合，进而在上游产品定制化设计或下游售后服务等经营方式上进行延伸，最终实现拓宽和升级业务运营体系。

当然，企业也可以先根据产业结构的重组延伸或转变产业链环节，实现产品开拓，再根据产品组合的新优势开拓细分市场，之后创新经营方式。有的行业与互联网、大数据服务业等关联行业融合发展，也有的行业因为技术和制度的变化而改变原有的行业结构和市场准入。这些行业层面的变化导致企业的转型升级更多地要首先明确自己在产业链中的专业化分工，即企业需要在一个动态重组的产业链条中选择并攫取一个足够有价值、能够发挥优势的环节。当然，获取该环节并确立自己在该产业链环节中的价值定位需要企业基于自身优势的战略性资源与能力。企业可以基于原有优势，或基于原有产业链环节的经验和惯性，选择在产业链维度上扩张或转移到新的更有价值的环节。伴随着新的产业链环节和新的价值创造，企业再进一步选择是否在细分市场维度上做相应的转型与调整。

随着数字技术融合传统产业、市场制度变革以及需求变化等宏观因素，不少企业存在“跨界”实施开拓战略的可能。“跨界”（cross-boundary）一般被定义为“突破原有行业惯例，通过嫁接外行业价值或全面创新实现价值跨越的企业/品牌行为”。目前关于企业跨界的定义并没有统一，企业业务层战略的“边界”可能涉及行业、方式、定位、目标顾客、区域、渠道等。战略边界的改变（破界或跨界）必须以构建、发挥、强化企业的竞争优势或核心专长为目的，即在把握机会的同时，有效利用范围经济、规模经济或降低交易成本。值得注意的是，跨界的主要驱动力不应该是扩大规模、把握机会（尤其是制度合法性机会），而是核心专长的构建、发挥和强化。跨界的主要障碍不是没有机会，而是没有优势；不是缺乏硬性资源，而是缺乏软性资源；不是战胜竞争对手，而是要战胜自己的过去。对于已经具备核心专长或者关键竞争优势的企业来说，跨界的开拓战略必须有利于发挥范围经济、规模经济或降低交易成本的优势；有利于企业在发挥核心专长的同时，能够“反身”强化原有的核心专长，或者构建主业所需要的新关键竞争优势。

五、开拓战略与管理模式的创新

通过实施定位战略而在特定业务和特定定位上构建了核心专长的企业，需要进一步实施市场开拓、产品开发和经营方式创新的战略，在区域、产品和经营方式三个维度上开拓经营边界，通过利用规模经济与范围经济效益，发挥和强化企业的核心专长。有效实施开拓战略要求企业战略管理者既要看到新旧区域市场、新旧产品、新旧经营方式之间的相似性，通过共享与协同发挥规模经济与范围经济效益，在发挥核心专长的同时能够强化核心专长，又要看到新旧区域市场、新旧产品、新旧经营方式之间的差异性，在多维度共享与协同中不失区域市场、产品和经营方式上的灵活性，从而对构建与战略匹配的管理模式，尤其是战略领导、组织结构和管理机制，提出很高的要求。

第一，战略领导。企业战略管理者，尤其是高层战略管理者必须对企业围绕核心业务和竞争定位所构建的核心专长具有全面和深刻的认识，这是有效实施开拓战略的基本前提。在此基础上，企业战略管理者还需要对企业在上述三个维度上的开拓和整合来发挥和强化核心专长的机制形成清楚的认识。按照资源基础观的观点，这种认识将不仅决定企业管理模式的构建，还将进一步决定企业在市场、产品和经营方式等方面的组合战略。

第二，组织结构。为了将企业原有的关键竞争优势甚至核心专长在三个维度上有效地发挥和强化，首先，企业战略管理者需要高度重视新旧区域市场、新旧产品和新旧经营方式之间的共性，判断哪些关键竞争优势可以从三个维度的拓展中得到发挥和强化。凡是可以为多区域市场、多产品和多经营方式所共享的管控、经营与服务部门原则上应该放在企业总部。其次，企业战略管理者需要高度重视区域市场、产品和经营方式之间的差异，并且在组织中加以区隔，通过设立专门区域市场、产品和经营方式的经营单位将认识、反映和管理这种差异的职责在组织上得到落实，从而使企业在这些区域市场、产品和经营方式上的经营战略能符合区域市场、产品和经营方式的特点。根据区域市场、产品、经营方式之间差异的大小以及竞争激烈程度与关键成功因素的差异，这些分别负责区域市场、产品、经营方式的组织可以是企业内设的非独立法人机构，也可以是独立法人机构，甚至是股权多元化的独立法人企业。美的、海尔早期由于对经销商渠道的依赖，为了应对格力空调的专卖店模式在销售组织扁平化方面的优势，曾经多次进行销售体系组织架构的调整，希望在确保区域灵活性的前提下提高跨区域联动与协调的能力。

第三，管理机制。为了有效发挥和强化核心专长，实施开拓战略的企业，首先需要在总部与负责区域市场、行业和经营方式的下属经营单位间合理划分管理权限，在能够发挥规模经济与范围经济效益的领域实施集权，而在需要体现差异或者灵活性的领域实施分权，做到该分权的分权，该集权的集权。其次在需要共享和协同的层次上或维度间（例如在企业的区域市场、产品和经营方式三个维度之间）构建交易协同机制，以促进合作；在不需要共享和协同的层次上（例如在企业的区域市场、产品和经营方式等内部经营单位之间）构建内部竞争机制，以提高效率。对于在三个维度上与原有区域市场、产品和经营方式偏差比较大的经营单位，企业要容许企业管理者参股或者给予股权激励，减少企业内部控制的成本和激发企业管理者的积极性与创造性。

第 2 节　动态竞争战略

在企业针对特定行业的特定定位、区域、产品、经营方式而构建、发挥和强化核心专长的过程中，那些定位、区域、产品、经营方式相同的企业竞争互动越来越动态和激烈。这种竞争互动包括一系列的进攻与反击的互动行为，核心目的都是要在模仿、抑制或者干脆颠覆对手竞争优势的同时，发挥和强化自身关键竞争优势甚至核心专长。从 20 世纪 90 年代初开始，西方管理学者越来越关注经营环境动态、不确定、复杂和模糊趋势下企业之间的竞争互动行为，并且基于定位相同企业多区域和多产品竞争的情况，对企业竞争互动的战略决策行为规律进行了深入的研究。经过多年的研究和努力，他们在动态竞争战略方面出版了两本最具有代表性的论文集：（1）1994 年，理查德·A. 戴维尼（Richard A. D'Aveni）和罗伯特·冈特（Robert E. Gunther）合著的《超级竞争》（*Hyper-Competition: Managing the Dynamics of Strategic Maneuvering*）；（2）1996 年，乔治·S. 戴伊（George S. Day）、戴维·J. 雷布斯坦因（David J. Reibstein）和罗伯特·E. 冈特合著的《动态竞争战略》。对于复杂和快速变化的竞争现象的概括，前一本著作采用了“极度或者超级竞争”这个概念，后一本著作采用了“动态竞争”（dynamic competitive）的概念。20 世纪 90 年代以来，我国企业管理者与国际上的企业管理者一样，在战略制定方面越来越明显地感受到动态竞争互动对企业战略选择的影响，越来越关注如何在动态、不确定、复杂和模糊环境下通过有效和有效率的竞争互动不断地发挥和强化企业关键竞争优势甚至核心专长。

关于什么是动态竞争，学术界没有统一和规范化的定义。从学者所使用的概念来看，广义的动态竞争应该包括三个层次的含义，而动态竞争程度的测定则主要依据企业竞争优势可保持性的大小。（1）动态竞争（dynamic competition），是指企业在越来越动态的经营环境下竞争，经营环境的动态化正在越来越明显地从外部威胁着企业竞争优势的可保持性。（2）竞争互动的动态化（dynamic competitive interaction），是指企业之间多点和快速互动的趋势越来越明显，竞争对手之间的博弈、学习、模仿和创新已经导致企业竞争优势的发挥和保持受到了威胁。（3）竞争动力学（competitive dynamics），是指创新和速度正在代替规模成为企业竞争优势的主要来源。狭义的动态竞争可以参见美国著名战略学者希特、爱尔兰和霍斯基森的定义："在特定行业内，某个（某些）企业采取的一系列竞争行动，引起竞争对手的一系列反应，这些反应又会影响到原先行动的企业，这是一种动态竞争互动的过程。"由此可见，他们主要是在第二和第三个层次上理解动态竞争。总结西方学者的各种观点，动态竞争的特点主要表现在以下几个方面：

（1）动态竞争是以高强度和高速度的竞争为特点的，其中的每一个竞争对手都在不断地发挥和强化自身竞争优势，同时也抑制对手优势的发挥和强化，甚至是削弱对手的竞争优势。

（2）竞争对手之间的战略互动（strategic interactions）明显加快，竞争互动已经成为制定竞争和营销战略的决定因素。

（3）任何企业的先动优势都是暂时的，都有可能被竞争对手的学习、模仿和创新性行为削弱。

（4）竞争战略的有效性不仅取决于时间在先，更主要的是需要预测竞争对手反应和改变需求或者竞争规则的能力。

随着竞争优势可保持性的下降与速度和创新重要性的提升，原本就存在的竞争互动逐步从战术层面上升到战略层面，企业战略决策者需要新的理论来指导制定这种具有很强的针对性、对抗性和博弈性的战略决策，而波特的定位战略理论显然无法发挥这种作用。美籍华裔学者陈明哲教授在对美国民用航空业竞争互动长期和深入研究的基础上，提出了一个动态竞争中进攻与反击战略决策模型（见图 7－3），该模型对企业战略管理者制定动态竞争决策具有重要的指导意义。

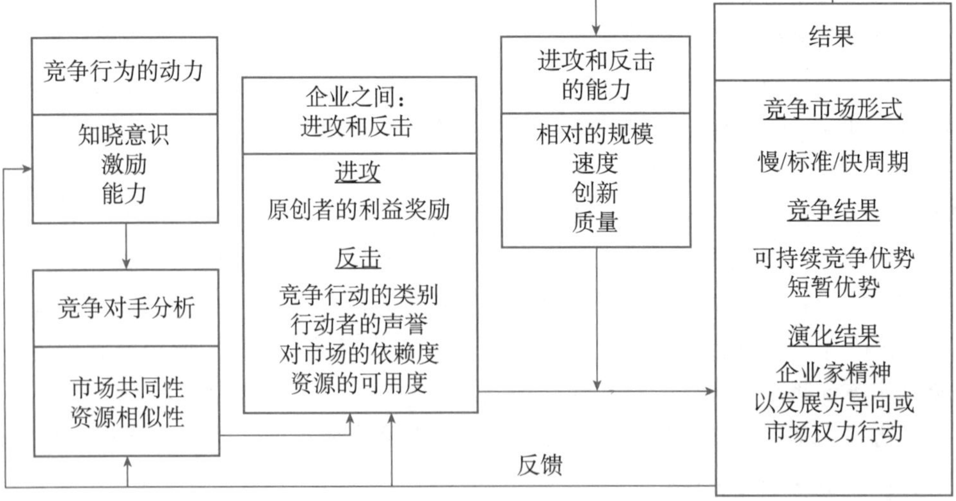

图 7－3　动态竞争中进攻与反击战略决策模型

资料来源：迈克尔 · A. 希特，等. 战略管理：概念与案例：第 8 版. 北京：中国人民大学出版社，2009.

一、明确竞争互动的动因

在企业参与一场动态竞争互动之前，企业战略管理者必须在认真分析企业外部和内部环境的基础上，首先明确自己介入与其他企业（包括发起进攻或者反击）竞争互动的动因，才能够决定自己是否真的需要做出参与的决策。企业战略管理者一般可以从以下三个方面来分析动因。

1. 了解竞争的态势

在采取任何具体的进攻或者反击行动之前，无论是先动还是跟进企业的战略管理者都必须对宏观环境、行业环境和竞争环境重新进行审视和分析，了解竞争互动产生的宏观、行业和竞争层面的战略意义；必须对竞争对手的战略意图和引发本次竞争互动的目的进行充分的论证，以免自己盲动和使企业介入一场没有意义的竞争互动。在此基础上，企业战略管理者还需要对各个潜在的竞争对手进行分析，包括对本行业各个战略群的基本战略以及所在战略群中各个竞争对手的战略、实力和行为特点进行分析，防止被其他真正的竞争对手利用。

2. 预测竞争互动的结果

在了解竞争态势的基础上，无论是先动还是跟进企业的战略管理者都必须对竞争互动中进攻和反击双方的各种战略选择、互动过程和互动的结果进行预测，对基于竞争互动所造成的影响，包括对竞争环境、行业环境甚至一般环境可能产生的各种影响进行预测，从而确定主动发起或者被动参与竞争互动的结果能否在战略上产生期望的回报。

3. 分析自己的资源和能力

根据前面两个环节的分析，企业战略管理者必须有针对性地分析自己的资源和能力是否足以支持发动进攻或者实施反击，是否足以支持与竞争对手进行长期和全面的竞争互动。

二、选择竞争对手

在全面和仔细推演了竞争互动中各种可能的战略选择和相应的结果之后，企业需要根据竞争态势和内部资源与能力的分析，明确自己的战略意图。在此基础上，企业战略管理者还需要根据自己的战略意图去分析和选择竞争对手。在分析和选择竞争对手时，企业战略管理者需要特别关注以下两个变量。

1. 互动双方的市场和产品共同性

如果我们把一个具体的市场区域和具体的产品作为企业之间竞争互动发生的“点”，那么所谓企业之间的市场和产品共同性就是指两个企业在多少个市场和多少个产品上存在互动的可能性。研究表明，两个企业的市场和产品共同性越高，那么发生正面和直接对抗的可能性就越低，因为受攻击的企业可以选择在其他市场点或者产品点进行反击，这样的策略既可以保护自己，又可以抑制对手的进攻行为。研究还表明，市场和产品共同性高的两个企业之间所发生的多点竞争有利于降低而不是提高双方的竞争强度，有利于双方相互了解、相互学习和达成某种默契。市场和产品共同性低的两个企业之间所发生的竞争更容易导致竞争强度的提高，因为竞争的一方具有多点竞争的优势，而竞争的另一方只有多点竞争的劣势，所以具有劣势的一方没有其他的选择，只能与竞争对手进行正面和直接的对抗。

企业战略管理者必须根据自己的战略意图，在市场和产品共同性高的对手与市场和产品共同性低的对手之间做出选择。例如，如果一个企业具有多点竞争优势，那么它在进入一个新的市场或者新的行业时，会选择谁作为对手呢？如果它选择市场和产品共同性高的对手，那么竞争对手可以在与其相同的其他市场区域或者产品上做出反击，此时其多点竞争优势的发挥就会受到抑制。反之，如果它选择市场和产品共同性低的对手，那么竞争对手就没有在其他市场和产品上进行反击的可能性。在与格兰仕、华帝以及其他若干单一经营的小家电企业的竞争中，美的集团就是选择了这些具有多点竞争劣势的企业作为竞争对手，从而导致这些在单一产品上具有很高市场占有率的企业立即陷入被动，它们既没有办法抑制美的集团的多点进攻，又没有办法保护自己的市场，只能被迫采用对自己非常不利的价格战或者自己并不擅长的行业多元化发展战略。

2. 互动双方的资源相似性

研究表明，企业一般不会针对具有反击能力的企业发起进攻。一般来说，具有相似资源的企业更不容易陷入正面和直接的竞争互动，这不仅是它们之间相互更了解，而且是因为双方对竞争互动结果的预测更为理性；资源相似性低的企业之间更容易发生正面和直接的竞争互动，资源优势明显的企业认为小企业没有反击能力，而资源优势不明显的企业认为资源优势明显的企业“大有大的难处”，主动出击好过被动等死。

企业战略管理者必须根据自己的战略意图，在资源相似性高的对手和资源相似性低的对手之间做出选择。例如，如果一个资源相对少的企业希望通过降低价格去扩大自己的市场占有率，选择资源相似的企业作为对手，那么竞争对手有可能快速做出性质相同的反应，结果可能导致市场价格下降。在市场价格下降的情况下所提升的市场占有率既没有很大的意义，又不具有可保持性。如果这个企业选择资源相似性低的企业，例如将大企业作为对手，那么大企业首先不会迅速做出反应，也不可能采取性质相同的反击行动。如果这个企业想要对资源相似性高的企业发起进攻，可以采取一些误导竞争对手的竞争策略，先将对手的资源引至非主攻方面，再在主攻方面发起进攻，从而使得竞争对手没有办法做出快速和性质相同的反击行动。

三、分析先动与跟进者的优势与劣势

在竞争互动之中，企业可以选择先动者的角色而成为进攻方，也可以选择跟进者的角色作为反击方。但是，总会有一些企业长期选择滞后者的角色。面对行业重大的发展机遇，先动者和后动者各有优势和劣势，但是滞后者一般没有明显优势可言。在认真分析战略态势和选择竞争对手的基础上，企业战略管理者必须了解在一场具体的竞争互动中先动者和后动者的优势与劣势，并且对自己将要扮演的角色做出选择。

1. 先动者优势

取决于竞争行为的性质，动态竞争中的先动者一般在下列四个方面具有所谓先动的优势：(1) 由于先发制人而享受独占市场的优势；(2) 由于先入为主可以赢得更多顾客的关注和忠诚；(3) 通过建立行业规则获得竞争优势；(4) 具有构建进入障碍的主动权。同时，先动者也具有一些潜在的劣势。例如，作为一个新产品的开发者，很可能会因为研发投入太多而没有足够的市场开发投入、无法形成规模化制造、无法完善产品品种系列，甚至有可能在初期阶段面临产品性能、质量和供应方面的问题。

2. 跟进者优势

取决于竞争行为的性质，跟进者在动态竞争中一般具有与先动优势对应的劣势，但是它们也有可能获得一些竞争优势。一般来说，跟进者有可能根据先动者的劣势而将资金集中投入生产和营销，建立营销和生产上的优势；有可能在深入考察先动者产品和营销缺陷的基础上，推出性能、质量和系列程度更完善的产品，形成产品上的竞争优势。

3. 先动者与跟进者优势的转化

企业战略管理者必须从动态的角度去分析先动者和跟进者优势与劣势的大小，因为先动者和跟进者的优势与劣势完全有可能受到跟进者跟进速度的影响而发生重大逆转。如果跟进者跟进的速度非常快，那么先动者的优势可能被削弱，甚至变成劣势；相反，如果跟进者跟进的速度很慢，那么先动者的优势和后动者的劣势都会被极大地强化。因此，先动企业的战略管理者必须知道，推迟竞争对手的反应具有重要的战略意义，值得企业采取一些策略性措施去麻痹、误导竞争对手，推迟竞争对手的反应。相反，后动企业的战略管理者必须对竞争对手的战略行为保持高度关注，贻误战机的后果很严重。

四、预测竞争对手的反应

无论对于进攻方还是反击方来说，有效的动态竞争战略应该是能够成功预测和控制竞争对手竞争行为的战略。企业战略管理者在选择了自己在动态互动中的角色之后，必须掌握预测竞争对手的方法。一般来说，下列四个变量可以用于预测竞争对手的行为。

1. 竞争行为的性质

企业之间的竞争互动行为可以划分为两种：一种是战略性行为，专指那些投入大、影响大、实施困难，当然调整起来也会损失巨大的行为。开发重大新产品、兼并收购、扩大产能、改变销售模式或者分销渠道等通常可以视为战略性行为。另一种是战术性行为，专指那些投入小、影响小、实施容易，当然调整起来也比较容易的行为。与价格调整、广告促销、售后服务等有关的竞争行为通常被视为战术性行为。企业通常不会对战略性行为立即采取性质相同的竞争行为作为反击，但是一般都会对战术性行为立即采取性质相同的竞争行为作为反击。因此，企业战略管理者可以根据竞争互动行为的性质判断竞争对手是否会迅速采取性质相同的反击行为。

2. 参与者的声誉

参与竞争互动的企业存在声誉上的差别。一般情况下声誉好的企业，例如行业领导型企业，其竞争行为更容易导致其他企业的跟进和模仿；声誉不好的企业，例如过于冒险或者偏好价格战的企业，其竞争行为更不容易被其他企业跟进和模仿。企业战略管理者可以根据企业的声誉判断企业竞争行为是否有可能被迅速跟进或者模仿。但是，竞争对手可能在竞争互动中利用其声誉来误导其他企业对自己竞争行为的判断，声誉好的企业有可能故意利用自己的“好名声”误导整个行业的企业，声誉不好的企业也可能故意利用自己的“坏名声”取得明显的先动优势。

3. 市场和产品依赖度

与市场和产品的共同性相关，如果受攻击的企业高度依赖一个市场，那么它很可能对进攻行为迅速做出反击；相反，如果受攻击的企业并非高度依赖一个市场（而是有多个市场），那么它一般不会迅速采取反击行动。如果受攻击的企业高度依赖一个产品，那么它一般会迅速地做出性质相同的反击行为，而不管所受到的攻击是战略性的还是战术性的。由此，我们不难理解，当美的集团利用产品多点优势进入微波炉市场时，格兰仕的反应为什么那么强烈，因为格兰仕当时只有微波炉一个产品。

4. 资源的可利用度

在预测竞争对手行为时，企业战略管理者不仅需要考虑竞争对手的资源相似性，而且需要具体分析竞争对手资源的可利用性。有的竞争对手虽然资源很多，但随时可以调动的资源不多，反之亦然。企业战略管理者必须根据竞争对手可调动的资源多少预测竞争对手是否有可能迅速反击以及会采取什么性质的反击行为，这样方可使自己的进攻或者反击行为做到有的放矢，并且具有意外性。企业战略管理者必须在了解竞争对手资源配置及其可利用情况的同时，尽量阻止竞争对手了解自己的资源情况。

五、了解竞争互动中关键成功因素

在企业间多点和快速的竞争互动中，制定和实施有效的竞争决策需要企业战略管理者把握竞争互动中的关键成功因素。

（1）质量仍然是企业能够参与竞争互动的基本条件。在完善的市场经济条件下，产品或者服务没有达到基本质量要求的企业是不具备参与竞争互动的资格的，无论这个企业是作为发起进攻的一方，还是作为做出反击的一方。

（2）规模在竞争互动中具有矛盾的作用。一方面，规模大的企业速度和创新能力比较低，在动态竞争中具有明显的劣势；另一方面，规模大的企业一旦先动起来，其影响力和竞争力仍然是竞争优势的来源。因此，规模大的企业的战略管理者要注意克服“大企业病”，而中小企业也要善于发现和利用规模大的企业的弱点。

（3）速度在动态竞争中具有越来越重要的作用，这不仅体现在先动优势方面，而且体现在跟进者的跟进方面。因此，企业战略管理者不仅需要敏锐的洞察力，而且需要具备快速的决策能力和执行能力。

（4）创新在竞争优势难以保持的情况下成为企业竞争优势的主要来源。环境变化、对手的学习和模仿已经使竞争优势的保持变得非常困难。因此，企业战略管理者既要争取保持、发挥竞争优势，又要对难以保持的竞争优势采取“自灭自新”的做法，只有通过连续的“自我否定”才能够不断创新，建立新的竞争优势。

六、判断优势可保持性

经过一轮竞争互动的过程，赢得竞争互动的一方取得了竞争优势。但是，企业战略管理者必须判断所取得的竞争优势是暂时的还是具有可保持性，这种判断将决定企业战略管理者如何对待该种竞争优势。正如图 7－4 所示，企业战略管理者要决定哪些竞争优势可以作为企业长期竞争战略的依据，哪些竞争优势只能迅速发挥而获取应有的经济效益；在什么情况下巩固和发挥竞争优势，在什么情况下需要主动放弃现有的竞争优势。企业战略管理者对“自灭自新”时间临界点的把握至关重要。没有到这个点，企业主动放弃尚未被侵蚀的优势就是一种浪费；过了这个点之后，竞争优势可能已经被模仿和学习，或者因为环境的变化而不再重要，再继续巩固和发挥这种被侵蚀的优势就可能错过创新的机会。

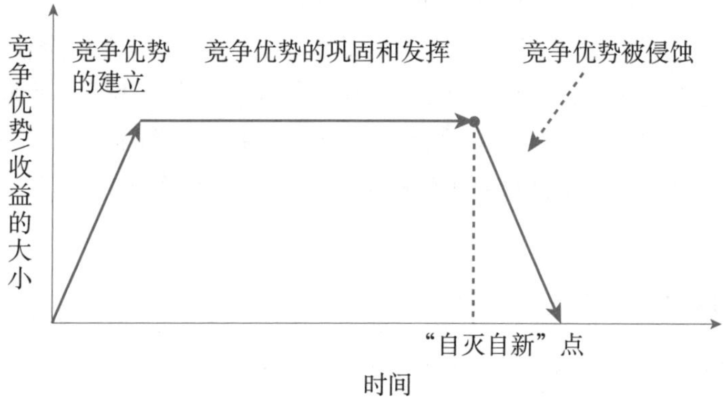

图 7－4 竞争优势建立、发挥和丧失模型

资料来源：Richard A. D'Aveni. Hyper-competition：managing the dynamics of strategic maneuvering. New York：Free Press，1994.

在判断竞争优势可保持性时，企业战略管理者需要考虑以下若干因素：（1）战略性行为所产生的竞争优势具有相对更长的可保持性，而战术性行为所取得的竞争优势则具有相对比较短的可保持性；（2）如果行业领导型企业学习和模仿了自己的竞争行为，那么所取得的竞争优势具有更长的可保持性；（3）在快周期行业中所取得的竞争优势可保持性低，而在慢周期行业中取得的竞争优势可保持性更高，行业周期的快慢不仅与行业的自然特点有关，而且与行业的垄断程度有关。

七、竞争优势发挥的战略选择

在对竞争优势的可保持性做出正确判断之后，企业战略管理者还需要考虑如何发挥所获得的竞争优势。对于所获得的短期竞争优势，企业战略管理者需要发挥企业家精神，快速且大胆地将这些优势发挥出来，然后用所获得的收益去实施、建立新的竞争优势。例如，如果一个企业取得了某项技术创新，并且估计这种技术创新带来优势的可保持性可能就是一两年，那么企业战略管理者可以选择通过迅速推广来回收投资，以进行新技术的研发，等到其他企业学习和模仿了这种技术时，企业已经可以推出更新的技术。对于所获得的长期竞争优势，企业战略管理者可以考虑对其采取巩固发挥的方式，以充分利用这种竞争优势来获得和保持某种特殊的市场地位与影响。

为了有效发挥企业的竞争优势，企业战略管理者需要考虑所处行业或者市场的生命周期特点。一般来说，在行业或者市场生命周期的早期增长阶段，发挥竞争优势的主要目的是迅速扩大生产，增强市场开拓能力，提高市场占有率；在行业或者市场生命周期的成长阶段，发挥竞争优势的主要目的是提高产品的研发能力，迅速开发和占据主要的细分市场；在行业或者市场生命周期的成熟阶段，发挥竞争优势的主要目的是不断巩固市场垄断地位。

第 3 节　多点竞争互动战略

虽然陈明哲教授在 20 世纪 90 年代对动态竞争互动决策行为的研究已经涉及多点竞争和多点竞争中的战略决策问题，但是他所研究的多点竞争主要是单一维度上的多点竞争，这主要是因为：（1）基于当时的科学技术水平、全球化程度和企业的资源与能力，在多个维度上实施开拓战略的企业并不多，因此在多个维度上展开多点竞争互动的企业也不多；（2）同时从多个维度展开对多点竞争互动的研究不利于揭示动态竞争互动行为的规律，而从单一维度研究所取得的成果完全可以应用于多个维度上的多点动态竞争互动。

一、单一维度的多点竞争战略

所谓单一维度的多点竞争是指，假定三个企业分别实施了市场开拓战略、产品开发战略或者经营方式创新战略，就说明这三个企业分别在市场维度、产品维度或者经营方式维度上具有了多个与竞争对手接触或者竞争的“点”。其中任何一个企业在实施市场开拓战略、产品开发战略或者经营方式创新战略的过程中都有可能与两种不同的竞争对手形成两种不同的多点竞争格局，而区别只在于“点”的含义有所不同。

第一，多点对单点的竞争格局。假定一个中国国内的空调制造企业，通过实施市场开拓战略而在全国各个区域市场建立了自己的营销组织和销售网络，那么这个企业首先会与当地的一个实施区域市场集中战略的空调制造企业形成接触或者竞争关系。假如这个全国性空调制造企业与某个地方性空调制造企业相互选择对方为竞争对手，并且正式形成了多点对单点的竞争格局。其中，全国性空调制造企业对这个地方性空调制造企业具有明显的多点竞争优势，相反，这个地方性空调制造企业就具有明显的多点竞争劣势（见图 7－5）。这个全国性空调制造企业完全可以发挥其在全国市场上所形成的资源与能力优势发起进攻，例如在这个特定区域市场（如区域 3）上发起降低价格、附送礼品、增加服务等，而这个地方性空调制造企业别无选择，只能就地反击，结果很有可能是被迫退出或者低价出售。如果这个地方性空调制造企业不选择这个全国性空调制造企业作为竞争互动的对手，而是选择坚守某个特定利基市场，例如专注专业空调市场或者通过关系网络销售空调，那么这种多点对单点的竞争互动格局从一开始就不存在。

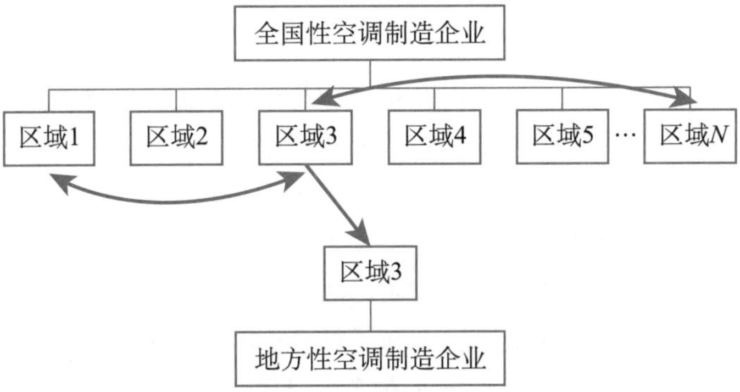

图 7－5　多点竞争的优势与多点竞争的劣势

第二，多点对多点的竞争格局。假定两个占据全国市场的大型家电企业同时实施产品开发战略，并且形成了基本相同的产品组合，那么它们在多个家电产品上发生了接触或者竞争关系。假如这两个企业互相都选择了对方作为自己的竞争对手，并且正式形成了多点对多点的竞争格局（见图 7－6）。其中这两个企业在产品维度上没有明显的多点竞争优势与劣势。在双方的多点竞争互动中，双方的高层管理者都明白：（1）对手的产品组合与自己基本相同，企业针对某个产品点的进攻行为必然招致对手针对另一个产品点的反击；（2）双方的竞争实力基本相当，盲目、恶性和持续的多点竞争互动一定会导致两败俱伤；（3）双方多产品竞争互动的主要目的不是对手，而是其他中小企业；（4）双方多产品竞争互动的结果通常是在增加彼此了解、学习之后构建新的平衡或者默契，行业竞争的强度反而会下降。正如在导入性案例中，美的、格力、海尔在国内多个区域市场、多个产品组合上实现“多点接触”以后，相互直接竞争的强度就减弱，并将多点竞争的竞争行动逐渐转移到价值链维度上，并最终形成在价值链上的“多点竞争”。

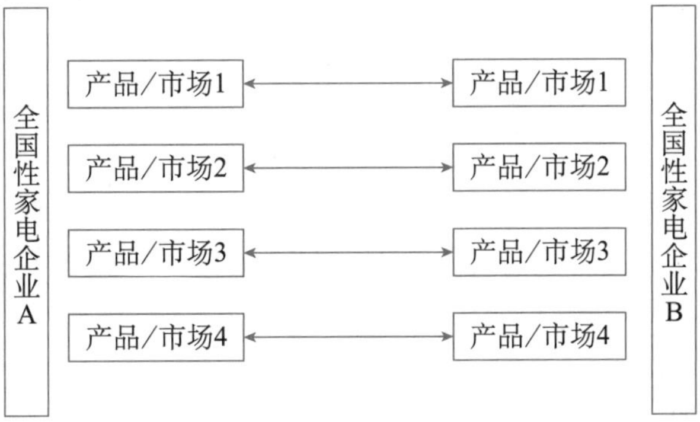

图 7－6　企业间的多点竞争互动

为了抑制和削弱竞争对手对自己形成多点竞争优势，分别实施市场开拓战略、产品开发战略和经营方式创新战略的企业往往会持续在这三个维度上的“点”构建多点竞争优势，并通过发挥多点竞争优势消灭那些明显具有多点竞争劣势的企业。企业通过模仿、学习和抑制与自己经营组合和实力相同的企业，并且形成某种形式的均衡或者垄断，有效发挥和强化自己的核心专长。

二、多维度的多点竞争互动战略

随着科技进步、市场需求多样化以及企业内外部资源获取和整合能力的提升，越来越多的企业已经不满足于单一维度的开拓战略，而是基于核心专长发挥和强化的需要在竞争定位、区域市场、产品、经营方式、价值链五个维度上实施开拓战略。例如，全国家电行业的美的、海尔、格力三大集团在过去30多年中，基本上是通过以下几个阶段的发展在上述五个维度的开拓中不断发挥和强化自己的核心专长的：(1) 在各种主营产品，例如风扇、冰箱或者空调等产品上实施市场开拓战略，形成对全国市场覆盖的空间格局；(2) 依靠主营产品的大规模经营而实施价值链整合战略，构建比较系统和完整的关键零配件供应体系；(3) 在此基础上通过产品开发战略进一步形成以白色家电为主，大小齐全的家电产品组合；(4) 通过实施高、中、低三种竞争定位战略，形成多种品牌的经营组合；(5) 在OEM、ODM、OBM多种经营方式并举的基础上，进一步实施线下与线上相结合的经营方式。通过上述五个维度的相互协同和强化，这三家企业的核心专长不断得到强化，形成了增长点多、盈利能力强和抗风险能力强的经营格局。

在企业总部的层面上，企业战略管理者更关心的是多维度的竞争互动决策，而单一维度多点竞争决策则被放到了战略经营单位甚至各个事业部的层面。在多维度对单一维度的竞争互动格局中，多维度经营的集团企业明显具有多点竞争的优势（见图7－7）。例如，面对单一维度的企业，上述三大家电集团完全可以发挥全球或者全国市场、全产品品类和系列、全竞争定位、全经营方式以及全价值链整合的巨大优势，通过跨维度转移和共享优势，完胜单一维度的企业，因此中国白色家电的国内市场集中度非常高，上述这三家国内家电企业的市场竞争地位基本达到了难以撼动的程度。在多维度对多维度的竞争互动格局中，这三家国内家电企业之间的竞争基本上是有限竞争和适度反应。从目前情况来看，美的和海尔在上述五个维度上的开拓更为合理，因此在多维度竞争方面具有更明显的竞争优势。

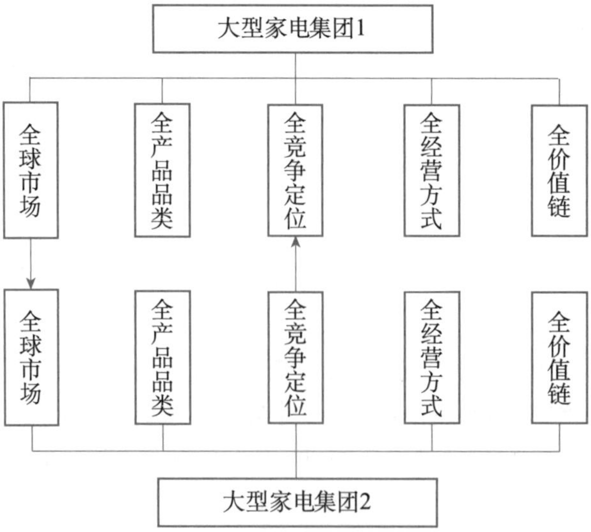

图7－7 大型家电集团企业间的多点竞争互动

三、多点竞争互动的关键成功因素

正是因为多点竞争在动态竞争，特别是全球化竞争中具有越来越重要的作用，在全球化企业选择竞争对手和制定竞争对策时，应该对竞争对手是否有可能和在多大的效率上采用多点竞争战略进行分析。陈明哲教授为此构造了一个企业多点竞争的复杂模型（见图 7－8），从中可以看到在多点竞争中获得成功的关键因素是速度（包括反应和实施的速度）和质量，这就使下列因素变得非常重要。

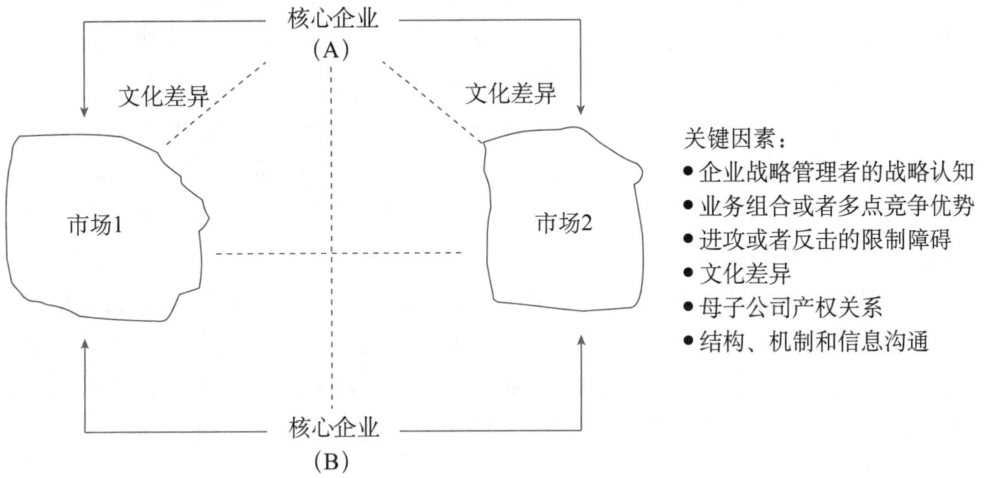

图 7－8　企业间的多点竞争互动模型

第一，企业战略管理者的战略认知。有效地实施多点竞争不仅需要企业战略管理者具有一般意义上的战略思维和决策能力，从而能够从全局上把握战略态势、市场竞争的格局，更重要的是要对本企业和竞争对手经营组合的每一个维度和各个维度上的点的战略意义与具体情况都有正确的认知，他们能够在攻击或者反击过程中了解竞争对手的意图，并且做出快速和正确的反应。企业战略管理者的战略认知与企业战略管理者的构成特征具有密切的关系。研究表明，在多点竞争决策的过程中高管或高管团队的个体特征，包括性格、专业背景、行业经验等，对竞争行为的决策效率、竞争行为的类型偏好，以及决策后执行的强度等构成直接的影响。企业之间的多点和动态竞争其实比的是双方高层管理者的决策能力，尤其是对竞争态势的认知。

第二，业务组合或者多点竞争优势。在采用多点竞争战略之前，企业战略管理者应该对竞争对手是否具有或者拥有多大的多点竞争的优势或者劣势进行认真的分析。一般来说，拥有更多经营维度以及在每个维度上拥有的竞争点越多的企业具有更大的多点竞争优势。这种优势的质量还取决于以下两个因素：（1）构成企业经营组合的各个维度是否合理，例如，在外部交易成本很低的情况下，继续实施价值链整合就不合理；（2）企业在每个维度上布局的点是否合理，例如，市场面过宽或者产品相关性过低等。

第三，进攻或者反击的限制障碍。应该分析自己或者竞争对手在采用多点进攻或者反击时，是否会遇到不同国家或者地区政府在规制或者法律方面的障碍。在企业国际化的过程中，贸易保护主义可能成为多点竞争的障碍，而在国内市场开拓中，区域竞争与地方保护也同样有可能成为多点竞争的障碍。

第四，文化差异。在多点竞争的过程中，文化差异的影响将会在两个不同的层面上体现。首先，在估计竞争对手的反应或者采用进攻战略时，企业战略管理者应该分析竞争对手与本企业在文化上的差异，无论这些差异是来自国家、民族、地区，还是企业性质。文化差异越大，那么竞争对手对多点进攻战略所可能产生的反应越是难以估计和达成妥协。其次，在估计本企业内部各个维度或者每个维度上各个点的反应速度时，企业战略管理者应该分析企业总部的文化与各个维度或者每个维度上各个点的文化差异。这种差异越大，那么本企业在多点竞争中的反应速度和质量越会受到负面影响。

第五，母子公司产权关系。在实施开拓战略或者多维度经营的企业中，总部与各个维度上的经营单位之间的产权关系代表了总部对这些经营单位的控制力度。一般来说，对子公司的所有权、控制力度和多点竞争速度之间存在着密切或者说正相关的关系。企业对全资子公司的控制力度越大，多点进攻或者反击的速度就越快，行动的效率就越高；对控股、持股子公司以及其他非产权关联的企业的控制力度就比较小，因此在多点进攻或者反击中行动就比较缓慢。

第六，结构、机制和信息沟通。除了产权关系以外，母子公司之间的组织结构、管理机制和信息管理的有效性，特别是信息沟通的水平也会对多点竞争的速度和质量产生明显的影响。如果组织结构设计更加扁平和柔性，管理决策的流程少，评价和控制机制更加强调整合、快速和创新，信息化平台和信息化管理水平更高，那么企业多点竞争的速度和质量更好。

思考题

1. 如何理解企业业务开拓战略的具体内容？
2. 如何理解企业多定位的业务开拓战略？
3. 企业竞争的本质是什么？
4. 在动态环境下，如何确定竞争对手并分析竞争对手的优势及劣势？
5. 如何分析预判两个企业之间是否会发生激烈的竞争互动？
6. 不同特征和类型的管理模式能够有效支撑什么样的竞争行为？

能力拓展

请试分析与预测索菲亚和尚品宅配两家企业在家居领域会发生怎样的动态竞争互动，并分析预判双方的竞争策略。

第8章

业务多元化战略

导入性案例

剑指长空——京东方集团的业务多元化战略

1. 从电子管厂到京东方

京东方的前身是1956年10月投资成立的北京电子管厂。80年代以前，它一直是中国最大、亚洲最强的电子元器件厂，是中国电子工业和国防工业的骨干企业。改革开放以后该企业面临着两方面的挑战：一是军工订单大幅缩减，电子工业开始军转民；二是技术进步加快，小型电子管被晶体管代替，晶体管又被集成电路代替，集成电路又被集成块代替……受制于体制和机制的限制，曾经辉煌的“管厂”逐步开始衰败，年年亏损，员工被裁、机器停工、厂房出售，到1992年已经濒临破产。同年9月，王东升临危受命，担负起北京电子管厂扭亏为盈、再铸辉煌的重任。在新领导班子的积极争取之下，电子管厂被上级部门批准实施股份制改革，更名为北京东方电子集团股份有限公司。2001年8月，根据全球化战略发展的需要，正式更名为“京东方科技集团股份有限公司”(BOE)。

2. 半导体显示主业与核心技术能力的形成

为了“活下去”，改制以后的企业在稳定或收缩主业的同时，试图以有限的投入和灵活的机制把握居民消费升级所带来的各种机会，先后进入过保健营养茶、爽口液、电器维修中心、制冷设备、灯具和节能灯赛道，但大多以失败告终。在总结经验教训的基础上，王东升认为企业应该回归自身的主业，在绝大多数中国显示器件企业仍然紧抱阴极射线显像管（CRT）技术的情况下，全面投入到薄膜晶体管液晶显示器（TFT-LCD）的技术研发中，通过技术跃升摆脱困境。与绝大多数同行企业相同，北京东方电子集团在缺乏技术、资金和人才的情况下，决定选择采用与国外企业合资办厂的方式生产TFT-LCD。虽然企业非常希望通过合资合作走出一条从引进、消化到创新的道路，但是外国公司对技术把控极其严格，企业必须通过自主创新去掌握核心技术。TFT-LCD是一个高技术、高投入、高风险的产业，想要进入并扎根绝非易事。更何况日韩企业领先国内技术30年，已经形成先行者优势，存在很多的专利和技术壁垒。恰逢此时，韩国现代集团因债务危机不得不出售其液晶显示业务——现代显示技术株式会社（HYDIS）的股权。京东方抓住这次机会，2003年1月，成功以3.5亿美元跨国收购HYDIS，获得全面知识产权（包括液晶显示应用技术、设计技术和制造技术等）、全球性液晶显示市场份额和营销网络以及相关研发团队，成功踏入 TFT-LCD 产业。海外收购仅是万里长征第一步，京东方真正要做的，是通过收购获得技术资源，解决进入 TFT-LCD 产业所需的技术来源、专利障碍、起步市场和核心技术人员等重大问题，然后自主建线，在国内扎根，做大做强。通过并购后的消化、吸收、再创新，2003 年 9 月，京东方投资 12 亿美元自主建设北京 TFT-LCD 第 5 代生产线，于 2005 年投产，结束了中国大陆“无自主液晶显示屏时代”。在日韩企业的多方阻拦之下，京东方没有继续新增第二条第五代生产线，而是先建 4.5 代线，目的是在中小尺寸液晶面板领域做到最强。此后，京东方先后在合肥建设了第 6 代线（完全自主建设）、在北京建设了 8.5 代线（聘请韩国专家担任总指挥），产品良率达到 95%以上，实现满产和盈利。至此，京东方已经掌握了液晶面板的核心技术。

2005 年以后，京东方 TFT-LCD 的投资和生产规模迅速扩大，但是销售收入持续走低，除 2007 年以外，其他年份的净利润都不尽如人意，这说明京东方的市场竞争力不强。经过集体思考和深入的市场调查，王东升认为跟随某些国际大公司的脚步，不是京东方应该做出的选择：“同样的型号，市场更愿意接纳技术成熟的产品，它们生产什么我们就生产什么，并不能带来更大的市场，反而会暴露我们技术上的不足。只有从中发现和拓展客户的需求，才能找到方法。”他强调要集中化和以市场为导向，并就如何实现以市场为导向提出了两项改革：把营销重点放在潜在的战略客户身上，了解未来市场需要什么；针对移动互联网兴起，做小做精，进行一系列生产线的转型。恰逢此时，三星决定选择京东方作为其尚在生产阶段的新产品的供货商，并在新产品上采用京东方正在研发的边缘场开关技术（FFS）。经过持续改善，京东方终于全面通过三星的审核，成为三星七英寸平板显示屏的稳定供货商，并且在 5 代线上成立新的 FFS 项目。在不断推陈出新，持续更新改造 FFS 技术的基础上，京东方通过专利技术的叠加和融合，成功构建了宽视角技术体系 ADSDS，该体系已成为京东方在 TFT-LCD 领域最核心的专利之一。为了有效实施上述战略，2009 年以后，京东方推动了两个重要的组织变革：（1）以专业化和市场导向为目标，从分散化向集中化组织结构转变；（2）以建立集团研发体系为标志，从偏重制造向研发和制造并重转变。初期，京东方将此变革命名为“OPI”（Organization，Process，IT——组织、流程和信息系统）。为了确保变革的有效实现，京东方成立了一个专项项目组，深入研究了业内标杆企业的组织、整体经营策略以及关联企业的组织架构。研究发现，组织的构建必须紧密围绕既定的战略展开。同时，在流程和 IT 系统构建完善的基础上，还必须构建一套健全的内控体系以确保组织的稳健运行。于是在“OPI”的头尾各加一个字母 S（Strategy）和 C（Control），变成了“SOPIC”（Strategy，Organization，Process，IT，Control）。在逐步明确变革需求后，京东方聘请了专业的咨询公司协助梳理其战略，并据此设计了与之匹配的组织、流程、IT 系统和内控体系。在此基础上，提出专属的核心战略——“剑字战略”，把京东方进入 TFT-LCD 产业之后的成长阶段划分为扎根、钢剑、铁剑、木剑、无剑几个阶段，并将创新引领发展的理念和价值观贯彻始终。

经过一系列的成功决策及稳步推进，京东方成功地抓住了中小尺寸屏和三星市场。

到2012年7月，京东方最初建立的四条生产线全部实现满产满销。2012年末，实现净利润2.58亿元。但在新技术应用方面，京东方相较于日韩企业还有一定差距。经过对市场需求的深入分析与研判，京东方决定开始新一轮的产能升级。京东方通过扩充、吸纳和发展新的核心产品，加强对新技术研发的应用，提升了产品档次，最终形成新的核心能力，从而在激烈的市场竞争中保持前沿优势。2012年8月以后，合肥、鄂尔多斯和重庆三条8.5代生产线先后开工，标志着京东方的技术水平突飞猛进；京东方在技术创新方面取得了显著成就，其新增专利数量从2013年的4 282件迅速提升到2014年的5 116件，这些都标志着京东方已经完成对三星、LG的追赶，进入了领跑者行列。

3. 多元发展，协同创新——拥抱变化与风险

全球半导体显示器行业是一个高投入、高技术，更是一个高风险行业。自2008年金融海啸以来，技术革新的替代效应以及市场需求的变化等因素，对整个行业，特别是刚刚完成产能升级的京东方产生了巨大的影响。为从战略层面上解决此问题，王东升多次出国考察，并深入分析了企业当前面临的环境。他认识到，企业过度的多元化不行，但同时，完全不实施多元化也不行。单纯依赖开发显示、传感领域的新技术来保持领先地位，在当今日新月异的科技环境中，无疑蕴含着巨大的风险。唯有在此基础上拓展出新领域技术，实施跨界经营或者多元化经营，才能在高速的技术迭代中寻求更好的机遇，成为笑傲江湖的行业翘楚。多元化发展是内在资源和外界条件的契合，有效的多元化应以核心专长为基础，将核心专长延展到成长率高的行业，准确把握企业自身特点，协调产业经营和资本运作的比率。王东升认为，京东方实施多元化战略的条件已经成熟。近年的财务报表显示，在京东方的总营收中，显示器和传感器业务的占比始终保持在80%以上，智慧系统业务次之，这就为京东方的多元化发展打下坚实的财务基础。京东方能够多元化扩张的“本钱”不仅在于其技术与雄厚的资金，更在于其丰富的组织变革经验——实现组织集中化和专业化条件下的客户导向（SOPIC创新变革）。

2015年初，物联网引发全球高度关注，京东方决定结合端口器件事业（D-Display显示事业），在原有显示、传感业务及核心技术的优势上，向智能物联网（Smart IoT）延展，向软硬融合、应用整合和服务化转型，通过自主研发及并购完成了智能制造、智慧零售及智慧车联业务领域的布局。(1) 在智造服务方面，打造了线上平台iMaker以及线下平台创客工坊和智能工厂，打通了由创意定制到批量生产的全产业链条，为创客和消费者打造个性化定制服务和创新辅导服务。(2) 在智能零售方面，致力于在新零售领域提供“硬件产品+软件平台+场景应用”的整体物联网解决方案。针对艺术零售市场推出BOE画屏，打造了一个艺术传播、欣赏与交易于一体的交互式平台。同时，成功整合了全球最大的电子价签（ESL）解决方案供应商SES公司，搭建了一个依托于电子价签的商超物联网零售平台，卡位新零售。(3) 在智慧车联方面，结合自身优势，以车联网的入口——显示屏为突破口，提供“显示器件+显示系统+全车电子系统”的车联网解决方案。目前，公司Passive车载显示份额已位居全球第一，客户包括全球大部分主流汽车品牌。(4) 在智慧能源方面，专注绿色能源领域，推出节能EMC服务，为工商业用户提供节能改造服务和智慧照明解决方案。同时加快布局光伏电站，在全国多省份持有并储备超过2GW（吉瓦）优质光伏电站。将大数据与AI技术应用在能源领域，构建智

能微电网平台，推动发电、供电两侧的高效互联，提供高效、绿色的能源服务。

此外，京东方还决定设立智慧医工事业部（H-Health事业），在改善中国医疗健康行业的过程中寻找公司发展的新机遇。其研发团队首先聚焦于软件开发，成功上线健康管理系统，随后结合传感、显示技术与医工领域的专业知识，推出了新的设备仪器。为了弥补在医疗领域积累不足的短板，京东方于2015年6月全资收购了明德投资有限公司，将其作为智慧健康服务事业的投资与发展平台，进而运营明德投资旗下的北京明德医院，以加强在医疗健康服务领域的布局与实力。以“信息医学和大数据”为特点，京东方打造了移动健康、O2O医疗服务、再生医学、整合医药、健康园区和健康保险六大业务体系。从2014年成立健康服务事业群开始，京东方移动医疗关注用户数据采集、医患交流平台搭建以及信息化解决方案。在实现对用户的个性化健康管理的过程中，京东方半导体技术、大数据与人工智能的技术优势凸显出来。如人造角膜研发＋半导体生产的环境工程等相关技术、液晶面板坏点修复技术＋微创手术、与国际伙伴合作开发无创血液监测产品等都是跨界创新的例子。在京东方的数字医院中，实现了患者医疗与检验信息的全面电子化、标准化。患者仅需对药品进行扫码操作，即可了解供应价格。此外，引入的机器人医护助理通过平板电脑能够迅速获取患者从社区到住院的完整就诊经历，为患者提供更为连续、个性化的医疗服务。对消费者而言，数字医院可以支持其独立完成居家健康监测和慢性病管理，使居家的健康产品与服务成为居民贴心的健康管家。这不仅优化了医疗服务流程，提升患者体验，而且实现了社会效益与企业效益的双赢。除建设国际一流的数字医院外，京东方还积极布局移动健康、健康园区等业务。2016年，除了在端口器件方面继续保持出货量领先之外，智慧医工的发展也卓有成效。京东方不仅开建了合肥数字医院，上线京东方健康App，搭建智慧医生平台，还推出了无创多参数血液检测仪和无创血糖仪等设备。在具有产品基础之后，京东方立即开始对“战略客户”的搜索，以期达成长期合作关系。2017年，在智慧医工方面发展了多家知名品牌客户。同时，投资建设的第一家数字化三级综合医院——合肥京东方医院也全面开诊，并推出京东方移动健康App 3.0以及智能睡眠仪、智能体脂秤等移动健康产品。2019年，京东方还披露了一项巨额投资计划，拟于北京市房山区投资建设生命科技产业基地项目。通过科技和医学融合，开展医工创新技术以及产品的研发转化，打造京东方智慧医工事业总部研发与运营中心、创新与转化中心、数字医学中心，构建全球一流的医教研产用生命科技创新生态，为客户提供全方位、全生命周期的健康产品和服务。

王东升曾说：“现在处于第三次工业革命到第四次工业革命的交界处。由于信息技术、通信技术、材料、器件的进步，延伸出第四次工业革命，一切都将智能化、机器人化。”在精准洞察未来发展趋势的基础上，京东方提出了DSH战略（“D”代表显示器件、“S”代表智慧系统、“H”代表健康服务）——以半导体显示、传感技术为核心的有限多元扩张战略，纵向打造垂直显示行业供应链，横向延伸智慧系统和健康服务。通过DSH战略，京东方旨在依托其核心能力和资产，构建一个能够创造更大价值的发展空间，从而持续加强企业创新能力，打造核心专长。“D”显示器件为主攻业务，京东方在2017年时已拥有9条TFT-LCD生产线，其中5条为高世代线，生产效率高，且顺应液晶显示屏大尺寸发展的趋势；“S”智慧系统事业将显示、传感等技术与其他场景结合，挖掘新市场；“H”健康服务事业将多年积累的显示、传感、人工智能和大数据四大核心技术与医学、生命科技相结合，提供物联网智慧健康产品及服务。以“屏”为接口，深入其他领域开展新业务，跨界协同创新以维持已有市场，进而创造更大的市场份额。2021 年，京东方全面开启以半导体显示事业为核心，MLED、传感器及解决方案、智慧系统创新、智慧医工事业融合发展的“1＋4＋N”航母事业群，实现从半导体显示企业到物联网时代全球性创新企业的跨越。截至 2022 年，京东方累计自主专利申请已超 8 万件，在年度新增专利申请中，发明专利超 90%，海外专利超 33%，覆盖美国、欧洲、日本、韩国等多个国家和地区。全球每 4 个智能显示终端就有 1 块显示屏来自京东方。随着京东方多元化战略的进一步实施，变化与风险也会如影随形。

资料来源：根据京东方集团官网、年报、中国管理案例共享中心的多篇案例及相关资料整理。

| 学习目标 |

- 掌握公司层战略的定义及性质。
- 认识多元化企业总部创造价值的方式。
- 理解并掌握公司层战略的决策框架。
- 掌握纵向多元化、共享型相关多元化和不相关多元化的内涵。
- 理解不同类型多元化企业的主要管理模式。
- 理解有效实施不同类型多元化战略的策略方法。
- 理解多元化战略的推进策略。

战略聚焦 8－1　中国的产业融合趋势与企业跨界发展

在全球化推动下，科技创新、产业创新的相互交叉和深度融合使得技术边界、产业边界、市场边界越来越模糊，跨界发展正在成为潮流（见战略聚焦 8－1）。简单地使用“跨界经营”并不足以准确地描述企业战略的性质和类型的变化以及由此带来的各种挑战，因此，本书还是沿用企业战略管理传统或者经典的分类方法，将单一业务企业向多种业务（包括价值链上各不同环节上的业务和其他行业的业务）拓展的一系列战略行为定义为业务多元化战略（见图 8－1）。随着企业多元化程度以及管理复杂性的提升，企业的组织结构需要相应地实现从职能型结构向事业部结构的转变，总部—分部或者母子公司的管理体制将随之出现；企业的战略管理体系也需要从单一业务的经营层战略向多种业务的公司层战略转变。因此，相对于经营层战略来说，所谓公司层战略（corporate-level strategy）是指由公司总部制定、实施和管控的（与业务多元化发展相关）一系列决策和行为。导入性案例表明，京东方集团的发展主要经历了三个阶段：从单一业务到业务多元化；从业务高度多元化到回归主业；从业务低度多元化再到业务高度多元化。与此密切相关的是，京东方的组织结构也从职能型结构向事业部制转变，实施了企业集团组织形式和母子公司的管理体制；王东升本人也从厂长变成了集团董事长，从单一业务的经营管理者变成了多元化业务的战略管控者。

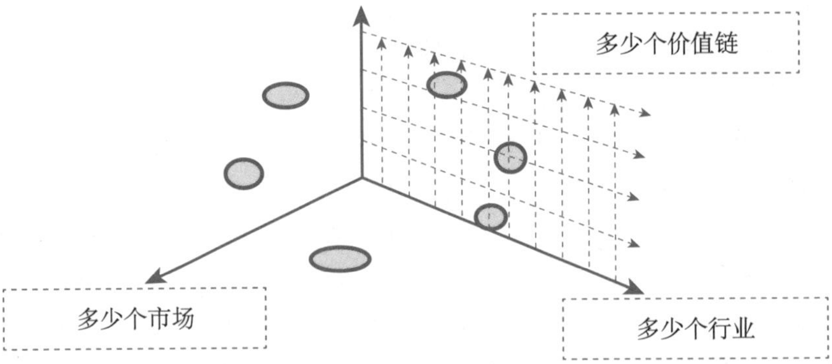

图 8-1　企业可能的多元化发展方向

从企业战略性质与类型上看，从经营层战略到公司层战略的转变是企业战略的一种根本性转变，从企业战略实施过程来看，这个根本性转变则是一个由量变到质变的过程。判断一个企业所实施的战略究竟是经营层战略还是公司层战略取决于以下三个要素：(1) 业务之间的相关性。如果企业所从事的多种业务在多种价值创造活动上存在着很大的相似性或者共享性，那么企业所实施的战略可能还是经营层战略。(2) 实施战略的主要意图。如果企业进入其他业务，尤其是价值链上下游的业务的主要目的是为做强主营业务提供内部配套，那么企业所实施的战略（至少在初级阶段）还是属于经营层战略。(3) 制定战略的主体。与上述两个判断条件密切相关，如果制定业务多元化战略的主体仍然是采取职能型结构的企业或者事业部，而不是采取事业部的企业总部，那么这个企业所制定的战略在名义上是经营层战略，但是在内容上已经属于公司层战略。本章主要介绍的是以企业总部为主体，以业务多元化拓展为主要性质的公司层战略（业务多元化战略），第 9 章主要介绍的是以企业总部为主体，以业务国际化拓展为主要内容的公司层战略（国际化战略）。

第 1 节　多元化的进程与企业总部的出现

公司层战略是当企业多元化发展到一定阶段，实施“总部—分部制”变革后才出现的。因此，在全面、准确理解公司层战略的性质和特点之前，有必要先了解国内外企业业务多元化发展的进程以及总部出现的原因。

一、发达国家企业多元化发展的进程

1. 多元化导致总部—分部的裂变

从单一业务向多元化业务的发展是绝大多数企业追求增长的战略选择。西方国家对企业多元化发展进程的历史记载和学术研究远远早于中国。20 世纪 20—40 年代是美国企业多元化经营的起步阶段。随着多元化的发展，管理模式也发生了变化和创新。阿尔弗雷德 · 钱德勒（Alfred Chandler）最早对这方面的变化和创新进行了研究。他的研究表明，多元化经营的企业如果仍采取职能型结构，将会加大管理者的负担和失误风险。杜邦公司的经理为了应对 1920—1921 年的经济衰退，通过设立事业部制组织结构（multidivisional structure）来应对多元化发展所带来的管理挑战。随后通用汽车公司、美国橡胶公司、通用电气公司、标准石油公司等也先后采用事业部制结构对多元化业务进行管理。这些企业发现，当进入越来越宽泛的行业和市场领域时，为了避免管理超载，必须实行分权化管理。由此可见，随着单一业务企业从产品开发向业务多元化转变，原先的直线职能制组织结构转变成为总部—分部制结构。其中，企业总部代表出资者，行使与产权相关的权力，主要负责管理企业总部和各个事业部的财务、投资、战略、审计、法律事务；事业部主要负责单一业务的经营。总部—分部制的实施标志着企业完成了从经营层战略到公司层战略的转变。

2. 事业部制与多元化的高潮

总部—分部制出现以后，发达国家企业的业务多元化不仅没有得到限制，反而得到极大发展，20 世纪 70 年代达到高潮。其原因主要有两个方面：从外部来说，第二次世界大战后，欧美国家人口、居民收入和消费急剧增长，市场全球化的兴起，新兴市场国家的发展，美国反垄断法的颁布，以及资本市场的发展等，为发达国家尤其是美国企业通过大规模并购实现业务多元化发展提供了强大动力。从内部来说，实施总部—分部制的企业有效管理多元化业务的能力的确大大提升了。通过分权，总部在战略、财务、投资、审计、法律以及战略性人力资源方面的管理、协同和控制能力得到极大提高；分部和事业部可以专心从事具体业务的经营，其专业化经营、科学管理和动态竞争的能力得到大幅提升。

3. 多元化失败与组合管理

从 20 世纪 70 年代中后期开始，发达国家企业的业务多元化发展暴露出越来越多且越来越严重的问题，尤其那些采取不相关业务多元化发展的企业，面临着两个重大挑战：（1）企业外部的机会越来越少，市场竞争日益激烈，业务多元化的收益迅速下降，经营与财务风险反而快速提升，稍有不慎则满盘皆输；（2）随着业务多元化程度的不断提升，企业出现投资过大、债务过高、管控下降和收益下降的问题。当企业从做强主业逐渐演变成为抓住投资机会而进入多个行业时，多元化很容易失控或失败。面对这两个挑战，相当一部分企业沦为并购重组的对象，另一些企业则采取通用电气或波士顿咨询公司所提出的组合管理方法以求自保，根据各业务的增长潜力和竞争优势，对所从事的多元化业务在战略和资源配置上实施分类对待，从而做到该扶的扶、该稳的稳、该处置的尽快处置。

4. 组合管理失效与“归核化”重组

20 世纪 70 年代后期，在欧洲企业复兴和日本企业崛起的双重夹击下，美国企业在若干领域节节败退，这引起了美国工商界和学术界对企业多元化经营的反思。他们发现多元化可以快速做大企业，但难以在所涉及的业务领域真正做强。1982 年，彼得斯（Peters）和沃特曼（Waterman）出版《追求卓越》一书，通过对 75 家优秀公司的研究，提出企业应当回归根本，坚持主业。研究表明，采取混合并购进行不相关多元化失败的概率是最高的，选择合适的核心业务是企业战略的基础。马凯兹（Markides）进一步将20 世纪 80 年代以来美国企业战略的变化趋势总结为“归核化”（refocusing）。

当多元化程度与经济效益之间的关系被不断应用于实践后，越来越多的投资者和基金经理开始在资本市场上低价抛售高度多元化企业的股票，高价买入那些相对集中化经营企业的股票。这导致在资本市场上，高度多元化企业成为被收购和重组的对象。这种并购重组浪潮有效地帮助许多多元化企业纠正高度多元化的错误，回归主业。

二、中国企业多元化发展的进程

中国企业的多元化历史就像是发达国家企业多元化进程的浓缩版。20 世纪 70 年代末和 80 年代初，第一批开展多元化经营的是“军转民”企业。党的十一届三中全会确定了以经济建设为中心，把发展生产力作为根本任务，军品生产剧减，一大批军工企业转向多元化发展。80 年代中后期，国有大中型企业开始实施多元化发展战略，如首钢、中信总公司、广州万宝集团、深圳赛格集团、上海高桥石化公司等。为了适应这种战略调整，一些多元化企业开始放弃原先高度集权的直线职能制组织结构，逐步向事业部制结构转变，总部在这个过程中开始产生。

自 1992 年邓小平南方谈话后，中国企业出现了多元化发展的第一次高潮。受市场机会的带动，国有、集体、股份以及民营企业如青岛海尔、广东太阳神、深圳赛格和深圳特发等，都开始尝试多元化发展。在“政企分开”的改革思路下，这一时期由政府部门转制而成的企业往往都带有较高程度的多元化特征，当时地方政府也热衷于对国有企业资产实施重组，进而形成一大批多元化企业。一些多元化企业处于复杂的多元化发展状态，在企业下属的二级、三级子公司中都出现了不同程度的多元化，子公司、孙公司之间的业务交叉甚至重叠。

中国企业的第二次多元化高潮发生在 21 世纪初。在“抓大放小”和“国退民进”政策的引导下，民营企业为了获得更多优惠、把握更好的行业机会，成为多元化发展的主要力量。之后，随着企业进入越来越多不相关的行业，经营风险逐渐加大，资源分散，管理开始失控。在这种情况下，企业逐渐意识到多元化组合管理的重要性。

尽管中国企业多元化发展的历史比较短，但与发达国家企业的多元化进程及所面临的问题存在着惊人的相似性，差别只在于二者纠正高度多元化的手段不同。发达国家企业主要依靠高效的外部资本市场进行重组，而中国仍处于经济转型过程中，并购市场、资本市场不够成熟，多数企业只能依靠低效的内部重组。同时，相比于发达国家企业，中国企业更偏好多元化发展以满足更快“做大”的需求。因此直到现在，仍然有一些企业承受着过度、过快和盲目多元化带来的痛苦。

三、企业总部的出现

从中外企业多元化发展的进程来看，总部是企业发展到一定阶段才出现的一种新的组织结构和管理模式。由于单一业务企业采取的是直线职能制组织结构，总经理及其团队掌控着业务经营的全部权力，同时对企业盈利承担全部责任，其内部各职能部门或经营单位只对具体职能和经营活动负责，属于费用或者成本中心；当企业开始进入两个、三个甚至更多业务，而且业务相关性逐步下降时，企业高层管理者及其团队的知识、精力就越来越不够用了，多个业务可以共享的管理知识和经营活动越来越少。在这个阶段，企业将不可避免地陷入一种两难选择：如果过分放权，会导致从事业务多元化的经营单位在战略、投资、财务、人事等方面失去控制；如果过分集权，则会导致从事业务多元化的经营单位难以按照各个行业的特点有效提升业务竞争力。为了摆脱这种困境，一些企业开始将业务经营权下放，把原来非独立的业务经营单位转变为相对独立或者完全独立的分部或事业部，直接对业务经营和盈利负责。在这些分部或事业部之上，构建一个以产权为基础，主要负责对各分部或事业部进行资产经营和战略管控的总部。与单一行业企业或者事业部不同，企业总部的经营目的不是通过做强一个业务实现企业盈利的持续增长，而是通过业务多元化组合的构建和管控实现投资收益最大化。由此可见，企业总部存在的理由不同，创造价值的方式也不相同，所制定的战略在内容和方法上与经营层战略存在本质的区别。

与发达国家企业不同的是，实施多元化战略的中国企业很少使用总部这个名称，而更多采用总公司、集团公司、母公司、控股公司等名称。这种名称上的差异与转型期中国的制度安排和制度演化存在着密切联系。在计划经济为主的阶段，多元化企业的总部喜欢自称总公司，强调自己对业务经营单位具有行政管理权；在从计划经济向市场经济转变的初级阶段，为了获得政府、市场支持而迅速做大，多元化企业的总部喜欢自称集团公司，要在各个方面发挥“伞形效益”；在经历多次多元化发展的兴衰之后，越来越多的多元化企业开始重视公司治理与风险管控，因此喜欢自称母公司或者控股公司，在强调战略管控的同时关注风险规避。其实，西方国家基本上没有企业自称总公司或者集团公司，也不会刻意强调自己是母公司或者控股公司。本书将公司层战略的主体统称为企业总部，是希望通过与国际接轨，统一各种不同的称谓。

第 2 节　公司层战略的性质与主要内容

公司层战略是业务多元化和市场多元化企业总部所制定的战略，主要目的是实现投资收益率最大化。业务多元化战略，简称多元化战略，是公司层战略的核心内容。

一、公司层战略的性质

由于总部不直接参与业务经营并且增加了运营等成本，因此面临的主要挑战是：总部必须为业务单位创造价值而不是损害价值。换句话说，业务单位有总部时（处于多元化企业内）相比没有总部时（独立经营），能否获得更好的绩效？为此，总部必须创造出大于自身运行成本的“净价值”才能证明其存在的理由，这种价值就体现在总部进行公司层战略决策时所创造的组合优势（或称为哺育优势），即 1＋1＞2 的效应。因此，公司层战略的性质就是：多元化企业的总部为建立和发挥多业务组合优势而采取的一系列决策和行动，这些决策和行动的主要目的是实现业务组合效益的最大化，即多个行业性经营单位组合管理的经济效益要大于它们独立经营的经济效益之和。

总部创造价值的方式主要包括三种，如图8-2所示。

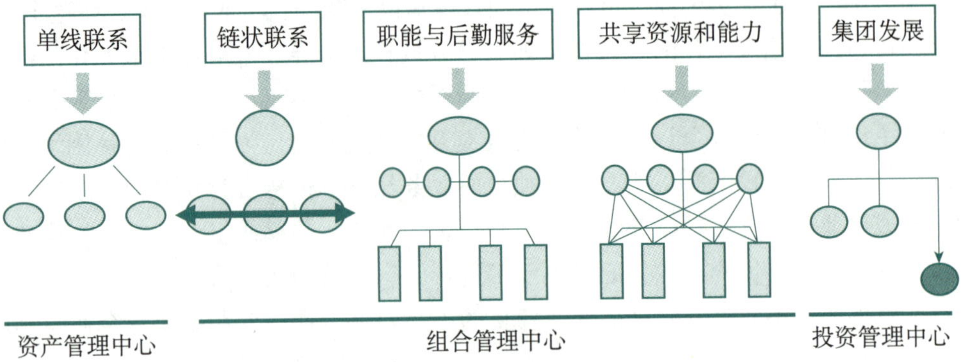

图8-2 多元化企业总部创造价值的方式

资料来源：Goold M，Campbe A，Alexander M. Corporate-level Strategy：Creating Value in the Multibusiness Company. New York：John Wiley & Sons，1994.

（1）受股东委托，以产权关系为纽带，通过单线联系对不同业务行使股东权利，包括财务、资产、投资、战略和重要的人事管理等。从这个意义上来说，多元化企业的总部是一个资产管理中心。

（2）受股东委托，对所拥有的业务组合进行有效管理，包括开发业务的链状联系、提供职能与后勤服务、在相关业务上共享资源和能力，以达到组合效益最大化。例如，降低组合内部的交易成本、扩大组合内部的规模经济和范围经济效益等。从这个意义上来说，多元化企业的总部是一个组合管理中心。

（3）受股东委托，对两个或两个以上的行业进行风险投资或业务重组，通过行业进退和集团发展形成价值最大化的业务组合。从这个意义上来说，多元化企业的总部是一个投资管理中心。

总部能否有效发挥上述三个中心的作用，创造出净价值并建立组合优势，主要取决于业务组合战略与组合管理模式之间的匹配程度。这样做是非常具有挑战性的。1987年，波特通过对美国33家知名大公司1950—1986年的实证研究发现，大多数企业的公司层战略减损而不是创造或增加了股东价值。为此，许多咨询公司开发出一些业务组合管理工具，如波士顿矩阵模型和通用电气模型等，强调企业进入新业务时，要重视公司层战略决策的科学性与合理性，谨慎对待多元化。

中国多元化企业的总部要创造价值则显得更加困难。主要原因在于：总部形成的路径与发达国家企业相比有明显的差异。发达国家多元化企业的总部往往形成于企业自然的有机成长（organic growth），即企业从经营一个业务开始，逐步进入不同业务，组织结构也自然地从直线职能制过渡到分权的事业部制，从而产生总部。因此，总部有充分的资源、能力与权威进行业务之间的组合或整合，在业务单位之间调配资源，从而进行公司层战略决策。然而，在中国，除了一部分与发达国家企业相似的自然成长型多元化企业（主要是民营企业）外，许多企业是在政府主导的资产重组后组建的，或者是由政府部门改制形成的。例如，在20世纪90年代中后期，许多地方政府把分管工业的部门及其主管的多个下属企业转变为一个企业集团（往往命名为工业总公司），这些原政府部门就成为总部。这种类型的多元化企业并不关注建立总部的经济合理性，实质上只是代替政府对附属企业进行管理，把政府影响简单地传递给附属企业，然后把附属企业的绩效进行汇总。在发展的早期阶段，它们都不同程度地经历了机会带动、负债经营、高度多元化的“松散型增长”，深受资产和资本结构不合理、职工富余等问题的困扰，不断引发人们对总部存在理由的质疑。随着中国改革开放和国企改革的不断深入，这类由政府部门改制而成的国有企业面临着越来越激烈的市场竞争，它们不得不面对“总部是否应该存在”的质疑，开始认真考虑公司层战略决策。

二、公司层战略的主要内容

为使总部创造价值，发挥组合优势，多元化企业需要制定有效的公司层战略。公司层战略在本质上是一种多元化组合投资和组合管理战略。以业务多元化战略为例，其核心是通过业务组合和组合管理模式的动态调整来实现组合优势和投资效益的最大化。业务组合与组合管理模式的匹配构成多元化企业总部发挥组合优势的主要来源，而建立、发挥和保持组合优势就成为公司层战略的决策重点。无论所采取的业务组合类型具有多大的潜在优势，如果没有建立与之相匹配的组合管理模式，业务组合优势就很难发挥出来。

1. 公司层战略的决策框架

公司层战略的决策框架如图 8－3 所示，总部需要制定业务组合战略以及建立合适的组合管理模式，使业务组合战略与组合管理模式之间实现动态匹配。如果两者不匹配，那么有三种可能的选择：一是稳定业务组合战略，调整组合管理模式；二是稳定组合管理模式，调整业务组合战略；三是同时调整业务组合战略和组合管理模式，使二者达成新的匹配。

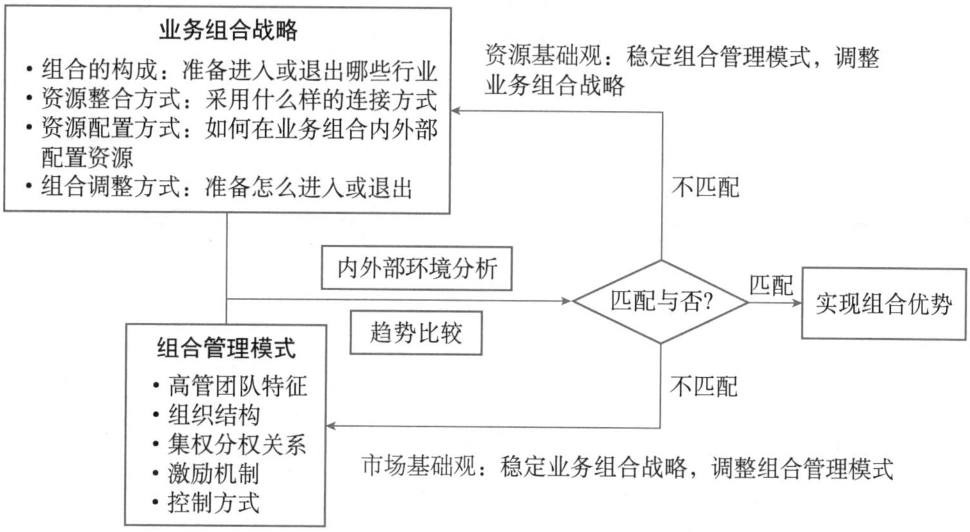

图 8－3　公司层战略的决策框架

企业基于不同的战略思维模式会对上述三种选择有不同的倾向。基于产业组织模式

（I/O）或市场基础观的战略管理者更重视外部机会和威胁对战略选择的影响。他们强调通过业务组合的构建获得高于平均水平的收益，相对忽视内部的资源、能力，尤其是原有企业管理模式的作用（例如组织刚性）。在制定、调整公司层战略的过程中，更强调通过调整组合管理模式，使之适应业务组合战略的要求。基于资源基础观的战略管理者更重视企业内部的优势和劣势，尤其是原有组合管理模式对战略选择的影响。他们强调通过发挥组合管理模式的作用获得高于平均水平的收益，相对忽视外部机会和威胁的影响。在制定、调整公司层战略的过程中，更强调通过调整业务组合战略，使之适应企业的资源、能力，尤其是组合管理模式的要求。

因此，整合市场基础观和资源基础观两种思维模式，公司层战略的决策逻辑一般是：首先，根据外部和内部环境分析以及对环境未来发展趋势的判断，评价业务组合战略的合理性；其次，评价组合管理模式的合理性；再次，对业务组合战略与组合管理模式的匹配程度，即组合优势进行评价；最后，根据上述判断，决定采取什么样的战略去建立和发挥组合优势。

2. 公司层战略制定的内容

公司层战略制定的主要内容包括两方面，分别是制定业务组合战略与设计组合管理模式。此外，还需要考察两者之间如何动态匹配。

（1）业务组合战略。为了实现组合效益的最大化，多元化企业总部需要根据内外部环境及其变化趋势，建立并保持适当的业务组合。有关建立和保持适当业务组合的战略决策主要涉及四项内容。

第一，业务组合的构成，即决定多元化战略的类型。决定进入或者退出什么行业才能达到组合潜在效益的最大化，以及进入或退出某个行业对现有业务组合有哪些影响。业务组合的调整包括以下几种情况：坚持现有业务组合并开发潜在的业务组合优势；通过进入新行业拓宽业务组合的范围；剥离某些业务，收缩并保留那些拥有更好发展前景的业务组合；通过剥离、合并，对整个业务组合进行优化重组。

第二，资源整合方式，选择利用、发挥组合效益的领域和方式。此时的任务是判断企业是否具备从一项业务向另一项业务转移所需的独特资源和能力，是否有机会合并不同业务的相似价值链活动以降低成本，是否可以跨业务共享品牌或其他无形资产，是否有可能通过激发知识共享及业务间的协作来建立、发挥、巩固业务组合优势。

第三，资源配置方式，利用业务组合规划技术（如波士顿矩阵）决定资源在不同业务组合中配置的优先次序。一般情况下，资源会转向利润增长最快的业务，或转向绩效暂时较差但很有发展潜力的业务。

第四，业务组合调整方式，即决定采取什么方式实现行业的进入和退出。例如进入一个新行业，可以采取自建、并购、合资或战略联盟等方式；当决定退出某个行业时，可以采用精简、收缩的方式，也可以采取出售该业务的资产或股权等方式。

（2）业务组合管理模式。有关业务组合战略的决策为多元化企业总部获得业务组合优势提供了可能性，而业务组合管理模式的设计则为挖掘业务组合优势提供了现实手段。

为了实现业务组合优势和业务组合效益的最大化，多元化企业总部需要建立与业务组合战略相匹配的业务组合管理模式。业务组合管理模式主要由五个要素构成。

第一，高管团队特征。总部的高层管理者必须具备与业务组合相匹配的知识、经验和价值观，包括企业战略管理者知识、背景的多样化，彼此间的合作程度、适应和创新能力等。不同类型的多元化战略对高层管理团队知识和经验的要求也不相同。

第二，组织结构。总部在设计组织结构时必须重点考虑两类问题：总部职能的设置和事业部制的设计。1）总部职能的设置。多元化企业的总部是股东与事业部之间的一个中介组织，受股东委托，总部对下属子公司行使所有者的权力。因此，总部除了要设置与行使股东权益相关的职能，例如财务、投资、战略规划、人力资源管理、审计、法律等，还要根据不同类型多元化组合的需要，设置一些与组合经营有关的职能，如基础研发等。2）事业部制的设计。企业多元化发展后，往往要将组织结构调整为事业部制结构，每一个事业部代表一个独立的业务单位或利润中心，事业部内部拥有自己的职能层次，总部将日常运作和业务决策的权力授予这些事业部的管理者。不同企业在定义利润中心的边界时有不同的标准，例如，通用电气根据生产和销售的产品类型（如消费电子产品、核能产品、医疗影像等）来定义事业部；雀巢公司根据业务的经营区域（如北美、南美、亚洲等）来定义事业部；通用汽车根据产品的品牌（如凯迪拉克、雪佛兰、别克等）来定义事业部。无论如何界定，每个事业部都应该能够有效代表某项业务。通常情况下，最简单的事业部制结构中，每个事业部内部采用直线职能制结构，每一事业部总经理的角色类似于单一业务企业的总经理。

第三，企业内部的集权与分权关系。总部面临的一个突出矛盾是：对于各业务部门究竟应该集权还是分权。正确的回答是，这取决于企业所建立的业务组合是什么类型。如果业务组合中存在明显的整合效益或者组合效益潜力，那么应该通过集权管理将这种效益挖掘出来；如果业务组合中不存在整合效益或者组合效益，那么应该分权，从而保持事业部在经营上的自主权和灵活性。

第四，激励机制。在对各事业部绩效进行评估和激励时，总部应该采取主观还是客观标准？应该按照整体还是各自独立的方式进行考核与奖励？这也是总部战略管理者选择组合管理模式时必须考虑的问题。一般来说，如果企业实施的是相关多元化战略，无论是哪种类型的相关，都应该采取以主观、整体为主的考核和奖励方法，这样有利于推动企业内部的资源/能力整合，以及各事业部之间的协同与合作；如果企业实施的是不相关多元化战略，那么应该采取以客观、单独为主的考核和奖励方法，这样更有利于促进不相关事业部之间的竞争，从而提高整个企业集团的经济效益。

第五，控制机制。多元化企业总部对各个事业部的控制方式有三种：战略控制、财务控制和行为控制。战略控制指的是，总部控制各个事业部做什么，包括经营范围、市场定位以及经营方式等；财务控制指的是，总部控制各个事业部经营的业绩，特别是与经济绩效有关的财务指标；行为控制指的是，总部控制各个事业部的经营行为和组织文化等。如果控制机制选择不当，很可能导致控制不足或者控制过度，必然会影响业务组合优势（业务组合效益）的实现。因此，在设计组合管理模式时，总部战略管理者需要根据业务组合的类型，选择最匹配的控制机制。

3. 业务多元化战略的类型

业务多元化战略指企业在多个行业内从事生产经营活动，并且向不同市场提供多种不同产品、服务的一种公司层战略。多元化战略类型的划分主要取决于各业务之间的相关性，可以分为相关多元化（包括纵向多元化和共享型相关多元化）、不相关多元化以及混合多元化三种类型。从多元化的程度上来看，业务组合的构成或多元化类型还可以分为：低度多元化、中度多元化和高度多元化。多元化类型与程度之间既有联系又有区别（见战略聚焦8-2）。

战略聚焦8-2

多元化的类型与程度

多元化类型的划分主要取决于各业务之间的相关性，相关性指多元化企业不同业务活动相互支持、相互补充的程度，如业务单位之间资源/活动（原材料、生产设备、产品、流程技术、人力资源、品牌、营销渠道等）的共享，在相似业务之间转移核心专长，或通过强大的计划、协调、内部交易控制上下游产业链等。判断相关性的方法主要有两种：客观判断法和主观判断法。前者主要依据标准产业分类（SIC）代码对多元化进行分类，后者主要依据个人判断和管理者感知来辨别业务组合相关性。

中国《国民经济行业分类》国家标准（GB/T 4754—2017）（2017年修订）中对行业的定义为："从事相同性质的经济活动的所有单位的集合。"该标准将行业分为门类、大类、中类、小类四级。通常情况下，从门类到小类之间在技术、市场等方面的关联或相似度依次增强，每一小类所包含的产业活动具有同质性。客观判断法认为业务间的相关性可以通过各业务的SIC代码来反映，具有相同2位或3位SIC代码的业务属于相关业务，而具有不相同的2位SIC代码的业务属于不相关业务。然而，管理者理解的相关性与使用SIC代码客观测量的相关性之间往往存在差别。这是因为使用客观方法测量出的相关性只是潜在的相关性。要利用这种相关性存在很多困难和障碍，因此实践中企业做战略决策时所考察的相关性往往来自管理者的判断，例如，基于管理者对业务关键成功因素的理解、对技术的理解、对各业务价值链活动之间关系的理解及其个人经验等。

企业多元化程度的划分不能仅仅通过业务的相关性或进入行业的多少来判断，而是取决于三个方面：(1) 所进入的行业数目，企业进入的行业越多，多元化的程度越高；(2) 不同行业产品产量分布的均匀程度，不同行业产品的产量分布越均匀，多元化程度越高；(3) 所进入行业的异质性，同一企业进入行业的差异越大，或者说各业务在技术、生产、市场等方面的关联性越小，多元化程度越高。鲁梅尔特提出，按照主业所占比重及业务组合的相关性，多元化的程度可划分为低度多元化（包括单一和主导业务）、中度多元化（包括限制性相关多元化和非限制性相关多元化）、高度多元化（不相关多元化）（见图8-4）。

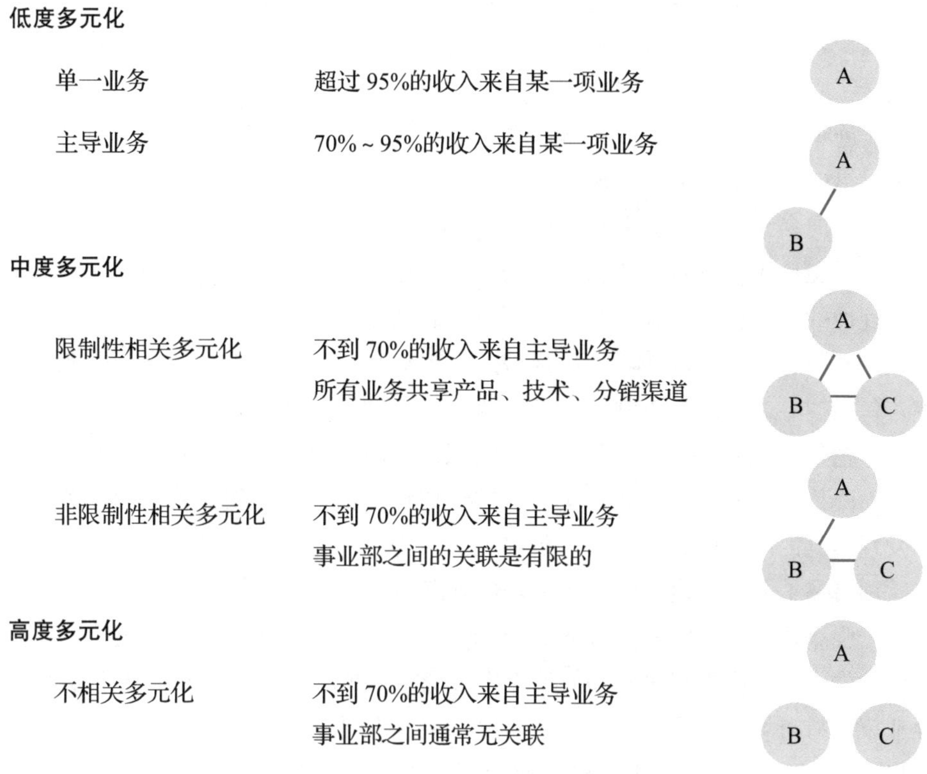

图 8－4　多元化的程度及类型

资料来源：1. Rumelt R P. Strategy，structure and economic performance. Cambridge：Harvard University Press，1974.

2. Gollop F M.，Monahan J L. A generalized index of diversification：trends in U. S. manufacturing. The Review of Economics and Statistics，1991，73 (2)：318－330.

第 3 节　相关多元化战略

相关多元化战略是指企业通过进入具有实质性相关的行业以实现增长目的的一种业务组合战略，包括纵向多元化和共享型相关多元化战略。

一、纵向多元化战略

纵向多元化（vertical diversification），也称为纵向一体化，主要指企业通过新建或并购方式，进入产业链的上下游，通过产业链活动的垂直整合来加强核心产业的发展，将与主业相关的上下游价值创造活动纳入企业边界内的行为。企业在自己边界内完成产业链上的活动越多，纵向多元化程度越高。如果企业的纵向多元化更靠近产业链起点，即更接近原材料供应商，则采取的是后向一体化战略。例如，空调制造商投资新建制冷压缩机生产基地，汽车制造商收购汽车芯片设计与芯片制造企业等；如果企业的纵向多元化更靠近产业链终点，即更接近终端消费者，则采取的是前向一体化战略。例如企业进入流通领域，获得对分销商或零售商的控制权。随着信息技术的发展，物联网的兴起为企业创造了实施纵向多元化的机会。

企业实施纵向多元化时，需要非常谨慎地考虑业务组合的具体构成：哪些产品或环节需要进行纵向多元化？是全部还是部分？为此，企业需要有效识别纵向多元化的优点和局限性。纵向多元化的优点主要包括三个方面。

（1）降低交易成本。通常情况下，企业可以通过合同在市场上进行交易，但现实中人是有限理性的，信息是不对称的，因而合同总是难以完全消除交易中的机会主义行为（为了追求个人利益而损害整体利益的行为）。交易有一方存在机会主义行为就会产生交易成本，包括搜寻成本以及谈判、制定、执行合同的时间和费用等成本。当企业实施纵向多元化，把市场交易转变为企业内部的组织协调时，可以减少信息不对称及机会主义行为，进而降低交易成本。例如，交易一方希望购买低价、高质量的产品，由于信息不对称，发现拿到的产品比预期要差、价格偏高。为了降低交易伙伴的投机行为，企业会选择将这项交易纳入企业边界内，而不是依靠市场来进行这笔交易。

（2）增强企业的市场影响力（market power）。当一家企业能够通过控制产业链上重要的资源、能力，以高于竞争对手的价格出售产品，或产品的生产成本低于竞争对手时，这家企业就具有市场影响力。例如，2005 年新希望集团进行战略性调整，在行业选择的逻辑上以饲料产业为中心，发展相关配套产业。基于饲料产业，向上下游扩展，搭建"饲料—家禽养殖—屠宰—肉类加工"的产业综合体系。2012—2016 年先后并购 12 家产业链上下游企业，建设食品供应链平台，打通"三链（禽、猪、乳品产业链）一网（农村电子商务网）"，以全产业链模式实现生产、销售、配送的协同效应，为经销商、养殖户提供服务。通过对饲料业务产业链的进一步延伸，新希望对养殖环节的掌控力更强。饲料、养殖一体化还提升了饲料业务的盈利能力，产品结构更加均衡。2018 年饲料收入为 394.19 亿元，同比增长 10.83%，占营业收入的 57.07%。通过纵向多元化发展，新希望集团在饲料业务上的护城河不断加深。

（3）防止技术和重要信息外泄。例如，在一些知识产权保护制度不完善的国家和地区，企业在与上下游厂商的合作过程中，关键技术和信息有可能被对方掌握。为了避免这种情况，企业宁可选择纵向多元化经营，也不愿意通过外部市场进行交易。

纵向多元化的局限性主要包括四个方面。

（1）高度的纵向配套可能会牺牲产业链上各种活动的规模经济，产生相对更高的单位生产成本，而外部原材料供应商的生产成本可能更加低廉。

（2）内部的资产链接和计划管理增加了代理成本与控制成本。

（3）无论是完全内部配套还是部分内部配套，纵向多元化的经营风险相对较高，灵活性较差。一旦决定退出某个业务，退出成本比较高。

（4）由于上述原因的共同作用，纵向多元化有可能降低技术创新和应变能力，包括接受新产品和新技术的能力。

通过对纵向多元化战略的利弊分析，可见这种战略能否给企业带来收益和优势，关键取决于企业所处的制度环境、行业、市场以及企业自身的特点。进入 21 世纪后，一些企业已经不再试图通过纵向多元化来提高市场影响力。事实上，分解化战略（disintegration）成为大多数制造企业更为普遍的选择。例如英特尔、戴尔、福特、通用汽车等，都在创建独立于企业的供应商网络。互联网的发展使纵向多元化逐渐演变为“虚拟整合”（virtual integration），通过网络手段的整合使供应商与顾客的关系更加紧密，从而提高供应链管理水平，降低由于存货控制而产生的交易成本。然而，近年来，在逆全球化、新一代技术革命与产业链重构的背景下，供应链安全成为世界主要国家日益强调的问题，纵向多元化又在一定程度上得到重视和加强。

二、共享型相关多元化战略

共享型相关多元化战略指各个业务之间在产品、生产技术、分销渠道或客户等方面均存在广泛的协同与共享。随着存在协同、共享关系的行业数目增加，企业内部各种资源和能力，尤其是核心专长的范围经济和规模经济效益都有可能增加。范围经济（economies of scope）指企业的资源、能力可由多个产品或行业共享，或将一个部门已有的核心专长传递到其他部门所带来的成本节约（见表 8 - 1）。规模经济（economies of scale）指由于规模扩大，单位产品成本下降所带来的经济效益。

表 8 - 1　范围经济的不同类型

1. 经营性范围经济	共享活动 核心专长的传递
2. 财务性范围经济	内部资本市场配置 重组 降低风险 税收优势
3. 反竞争性范围经济	多点竞争 开发市场影响力

资料来源：1. 杰伊・巴尼，威廉・赫斯特里，李新春，等. 战略管理：第 3 版. 北京：机械工业出版社，2010.

2. 迈克尔・A. 希特，R. 杜安・爱尔兰，罗伯特・E. 霍斯基森. 战略管理：竞争与全球化（概念）：第 6 版. 北京：机械工业出版社，2005.

发达国家企业的实践表明：共享型相关多元化战略是经济效益最高的多元化战略选择，主要优点包括三个方面。

（1）多种活动的共享能带来范围经济和规模经济效益。在整个价值链上，企业的基本活动和支持活动都可以被共享（见表 8 - 2），由此产生很大的“资产分摊”“连带促销”和效率提升。值得注意的是，共享活动必须有助于降低业务的成本、提高差异性，或降低为差异化而付出的成本，即共享那些对于构筑业务竞争优势非常关键的活动。例如，宝洁公司的纸巾和婴儿纸尿裤两项业务都以纸为主要原料，建立一个纸品制造厂就可以为二者提供原材料。此外，两项业务同属于日用消费品，体积庞大、运输成本高昂，共享分销渠道对于降低两项业务的成本至关重要。

表8-2 价值链不同环节可能存在的共享活动

价值链环节	共享活动
内部物流	共同采购、共同的库存控制系统、共同的仓储设施、共同的库存配送系统、共同的采购需求系统、共同的供应商
生产运作	共同的零部件、共同的装配设施、共同的质量控制系统、共同的保养工作、共同的库存控制系统
仓储和分销	共同的产品配送系统、共同的仓储设施
销售和营销	共同的广告推广、共同的促销活动、共同的交叉销售、共同的定价系统、共同的营销部门、共同的分销渠道、共同的销售队伍、共同的销售部门、共同的订单处理服务
经销商支持与服务	共同的服务网络、共同的售后承诺、共同的应收账款管理系统、共同的经销商培训、共同的经销商支持服务

资料来源：1. Porter M E. Competitive Advantage：Creating and Sustaining Superior Performance. New York：Free Press，1985.

2. Rumelt R P. Strategy，Structure and Economic Performance. Cambridge：Harvard University Press，1974.

3. Ansoff H I. Corporate Strategy. New York：McGraw-Hill，1965.

（2）核心专长的传递和提升。除了经营层面（共享活动）的范围经济，共享型相关多元化还能产生公司层面（传递核心专长）的范围经济。与共享活动不同，这种联系主要基于多元化企业不同业务之间无形资源的共享。得益于学习曲线效应，相关多元化企业可以通过总部将专有技能、管理知识、经验、品牌以及其他核心专长从一项业务传递到另一项业务，降低成本，增强企业的战略竞争优势。例如，京东方在第一次多元化变革中，盲目选择营养茶、节能灯等产品，虽然迎合市场需求，但脱离 TFT-LCD 主业，没有竞争优势，很难长期发展和盈利。在第二次多元化变革中，无论是布局智慧系统，还是进军医疗保健领域，京东方的液晶显示技术、半导体技术、大数据分析技术等有助于其在新兴市场上获得竞争优势，增大新业务存活的概率。在公司层面传递核心专长的过程中，总部通常采用的方法是，将某业务的核心人物调到新业务的管理岗位上。然而，此举可能会遭到高管的抵制。一方面，高管通常不愿意调动那些积累了丰富知识和经验的关键人物，因为这会使员工认为企业成功源于这些关键人物的努力；另一方面，高管不愿意将辛苦培育的核心专长传递到其他相关业务。因此，为了加大核心专长在各业务之间的传递力度，往往需要外聘人员来给予支持，并确立适当的保障机制，切实让员工认识到范围经济的好处，使全公司员工都拥有传递核心专长的热情。另外还要注意，传递核心专长时，不同业务中涉及的活动必须足够相似，共享专门技术才是有意义的；对接受的业务单元而言，传递的技能必须是其竞争优势的重要来源。

（3）提高市场竞争力和影响力。共享型相关多元化企业可以利用产品组合提高打击竞争对手的能力，包括三种途径：1）跨市场补贴（cross subsidization），企业利用在一个市场上获得的利润来支持在另一个市场实施掠夺性定价行为。2）相互克制（mutual forbearance），在多个行业或市场多点竞争（multipoint competition）时，两个竞争者意识到相互间的依存关系，从而达成默契，停止过度竞争。例如，21 世纪初，UPS 进入联邦快递的核心业务领域——次日达业务，而联邦快递也购买了卡车等地面运输工具进入

UPS 的核心业务领域——地面运输业务，同时，欧洲最强的物流公司 DHL 正试图进入美国市场。中国加入 WTO 之后，这三家运输公司又在中国市场展开了激烈争夺。UPS 和联邦快递在次日达、地面运输两个业务中，以及三家企业在美国、欧洲、中国三个地理市场所采取的措施，都形成了多点竞争。3）互惠性采购（reciprocal exchange），大型多元化企业通过相互采购形成自己的圈子，从而将小公司挤出市场。

然而，在实践中，总部想通过共享型相关多元化战略来创造价值并不容易，通常面临很大的决策挑战和管理困境。

（1）选择具有协同和共享效益的行业并不容易。有学者认为，过于强调相关多元化的绝对优势其实是一种“夸大的相关性”。企业在评价业务单位之间的相关性时，很容易仅关注表面上的相似性，从而出现“海市蜃楼”效应。

（2）协同和共享会带来很高的成本，包括治理成本、内部交易成本和其他共享造成的不经济性。例如，当一家多元化企业生产的家用产品（如液体皂和洗衣粉）和包装食品都通过超市进行销售时，总部决定合并两个业务的营销职能，共用同一个分销系统以获得范围经济效益。为此，总部专门成立营销部来协调两个事业部（家用产品、包装食品）的营销和渠道管理活动。这种安排虽然可以创造一些共享价值，但也可能导致严重的控制问题和官僚主义成本。如果家用产品事业部的绩效下降，总部很难确定谁应当为此负责——是家用产品事业部还是营销部的问题？事实上，它们可能会互相指责，而充分审计的时间和精力成本非常高。

（3）共享活动和核心专长会增加管理难度。企业能否在实施共享型相关多元化的过程中使组合效益大于组合成本，关键在于能否有效地建立合作机制，否则将导致各个业务单位的责任、权力和利益不清。

（4）核心专长尤其是品牌、渠道的优势有可能被过度分摊。核心专长在转移进入新的业务时，有可能无法发挥协同作用，反而损害已有核心专长的价值性和难以模仿性。

共享型相关多元化的优点和缺点都非常明显。能否有效实施共享型相关多元化战略以及在多大程度上实现协同、共享，取决于战略管理者对本企业内部资源尤其是组织性资源的客观、深入而具体的判断。

三、相关多元化业务组合战略的资源整合与配置决策

1. 纵向多元化

企业如何才能发挥纵向多元化的优势，同时避免其弊端？这取决于有效的资源整合与配置，需要重点考虑以下两个问题。

（1）针对纵向多元化业务组合，采取怎样的资源整合方式或股权安排？通常情况下，关键的产品或环节可以通过全资方式进行纵向整合；非关键的产品或环节则通过参股来进行纵向整合；介于两者之间的情形可以考虑合资的方式。

（2）纵向多元化的内外部资源应按怎样的方式进行配置？1）明确上游与下游业务单位或事业部之间的供应关系。在交易产品专用性不强的条件下，上游业务单位供应的产品在满足企业内部需求后是否可以进入市场交易？如果不允许上游业务单位的产品对外供应，产品完全内部消化，则容易导致上游业务单位的应变能力和创新能力下降；下游

业务单位应在多大比例上采用本企业上游业务单位供应的产品？如果下游业务单位的原材料部分来自企业内部，部分来自市场购买，这种情况下可以提高自身对外部市场的议价能力，同时有利于增强企业内上游业务单位的竞争压力。2）内部交易价格的确定。企业内上下游业务单位之间的交易价格采用内部价格还是市场价格？如果采用内部价格，总部将面临内部核算时的利润分配问题：可以通过价格将利润配置给下游业务单位，也可以配置给上游业务单位。总部决定内部价格受很多因素的影响，包括战略意图、产品的专用性和重要性、交易频率、交易风险、内部管理模式、财务管理的需要、上下游业务单位是否为独立法人等。

2. 共享型相关多元化

同样地，要想发挥共享型相关多元化的优势同时避免其弊端，在进行资源整合与配置决策时，应注意以下三个问题。

（1）不能无限放大共享的作用，更不能为了共享而共享。企业进入新业务时，往往只重视业务之间表面上的共性，而忽视各业务在关键成功因素上的差异性，从而导致资源配置失调，难以将潜在的组合优势发挥出来。例如，一家从事冰箱制造的企业进入空调制造业务，起初认为冰箱和空调业务可以在制冷技术、渠道、售后服务等方面实现共享，因而将原冰箱制造的技术部门、营销部门均提升至总部职能部门，并投入大量资源延续原有冰箱制造技术的研发路线。后来在空调市场竞争中才发现，冰箱与空调虽然都是制冷家电，技术上却存在很大差异，需要分别投入资源进行独立研发。

（2）共享的活动必须是对业务单位获取竞争优势非常重要的价值链活动（关联着该行业的关键成功因素），有助于降低成本，或提高差异化潜能，或降低为差异化付出的成本，从而增强每个业务的竞争优势。此外，通过总部传递的核心专长对接受的业务单位而言，也必须是其竞争优势的重要来源。由于核心专长具有针对性和相对性，专业化的资源、能力往往运用于特定对象才能发挥价值，而在此范围之外的应用则可能受到限制。因此，应仔细审视在新业务中原有核心专长的可转移性，研判这种延展对于新业务构建竞争优势的潜力。一方面，需要防止“表面相似”而夸大、误判业务之间的相关性；另一方面，需要透过产品表面特征深入理解各业务关键价值链活动之间的相关性。例如，西铁城公司（Citizen）的产品表面上看起来是不同的——手表、微型卡片计算器、手持电视机，但是它们所基于的微型影像专业技术和精密技术是相关的。

（3）在实施共享型相关多元化战略之前，要多考虑共享的弊端，少考虑共享的好处。当企业实施相关多元化发展时，跨业务的战略匹配收益或潜在的组合优势并不会自动实现，只有在有效活动共享或成功传递核心专长之后才会获得这种收益。实施过程中要循序渐进，少用专家型管理者，多用整合型管理者。在共享与独立之间多次试错，找到合适的共享边界，同时关注试错过程中的文化整合，逐步完善。

四、相关多元化企业的管理模式

纵向多元化和共享型相关多元化战略所蕴含的潜在组合优势能否发挥，取决于总部能否设计出合适的管理模式。与相关多元化业务组合匹配的管理模式具有合作型、协同共享的特征。

1. 总部高层管理者

在实施纵向多元化或共享型相关多元化的企业中，要求战略管理者具备丰富的专业背景、从业经验和行业专业知识以及超强的整合能力。例如，纵向多元化企业的总部管理者需要通过上下游之间的价值链整合，降低交易成本、提高经营效率和质量，实现成本优势、时间效率优势和质量优势；共享型相关多元化企业的总部管理者需要辨别下属业务单位中是否存在能够共享的活动和技术诀窍（know-how），以促进经营层面的活动共享和公司层面核心专长的传递。

2. 总部职能的设置

总部需要设置与股东权益有关的职能部门，例如财务、投资、战略规划、人力资源管理、审计、法律等部门，还要根据不同类型的相关多元化组合，增加一些其他职能部门。针对纵向多元化业务组合，需要增加生产计划与调度以及内部价格管理部门，否则很难发挥这种战略在降低交易成本方面的作用。针对共享型相关多元化业务组合，总部需要在上述股东权益职能之外再增加能够实际被共享的组织职能，如研发、市场营销等，通过集中化管理来促进资源的合作、共享，实现范围经济。同时，在业务部门间建立结构性的整合机制也非常重要。例如，在不同业务部门之间设立联络人员，针对某个合作项目成立临时团队或任务小组，甚至采用矩阵制组织，以实现事业部之间的协调。

3. 组织结构

相关多元化企业采用合作型（cooperative form）事业部组织结构是较好的选择，如图 8－5 所示。在这种结构下，运用水平整合培养事业部之间的合作，计划、协调、领导与控制职能都集中在总部，下属事业部在运作各自业务的同时，广泛开展信息交流与知识共享活动。事业部有可能是法人，也有可能只是一个分部。当事业部是独立法人时，总部与事业部之间往往只是名义上的母子公司关系。由于各个业务单位之间存在广泛的资源共享和协调，总部实际上采取的依然是“总部—分部制”管理方式。

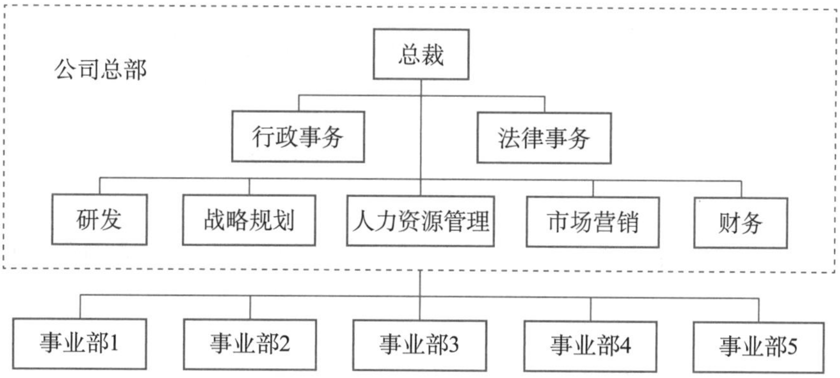

图 8－5　合作型事业部组织结构

注：针对共享型相关多元化业务组合，总部需要增加能够实际被共享的职能部门，如研发、市场营销职能部门等；针对纵向多元化业务组合，总部需要增加有利于生产计划、调度和内部价格管理的职能部门。

4. 集权分权的设计

由于纵向多元化需要在企业内部转移中间产品，共享型相关多元化需要通过活动共享、核心专长传递来获取范围经济效益，不同业务部门之间的沟通和协调尤为重要，这就要求总部在协调各部门时具有较高的地位和权威。针对纵向多元化业务组合，总部需要在生产计划、调度和内部转移价格上集权；针对共享型相关多元化业务组合，总部需要在能够实际被共享的职能上集权。换句话说，对有组合效益的活动应该集权；相反，对没有组合效益的活动则应该分权。然而集权与分权这种设计实施起来非常困难，容易出现“一放就乱，一收就死”的现象。例如，美的集团自建立事业部制以来，伴随业务多元化战略的调整，组织结构调整了多次，每次调整都要围绕责权的“放”与“收”进行反复权衡。

5. 激励机制

相关多元化战略，无论哪种类型的相关，都应该采取以主观、整体为主的考核和激励制度。这是因为在合作型事业部组织结构中，各事业部在经营层战略决策上没有完全的自主权，某个事业部的绩效并不完全取决于自身的效率，还取决于关联事业部的效率和总部的决策，因此该事业部的财务绩效无法真正反映自身的绩效水平。基于这个理由，总部只能弱化财务标准，强调用更主观的战略标准来评价事业部的绩效，如采用变革能力、创新能力、部门间的合作程度、劳动生产率、市场份额和增长率等指标。总部在各事业部之间分配资源时，也应当以这些标准为基础。事业部总经理的薪酬和激励方案应侧重于考察总经理与其他部门之间的合作水平，而不仅仅考察事业部自身的绩效。只有把事业部总经理的薪酬与企业整体盈利能力挂钩，才能提高事业部总经理实现范围经济的主动性和可能性。

6. 控制机制

针对相关多元化业务组合，总部应采用以战略控制和行为控制为主的控制机制，包括对经营范围、市场定位、经营方式甚至各事业部经营行为和组织文化等的控制，而不是采用财务控制。这是因为各个事业部之间存在广泛的协同效应，事业部的绩效并不完全取决于自身的效率，财务指标的高低往往与关联事业部的协同水平有关。如果控制机制运用不当，很可能导致控制不足或者控制过度，必定会影响业务组合优势的实现。

第 4 节　不相关多元化战略

不相关多元化战略是指企业通过进入不具有相关性的行业，以实现增长目的的一种业务组合战略。

一、不相关多元化战略特点

不相关多元化战略的价值创造力主要来自财务上的范围经济性，即借助公司内部或外部投资，通过财务资源优化配置实现收益增加和风险控制。不相关多元化业务组合中不存在降低交易成本的潜在效益，也不存在扩大规模经济和其他领域范围经济效益的可能，因此潜在的组合优势相对较低。然而，不相关多元化企业具有两个重要潜在优势：一是通过有效内部资本市场配置降低企业风险；二是进行资产重组，在外部市场上低买高卖，获取投资收益。具体来说，不相关多元化战略的主要优点包括以下五个方面。

（1）在市场机会多且资金严重缺乏的情况下，不相关多元化企业的总部可以发挥财务杠杆作用而成为资金放大器，总部的负债在不断投资新建子公司或孙公司的过程中被一次次放大。在市场供不应求的情况下，这种融资能力有利于抓住更多的发展机遇。

（2）当外部资本市场不完善时，不相关多元化企业的总部可以发挥财务上的范围经济作用，扮演企业内部资本市场的角色。这种内部资本市场配置有效性主要基于以下假设：首先，不相关多元化企业产生的现金流可能更加稳定，其内部资本市场比股票、债券等外部资本市场更有效；其次，通过内部资本市场筹集资金可以克服信息不对称问题，总部在管理下属各项业务过程中，相比公司股东和外部投资者能够获得更详细的信息，通过内部资本市场决定资金应该流向哪个业务，利用内部投资实现财务资源的优化配置和成本节约；最后，通过内部资本市场筹集资金，总部还可以自主选择投资项目，避免外部不知情的投资人掌握企业的投资决策权，从而提高投资效率。

（3）总部可以利用外部和内部资本市场实施并购和重组，提高企业投资收益率和资产运营效率。当外部并购市场效率很高时，多元化企业的总部可以通过并购或者出售企业得到投资收益；当外部并购市场效率较低时，多元化企业的总部则可以通过内部资本市场对下属企业进行重组，加快资产优化配置。

（4）在不恶化资本结构前提下，不相关多元化有可能降低企业的非系统性风险。企业经营中的系统性风险（市场风险）是无法通过多元化投资组合来分散的；非系统性风险是产业特有的风险，由于产业特点、产品生命周期、市场需求弹性等不同，不同产业的特有风险也不相同。因此，企业可以通过多元化的业务组合来分散经营中的非系统性风险，减少预期收益波动。多元化投资项目的相关度越低，分散风险的能力越强。

（5）多元化另一种财务上的范围经济性来源于税收优势。首先，多元化企业可以利用一些业务的亏损来抵消其他业务的利润，从而降低总体税收负担；其次，多元化可以降低企业现金流的风险，使企业破产的风险大大降低，从而提高企业的再融资能力。在负债利息可以税前扣除的政策下，不相关多元化企业可以通过负债提高财务杠杆作用，从而减轻税收负担。

尽管不相关多元化战略具有上述优点，然而就目前发展情况而言，发达国家的战略管理学者基本上认为不相关多元化经营是经济效益最低的一种多元化战略，并且不愿意再将这种战略作为企业的一种增长战略加以推荐。原因如下：

（1）在成熟市场经济国家，多元化企业总部作为资金放大器的积极作用已经基本不存在了，反而有可能引发巨大的债务危机，导致多元化企业破产。因此，在发展中国家，当市场竞争越来越激烈，资本市场越来越完善时，总部作为资金放大器的作用也不断被削弱。例如，国内房地产龙头企业恒大集团自上市以来，通过高负债大力实施多元化战略，业务范围涵盖体育、影视、汽车、互联网、旅游、健康、金融等多个相关或不相关领域，最终引发严重的债务危机。

（2）在资本市场越来越完善的情况下，企业内部资本市场效率越来越低于外部资本市场，尤其当存在管理者的机会主义行为和内部治理问题时，企业难以通过内部资本市场有效地进行投资。

（3）随着业务组合多元化程度上升，企业资本运作和重组的效益越来越低。如果对行业和市场不能充分了解，并购和重组的失败率将会非常高。同时，在此过程中有可能导致关键资源（如人力资源）流失，从而降低投资价值。

（4）尽管多元化可以分散非系统风险，但如果谨慎考虑以下问题就能更深入地认识风险：一是分散谁的风险。多元化降低的是管理者的风险而不是股东的风险，因为股东有其他更好的分散风险的途径。二是分散什么风险。主要分散的是经营风险，但为此又增加了财务风险和竞争风险。三是分散风险的前提条件是什么。企业必须具有核心专长，但是不相关多元化企业不仅很难在每一个具体行业中形成核心专长，而且会削弱原有的核心专长。例如，春兰曾多年位居中国空调业第一，但在进入摩托车、卡车等行业之后，很快被格力赶超；格力在进入冰箱、小家电、智能手机等领域后，空调主业与竞争对手的营收差距在逐年缩小。

（5）越是进入股东不熟悉的行业，股东和管理者之间的委托代理问题就越大，股东的委托代理成本就越高。

二、不相关多元化业务组合战略的资源整合与配置决策

尽管发达国家普遍认为不相关多元化战略并不是最有利于企业成长的一种战略选择，但是在经济转型或者新兴市场国家（如中国）的特定历史阶段，不相关多元化能通过有效发挥财务上的范围经济推动企业快速成长。例如，创立于 1992 年的复星国际通过一系列不相关多元化投资获得快速成长，它在不同历史时期都选择进入当时的新兴产业或高增长产业，利用内部资本运作和财务上的范围经济效益，有效克服了中国资本市场不成熟的威胁，并充分利用了中国资本市场不成熟带来的机会。

由复星国际案例（见战略聚焦 8－3）可以发现，在考虑不相关多元化业务组合的资源整合与配置决策时，应注意以下问题：（1）不相关多元化的进入方式主要是并购而不是自建；（2）进行跨行业并购时，选择具有行业领先地位的目标公司，保留目标公司原有优秀管理团队；（3）收购后，对管理团队实施高额薪酬和股权激励，尽量挽留核心团队成员；（4）在完成并购和整合过程中，给予管理团队更大的自主决策权；（5）总部应该“管住产权，放开经营权”，在经营上实施分权为主的管理模式，以财务控制为主。

战略聚焦 8－3 复星国际的不相关多元化

三、不相关多元化企业的管理模式

为了有效发挥不相关多元化战略的优势，企业总部应该实施以促进不相关业务单位自主发展和竞争为主要特点的管理模式。

1. 总部高层管理者

实施不相关多元化战略的企业，对总部高管的行业专业背景要求较低，但对他们的

系统战略思维、宏观控制和财务管理能力要求很高。要求他们必须能够及时捕捉不相关业务的风险和机会，市场敏锐度高，能够有效整合财务资源，充分利用有效内部资本市场配置来培养、发挥不同业务单位的竞争优势。

2. 总部职能的设置

由于不相关多元化业务组合中基本不存在潜在的组合优势，总部只需要设置与股东权益相关的职能，例如财务、投资、战略规划、人力资源管理、审计、法律等。

3. 组织结构

不相关多元化企业属于典型的母子公司管理体制，事业部往往是独立的法人，它们之间基本上无业务关联，只能通过内部资本市场或有效的并购、重组创造价值。因此，与不相关多元化战略相匹配的组织结构是竞争型事业部组织结构，如图 8－6 所示。这种结构更强调事业部之间的竞争而不是协作，总部机构设置高度精简。通常每个事业部都有独立绩效指标和财务评价方法，目的是促进内部资本市场有效配置。这种结构至少有三个优点：第一，内部竞争带来灵活性。由于业务之间不相关，总部可以识别出最有潜力的业务，并在资源分配上给予支持，以推动整个企业成功。第二，内部竞争是对现状和惯性的挑战。未来资源的分配主要根据事业部绩效以及在业务组合中的竞争地位。第三，内部竞争能够激发出事业部总经理为获取更多战略性资源而努力工作的动力。

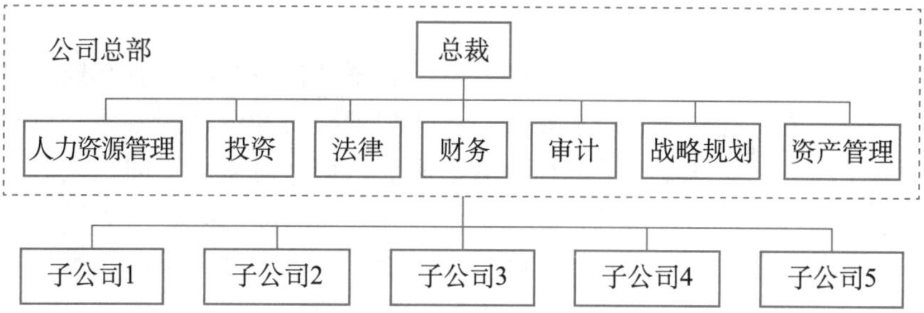

图 8－6　竞争型事业部组织结构

4. 集权与分权的设计

对于不相关多元化业务组合，总部只需要在与股东权益有关的职能领域集权，尤其是资产管理、财务、投资、融资、战略规划和中高层管理者任免等方面，而在具体业务的经营中分权。在竞争型事业部组织结构中，分权对于提高事业部绩效有重要影响。由于进入多个不相关行业，总部不可能具备所有业务的充分信息，过多干预只会导致出现官僚政治、事业部权责不对等等一系列问题，从而损害整个企业的绩效。因此，为了强调事业部之间的竞争，总部与各事业部之间必须保持一定距离，实行广泛分权而不介入事业部的具体事务，仅出于审计和更换事业部总经理的需要，才对有关具体事务予以处理。

5. 激励机制

在竞争型事业部组织结构中，由于各事业部是自负盈亏的独立单位，事业部总经理晋升和任期都以所在业务部门绩效为依据。因此，激励机制应该与单个事业部的绩效而不是企业整体绩效挂钩。针对不相关多元化业务组合，企业应该采取以客观、独立为主的考核激励方法，这样更有利于促进不相关业务之间竞争，从而提高整个企业的经济效益。

6. 控制机制

针对不相关多元化业务组合，总部主要采用财务控制方式。由于各个不相关业务在经营方式和行为规范等方面差异很大，主观性的控制方式会使总部在控制过程中掺杂偏见，导致管理失调。因此，总部应以客观性财务标准（如销售利润率、投资回报率等）来衡量、监控各事业部表现，在竞争的基础上分配现金流和资源，这样才能提高各事业部通过自身战略决策和运营追求利润最大化的动力。

第5节　混合多元化战略

混合多元化战略是指业务组合构成中同时采取纵向多元化、共享型相关多元化和不相关多元化两个或两个以上类型的业务组合。例如，在企业的业务组合中，其中几个业务可能是纵向相关，另外几个业务可能是共享型相关，而这两组相关业务之间又是不相关的关系。与混合多元化战略相匹配的管理模式，其特点可归纳如下。

1. 总部高层管理者与总部的职能

在混合多元化企业中，总部高层管理者不仅需要具备一定的专业背景、从业经验和专业知识，而且需要具备较强的资源整合、优化配置能力和市场洞察力。只有这样，总部高层管理者才能够对新行业机会和风险有清醒的认识，对从事不同行业的事业部进行资源优化配置，通过在采购、财务、品牌、渠道等方面的活动共享，实现范围经济和规模经济效益，或通过有效的纵向整合，降低交易成本。由于这类企业所建立的业务组合可能包含不同类型的多元化（纵向、共享或不相关多元化），总部往往会设立一个中间层级（如SBU或二级总部）来管理具体的业务（事业部），在这种情况下，一级总部只需要设置与股东权益相关的职能部门。

2. 组织结构

混合多元化业务组合往往是企业不知不觉中基于某种关联（例如知识转移）建立起来的，但当企业仔细分析业务组合时才发现，新进入的业务与原有业务之间实际上并不相关。例如，商用中央空调与家用空调虽然都属空调行业，实际上这两个业务之间只存在概念相关而不存在运营相关。针对混合多元化的业务组合，总部可以采取战略经营单位型（strategic business unit，SBU）事业部组织结构与之匹配，如图8-7所示。

SBU型事业部组织结构至少由三个层次组成。最高层次是总部，第二个层次是相对独立的战略经营单位SBU，第三个层次是隶属于不同SBU的事业部。由于各个SBU之间不存在整合效益，只存在竞争关系，总部对SBU实施高度的分权管理模式。然而，每个SBU对下属事业部采取何种管理模式，则取决于各SBU内部的业务组合性质。对于纵向多元化和共享型相关多元化业务组合，主要采取合作型事业部管理模式，在SBU层次上利用集权化管理发挥组合效益；对于不相关多元化组合，则采取竞争型事业部管理模式，因为下属事业部之间不存在任何实质性的整合效益。从这个角度来看，SBU 更像一个介于总部与事业部之间的中间组织，各个事业部之间的相关性或组合效益都是在 SBU 层次上实现的。如果某个 SBU 下属事业部之间没有相关性或者组合效益，那么这个 SBU 就相当于一个不相关多元化企业的总部。

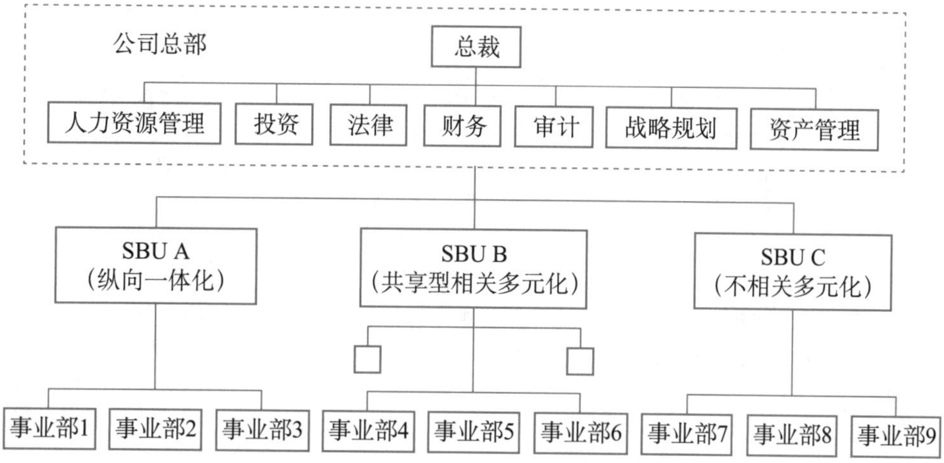

图 8－7　战略经营单位型事业部组织结构

3. 集权与分权设计

由于 SBU 之间是竞争关系，总部只需要在与股东权益有关的职能领域集权，针对每个 SBU 实施分权管理。在 SBU 内部可能是合作关系或竞争关系，因此，SBU 对下属事业部的集权或分权需要根据具体情况而定。基本原则为：有组合效益的领域集权，没有组合效益的领域则分权。

4. 激励机制

总部对各个 SBU 的考核与激励应采用客观的财务标准，与各 SBU 自身绩效挂钩。当 SBU 评估下属事业部的业绩时，应根据每个 SBU 内部业务组合的性质和所采取的管理模式来确定，有的按照合作型事业部对应的方式来进行激励，有的按照竞争型事业部对应的方式进行激励。

5. 控制机制

总部对各个 SBU 应采取以客观标准主导的财务控制。SBU 对下属事业部的控制，则应根据业务组合性质和所采取的管理模式来确定。综合来看，分别与相关多元化、不相关多元化和混合多元化战略匹配的管理模式如表 8－3 所示。

表 8－3　分别与三种多元化战略相匹配的管理模式

	相关多元化战略	不相关多元化战略	混合多元化战略
高管团队特征	• 专业背景 • 超强整合能力	• 一般性背景 • 超强系统思维、财务管理能力 • 市场敏锐度高	• 专业/一般性背景 • 中等整合能力

续表

	相关多元化战略	不相关多元化战略	混合多元化战略
组织结构设计	• 总部设置与行使股东权益有关的职能部门，计划与调度、内部价格管理部门，或实际共享的部门 • 合作型事业部组织结构	• 总部设置与行使股东权益有关的职能部门 • 竞争型事业部组织结构	• 总部设置与行使股东权益有关的职能部门 • 战略经营单位型事业部组织结构
集权与分权关系	• 在生产计划、调度和内部转移价格的确定上集权 • 在能够被共享的职能上集权	• 总部机构高度精简，在与股东权益相关的职能领域集权 • 经营层面以分权为主	• 总部在与股东权益相关的职能领域集权 • 总部向战略经营单位分权 • 战略经营单位内部视情况决定
激励机制	• 主观评价为主 • 与企业整体绩效挂钩	• 客观评价为主 • 与单个事业部绩效挂钩	• 根据单个战略经营单位的绩效实施奖励 • 战略经营单位下属事业部的评价根据其组合性质确定
控制机制	• 战略控制和行为控制为主	• 财务控制为主	• 总部对战略经营单位采用财务控制 • 战略经营单位对下属事业部的控制根据其组合性质确定

第 6 节　业务多元化战略的推进策略

综上所述，多元化战略能否获得组合优势，取决于总部能否根据内外部环境变化建立和保持合适的业务组合，能否通过有效和规范的内外部治理机制来监督并约束管理者的机会主义行为，能否让业务组合战略与组合管理模式之间形成动态匹配。然而，有效实施业务多元化战略是一个非常复杂且动态的过程，不仅需要上述正确的战略选择，而且需要正确的推进策略。换言之，实施多元化战略的动机、时机、方式、速度和程度也会影响多元化战略的成败。

1. 选择正确的动机

企业从单一主导行业向相关多元化或不相关多元化转变的动机可能是为了增强战略竞争优势，也可能是一开始的动机就不正确。例如，管理者为了增加个人报酬和降低自身职业风险而进行利己主义的多元化。还有的企业原本目的明确，但在多元化战略推进过程中，受到许多因素干扰而逐渐遗忘了原本的目的，从而盲目地多元化。主要表现在：（1）抵挡不住外部机会的诱惑，投机性地进入若干行业，结果是什么都干，但什么都干不好。（2）肥水不流外人田，试图从利润最大化而不是降低风险的角度出发，进入原材料生产和销售等产业链环节，甚至是企业所需的其他服务业，结果是“肥水变成臭水”。

（3）在“既为自己，又可以对外服务”的思路下，将内部职能社会化，从而出现以下现象：有一点儿物资采购就办贸易公司，有一点儿流动资金就办财务公司，有一点儿房地产就办房地产公司，有一点儿销售网络就办市场推广公司，有一点儿广告业务就办广告公司，结果不但市场上的生意拉不到，反而降低了对内服务质量下降，还增加了成本。

2. 选择恰当的时机

实施业务多元化发展有两个重要的时机必须把握好，否则就会犯过早多元化的错误。一是从集中发展向相关多元化转变的时机；二是从相关多元化向不相关多元化转变的时机。过早多元化的后果十分严重，不仅会在主业上浪费获取更大收益和市场占有率的机会，还会导致新进入的行业容易因缺乏主业支撑而夭折。由于缺乏足够的资源积累，过早多元化会造成新业务“起步不高、发展后劲不足”的状况。许多企业的过早多元化不但没有建立起新的支柱业务，还把原来的支柱业务拖垮了。

在把握从集中发展向相关多元化转变的时机时，要注意从以下几个方面进行考虑：（1）原来集中发展的行业是否已经进入产品生命周期的成长期后期或成熟期，是否会因为多元化而错失做强主业的机会。（2）通过集中化发展，企业是否已经积累了充足的财力、技术和管理人才。过分依赖负债来解决资本不足的问题会增加财务风险，过分依赖合资、参股和联营方式来克服资本和人才不足的问题也会带来许多副作用，例如增加交易成本、代理成本和控制难度，同时降低企业内部创新能力。（3）市场上是否出现有吸引力且合适的新行业投资机会。如果打算进入的行业是全新的或处于成长期早期阶段，企业在该行业中有可能建立起竞争优势或占据支配性市场地位，那么这种投资机会是合适的。相反，企业的多元化行为就有可能是短期或投机性的。（4）企业在原来集中发展的行业中是否已经建立明显优势和牢固的市场地位，如果答案是肯定的，则可以考虑多元化。为了尽可能利用范围经济，避免进入不熟悉业务带来的风险，应选择以相关多元化为主的业务组合战略。例如导入性案例中的京东方，20 世纪 90 年代初期，变革前的京东方已处于生死存亡的关键时刻，盲目实行多元化并没有给京东方带来立竿见影的效果。经过不断试错，京东方才找到适合自己的 TFT-LCD 发展道路，并围绕半导体显示主业不断构建、强化核心技术专长。直到实施多元化战略的财务、技术、组织变革条件已经成熟，京东方开始居安思危、顺应市场发展实施了相关多元化战略，逐步进入智慧系统、智慧医工等行业领域。

在把握从相关多元化向不相关多元化转变的时机时，同样也需要注意以下几个问题：（1）在相关多元化领域是否已经没有潜力可以继续挖掘；（2）是否在相关行业内已经建立绝对的优势或牢固的市场地位；（3）是否具备进行不相关多元化所需要的特殊知识、财力、技术和投资管理人才；（4）是否出现有吸引力的新行业投资机会。例如，对于格力电器来说，智能手机是一个“风口”，但能够飞起来的应该是“有准备的猪”。相对于已经在智能手机上获得成功的华为和小米等企业来说，格力电器进入手机行业将面临两个问题：第一，进入时机问题。手机行业是高度动态竞争的行业，进入该行业“晚一点”就意味着“晚许多”，格力电器在手机研发、内容生态、软件和供应链等方面都不具备竞争优势。第二，智能手机与空调的相关性问题。空调属于耐用电器，智能手机则属于快消电子产品，用户需求明显不同，要把空调业务的渠道和品牌复制到智能手机上非常困难。

3. 选择合适的方式

在其他条件相同的情况下，实施方式的选择也会影响多元化战略的实施效果。除了新建全资子公司或开辟全新业务进入新行业以外，相关并购和混合并购成为企业实施多元化的常用手段。企业通常认为，通过收购市场中已有企业来开发新业务要容易得多，而依靠自身力量进入不熟悉的行业则更加困难，风险更大。很多实例也证明，企业要想进入新行业或调整业务组合，并购往往是最快速的方法。但并购也是有风险的，过分依赖并购来实施多元化，会导致企业内部创新能力下降，总部可能对迅速扩大的规模失去控制，还会面临并购后业务整合的困境。

除了以上方式，企业还可以利用战略联盟进入新的业务领域。多元化的战略联盟可以带来一定的协同优势，与并购相比具有更小的经营风险和更大的灵活性，可以绕过政府对并购的一些限制。即使战略联盟不成功，对于企业而言，退出一个战略联盟要比消化一个不成功的被并购企业容易得多。

4. 控制多元化的速度

业务多元化的成功在很大程度上受制于企业的资源与能力水平。其中，有形资源可以通过市场交易解决，但组织性资源、无形资源和各种能力则必须通过组织内部长时间的学习和积累才能获得并提升。如果在推进多元化发展的过程中不注意节奏，就算有再好的机会也很难把握得住。如果一个企业一年进入 10 个行业，三年进入 30 多个行业，即便全部采用收购的方式也很难获得成功。关于这一点，可以用波士顿咨询公司提出的波士顿矩阵（Boston consulting group's matrix，BCG）加以说明，如图 8－8 所示。企业在实施业务多元化时，不能一哄而起，这会导致自己所有业务都处在问题区域。这将需要总部对问题业务投入大量资金，使其转为明星或现金牛业务。如果掌握好实施的节奏，就会减少资金筹措的压力，降低财务风险，进而提高业务多元化成功的概率。例如导入性案例中的京东方，虽然在液晶显示领域中已处于领先地位，但该市场中的竞争非常激烈。如果京东方的多元化战略过于激进，对新业务投入资源过多，可能会削弱主业的资源投入和竞争力。另外，在智慧系统和智慧医工等相对陌生的产业，也面临同样的竞争

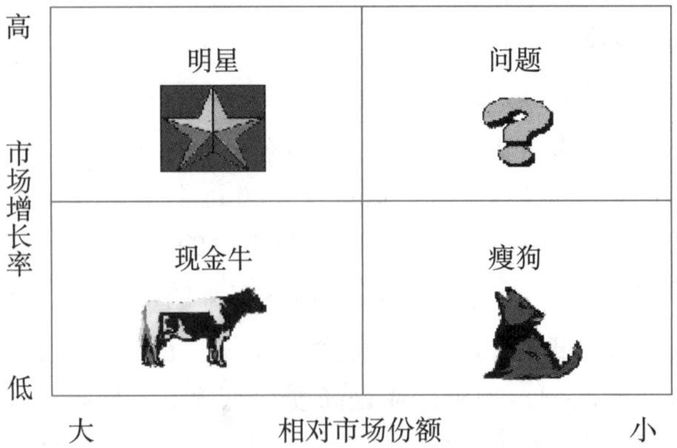

图 8－8　波士顿矩阵（BCG）

风险，这些行业中的在位企业必将全力反击。在管理多元化业务组合时，显示技术、智慧系统和健康服务三项业务对内部管理机制有不同的要求，如果京东方不能有效整合这些业务，获得协同效应，可能会导致较大的经营风险甚至经营失败。因此，在试水智慧系统和智慧医工行业的同时，京东方仍然分配大量资源在主营业务上，保持主营产品在市场中的竞争力，使企业处于可退可进的有利位置。这说明企业在进行多元化经营时应遵循循序渐进的原则，不应过分激进。

5. 控制多元化的程度

虽然多元化战略可以降低企业的非系统性风险（如经营风险），但过度多元化不仅会削弱降低风险的作用，而且会导致其他方面的成本急剧上升。具体表现在：因规模和层级不断增加，委托代理成本、控制成本和管理成本不断上升，速度、弹性和创新能力越来越弱，竞争优势下降，资源过于分散，反而会加大各个业务的市场竞争风险。多元化程度越高，总部高层管理者越偏离原来的行业，注意力越分散，对新业务的认知风险越高，在投资和管理上犯错误的概率就越大，战略失控的可能性也越高。持续提高多元化程度，还可能会导致企业债务膨胀，资本结构恶化，分散经营风险的能力减弱，财务风险递增，这些后果反而会加倍增大经营风险。因此，企业多元化发展的程度必须有所限制，要“有所不为”才能“有所作为”，否则就会犯过度多元化的错误。

面对多元化发展过程中出现的问题或挑战，企业往往会通过重组来纠正过度多元化的错误。如果多元化企业总部基于资源基础观来进行战略纠偏，通常会采取以“稳定组合管理模式，单独调整业务组合战略内容和方式”为特征的业务重组；如果多元化企业总部基于市场基础观来进行战略纠偏，则会采取以“稳定业务组合内容和方式，单独调整组合管理模式”为特征的组织重组，涉及结构调整、机制调整和文化改变等方面。具体的重组方式详见第 10 章。

随着互联网经济的不断发酵，跨界带来了新一轮企业成长浪潮。作为随时代发展的新名词，跨界的内涵非常丰富，包括跨界思维、跨界营销、跨界竞争、跨专业领域、跨行业发展等。跨界一般被定义为“突破原有行业惯例、通过嫁接外行业价值或全面创新实现价值跨越的企业/品牌行为”。如果从实体跨行业、资源/核心能力拓展，以及价值创新的角度来看待企业的跨界问题，则与业务多元化战略基本一致。在市场变化、技术进步驱动，以及产业政策、资本市场和市场竞争的推动下，跨行业尤其是不相关多元化发展逐步被放弃，而行业内的跨维度或者多维度经营（换界、创界和跨界）开始受到重视。相对于跨行业、跨区域经营来说，跨界经营这个概念的好处是，包括的维度更丰富，基本能满足转型升级所涵盖的绝大多数内容，能够反映环境变化所带来的创新。但坏处也恰恰是内容过于宽泛，容易以创新的名义去“干”不相关业务，结果导致“新瓶装旧酒”。在战略聚焦 8-4 中，我们对企业跨界经营面临的挑战以及战略边界管理进行了介绍。

战略聚焦 8-4

业务多元化与企业跨界经营

在中国企业转型升级过程中，跨界经营的理由通常包括：(1) 制度。产业政策多变、产业政策力度大，以及资本市场的偏好。(2) 市场。需求和消费方式多样化、营销手段多样化、市场的全球化与区域市场分割。(3) 行业。新兴行业不断涌现、新旧行业之间的替代越来越频繁、行业边界越来越模糊。(4) 竞争。多点竞争成为抑制竞争、寻求勾结的主要工具和方法，创新成为摆脱同质化竞争的主要方式和竞争优势的主要来源。(5) 能力。新一代信息技术与智能制造技术的发展，使企业跨行业、跨区域、跨部门获取信息、资源、知识的能力以及整合、管控能力得到极大提升。

然而，这并不意味着跨界经营是必然的选择。类似于业务多元化，跨界经营不仅成本高，而且风险高，企业能否通过跨界实现转型和快速成长具有很强的不确定性。因此在跨界浪潮席卷而至之时，需要客观、辩证地对跨界进行理性思考。一方面，由于外部制约减弱，行业、区域等差异下降，跨界机会加大，但同时跨界竞争日益激烈，由此带来的威胁不断上升，二者形成对冲；另一方面，企业获取资源、整合内外部资源的能力普遍提升，但跨界的难度也逐步提升，需要更迅速地掌握相关知识与技能，形成相应的治理、结构、机制和文化，二者也形成了对冲。因此，跨界经营和战略改变面临着相同的挑战，不跨界不行，跨界也不行。类似于业务多元化，跨界经营中往往也会存在盲目跨界（目的）、过早跨界（时机）、过快跨界（速度/幅度）、错误跨界（方式）等战略失误。

目前关于企业跨界的定义并没有统一。相对于工业时代的跨行业、跨区域经营来说，互联网和智能时代跨界经营包含的维度更丰富。这里的“边界”可能涉及行业、方式、定位、目标顾客、区域、渠道等（见图 8－9)。根据企业资源或规模的大小，不同企业可以选择边界划分的不同层级或维度。通常来说，从行业边界、方式边界、定位边界、顾客

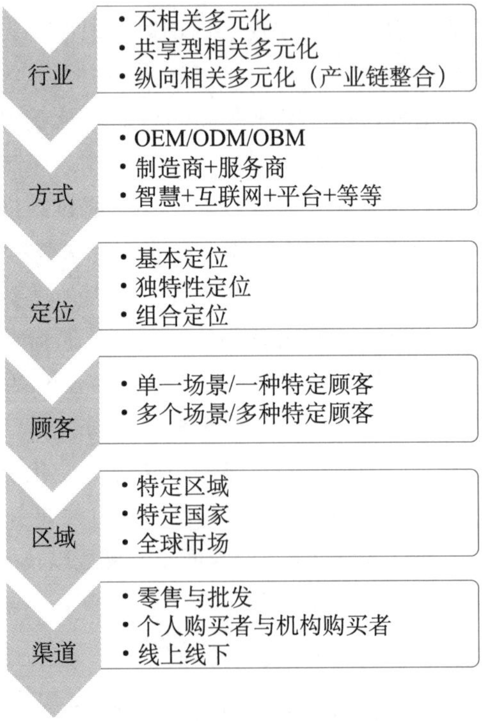

图 8－9　战略边界的内容：多维取舍

边界、区域边界，再到渠道边界，结构上是逐级约束的。越往上一层，越属于战略性边界；越往下一层，越属于策略性边界。上一层的边界相比下一层更加宏观和长期，并对下一层边界形成约束作用。

基于内外部环境变化，企业的战略边界是可以改变的，这种改变就是战略改变或创新。战略边界的改变（破界或跨界）必须以构建、发挥、强化企业的竞争优势或核心专长为目的，即在把握机会的同时，有效利用范围经济、规模经济，或降低交易成本。有效的边界改变还需要在保持连续性、一致性的前提下，提升创新性或者速度，这要求将边界决策划分成战略承诺、战略计划和战略行动三种类型，并明确三者的相互关系。面对“乌卡环境”的影响，战略改变总体上来说属于“干中学”，越高层的边界改变越应该“以静制动”，主要取决于价值选择；越低层的边界改变越应该“以动制动”，主要取决于竞争互动的需要；中间层应该是“动静结合”，主要取决于经济理性。

边界管理是企业动态应对、利用环境变化的一种基本方式，既包括扩张，又包括收缩；既包括跨界，又包括守界。相对于划界或者跨界而言，核心专长的构建和强化更需要企业长时间守界，而不是不断跨界。越是大跨度的跨界，越需要长时间的守界。任何跨界都会打破原有机制和创造活动的匹配，需要通过长期的守界重新实现这些活动之间的再次适配。跨界的范围越大，那么活动适配及磨合所面临的挑战越大（如路径依赖、管理惯性、管理传统、资产专用性等），战略改变、结构调整、资源调配、机制优化、文化更新等所需的时间越长。通过守界的过程，形成动态识别关键成功因素的能力，完成多次竞争优势和管理模式的构建、转换、迭代和整合，包括掌握相关的知识和能力以及企业核心价值观的构建和扬弃。“乌卡环境”下的战略决策都是有限时间和信息条件下的次优决策，过于理性的选择将导致不理性的结果，更需要价值坚持。相对于跨界来说，守界过程中所面临的挑战、过程的艰辛、机会的诱惑、威胁的压力等更大。过于理性的选择将导致不理性的结果，因此更需要价值坚持，砥砺前行、不断探索和学习。

通常跨界经营有三种基本的战略选择。（1）换界：跨出边界，业务转变。是否选择换界往往取决于以下几个问题的答案。新的将比旧的好吗？是否有足够的知识、能力、资源支撑成功跨界？自己和公司可以承受换界带来的挑战吗？（2）创界：超越边界，创新业务。能否为足够的顾客创造更大以及稳定的价值感受？能否有效地整合企业内外部资源和能力？能否将先动优势转化为长期优势？（3）跨界：跨越边界，两边兼顾。重点考虑新旧之间的关系，两边兼顾的利弊，以及改变自己将带来多大的挑战。值得注意的是，跨界的主要驱动力不应该是扩大规模、把握机会（尤其制度合法性机会），而是核心专长的构建、发挥和强化。跨界的主要障碍不是没有机会，而是没有优势；不是缺乏硬性资源，而是缺乏软性资源；不是战胜竞争对手，而是要战胜自己的过去。战略管理者自身才是企业跨界经营的最大障碍。换界、创界和跨界都不是企业的常规战略选择，需要跨界与守界交替使用。跨界的幅度与速度成反比，有效把握幅度与速度的最好办法就是尽量使跨界的幅度与速度与改变自己的幅度与速度相同。平衡创新与风险的关键是有限创新，平衡速度与持久的关键是逐步跨界。

思考题

1. 总部创造价值的方式是什么？

2. 简述公司层战略的决策框架。

3. 企业在什么条件下选择相关多元化战略？在什么条件下选择不相关多元化战略？多元化战略的类型和程度对企业绩效有什么影响？

4. 当选择相关多元化战略、不相关多元化战略和混合多元化战略时，应该分别采取什么样的管理模式与之匹配？

5. 简述在多元化战略推进的动机、时机、方式、速度、程度等方面应注意的问题。

6. 请思考中国近年来宏观环境的变化对中国企业的多元化行为会产生怎样的影响。

7. 战略管理的两种基本思维方式分别对企业的多元化行为产生了怎样的影响？

能力拓展

1. 简述从导入性案例中得到的启示，什么样的多元化战略才有可能成功？

2. 试分析海尔集团的多元化扩张之路，包括每个阶段的时间、背景、动机、业务组合战略与组合管理模式的调整等，并与美的集团的多元化路径进行比较。

3. 请查找相关资料，进一步探讨在中国国情下，企业对多元化战略的选择是否与其主业所处的行业生命周期不同阶段有关。

4. 请通过各种渠道（如网站、文献或上市公司年报等）查询，选择一家多元化明显失败的企业和一家多元化成功的企业，分别解释失败和成功的原因。

第 9 章

国际化战略

导入性案例

中集安瑞科的国际化发展

中集安瑞科（CIMC ENRIC）是中国国际海运集装箱（集团）股份有限公司（简称：中集集团）控股，主要从事能源、化工及食品装备制造和服务的企业。作为全球最大的运输装备的制造和服务商，中集集团从 21 世纪初就在国内和欧洲能源化工及食品装备行业进行了布局。为了响应“一带一路”倡议，在能源、化工及食品装备行业构建以中欧互动为牵引的全球化市场布局，2007 年中集集团收购了由新澳集团控股的香港上市公司——安瑞科，并且以安瑞科为主体整合了中集集团在国内和欧洲已有的能化储运装备业务，包括此前收购的张家港圣达因、荷兰博格（Burg），使中集安瑞科成为中集集团能源、化工及食品装备板块的领军企业。在此基础上，中集集团又以中集安瑞科为主体，围绕清洁能源装备、化工装备与液态食品装备三大细分领域，先后收购德国曼恩（TGE）、吉曼（Ziemann）、英国 Technodyne、Briggs 和加拿大 Diversified Metal Engineering（DME）等公司以及国内多家企业；在中国及德国、荷兰、丹麦、比利时等国拥有 20 多个制造基地和研发中心，在北美、欧洲、南美、中亚、东南亚及中国、泰国、尼日利亚、巴基斯坦、乌兹别克斯坦等国家和地区构建了营销网络，目前已经成为全球领先的能源、化工及食品装备的集成服务商与关键设备制造商。

在能源装备领域，中集安瑞科以压缩天然气（CNG）、液化天然气（LNG）储运装备制造为起点，采取“中国制造+欧洲设计+全球市场”的协同方式，通过新建和并购若干企业，迅速增加了设计、工程总承包（EPC）、融资及提供整体解决方案的能力，形成了水陆天然气上中下游全产业链整合的发展模式。例如，2008 年在对荷兰博格公司旗下罐式业务梳理过程中，中集安瑞科并购了德国曼恩气体工程公司，获得了其全球领先天然气接收站工程技术。通过上述的一系列战略行为，中集安瑞科不仅打造了系列“冠军产品”，如高压长管拖车，其产销量从 2002 年至今连续全球第一；在新的价值链环节也开始形成核心专长，如低温储罐的设计业务已经占据中国 70%的市场份额，大型 LNG 接收站和储存站成为世界知名品牌等。2021 年 3 月 2 日，中集安瑞科通过与 Hexagon Purus 的全资附属公司 Hexagon Purus HK 达成合营协议，成立高压储氢瓶合营公司和供氢系统合营公司，这进一步巩固了中集安瑞科在氢能领域的战略布局。

在化工装备领域，中集安瑞科以粉末、液态、气态化学品罐式储运装备制造为基础，积极拓展罐式储运装备的后市场服务，致力于提供罐式储运装备全生命周期服务，实现对货物在物流全程的智能监控与管理。其中ISO罐式储运装备的产销量从2004年至今稳居世界第一，而罐式储运装备的后市场服务实现了德国、荷兰与中国“中欧互动”服务网络的协同。

在液态食品装备领域，中集安瑞科以荷兰博格旗下Holvrieka公司孵化出了啤酒酿造和储运装备工程设计、罐体制造和系统安装的全产业链业务。Holvrieka是一家具有悠久历史的啤酒关键储罐制造商，包括啤酒罐、发酵罐等储罐的研发设计、制造与安装。在完成对该企业的并购和重组之后，中集安瑞科决定对啤酒装备制造业务进行纵向延伸，相继收购在糖化设备与储罐制造方面均具有领先优势的德国百年企业吉曼、拥有全球领先蒸馏技术的英国百年企业Briggs公司以及从事酿酒装备设计、制造和安装的制造商加拿大DME公司，拥有了啤酒制造装备全链条关键节点的业务组合。在此基础上，中集安瑞科进一步对上述并购企业进行了分阶段的纵向整合。中集安瑞科旗下的从事液态食品装备业务的公司CIMC Enric Tank and Process B. V.，对相关企业的营销、技术、生产、工程、采购进行协同共享。在啤酒罐研发领域，采取德国研发、中国设计来促进Holvrieka和吉曼之间的协同；在营销方面，采用Ziemann Holvrieka与吉曼的双品牌策略，前者针对关键储罐制造细分市场，后者更加突出糖化车间技术以及啤酒厂交钥匙工程的核心优势；在制造方面，实行德国、荷兰和中国三地制造，同时将中国制造的经验引入德国和荷兰制造基地。经过这些整合，2012年收购的吉曼，由亏损1 400万欧元到2013年扭亏为盈，2014—2017年销售收入从1.7亿欧元增长至3.5亿欧元，欧洲员工从300名增加至800名。中集安瑞科未来将进一步整合DME，发展亚洲精酿啤酒业务，实现由小型啤酒坊至国际化/跨国化大型啤酒厂的全价值链覆盖。同时中集安瑞科也会将啤酒储罐及相关设计、工程服务等业务向牛奶、果汁等液态食品储运领域拓展。中集安瑞科在液体食品装备业务上快速拥有了Ziemann Holvrieka、Briggs及DME三大知名品牌，成为该领域全球最大罐类产品及加工装备制造商之一。

中集安瑞科通过国内外并购与自建的方式，不断完善各个业务领域的价值链环节，实现产业链上下游之间的整合和创新，践行中集集团提出的“全球运营，地方智慧”的全球化经营理念。在中欧互动为牵引的全球市场拓展过程中，中集安瑞科首先抓住能源装备现代化的产业发展趋势，从全产业链布局的角度不断转型升级，大力推进基于价值链创造活动的水平整合与基于产业链的纵向整合，实现纵向、横向不同维度的协同共享；充分发挥了中国、欧洲不同国家和地区的特定优势，逐步实现从中低端制造到高端制造和智能制造，从制造到研发设计、工程装备、金融服务等服务型制造的拓展。其次针对不同环节、不同市场分别采取国际成本领先与国际差异化的经营层战略，在全球整合与地方响应两方面不断创新核心专长的内涵。截至2023年中集安瑞科营业收入同比增长20.5%，达约236.26亿元。其中，清洁能源实现营业收入149.1亿元，化工环境实现营业收入44.1亿元，液态食品实现营业收入42.9亿元；氢能相关业务同比大幅增长59.0%至7.0亿元。通过国际化实现全产业链布局的一站式系统解决方案，是中集安瑞科取得新的国际竞争优势的关键举措。

未来，中集安瑞科在“全球运营，地方智慧”的全球化经营理念下如何进一步明确业务组合边界，实现纵向与横向的协同与整合，推进核心专长与优势的升级依然是挑战，尤其是面对新的国际形势，对欧洲企业的系列跨国并购如何进一步实现业务、人员与文化的深度整合，仍需要不断实践与探索的勇气与努力。

| 学习目标 |

- 理解企业国际化的进程及其新变化。
- 掌握企业国际化的动因和进入方式的类型。
- 掌握国家特定优势与企业特定优势的内涵。
- 掌握企业国际化经营层战略的类型。
- 掌握企业国际化公司层战略的类型以及影响战略选择的主要因素。
- 理解当前中国企业国际化所面临的战略问题与挑战。
- 理解国际化经营中合规的重要性。

企业国际化（internationalization）是企业跨越国家边界从事经营活动的战略行为，同时也是一种地域多元化（geographic diversification）的战略行为。正如第 7 章所述，如果企业需要开拓的不是国内市场而是国外的一个或者多个国家的市场，市场开拓战略就转变成为国际化战略，即当企业实施市场开拓战略（或常常称为“横向一体化”）而需要突破国家边界时，市场的国际化也就发生了。正如导入性案例所示，随着全球化进程的加速，企业国际化并不仅限于市场开拓的需要，还有可能发生在企业的研发、制造、采购、融资等各个方面，企业国际化也并不限于一个或者几个国家，还有可能是全球的各个国家，甚至包括发达国家；企业国际化战略并不是国内市场开拓战略的简单重复或者延续，而是战略思维、战略选择和管理模式的全方位创新，其核心是要解决为什么、凭什么、怎么做等一系列战略问题。中集安瑞科的成功就在于中集集团的企业战略管理者在实施国际化发展的过程中有效地回答了上述问题，并且做出了相应的战略选择。

第 1 节 企业国际化的进程

在全球化趋势影响下，企业国际化已经成为一种势不可挡的趋势。一般认为，国际化进程是渐进的，是企业对外国市场逐渐提高投入（incremental commitment）的连续形式；企业会沿着国际化学习曲线渐进地发展，每进入一个新阶段，都需要新的能力和资源。自 20 世纪末以来企业国际化出现了许多新的变化。

一、发达国家企业国际化的进程

企业所在国家的条件将会在很大程度上决定这个企业国际化的方向和进程。历史上发达国家企业国际化的进程大体上可以分为以下三个阶段。

1. 国际化初级阶段

国际化初级阶段的主要形态就是出口，包括间接出口和直接出口等形式。间接出口主要表现为通过国内的专业外贸公司合作出口；直接出口包括将产品出口给国外经销商，在国外建立办事处、分公司、合资或全资销售子公司。为了适应业务扩张的这种变化，企业开始在销售或者营销部门之下设立专门处理国际业务的职能部门，如出口部或国际部。随着出口规模的扩大以及对提高国外市场反应能力的需要，企业逐步提高国际业务部门的地位，例如将国际部从销售部中独立出来。国际化初级阶段最重要的特征是企业主要利用和发挥母公司的知识和能力来适应海外市场的不同需要，即企业在其他国家的各种经营活动都是母国意识和能力的输出。

出口销售的进一步增长和出口产品的多样化要求企业尽可能减少中间商以及进一步降低在国外经营的成本或绕开贸易壁垒。为此，企业开始以独资或合资方式在海外投资建厂，逐渐将采购、营销、融资、研发、人力资源管理等职能活动转移至海外子公司；海外子公司的管理职能和价值创造活动越来越健全，对当地市场的经营管理活动越来越深入。随着企业进入更多的国家和地区市场，母公司开始逐步实施新的国际化战略，包括调整对海外子公司战略地位的态度、资源分配政策以及组织结构，从而满足海外子公司与当地企业及其他国外企业展开竞争的需要；海外子公司也不再单纯依赖母国的知识和能力，而是开始利用当地资源和知识。由此企业国际化进入了新的阶段——国际化高级阶段。

2. 国际化高级阶段

在这个阶段，国际化企业将不再简单地把企业所进入的市场划分为国内市场和国外市场，而是仅将国内市场作为一个国家市场，国内（即母国）只是总部所在地，不再是知识和能力的唯一输出地，企业将在其他国家市场上获取新的知识和能力，并以此强化企业的整体能力。因此，企业会出现两种不同的国际化战略导向：一种是全球化的战略导向，强调国际化经营中的规模经济和范围经济，克服不同国家市场的差异性问题；另一种则是多国化的战略导向，重视对各个国家市场差异的地方响应，强调在不同国家市场经营的灵活性。两种不同的战略导向将产生不同的国际化战略以及相应的组织结构和管理模式，此时的企业往往已经成长为跨国公司。

3. 超级国际化阶段

随着跨国公司在不同国家活动的深入，企业会发现无论是全球化战略导向还是多国化战略导向都具有难以克服的局限性，于是开始寻求能够同时兼顾全球效率和地方响应的战略，从此采取跨国化战略导向。在组织结构上，企业采取兼顾产品分部和地区分部的全球矩阵结构；在全球价值活动布局中，企业既强调发挥规模经济和范围经济效益，又强调保持对各国市场的高度敏感性，充分利用各国资源能力的差异性与竞争对手展开多点竞争；在对海外子公司的态度上，精心设计不同子公司差别化的战略定位，子公司与母公司之间、子公司与子公司之间出现了多维度的知识交流和能力转移；在管理模式上，跨国公司日益发展成为网络型组织。此时的企业已经成长为超级跨国公司。从初级的国际企业到超级跨国公司，企业经历了国际化思维、战略、组织结构、管理模式等方面的演进。斯托普福德（Stopford）和维尔斯（Wells）两位学者提出了一个国际化结构阶段模型，呈现了传统西方发达国家跨国公司典型的结构演化过程，如图 9－1 所示。

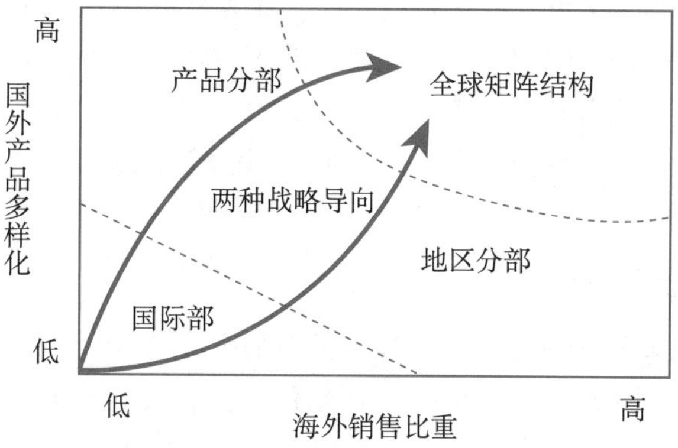

图 9－1　企业国际化中的结构演化过程

资料来源：Stopford J M，Wells L T. Managing the Multinational Enterprise：Organization ofthe Firm and Ownership of the Subsidiaries. New York：Basic Books，1972.

二、企业国际化进程的新变化

在全球化趋势的影响下，发展中国家企业特别是中国企业积极开展国际化，其国际化进程呈现出一些共性特点；新一代信息技术包括互联网、物联网、大数据、区块链等兴起与快速发展，企业国际化涌现出一系列创新活动。这两个方面的趋势使传统的企业国际化进程出现了新的变化，这些新变化体现在以下三个方面。

1. 国际化进程的起点发生变化

传统发达国家企业国际化进程的起点在于出口，其前提条件是，企业在国内市场已经得到充分竞争和发展，具备了某些战略能力以抵消它不熟悉外国市场的劣势。然而发展中国家的企业，特别是中国企业国际化进程的独特性在于国际化的起点是以“引进来”开始的，从而形成了两条不同的路径。

第一条路径是引进设备和技术后所生产的产品在国内销售，这类企业被定义为内向型企业。例如，海尔集团的前身——青岛电冰箱总厂就是在 1984 年引进德国利勃海尔电冰箱生产技术的基础上发展起来的；海信在 1984 年引进日本松下技术和设备生产了第一台 14 英寸彩电。内向型企业为满足国内需求并在国内竞争中生存，在采购、生产、研发、营销、品牌等全部价值链活动中建立自己的能力和核心专长，成为一家全面独立发展的国内企业。在此基础上，内向型企业进行出口活动，建立国际部，从而开始了与发达国家企业类似的传统国际化进程。

第二条路径是引进设备和技术后所生产的产品全部出口，这类企业被定义为出口加工型企业或贴牌生产企业（OEM），又称外向型企业。这类企业通过发挥中国国家优势逐渐成为全球价值链分工的重要环节，制造能力不断加强，然而研发和技术创新、营销与品牌等高附加值创造能力是短板，在全球产业分工中处于相对劣势地位。出口加工型企业尽管从“出生”开始就开展国际化，然而大部分企业仍长期处于初级阶段的国际化。

以引进技术和设备为起点的中国企业形成了两种不同的国际化进程，在改革开放的前 20 多年，依靠这两类企业的相互分工、相互促进，中国不仅成为世界上增长最快和最具潜力的内需市场，而且成为世界最大的制造基地和商品出口国。中国加入世界贸易组织以来，国内外形势发生了重要变化，内向型企业和外向型企业所分别服务的国内、国外市场的边界越来越模糊。中国企业普遍面临严峻的转型压力，中国国家特定优势也面临新的挑战，这要求企业提升国际竞争力、加快国际化进程。其中，外向型企业由于相关能力短板长期存在，转型更为困难。为了提升国际竞争力，内向型企业和外向型企业正在出现整合的趋势。

2. 国际化进程出现跳跃式发展

20 世纪末，出现新型国际企业——国际新创企业（international new ventures）或天生全球化企业（born global ventures）。国际新创企业和天生全球化企业的现象在发达国家与发展中国家同时出现。这类企业成立伊始就在多个国家通过运用各种资源销售产品来寻求竞争优势，在成立后很短时间内就达到比较高的海外销售比例或在海外市场有很深入全面的价值链活动布局。这种新的跳跃式国际化发展进程在新一代技术革命背景下更加普遍，如亚马逊（Amazon）被认为是一家典型的天生全球化企业，它在创立初期就向全世界销售产品和服务，以互联网来克服传统上进入不同国家市场的多种障碍，快速成长为海外销售比例非常高的公司。中国企业大疆无人机亦被认为是天生全球化企业，其在 2006 年创业时就以技术为导向，实施研发、设计、制造、销售等全价值链活动。该公司推出民用无人机产品，通过国际航模爱好者社区将自主品牌产品销售到世界各地，五年内国外业务营业收入占比达到 78%，迅速发展成为世界领先的无人机控制系统和无人机解决方案的开发者和制造者。

3. 跨境电子商务与互联网企业国际化的快速发展

互联网的兴起为企业开辟了一个全新的经营平台，不再依赖重资产即可连接全球市场，大大改变了传统企业的国际化路径。在数字经济下，诸多崭新的国际化模式如雨后春笋般涌现，例如跨境电子商务、海外手机应用程序（App，或称为“独立站”）、互联网游戏、虚拟现实与元宇宙等。跨境电子商务作为其中一种常见的商业运营模式，基于浏览器或应用程序等方式，为买卖双方提供了一个无须见面即可完成网上选购、网络交易与在线支付的广阔平台，为各种商务、金融以及综合服务提供了一个数字空间，涵盖了如亚马逊的商家对消费者交易（B2C）、阿里巴巴（Alibaba）的商家对商家交易（B2B）以及易贝（eBay）的消费者对消费者交易（C2C）等多种应用场景。与此同时，拼多多、字节跳动等新兴互联网企业分别通过建设国际版（Temu）和在海外版（Tik-Tok）增加电商板块等加快进入海外市场。

第 2 节　企业国际化的动因与风险

一、国际化的动因

企业为什么要国际化？对于这一基本问题，发达国家企业的发展历史给出了四个最为通用的动因：寻求资源、寻求市场、寻求效率、全球战略。

（1）寻求资源。如果国内缺乏某种资源，或某些资源在其他国家的成本比较低，或某些特定资源在其他国家不可转移，企业则会为了获得这些资源而进行国际化。国际化所寻求的资源包括自然资源、人力资源、技术资源、财务资源。在传统动因中，寻求资源主要强调获取自然资源或生产要素，往往在东道国和投资国之间建立垂直的国际分工体系：东道国出产原料或初级产品，投资国生产制成品和高附加值产品。如在整个 20 世纪，发达国家企业通过国际化进入发展中国家的主要动因都表现为寻求成本更低的要素，如丰富的自然资源和廉价劳动力。进入 21 世纪，寻求高级人力资源或技术资源的动因开始出现，然而这种动因又往往归为新兴的国际化动因——寻求战略性资产（strategic asset）。

（2）寻求市场。寻求市场的动因是指以占据和扩大海外产品市场为目的。寻求市场的动因主要出现在以下两类企业中：第一类企业是那些已经在国内取得某些内在优势，特别是与专有技术或品牌有关的优势企业，通过这些优势的跨国界转移可以促进企业在海外市场中获得某些竞争优势，增加盈利。例如英特尔、奔驰、松下等公司，它们通过不断进入更多的市场而努力争夺全球领导地位。第二类企业则是由于国内市场狭小，难以发挥规模经济效益，如食品、烟草、化工制品、汽车制造等产业。欧洲许多国土面积相对较小国家的企业就面临国内市场狭小的困境，如瑞士、芬兰等。这类国家的企业早期国际化的动因主要表现为寻求市场，如雀巢公司很早就开始在整个欧洲销售产品，随后进入北美和拉丁美洲市场。随着智能制造等技术的不断进步，企业越来越有可能在狭小市场上获得规模经济效益。因此，寻求市场的第一类企业变得更加普遍。进入更多的国际市场来发挥既有优势、获得更大的收益成为更多企业的国际化驱动因素。

（3）寻求效率。寻求效率的动因是通过国际化获得在生产制造、交易、资本运作等方面的有利条件，从而提高企业运营的效率。通常有两种具体形式：一是充分利用不同国家之间的传统要素禀赋差异来降低企业成本；二是利用规模经济效益和范围经济效益以及不同国家的消费者偏好和供给能力差异来提高产出，此时不同国家之间在基础设施、制度环境和竞争环境等方面的差异比要素禀赋差异更重要。

（4）全球战略。对于跨国企业，通过国际化进入某些国家市场是基于战略的需要，旨在通过全球范围内的水平分工和垂直分工达到资源最佳配置的目的，最大限度地获得在全球范围内的竞争优势。全球战略动因的表现有以下方面：在世界范围内建立生产基地，实现企业内部的水平分工和垂直分工；基于竞争的要求，如竞争对手大规模地全球扩张；应对最小规模经济扩大、研发投资高昂、产品生命周期缩短的挑战，积极在全球扩张以分担成本；弥补国内市场或个别国家市场容量不足或销售不足的缺点。21 世纪以来在全球化趋势越来越突出的条件下，以发达国家跨国公司为主导的全球价值链形成，跨国公司将内部各个价值链活动环节在不同地理空间进行配置，以实现效率和竞争优势的最大化。如波音公司的 777X 客机在设计和制造上展现了全球化的特点，美国企业供应发动机和飞行控制系统，其零部件来自加拿大、日本、意大利、法国等十多个国家和地区。零部件交付至波音公司位于华盛顿州埃弗里特的工厂后，仅需一个月的时间就能完成 777X 客机的组装和测试。这种全球化的供应链和高效的生产流程不仅缩短了生产周期，减少了库存，还提高了生产效率，实现了精益生产的目标。这种全球合作和高效生产方式不仅让波音公司受益，而且促进了全球航空工业的发展。

战略聚焦 9-1

企业国际化的战略目标与实现手段模型

戈沙尔（Ghoshal）提出了一个广为接受的企业国际化动因分析框架——企业国际化的战略目标与实现手段（见表9-1）。这个分析框架提供了在全球化背景下，企业从国内外两个市场提升国际竞争力的驱动力来源。企业国际化动因可以总结为：运用国家/区域差异、规模经济、范围经济三种手段，来达到效率、风险和世界范围业务同步学习的最优化。国际化战略成功的关键是不同目标和手段的互动与匹配。

表9-1 企业国际化的战略目标与实现手段

国际化的战略目标	实现手段		
	国家/区域差别	规模经济	范围经济
提高效率	从要素成本差异中获得效益	在每一个活动上扩大规模效益	多产品/市场分享获得范围经济效益
管理风险	通过市场多元化/国家差异降低风险	平衡规模和经营上的弹性	组合投资降低风险，增加了选择的范围
适应、学习和创新	通过了解组织/过程、制度的社会差异进行学习	通过降低成本和增加创新获得经验和知识	通过跨组织和跨产品/市场/行业分享学习成果

资料来源：Ghoshal S. Global strategy：an organizing framework. Strategic Management Journal，1987，8（5）：427.

20世纪90年代以后，实践中出现越来越多难以用上述四个动因解释的国际化现象，特别是发展中国家企业的国际化现象，人们用三个新动因对此进行了解释。

（1）学习。学习作为一种新的动因，在回答发展中国家企业为什么国际化的问题上具有很强的解释力，特别是在中国企业进入发达国家市场的动因解释上，学习已经成为一个普遍接受的国际化动因。基于不同的战略意图，企业可以通过进入东道国市场获取所需要的知识或技能，增加国际化的经验或有关资源能力，从而为企业提升特定优势奠定基础。与此同时，学习作为一种动因也表明了发展中国家企业国际化起点的差异性。

（2）寻求战略性资产。战略性资产是指对企业建立竞争优势或生存发展具有战略意义的资产，包括关键技术、专用知识、品牌资源和人才资源等。与学习动因强调国际化所带来的经历和经验不同，寻求战略性资产强调在东道国获得对企业至关重要的资源或能力，从而直接增强自己的特定优势。因此，寻求战略性资产动因下的国际化进入方式往往表现为跨国并购或国际战略联盟。此外，寻求战略性资产的动因也对20世纪90年代中期以后出现的发达国家跨国公司的跨国并购、战略联盟现象具有较强的解释力。2008年金融危机以来中国企业出现了一轮针对发达国家企业的跨国并购浪潮，被认为寻求战略性资产的动因十分明显。

（3）规避贸易壁垒。自2018年来，部分发达国家通过加征关税、管制出口和制定“实体清单”等方式建立贸易壁垒，为国际贸易特别是中国的对外贸易提出严峻挑战。为规避这些贸易壁垒，特别是针对目标市场国家的跨国联盟与并购、针对其他发展中国家的绿地投资便成为中国企业的必要举措。

二、国际化的风险

企业在国际化中会面临许多不同类型的风险，包括政治、经济、经营等方面。与国内企业相比，企业国际化更需要关注来自本国以外的风险，包括东道国环境变化、国际环境变化产生的风险。其实，在经济日益全球化的今天，即使是国内企业，往往也需要考虑上述两个方面环境变化带来的风险。

1. 政治风险

在东道国面临的政治风险主要来源于东道国政府政策变化的不确定性。如果东道国政府的政策稳定，那么这种不确定性会小很多；反之，则大大提高了政治风险。政治风险可分为宏观风险与微观风险两类。宏观政治风险主要来自资产被没收或国有化，即东道国政府无偿或仅仅以很少的补偿占有国外企业的资产。微观政治风险主要来自东道国的产业政策、以国家安全为主要内容的监管法规、反垄断法规以及特定的税收政策和监管法规等，可能影响某些特定的贸易行为或跨国经营行为。这种微观政治风险在当今世界中时常发生，各国之间的贸易摩擦都会对企业的国际化形成政治风险。另外还有异常事故风险，例如战争和恐怖活动风险等。

2. 经济风险

经济风险和政治风险是相互联系的，国际化过程中的经济风险主要指的是汇率变动对企业未来国际经营盈利能力的影响，具体是指汇率变化对企业未来产品价格、成本和数量的影响。汇率变动使企业面临经济风险的例子比比皆是。例如，中国自 2005 年起有序推进人民币市场化改革，2009 年推动人民币跨境结算，国际货币基金组织（IMF）确认 2016 年将人民币纳入特别提款权（SDR）货币篮子，人民币国际化稳步推进。当前，人民币汇率已成为影响我国出口加工型企业转型升级的重要因素之一。

3. 经营风险

经营风险来自企业对东道国环境，特别是制度环境不熟悉时所产生的不确定性。一国的制度环境既包括正式的制度，如法律、法规、政策，又包括文化与传统观念等非正式制度。当企业作为外来者进入东道国市场时，企业对非正式制度的不了解或不适应可能带来巨大的经营风险。例如，不少中国企业在并购发达国家企业后，因对非正式制度环境没有足够的认识而面临重重挑战。当前，面对全球供应链供应不确定性带来的经营风险问题，企业也开始采取有针对性的管控措施。

4. 数据风险

数字技术的爆发式发展也为国际化过程带来了全新挑战。例如，跨境电子商务涉及包括用户信息、支付细节和商业机密等大量数据的传输。这既加剧了知识产权问题，又产生了因黑客攻击或非法拦截而泄露信息的风险。进入人工智能时代，不法分子还能通过深度伪造（Deepfake）或 51%攻击等技术，将泄露的信息用于金融犯罪，对个人隐私和企业安全构成严峻威胁。保障数据安全已成为数字时代国际化的关键环节，是确保企业充分利用国际化稳健发展的重要保障。

战略聚焦 9-2

中国对外直接投资的挑战

近年来，随着中国企业“走出去”的步伐加快，涉及的海外利益越来越多，投资面临的外部风险也显著提升。

比如，一些地区存在安全问题，有中国企业海外员工成为当地政治和武装冲突的人质，有的地方甚至发生中国商人或工程技术人员被杀害的恶性事件，中国企业海外投资的风险陡升。

有的地区政治因素复杂多变，导致中国企业投资项目被迫停止。例如，缅甸密松大坝项目停建，利比亚政变导致3万多名中国人员大撤离，墨西哥高铁项目被无限期搁置，希腊叫停中远集团并购比雷埃夫斯港等。即便是传统上认为相对稳定的一些国家的市场，近年来也出现使用行政力量干预市场竞争的事件。这些事件表明，中国企业在积极开展对外直接投资时，应该对风险管理问题给予高度重视。做好风险预警，进而准确识别与有效应对，是中国企业提高海外投资成功率的重要前提。近年来，商务部加强了对中国企业对外直接投资风险管理的服务和监管，对企业前往战乱国家、未建交国家或者高风险敏感国家的对外投资也实行了核准管理，每年都发布《对外投资合作国别（地区）指南》和《国别贸易投资环境报告》，以及有关国家商签投资保护协定，通过法律形式保护中国企业和人员在海外的利益等。

当前，中国企业积极参与推进“一带一路”建设，但由于“一带一路”沿线一些国家地缘政治复杂，对内面临领导人交接、民主政治转型、民族冲突等多重矛盾，需要高度重视政治风险的评估与应对。更为突出的是，近年来全球化遭遇严峻挑战，全球范围内贸易保护主义和民粹主义不同程度地抬头，地缘政治风险加大，全球经贸规则受到严重冲击，中国企业的国际化遇到前所未有的挑战。因此，对政治风险等各类风险进行分析、评估和预警以及加强合规管理已经成为当前中国企业“走出去”的急迫任务之一。

资料来源：根据公开信息整理，信息更新至2023年10月。

第3节　国际化进入方式

基于对企业国际化收益和风险的考虑，企业会对国际化的进入方式做出选择。国际化进入方式是指企业有对产品、技术、工艺、管理以及其他资源进入外国（地区）市场的一种正式部署。

一、进入方式的类型

1. 出口

出口通常被认为是投入少、风险低、速度快的国际化进入方式之一，因此也被认为是企业国际化进程中最理想的初级阶段进入方式，尤其是在进入那些具有高度不确定性的市场时。出口的优点主要体现在初始投入少、灵活性强；缺点主要体现在关税与非关税壁垒可能导致出口产品失去价格竞争的优势，运输成本高，难以保持对当地顾客和市场需求的监督和探测等。目前大部分中国企业的国际化主要是以出口方式进入国际市场，传统的路径是参加展会（例如中国进出口商品交易会，即广交会）获得外国采购商的订单，组织生产，最后出口交货。互联网与跨境电子商务蓬勃发展后，企业可以有更多的渠道获得海外订单。

2. 许可经营

许可经营（licensing）是企业通过与目标国家企业之间订立相对长期的、非投资性的无形资产转让合作合同而进入目标国家的方式，属于一种非股权安排（non-equity arrangement）。企业通过订立可转让合同对生产和销售的每件产品收取一定的许可费，被许可方承担风险并投资设备生产、营销和分销产品或服务。通常转让的内容包括各种工业产权（例如专利、商标、技术管理诀窍、工艺技能、营销技能等）和版权。

许可经营的主要优点有：（1）绕过东道国设置的进口壁垒。许可经营是无形资产的贸易，不受进口壁垒的限制。（2）能以最少量的资本投入在国外市场开展经营活动。（3）投资风险低。（4）充分利用本企业的技术，有偿转让，是扩展企业已有创新的一种方法。（5）当国外市场太小，不足以维持最低规模的生产制造或其他经营活动的规模经济效益时，为了充分利用技术本身的价值和分担企业高昂的研发费用，技术许可经营是最佳方式。

许可经营也存在不足，最主要的缺点是：（1）由于投入有限，对被许可人的产品生产、质量管理和市场营销活动缺乏有效的控制，许可技术或无形资产能否有效利用取决于被许可方的努力程度。（2）容易培养新的竞争对手，而且被许可方可能有意无意地泄露专有技术秘密，不仅会造成专有技术失效，而且会引起新的竞争风险。

与许可经营类似的一种非股权安排方式是特许经营（franchising），特许经营基本上是一种专业化的许可协议。在该协议下，企业不仅把自己的无形资产转让给被特许人使用，而且要求被特许人遵守严格的经营规则。特许人经常为被特许人的连续经营提供帮助。因此，特许经营与许可经营最大的差异在于特许人需要对被特许人进行经营监督。麦当劳、肯德基、必胜客等都是特许经营的典型代表。

3. 战略联盟与合资

20 世纪末以来，国际战略联盟成为国际扩张的主要方式。战略联盟是企业与目标国家的竞争者、供应商、消费者、分销商或相似行业甚至不同行业企业之间通过合作以开发、生产、分销或销售产品或服务的战略方式。国际战略联盟包括资产型战略联盟和非资产型战略联盟。其中，国际资产型战略联盟就是国际合资，即企业与当地企业建立控股或者参股的企业，将资本、管理、技术转移到目标国家。国际合资的好处在于：（1）有利于突破市场进入的政策障碍。（2）能够在一定程度上（取决于控股和参股的程度）保持控制。（3）节省运输成本、回避关税壁垒等，最终降低产品成本。（4）有效提高产品对当地市场偏好的适应性。（5）在文化冲突与协调中更直接地获得国际营销经验。其弊端在于：（1）不同国家合资各方有可能发生冲突，如战略意图、经营理念、经营目标、组织控制、利益分配上的冲突等。（2）对财务和运营等方面承诺投入更多的资源，经营风险大。（3）因投资回报的时间较长而导致初期成本过高。（4）缺乏灵活性。

国际非资产型战略联盟则是以合同（而不是资产）为纽带的合作形式。在国际航空业中存在很多这样的国际战略联盟，众多航空企业组成营销和运营联盟，星空联盟就是一个包括美国大陆航空、德国汉莎航空、中国国际航空等公司的联盟，目前已有28家成员航空公司①，会员企业在销售、运营支持和提供后勤服务等方面合作，为航线运行提供便利。在当今的移动支付领域也存在许多非资产型战略联盟，如Apple Pay与万事达卡建立战略联盟以相互强化信誉和服务能力。

4. 跨国并购

随着自由贸易在全球市场的扩展，跨国并购（cross border merger & acquisition）的数量激增。跨国并购为进入新的市场提供了捷径。在很多情况下，跨国并购可能是国际扩张最快的方式。例如，吉利2009年收购澳大利亚DSI自动变速器公司，2010年收购沃尔沃汽车公司，2017年收购美国太力公司，2018年收购戴姆勒9.69%具有表决权的股份成为其第一股东，2022年5月认购雷诺韩国汽车34.03%股份，9月对英国超豪华汽车品牌阿斯顿·马丁·拉贡达国际控股7.60%的股份收购，这一系列跨国并购和股权获取，快速推动了吉利的全球产业布局。

尽管收购已成为进入国际市场的流行方式，但是其成本高昂，并购融资方案也较为复杂，例如，一些中国企业采取境外融资贷款的方式来筹集并购资金。此外，跨国并购的谈判通常比国内并购更复杂，各类尽职调查成为跨国并购中十分重要的环节。目标公司所在国家的政策、法规限制以及能否获得谈判所需的准确情报也是企业面临的问题，例如，近年来美国等发达国家对外资的国家安全审查日趋严格，中国企业对美国公司等发达国家企业的跨国并购交易出现了越来越多的不确定性因素。

最后，跨国并购后的整合也比国内并购复杂得多。整合包括战略、业务、价值链、组织文化与人员等方面的整合，企业还要考虑潜在的不同社会文化和习惯，注意在当地履行企业社会责任。中国企业跨国并购历史上比较经典的跨国并购案例从不同角度反映了并购后整合的各种挑战，如TCL并购汤姆逊视频业务之后遇到了整合上的巨大挑战，吉利收购沃尔沃汽车之后的整合也是吉利需要重点解决的关键问题。

5. 建立全资子公司

建立全资子公司是指在目标国投资建立全资子公司。这种方式要花费更多的时间和精力去研究市场，而且投资回收期长。它具有三个方面的优势：（1）企业具有独占所有权，不和其他投资者分享利润。（2）没有合作伙伴，不会存在目标、利益等方面的冲突问题，子公司的战略与企业的整体战略更容易有机整合。（3）企业采取这种方式进入国外市场，可以更直接、更全面地积累国际经营的经验。这种方式的局限性表现在：（1）企业投入的资金多、投资风险和经营风险大，为了建立新公司，企业需要获取当地市场的知识和专业技能。（2）东道国政府和公众可能对外来独资企业持不信任态度，企业要更加有效地在当地履行企业社会责任。例如，福耀玻璃2014年投资买下美国莫瑞恩市原通用

---

① www.staralliance.com.

汽车的废弃厂房，将之改造为单体汽车玻璃工厂。尽管这为当地带来了就业，但依然面临与当地文化融合的挑战。

二、进入方式的选择

国际化进入方式的选择往往是包括国际化战略选择、战略意图在内的各种因素综合考虑后的结果。选择进入方式时，企业实际上是对以下三个要素的程度做出选择：控制、资源承诺和传播风险。不同的进入方式代表了企业在控制、资源承诺和传播风险上的不同程度。

（1）控制。控制是指操纵当地资源进行运营和战略决策的权力，不同的进入方式对应不同的控制权。

（2）资源承诺。资源承诺是指企业为了进入外国市场所付出的沉没成本，即进入某个国家市场时所付出的专用资产的多少，这些资产包括有形资产和无形资产。资源承诺也构成了企业的退出障碍。简单地讲，资源承诺代表了企业进入某个国家市场所需要的初始资产投入量以及预期的后续资产投入量。

（3）传播风险。传播风险是指企业在技术方面的特定优势有可能被国际合作方（特许经营的授权方、合资方）学习和使用的风险。因此传播风险并不是经营风险，传播风险代表被东道国合作方模仿与学习的不确定性或可能性。

企业进入不同国家市场所采用的方式实质上是上述三个要素的程度选择决策。常见的四种国际化进入方式在这三个要素上的表现如表 9－2 所示。

表 9－2　不同进入方式选择的内在要素

进入方式	控制	资源承诺	传播风险
出口	低	低	低
许可经营	低	低	高
合资	中	中	中
建立全资子公司	高	高	低

资料来源：Hitt C，Hwang P，Kim W. An Eclectic Theory ofthe Choice of International Entry Mode. Strategic Management Journal，1990（11）：120.

影响进入方式选择的因素有三个：战略因素、环境因素和企业内部特征因素。

（1）战略因素主要通过控制水平影响进入方式的选择，不同的国际化经营目标和进入战略要求有不同的生产经营控制水平，具体包括企业的国际化战略导向、进入目标国的战略意图等。

（2）环境因素主要通过资源承诺影响进入方式选择，具体包括东道国市场因素、东道国投资环境及东道国制度因素；母国制度环境因素、产业环境因素、地区差异性等；国际投资协定等国际环境因素如双边投资协定以及区域性投资规则等。例如《区域全面经济伙伴关系协定》（RCEP）是由包括中国、日本、东盟等 15 方成员制定的协定，于 2020 年 11 月正式签署，RCEP 涵盖货物贸易、服务贸易、投资等多个领域，其中区域原产地累积规则等多个重要规则将对区域内企业的国际市场进入方式选择产生重要影响。

（3）企业内部特征因素主要包括企业内部的企业特定优势、资源与能力状况等，具体包括在国际市场及东道国市场的经验、企业相对规模、资源投入状况、技术密集程度等。

第 4 节　国际竞争优势

企业的国际化能否成功取决于企业如何利用自己的优势和在国际化过程中不断建立新的竞争优势。企业的国际竞争优势有两种类型，分别是国家特定优势和企业特定优势，这两种优势的性质是不同的。前者是区位性的，即随着区位的改变，优势的内容和结构将发生改变；后者则是非区位性的，优势可以在不同国家和区位之间转移或复制。

一、国家特定优势

迈克尔 · 波特认为国家是企业最基本的竞争优势来源，因为国家能创造并保持企业的竞争条件。为什么有些国家的企业能在某些领域创造并保持竞争优势？为什么某些产业的诸多世界领先企业都来自同一个国家？例如，德国的印刷机、高级轿车、化工、机械制造产业等，美国的信息通信、软件业等，日本的半导体产业等。波特将这种国家环境为企业带来的特定优势称为国家竞争优势。

波特提出国家竞争优势不是指一个国家的 GDP，而是指来自四个要素及其相互作用下某一特定领域或产业的生产力和竞争力比其他国家更强，生存于这一领域或产业的企业参与国际竞争时就能享有国家竞争优势。这四个要素分别是：生产要素；需求要素；关联和辅助性行业；企业战略、结构和同业竞争（如图 9 - 2 所示）。此后，波特又补充了政府和机遇两个因素。这个国家竞争优势模型也称为“钻石模型”。

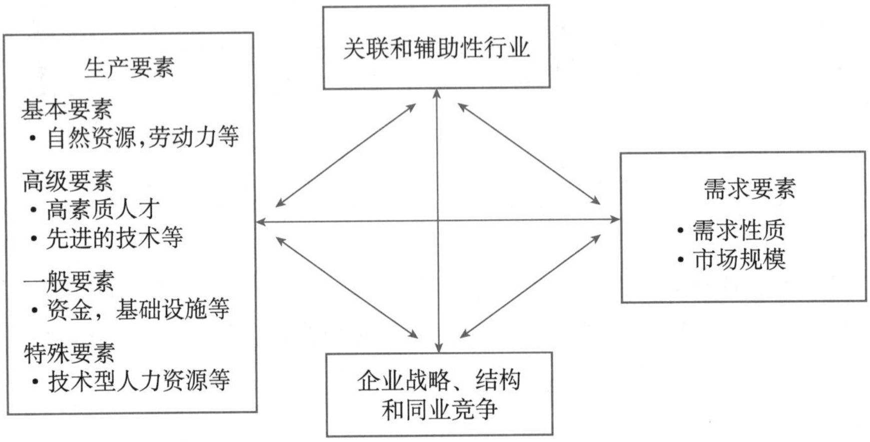

图 9 - 2　国家竞争优势模型

资料来源：Porter M E. The Competitive Advantage of Nations. New York：Free Press，1990.

（1）生产要素。生产要素是指一个国家的生产要素状况，包括熟练劳动力以及在某一行业竞争所必须具备的基础设施条件。生产要素基本上有两种分类：第一种分类是分为基本要素和高级要素。基本要素是指自然资源、地理位置、气候条件、劳动力等，其特点是天赋的，是一种给定的先天条件。高级要素是指开发新产品应具备的必要条件，如充足的资金、先进的技术、高素质的人才。基本要素和高级要素的差别在于：基本要素是被动继承的或只需要简单投资就能拥有的要素。第二种分类是根据专业程度分为一般要素和特殊要素。一般要素包括基础设施、资金、受过大学教育的人力资源等，这些要素可以投在任何一种产业中，而特殊要素包括在技术型人力资源、先进的基础设施、专业知识领域中某些专门生产要素，例如专门研究新材料的科研机构、汽车模型设计人才等，特殊要素为某个产业提供具有决定性的竞争优势基础。从上述生产要素的分类可以发现，一个国家在某个领域生产要素上的表现可能是优势与劣势并存，此时可以通过创新克服劣势。

（2）需求要素。需求要素是指某个行业产品或服务的国内需求的性质和市场规模。一个国家需求的特性会影响该国企业的国际竞争优势。以本国需求为出发点而发展起来的生产方式、组织形式、营销策略等是否有利于本国企业打入国际市场，取决于本国需求状况与国际需求状况比较的相对优势或劣势。如果国内的消费者是成熟、复杂和苛刻的，就有助于该国企业赢得国际竞争优势。例如第二次世界大战后，意大利建筑陶瓷业的繁荣就源于复杂的国内市场需求，意大利人均瓷砖消费量大大高于世界其他地区，意大利消费者要求有不断更新设计和款式的产品，意大利的瓷砖公司要不断改进生产方法和创新设计，两者形成相互强化。近年来中国消费者的电商消费方式日益成熟，对物流配送要求日益苛刻，这推动了中国电商领域在供应链管理方面的突出能力与优势。此外，一个国家市场潜力的大小同样会影响该国企业的国际竞争优势。依靠本国市场就可以形成规模的企业，例如中国、印度和巴西等国的企业比较容易在规模经济与成本上建立竞争优势。

（3）关联和辅助性行业。关联和辅助性行业是指国内是否存在具有国际竞争力的关联行业和辅助性行业。关联和辅助性行业的水平之所以对某一行业的竞争优势有重要影响，其原因包括：有可能发挥集群优势；有可能产生对互补产品的需求拉动；有可能构成有利的外部经济性和信息环境，例如形成了专业的人才市场。显然，是否具有发达而完善的关联和辅助性行业，不仅关系到主导行业能否降低产品成本、提高产品质量从而建立优势，更重要的是，如果这些关联和辅助性行业与主导行业地理上邻近，使企业之间有可能互相频繁而迅速地传递产品信息、交流创新思路，就会极大地促进企业的技术升级，形成良性互动的环境。这种企业与企业之间、行业与行业之间互相促进、一荣俱荣的实例到处可见，例如，20 世纪美国计算机行业的发展受益于软件行业的不断创新；日本电子行业的发展离不开日本半导体行业的领先；最近几年中国新能源汽车制造业在全球市场上的国际竞争优势离不开与中国动力电池行业之间的高速协同发展等。从另一个角度看，2018 年以来中国许多制造行业仍面临突破上游行业“卡脖子”瓶颈的挑战，例如通信设备及终端制造行业面临上游集成电路行业发展短板的挑战，人工智能相关行业仍受限于算力芯片等。这表明中国在国家特定优势内涵转型的过程中需要加强对关联和辅助性行业的转型升级。

（4）企业战略、结构和同业竞争。企业战略、结构和同业竞争是指国内支撑企业组织和管理的条件以及国内竞争的性质。一个国家同行业企业竞争强度的高低与这个行业的竞争结构和行业中各个企业的战略行为存在密切的关系。如果企业战略选择恰当，行业结构合理，那么同行业竞争激烈有可能促使这个国家的企业在成本和创新两个方面更具有国际竞争力，当然也更会有开拓国际市场的动机。但是，如果企业战略选择不恰当，行业结构恶化引发价格战，那么最终将难以形成关键和可持续的竞争优势。例如，中国企业过于多元化已经在客观上导致很多行业的竞争结构恶化，行业内部竞争强度过大，很多行业过于分散，难以获得规模经济和范围经济效益。近年来在“跨界”与“破圈”的热潮下，这一问题依然十分严峻。

（5）政府和机遇。政府和机遇是钻石模型的辅助要素。1）机遇。机遇一般与行业所处的国家环境无关，却是竞争条件之一。机遇是指那些会打破原来的竞争状态、提供新的竞争空间、创造新环境的重要事件。机遇将影响钻石模型四个关键要素的变化，例如技术变革、全球经济危机等。当前在新一代技术变革与新一轮产业革命背景下，全球治理规则正在发生重构，机遇的作用也正在产生重要影响。2）政府。政府的作用一直存在争议，但 2008 年金融危机后各国普遍加强了政府的干预。政府的作用主要体现在对钻石模型其他四个关键要素的影响上，例如通过教育投资改变生产要素条件等。在政府直接干预经济的国家，来自政府的直接支持和约束对于特定企业的竞争优势有重大的影响。

国家竞争优势模型强调了一个国家在某个领域或某个行业取得国际成功是该国生产要素、需求要素、关联和辅助性行业以及企业战略、结构和同业竞争四个方面综合作用的结果。一国在某个行业所具有的国家特定优势能直接为企业带来国际竞争优势。例如美国信息技术（IT）企业在国际市场上的竞争优势得益于美国在 IT 产业的国家竞争优势。中国制造企业的国际化则得益于中国在制造组装加工领域的国家竞争优势。

二、企业特定优势

企业自身所拥有的某些战略性优势是其国际化的前提条件，这种优势就是企业特定优势（firm-specific advantage，FSA）。企业特定优势是企业能否在国际市场上取得成功的根本，是企业国际竞争优势的最重要来源。

企业特定优势是指企业的研发、生产或营销技能、专利、商标、组织能力等专用资源和能力，它是非区位性的，即可以跨国界在企业内部转移和共享。企业特定优势的本质与核心专长基本一样，只是更加强调这是企业所具有的、有别于国家特定优势的一种优势。在国际化的对外直接投资阶段，只有拥有了这种独特的优势，才能克服作为外来者在东道国经营遇到的障碍和劣势；同时，企业特定优势也强调企业的独特能力在东道国市场是有价值的、稀缺的、难以模仿的和不可替代的。因此，企业拥有特定优势是获得国际竞争优势的重要源泉。发达国家跨国公司的发展历程表明，在国际化以前就具备一定的技术专长或独特的营销能力是其在国际化环境中取得成功的关键。企业国际化不仅要充分利用已有的特定优势，还是一个学习、建立新特定优势的过程。

从优势来源上看，企业特定优势可以分为两类：（1）利用本国优势建立起来的企业特定优势。进入不同国家时，企业要通过内部转移这些独特能力才有可能在当地市场获得竞争优势，例如为了适应不同国家顾客的差异化需求，企业必须发挥已有的技术优势使产品能够差异化，或通过独特的营销技能使顾客对其产品/服务产生印象等。企业利用在本国已经建立的特定优势，才有可能在当地生存和发展。（2）国际化过程中建立起来的特定优势。企业的特定优势不仅形成于母公司，海外子公司也会对企业特定优势的形成与保持产生重要作用，企业往往在国际经营环境中获取新资源、共享资源，在相互强化中学习与创新，形成协同效应，从而形成新的核心专长。例如，进入 21 世纪以来，跨国公司出现了更为频繁、密集的跨国战略联盟行为，这是跨国企业通过国际化建立特定优势的一种体现。中国企业在发达国家建立研发中心、设计中心等国际化行为也是希望在当地通过适应和学习获得创新，从而建立新的企业特定优势。例如吉利汽车和沃尔沃汽车联手在瑞典哥德堡成立吉利汽车欧洲研发中心、在英国设立前沿技术研发中心等都是旨在通过合作与学习提升企业特定优势。

第 5 节　国际化的经营层战略

无论采取什么样的国际化进入方式或者进入多少个国家的市场，企业首先必须为自己进入某个国家市场选择一个合适的竞争战略（即定位战略）；在已经进入的市场中决定采取什么竞争战略，包括选择目标市场、市场定位、商业模式以及相应的管理模式。这种国际化战略决策称为国际化的经营层战略。

与单纯的国内企业经营层战略相比，国际化经营层战略可能会由于企业有多个产品业务国际化或进入了多个不同国家的市场显得更为复杂，企业要根据业务-国家市场维度来制定不同的经营层战略。例如中集集团车辆、能源、化工与空港板块业务均在全球市场开展业务，需要考虑不同业务在不同国家的经营层战略，例如车辆-德国、能源化工-德国、空港-德国等。

具体到一个国家市场的一项业务，国际化经营层战略的制定逻辑与本书前述经营层战略的制定逻辑是一样的，同样需要考虑目标市场和顾客价值诉求、定位、价值链设计、关键竞争优势构建的领域等。在国际化的经营层战略制定中，有一些企业把国内市场与国际市场、多个不同的国家市场看作相同或相类似的，会采取统一的经营层战略，例如采取全球统一的成本领先战略；有一些企业更关注国际市场中不同国家间的差异性，把不同的国家看作多个不同的市场，采取多个不同的经营层战略，尤其是采取不同的市场定位，例如在一些国家采取差异化战略，在另外一些国家采取成本领先战略。因此，企业需要回答同一业务各国的经营层战略是否一致、多大程度上一致。例如中集的车辆-德国、车辆-沙特的经营层战略（市场定位）是同样的吗？或有多大程度一致，在哪些方面一致、哪些方面有差异？上述问题由企业更高层次的国际化战略思维决定，也就是由国际化的公司层战略决定。

一、国际成本领先战略

国际成本领先战略通常以取得规模经济效益为主要目标。例如宜家采用国际成本领先战略不断向全球扩张，并创造了一种独特的经营方式。宜家关注年轻消费者，制造并销售简洁的现代设计风格且可拆卸的家具，强调购买过程的体验。宜家认为年轻消费者对价格敏感，并且愿意购买标准化设计产品。在此基础上，采用众多创新的经营方式，如采取平板包装、可拆卸的工具包以及把安装成本转移给顾客等方式，建立起优于当地企业的成本优势；通过全球分销、整合全球采购克服全球化的成本障碍；寻找廉价的材料，如采用栎木替代传统的麻栗木和松木，在低劳动力成本地区生产，利用过剩的制造能力等。

当然，实施国际成本领先战略也有风险。目前中国大部分企业采取的是成本领先战略进入国际市场，许多企业以为单纯依靠中国的国家特定优势——主要是要素成本优势，就具有了在国际化过程中实施成本领先战略的竞争优势。在出口加工业务竞争不激烈和地区发展水平差异比较大的时候，企业确实在出口加工业务上取得了巨大成功。但是在中国加入世界贸易组织，特别是 2008 年金融危机之后，大多数出口加工企业已经非常清楚，这种单纯依靠要素成本领先战略面临越来越多的限制，主要挑战是：（1）如何应对劳动力成本与原材料成本等要素成本上升，从单纯依靠国家特定的要素成本优势转变到利用国家特定的其他优势，包括市场规模优势；（2）如何利用国家特定优势结构性变化带来的好处，例如新一代信息技术与数字经济的迅速发展对中国特定优势带来的新变化；（3）在资源和能力两个方面如何从单纯依靠国家特定优势转变到以此为基础建立企业的特定优势，更大地发挥国家特定要素成本优势和在国际化的过程中建立新的成本优势。

二、国际差异化战略

许多成熟的跨国公司采取了国际差异化战略。国际差异化战略的关键在于企业能够把差异化的独特能力从国内转移到国外，从而在国际市场上形成差异化优势。星巴克的国际差异化战略主要体现在将其在美国形成的美式咖啡文化以独特的方式在世界范围内传播，并在文化各异的各国市场上得以保留。星巴克把典型的美式文化逐步分解成可以体验的元素：视觉的温馨、听觉的随心所欲、嗅觉的咖啡香味等，通过咖啡这种载体把一种独特的格调传送给顾客，并通过一系列营销事件而不是大量广告来塑造良好口碑。另外，星巴克通过着力推广“消费教育”来保持自己的独特性。

在中国企业国际化的早期阶段，受中国国家特定优势的制约，绝大多数中国企业不具有在国际化过程中实施差异化战略的竞争优势。经过 40 多年的改革开放，中国的国家特定优势在内容上已经发生了一些变化，例如国家在技术创新方面的投入越来越大，高水平的技术人才和管理人才越来越多，这些被国外学者认为是中国国家特定优势中的新要素。另外，中国企业，特别是有效利用国内市场规模优势的中国企业已经具备了相当的资本实力，有可能通过兼并收购在国际化过程中建立起差异化优势。到目前为止，这种努力主要表现在以下几个方面：（1）以低成本为客户提供高科技服务；（2）以低成本提供个性化产品；（3）以低成本提供特殊商品。总之，一些中国企业在成本与创新的整合上试图寻找提升差异化的有效途径，但同时也面临前所未有的挑战。

战略聚焦 9-3　中国企业在国际市场的成本创新战略

国际化的经营层战略与一般的经营层战略在制定的逻辑上是一致的，但在战略内容上有不同的侧重点，表 9-3 总结了国际化经营层战略内涵的侧重点。

表 9－3　国际化经营层战略内涵的侧重点

国际化经营层战略的类型	内涵的侧重点	举例
国际成本领先战略	规模经济效益	宜家家居、沃尔玛、长城汽车等
国际差异化战略	把差异化的独特能力从国内转移到国外，从而在国际市场上形成被不同当地市场接受的差异化优势	特斯拉、苹果、梅赛德斯-奔驰、星巴克、福耀玻璃、华为手机、TikTok 等
国际聚焦战略	细分市场被多个国家接受	意大利萨索洛地区的瓷砖制造企业

第 6 节　国际化的公司层战略

当一个企业的国际化进程进入高级阶段，即开始更多地以对外直接投资方式进入更多国家时，这个企业的战略管理者一方面需要考虑如何提升多个国家甚至全球市场组合中的整合效益，另一方面需要考虑如何尽量保持对各个国家需求差异和当地竞争的响应能力（local responsiveness）。如何有效地平衡全球整合（global integration）效益与地方响应能力的关系就成为企业在更高水平国际化过程中所面临的公司层战略核心问题。

一、国际化的公司层战略的类型

在如何建立和发挥多市场组合效益的问题上，国际化企业面临非常突出和明显的两难选择：如果只关注发挥全球整合（多市场组合）的规模经济和范围经济效益，就有可能面临失去地方响应能力的风险；如果只关注各个国家市场之间的差异性，就有可能面临失去规模经济和范围经济效益的风险。在解决这个两难选择的问题上，产生了三种不同的公司层战略，分别是多国化战略（multinational strategy）、全球化战略（global strategy）和跨国化战略（transnational strategy），如图 9－3 所示。

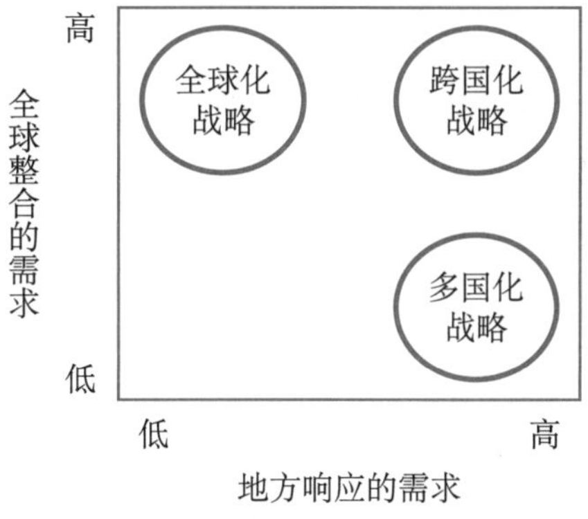

图 9－3　国际化的公司层战略

资料来源：迈克尔・A. 希特，R. 杜安・爱尔兰，罗伯特・E. 霍斯基森．战略管理：概念与案例：第 8 版．北京：中国人民大学出版社，2009.

地方响应程度很高而全球整合程度很低的战略称为多国化战略，地方响应程度很低而全球整合程度很高的战略称为全球化战略，地方响应程度和全球整合程度都很高的战略称为跨国化战略。图9-4所示的全球整合-地方响应敏感性分析框架显示，在同一行业，例如汽车行业，企业亦有不同的国际化公司层战略选择。丰田更倾向于从全球整合中获得竞争优势，采取全球化战略，以集中的、具备全球规模的制造设备，开发并制造产品来降低成本；菲亚特则从地方响应中获取竞争优势，采取多国化战略，在西班牙、波兰和其他一些国家分别建立独立的子公司满足当地需求。

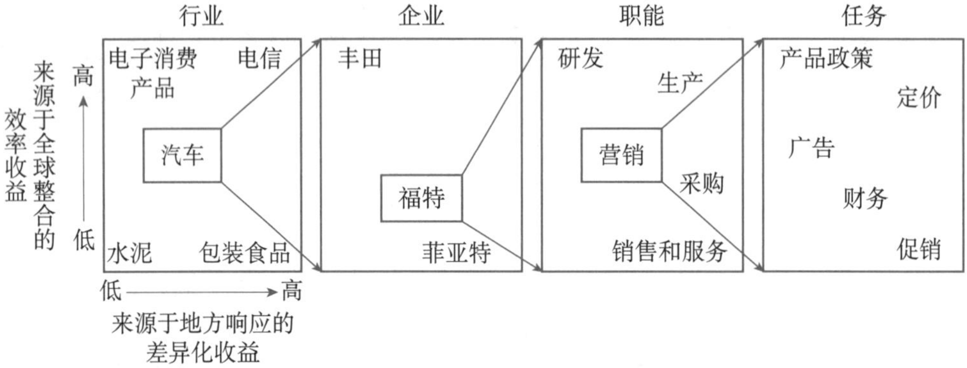

图9-4 全球整合-地方响应敏感性分析框架

资料来源：Ghoshal S. Global Strategy：An Organizing Framework. Strategic Management Journal，1987，8（5）：427.

1. 多国化战略

多国化战略假设每个国家或地区市场的差异更为重要，强调国家之间不同的差别，通过差异化的产品或服务，针对消费者偏好、产业特性和政府法规方面的国别差异做出响应。在多国化战略下，企业不仅要识别当地需求，而且要运用当地资源对这些需求做出响应，利用当地资源进行本地化的创新，设计专门的价值创造活动，提供符合当地需求的产品或服务。因此，在多国化战略下，总部对各国子公司高度分权，各国子公司之间相对独立，独立从事研发、生产和销售，有较强的地方自治权，有较高的决策灵活性。

多国化战略的好处在于地方响应能力强，有利于获得较高的顾客满意度，政治、贸易和汇率风险小。传统上许多以欧洲为基础的公司，如联合利华、帝国化学工业公司、飞利浦、雀巢等采用这种多国化战略。这种战略的风险在于资源配置过于分散，难以获得规模经济和范围经济效益，同时无法利用其他国家的知识和能力，难以发挥协同效应，容易造成重复投资和重复研发。

2. 全球化战略

与多国化战略不同，全球化战略假设全球市场的相似性更为重要，重视全球化经营中可能产生的规模经济和范围经济效益，倾向于为不同国家的市场提供统一的、标准化的产品或服务。因而，全球化战略要求集中管理、总部控制和集权以提高全球效率，要求跨国界共享和协调资源，通常不会根据当地市场条件改变产品标准，各国子公司的自主权低。传统上，许多日本企业如丰田、佳能、小松制作所、松下等公司都是采用全球化战略的典型企业，它们的总部集权，各国子公司执行总部制定的经营层战略。

全球化战略的风险在于在获得全球效率时损失了灵活性和学习能力。例如，集中研发以提高效率可能会扼杀各国子公司开发新产品的能力；对当地市场反应迟钝等。

3. 跨国化战略

跨国化战略力图同时取得全球化战略的效率和多国化战略的地方响应能力（见表 9 - 4）。考虑到多国化战略和全球化战略均有难以克服的局限性，跨国化战略力求创造一个能够整合全球化效率和地方响应的资源配置方式和管理模式。跨国化战略下总部要对以下战略问题做出决策：企业的价值创造活动（包括相关的资源和能力）如何在全球范围内实现最优配置；应该在哪些价值创造活动上集权以保证获得全球效率的最大化，在哪些价值创造活动上分权以获得地方响应能力的最大化；采取什么样的组织结构、管理机制和企业文化去支撑这种矩阵结构的有效运行。企业采取跨国化战略要创造一个更为缜密而多样化的资产和能力组合，在母国集中一些资源，在国外集中一些资源，在另外一些国家分配其他资源，并且通过强有力的内部依赖使这些分散而专业化的资源结合为有机整体。例如，一家法国跨国公司，其基础研究、核心技术和财务职能放在母国，生产劳动密集型产品的制造工厂建于低工资国家，如东欧国家，一些应用层面技术或独特技术的开发安排在亚洲国家等。如图 9 - 4 所示，在汽车行业中，福特把研发活动集中，把销售和服务活动分散。可见，通过复杂的有机组合，实施跨国化战略的企业比实施多国化战略的企业、全球化战略的企业能利用更多的途径来建立竞争优势。

表 9 - 4 采取多国化、全球化、跨国化战略的战略导向与资产和能力组合

项目	多国化战略	全球化战略	跨国化战略
战略导向	通过强大的、随机应变的和开拓性的运营建立灵活性，以对国家差别做出反应	通过集中化、全球规模运营建立成本优势	同时发展全球效率、灵活性和全球范围的学习能力
资产和能力	组合分散化和一定程度的自给自足	集中化和全球规模运营	分散化，相互依赖以及专门化

资料来源：克里斯托弗·A. 巴特利特，休曼特拉·戈歇尔．跨国管理：教程、案例和阅读材料：第 2 版．大连：东北财经大学出版社，2000：379.

但是，实施跨国化战略是非常困难的，企业既需要强有力的中央集权和协调以获得效率，又必须分权以增加灵活性，使产品或服务能够针对当地市场的特点做出响应，这种资产、资源和能力的复杂组合要求企业必须具备高水平的管理能力，使这些分散而专业化的资源整合为有机整体。近年来由于技术的进步，企业可以通过技术手段如物联网、大数据等实时有效地管理既分散又集中的资源。然而，跨国化战略的实施依然十分困难，其最大的困难来自企业需要通过设计合适的全球价值链与地区价值链的复杂组合来形成集中与分散兼容的管理机制与文化。

战略聚焦 9-4

企业国际化的公司层战略与价值链的海外布局策略

在制定了国际化的公司层战略后，企业就要开始考虑对所进入国家活动进行统筹，所要统筹的内容包括：第一，将价值链活动和功能的地区布局最优化，根据不同东道国的情况将价值链的各部分分布到这些地方；第二，将这些分散的活动和功能重新整合起

来以获得规模经济效益。根据企业所处不同的国际化进程阶段以及不同的战略导向，价值链的海外布局策略可以分为以下三个类型。

1. 独立化

每一个东道国的分支机构都要有完备的价值链体系，它生产出来的产品基本上在东道国国内销售，部分会“出口”到其他国家子公司（分支机构），或“出口”到母公司，同时也会从母公司或者其他海外子公司“进口”产品。除了可能的产品进出口，在海外子公司、总部之间没有进行任何价值链活动的整合。母公司与海外子公司仅通过所有权、长期资金流动以及技术转移联系起来。只要海外子公司盈利，并且不偏离总部的战略意图，总部一般不会干涉它们的活动。独立化的价值链布局在服务行业很流行，如广告业、管理咨询业、银行业和保险业等。

2. 简单整合

企业海外子公司的价值链活动中有部分活动整合。这种整合可能是单向的，也可能是多向的。在单向整合中，一个子公司可能有义务为其他子公司生产某些中间产品，如中国子公司生产拖拉机发动机，澳大利亚子公司和巴西子公司组装，瑞士子公司或新加坡子公司为其他子公司向当地银行融资等。在多向整合中，子公司之间、子公司与总部之间都存在相互依赖的关系，如英国子公司生产发动机向意大利子公司出口，而意大利子公司向英国子公司出口传送器；或者，母公司进口各海外子公司生产的元件并组装起来，然后将整机出口给各海外子公司，由海外子公司各自负责销售。

很多跨国公司的外包业务就是简单整合策略最普遍的一种形式。最常见的国际外包活动是生产外包，如果跨国公司对接包公司拥有足够的股权，这样该海外分包工厂也构成了该跨国公司的海外子公司，服从该跨国公司的价值链海外布局策略。例如很多跨国公司在中国设立独资或控股的工厂，这些工厂就是跨国公司价值链布局策略的一部分。

3. 深度整合

企业将价值链活动分别定义为不同功能：元件生产、组装、融资、研发、分销等，然后将各功能分配到海外各国子公司，每个子公司会被选择专注从事价值链的某一部分工作，以使这种安排能最好地实现整个公司的战略目标。深度整合旨在用一种关系网络将海外子公司与母公司联系在一起，这种关系网络包含技术、人员、产品、服务、元件、资金及信息、数据的单向或多向流动。在这个合作过程中各子公司各司其职、相互合作，母公司与子公司之间的区别不再那么明显。深度整合使企业成为一个网络系统（有时也称为“生态系统”），代表了企业国际化的最高程度。实际上，这样的跨国公司变成一个科层制的全球价值链整合网络，母公司属性淡化，通常这样的跨国公司会发展成为超级跨国公司，如本章前面提到的波音公司。

综上所述，企业国际化的公司层战略与价值链的海外布局策略之间的关系如表9-5所示。

表9-5 企业国际化的公司层战略与价值链的海外布局策略

价值链的海外布局策略	对应的国际化的公司层战略	企业内在关系类型	整合程度	所在外部环境的主要特征
独立化	多国化战略	所有权、技术、公司内部的贸易往来	弱，独立子公司	东道国贸易壁垒，市场上允许直接投资

续表

价值链的海外布局策略	对应的国际化的公司层战略	企业内在关系类型	整合程度	所在外部环境的主要特征
简单整合	早期的全球化战略	融资、技术、元件、单向或多向	在价值链的某一环节比较强，向独立的承包人外包业务	中等的经济、政治、汇率风险，各国比较优势大不相同，自由贸易
深度整合	后期的全球化战略与跨国化战略	所有业务	价值链各活动联系密切，相互依赖	自由贸易、贸易团体顾客偏好趋同、竞争对手在全球市场具有强大的竞争力

资料来源：帕达克，巴贾特，卡什拉克，石永恒．国际管理．北京：机械工业出版社，2006：154－157.

二、国际化的公司层战略的管理模式

为了有效地实施上述三种国际化的公司层战略，企业可以选择三种不同的管理模式。下面分别介绍多国化、全球化和跨国化战略要求实施的三种管理模式。

1. 与多国化战略相匹配的管理模式——松散联合体

实施多国化战略的企业主要采取以区域为中心的分权化管理模式。整个企业就像由若干独立区域（主要是国家）子公司组成的松散联合体，各个区域子公司主要关注它们各自的市场，如图 9－5 所示。历史上这种组织结构的典型代表是欧洲跨国公司在 20 世纪二三十年代国际扩张时所采取的结构。例如飞利浦公司，20 世纪 50 年代以前它在组织结构上都是各国子公司直接向最高管理层汇报，整个企业是一个由独立地方子公司组成的松散联合体，各国子公司对当地市场的反应超出了营销的范围，特别是利用当地资源建立子公司的技术能力，如加拿大子公司发明制造了飞利浦的第一台彩色电视机，澳大利亚子公司发明制造了第一台立体声电视机。

全球区域事业部结构是与多国化战略相匹配的组织结构，如图 9－6 所示。国际性经营活动被划分给若干区域经营单位；区域事业部在上，产品事业部在下，区域事业部经理对该地区所有子公司，包括产品事业部的经营具有很大的决策权。全球区域事业部结构的主要优点有：（1）决策权力下放到各个区域，当地响应灵活、快速；（2）更加强调各国子公司作为利润中心的地位，有利于各子公司独立发展；（3）促进企业获得解决问题、开拓市场的地区性方式；（4）管理层级清楚，有利于简化高层管理者的管理工作。全球区域事业部结构的缺点是：（1）用区域导向的管理方式来协调产品方面的各种活动时会产生很多困难，如同一产品在不同国家的定价策略往往要经过组织内部多个层级才能得到协调；（2）新产品开发成果在国家与国家之间转移遇到困难；（3）层次式的地区结构可能会降低正式和非正式渠道沟通、信息流动、知识共享和组织学习的效率，如同一产品的使用知识无法快速在不同国家中交流等。

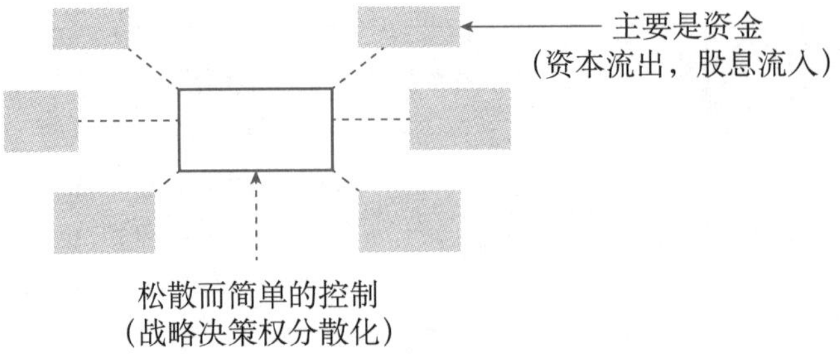

图 9 - 5　分权化管理模式

资料来源：克里斯托弗·A. 巴特利特，休曼特拉·戈歇尔．跨国管理：教程、案例和阅读材料：第 2 版．大连：东北财经大学出版社，2000：379.

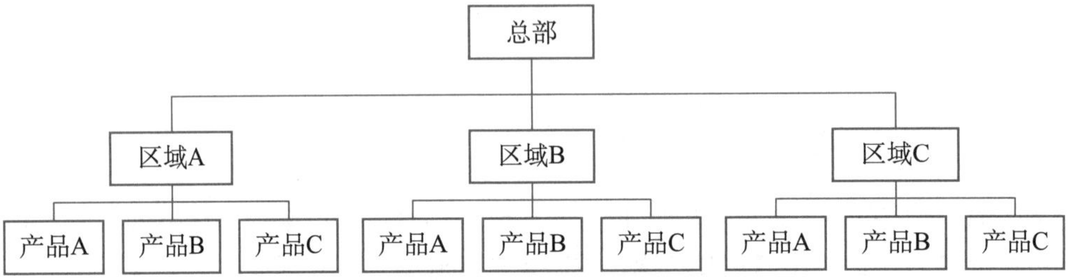

图 9 - 6　全球区域事业部结构示意图

2. 与全球化战略相匹配的管理模式——集中管理

采用全球化战略的企业常常形成以产品为中心的集权化管理模式，称为集中管理，如图 9 - 7 所示。

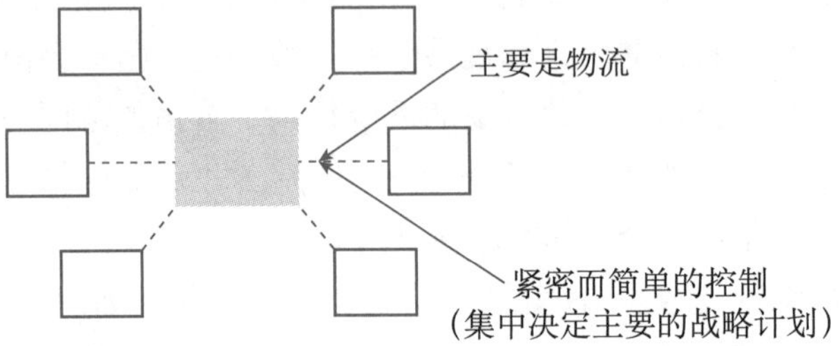

图 9 - 7　集权化管理模式

资料来源：克里斯托弗·A. 巴特利特，休曼特拉·戈歇尔．跨国管理：教程、案例和阅读材料：第 2 版．大连：东北财经大学出版社，2000：379.

历史上采取这种管理模式最为典型的是日本跨国公司，它们在 20 世纪六七十年代进行国际扩张时就采取了这种管理模式。例如松下公司，1985 年的组织结构中有 36 个产品事业部，资源和能力都集中在总部，对产品开发、采购和制造实行严格的集中控制，日本企业的文化价值观也非常支持这种集中管理的模式。

全球产品事业部结构是与全球化战略相匹配的组织结构，如图 9 - 8 所示。国际化经营活动首先被划分给若干产品事业部；产品事业部在上，区域事业部在下，产品事业部经理对产品所进入的所有国家子公司具有很大的决策权。全球产品事业部通过产品决策权集中来实施全球产品标准化，实现全球化效率。全球产品事业部结构的主要优点有：

(1) 技术和产品知识能直接从产品分部门流向海外子公司；(2) 以产品为重心，致力于满足全球顾客需要而开发产品，鼓励实施全球性、统一的产品策略；(3) 保证产品从信息到生产技术的统一沟通，消除企业内各地分支机构的矛盾；(4) 在资源、劳动力成本、技术水平、关税、运输成本等方面有利于跨国家之间生产设备协作，生产出低成本、高质量的产品。全球产品事业部结构存在以下缺点：(1) 可能会发生基础设施和某些价值活动在同一地区的重复建设，例如同一区域的不同产品本可以共享采购，但由于它们分处于不同的产品事业部，导致共享变得十分困难，甚至可能各自建立独立的渠道系统，造成重复建设；(2) 更重视增长区域而忽视具有潜力的区域；(3) 产品部门之间的沟通、信息流动、知识交流和组织内的学习有所限制，同一个地区的产品经理可能各自为政。

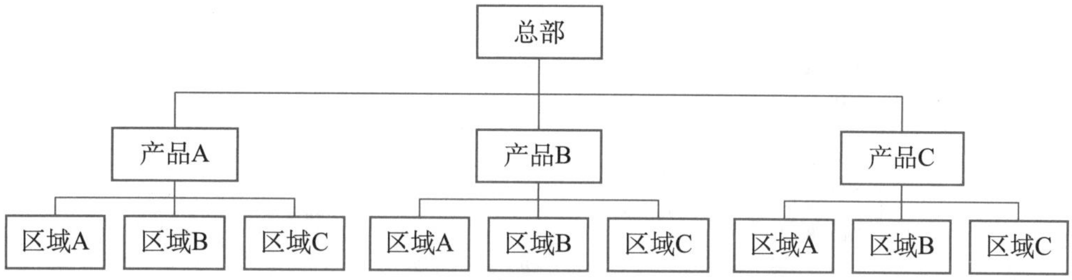

图 9-8　全球产品事业部结构示意图

3. 与跨国化战略相匹配的管理模式——整合型管理模式

从上述全球区域事业部结构和全球产品事业部结构的特点可以发现，全球区域事业部结构在国家层面上分权，经营决策流向区域经理；全球产品事业部结构在产品层次上分权，经营决策流向产品经理。企业制定跨国化战略后，需要建立兼顾区域维度和产品维度的整合型管理模式，如图 9-9 所示。在组织结构类型上需要采取全球矩阵结构，如图 9-10 所示。

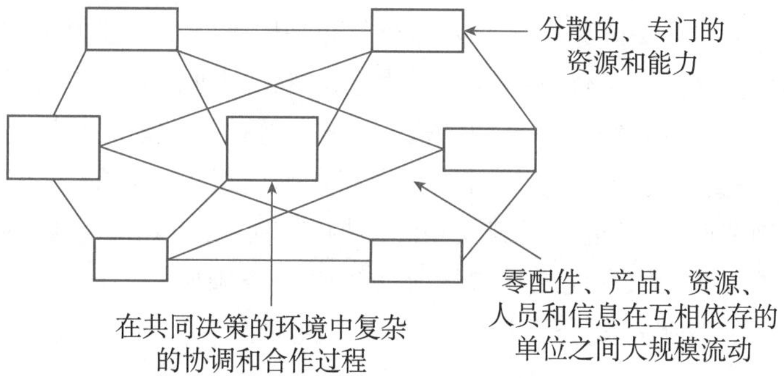

图 9-9　整合型管理模式

资料来源：克里斯托弗·A. 巴特利特，休曼特拉·戈歇尔．跨国管理：教程、案例和阅读材料：第 2 版．大连：东北财经大学出版社，2000：379.

在全球矩阵结构中，企业同时选择两种维度——产品和区域——建立事业部，因此产生了双重权力关系。海外子公司同时向两个事业部经理汇报，产品经理和区域经理都拥有一定的直线权力来管理各自的部门。在全球矩阵结构中，命令统一性原则不存在，取而代之的是高效的协调机制。与全球区域事业部结构和全球产品事业部结构相比，全

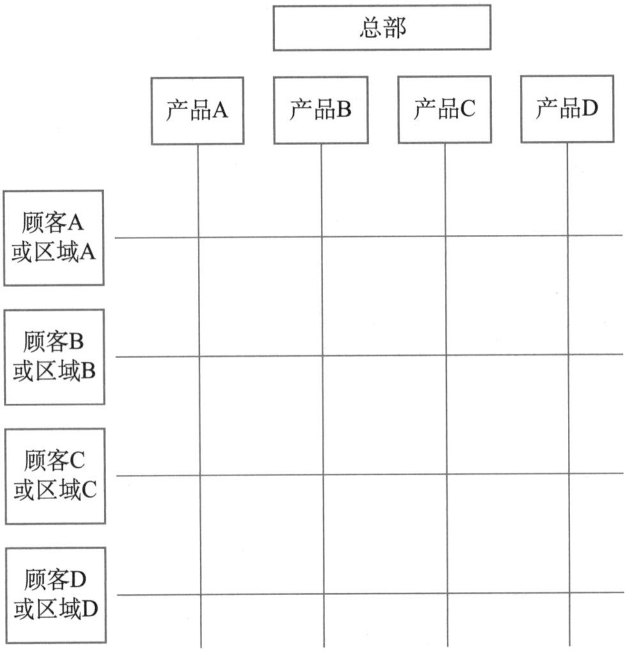

图 9-10　全球矩阵结构示意图

球矩阵结构的优点是：（1）全面考虑产品和区域的市场竞争压力而采取不同的组合，并随情况变化进行调整；（2）对外界环境的变化和压力具有高度的适应能力；（3）有利于知识在组织内部流动，包括在产品之间和国家之间的转移，有利于促进正式和非正式的沟通，有利于以多重视角看问题。

全球矩阵结构也存在明显的不足，主要是：（1）结构复杂，多重报告导致管理混乱；（2）管理决策者常常陷入处理部门冲突问题之中，有时产生责权不清现象；（3）多重视角看问题可能导致决策时间过长，影响执行效率；（4）国际经营中涉及地理距离、文化、时间和语言等复杂因素，矩阵结构的有效运行将相当困难。正如彼得·德鲁克所说："矩阵结构……绝不可能永远是最优的结构，因为它包含的困难让人难以置信"，但是"任何从事多国业务的管理者都必须了解这种结构，这样他才能有效地工作"。这从另一个角度表明复杂的、整合的管理机制的运行需要相当高水平的组织管理能力。在实践中，全球领先的电力设备制造商 ABB 公司是建立矩阵结构的典型代表，20 世纪 90 年代中期就开始建立由地域（不同的国家和地区）和行业（65 个业务领域）形成的两维矩阵结构，管理遍及全球的 1 300 个独立子公司以及约 5 000 个独立自主的利润中心。

三、选择国际化的公司层战略的依据

除了一般性的外部环境与内部环境，影响企业国际化的公司层战略选择的还有两个独特的因素，分别是企业所在行业的全球化潜力、企业自身的管理传统。

1. 全球化潜力

行业的全球化潜力是指全球化战略在一个行业内实施所能够达到的有效性与效率。若在一个行业的企业实施全球化战略普遍能实现相对更高的有效性和效率，则这个行业的全球化潜力相对较高。如图 9 - 11 所示，行业的全球化潜力取决于下列四个因素的共同作用：市场驱动因素、成本驱动因素、竞争驱动因素以及政府驱动因素。

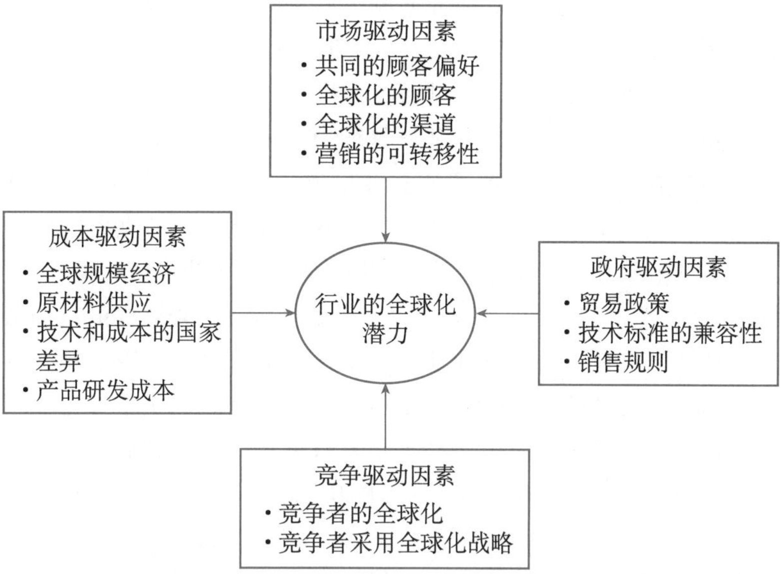

图 9 - 11 行业的全球化潜力

资料来源：Yip G S，Coundouriotis G A. Diagnosing Global Strategy Potential：The World Chocolate Confectionery Industry. Strategy & Leadership，1991，19（1）：4 - 14.

例如，全球巧克力糖果行业具有中等程度的全球化潜力，但这个总体特征需要分别发现不同因素上的全球化潜力，从而制定有针对性的战略。

（1）市场驱动因素。市场驱动因素依赖于顾客行为和分销渠道的结构特性。主要从四个方面考察：世界各地顾客偏好的一致性程度、顾客是不是全球化的、渠道的全球化程度以及营销从一个国家到另一个国家的可转移性。

1）共同的顾客偏好。顾客需求和偏好的趋同使企业可以提供全球标准化产品或服务，因此，企业必须搞清楚产品和服务的哪些部分需要标准化、哪些部分需要根据当地需求进行调整。例如在巧克力行业，尽管巧克力糖果能够吸引世界上的大部分人群，但是巧克力糖果在发达国家是普通消费品，在经济落后国家则是一种奢侈消费品，其消费与收入有很大关系，因此顾客偏好和消费行为有明显的国别差异。进入 21 世纪，全球出现了一些共同的顾客偏好，这使一些全球标准化产品获得了很大成功，如吉百利的牛奶巧克力开始在世界范围内销售。

2）全球化的顾客。全球化的顾客有两种内涵：单一国家的全球顾客和多国的全球顾客。单一国家的全球顾客是指在全球采购、在一国使用的顾客。多国的全球顾客是指在全球采购、在全球使用的顾客。对于多国的全球顾客，他们的采购要求更高，需要建立一个全球客户系统来支持购买行为。两种不同的全球化顾客，将导致企业采取不同的供应链体系和营销体系，企业也将形成对全球化的不同认识。例如巧克力糖果制造商的顾客有两类：一类是终端消费者，各国分散；另一类是零售商和渠道商，有集中的（如沃尔玛）也有分散的（如各种便利店）。因此，从顾客的全球化程度角度看，巧克力糖果的全球化潜力中等偏低。

3）全球化的渠道。全球渠道商在全球范围内以低价在一个国家采购再以较高的价格将商品在另一个国家出售，它们的存在使得企业必须更加审慎地实施全球定价。从这个意义上说，全球或地区分销渠道的存在促使制造商进行统一的全球营销。例如巧克力糖果的主要传统分销渠道——杂货店、便利店、百货公司、超市、糖果专柜、自动售货机——几乎都具有地方或国家特征，此时巧克力糖果制造商进行统一的全球营销是非常困难的。然而，随着一些渠道国际化和全球化行为的出现，如沃尔玛不断推进其全球化进程，巧克力糖果制造商开始一定范围的全球渠道整合。目前全球化的渠道并不多见，而地区性渠道的数量不断增加。特别是在中国，电商的繁荣使巧克力糖果的销售渠道出现新的变化。从全球范围看，巧克力糖果的销售渠道仍以传统渠道为主。

4）营销的可转移性。如果购买行为取决于诸如品牌、广告这样的市场营销元素，而这些元素很少要求特别定制以适应不同地方的要求，那么这种营销就具有可转移性，企业可以应用统一的营销策略进入不同的国家和地区，但全球统一品牌与统一广告存在一定的风险，例如，由于各国文化的差异，巧克力糖果制造商针对不同国家市场仍采用不同的品牌名称和包装。随着经济全球化趋势愈加明显，进入20世纪90年代，巧克力糖果制造商开始认识到全球统一品牌名称的必要性，如玛氏公司90年代后期把它在英国市场的品牌名称Marathon改为与美国市场一样的品牌名称士力架（Snickers）。进入21世纪后，全球统一包装的巧克力糖果产品越来越多。

（2）成本驱动因素。任何行业全球化的成本驱动力都取决于独特产品的成本经济性，能否降低成本以及获得规模经济和范围经济效益是主要的考虑因素。

1）全球规模经济。有时单个国家的市场可能不足以让一个本地企业获得所有可能的规模经济和范围经济效益，因此企业必须寻求进入其他国家市场以扩大规模，同时促进学习和经验的积累，发挥学习曲线效应。例如，巧克力糖果生产制造是高度自动化的，需要大型设备以及大额的初始投资，因此发挥生产规模效应的要求比较高。

2）原材料供应。原材料的集中采购可以极大地降低成本，一个行业的原材料供应如果很容易在全球运输和调配，将有利于这个行业内企业的全球化。例如，在巧克力糖果行业，牛奶等原材料由于储存条件较为严格，运输成本较高，大多数公司都在原材料供应地附近设厂。

3）产品研发成本。产品研发成本高，会促使企业集中精力研发少量的全球产品，而不是研发多个适应不同国家的定制产品。例如巧克力糖果要开发出广受欢迎的新配方是非常困难的，失败率很高。英国能得利糖果公司（Rowntree Macintosh）1988年被雀巢收购，在此之前的40年时间里仅成功开发了3种新产品。玛氏的M&M's巧克力豆是在第二次世界大战时推向市场的，时至今日仍是全球市场的明星产品。这就促使主要的制造商尽可能把现有的品牌全球化，而不是在每一个国家市场开发一个新的配方和品牌。

（3）竞争驱动因素。竞争驱动因素主要受到竞争者选择的影响，如果某个行业内的主要竞争者都是全球化的，或都采用了全球化战略，就可能改变这个行业的全球化潜力。

1）竞争者的全球化。随着经济全球化日益深入，跨国公司越来越全球化。同行业的水平跨国并购加速了一些行业全球化的进程。跨国并购使竞争者不得不采取全球化战略来应对。在巧克力糖果行业，1990年，四大巧克力糖果制造商之一的祖哈德（Jacobs

Suchard）被美国烟草公司菲利浦·莫里斯（Philip Morris）（万宝路卷烟的生产商）收购，由此产生了一个全球市场竞争者。事实上，进入 21 世纪，在多个行业竞争者的全球化步伐日益加快。

2）竞争者采用全球化战略。越来越多的竞争者采用全球化战略，这种全球化战略影响了全球产品、销售、竞争行动以及全球市场份额，这就要求其他竞争者也必须适应这种变化。例如，雀巢销售收入的 98%来自国际市场，其采取的全球化战略以及不断提升的市场地位导致其他主要竞争者（玛氏、好时等）亦采取全球化战略。

（4）政府驱动因素。政府对行业全球化的驱动力取决于一国政府关于贸易、外国公司活动和销售规则等政策和法律规定的有效性。

1）贸易政策。贸易政策可能会很大程度上影响企业的全球化战略，尤其涉及产品的产地因素。东道国政府通过关税壁垒、非关税壁垒、出口补贴、国产化要求、对外汇和资本流动的限制，以及对技术转移的要求等政策和规则影响行业全球化的可能性。在巧克力糖果行业，关税对巧克力糖果制造商来说是一个相对显著的政策影响因素，关税的微小变动是影响价格敏感型消费者决策的主要因素。进入 21 世纪，巧克力糖果行业的贸易壁垒趋于降低，推动了企业对全球化战略的采用。与此同时，国际区域间的双边和多边贸易协定也对企业是否采取全球化战略产生影响。

2）技术标准的兼容性。技术标准方面的差异对任何行业的全球化都是一个障碍，尤其是政府的强制性标准将会限制产品标准化的程度，而各国技术标准的制定往往带有保护性质。例如，在巧克力行业，日本禁止销售含有 BHT 和 TBHQ 抗氧化剂的巧克力，美国却没有这种限制，这样的规则对竞争的影响是很明显的，企业在规划全球行动时必须加以考虑。

3）销售规则。不同国家的销售规则影响企业能否使用全球统一的营销手段，有些销售规则是政府的规定，有些是当地经营约定俗成的规范或习惯。例如，在巧克力行业，英国的电视广告行业规则要求禁止出现孩子要求父母为其购买商品的情景，而对比广告、抽彩票送奖品的广告在很多国家也是禁止的。

2. 管理传统

企业的管理传统是一个比较宽泛的概念，主要是指与企业原有战略相匹配的管理模式，包括组织结构、管理机制和文化。管理传统是企业在成长和发展中形成的，表现出很强的惯性。例如，以欧洲为总部的企业，包括联合利华、帝国化学工业公司、飞利浦、雀巢等都是在相对比较分散的欧洲市场上成长起来的，逐步形成了以分权为主的管理模式，主要的活动、资产、人员和权力分散于各个国家的子公司，在它们进入世界其他市场时，就基于原来的管理传统而选择了多国化战略。相反，依靠国内市场发展起来的日本企业最初往往是家族企业，形成了以集权为主的管理模式，主要的活动、资产、人员和权力都集中于本土的事业部，因此它们在国际化的过程中就基于原来的管理传统而选择了全球化战略。

经济全球化的趋势和跨国企业之间的竞争越来越明显地表明，实施多国化战略和全球化战略的企业可能相互“爱慕”，却很难模仿对方。究其根本原因就是企业的管理传统具有很强的惯性，这些企业最终还是选择了符合自己传统的国际化战略，并且在此基础上试图逐步克服自己的短处。从现实情况来看，至今为止，欧洲企业的集权化改革、日本企业的分权化改革大多举步维艰，依然分别保持着分权和集权的管理传统。

第 7 节　国际化过程中的伦理、社会责任与合规

企业在实施国际化战略时会遇到与国内不同的社会、文化和法律环境，这对企业国际化过程中的伦理、社会责任与合规都提出了更大的挑战。

一、跨国公司伦理

经营环境的异质性导致跨国公司面临的伦理问题不同于一般的国内企业，主要有以下四个方面：第一，跨国性。跨国公司伦理是在多个国家不同伦理规范、价值冲突的基础上形成的，它由于要适应两个或多个国家的不同文化价值体系而不同于国内企业的伦理。第二，复杂性。跨国公司伦理不是单纯的商业伦理、国与国之间的贸易关系，也不仅仅是地区同盟之间、发达国家与发展中国家之间的关系，还涉及商业价值观与多元价值观之间、跨国公司与自然界之间的关系。第三，冲突性。对于跨国公司来说，其伦理立场往往不具有全面性，其特征表现为基于东西方伦理认知差异的外部冲突性以及基于跨国公司内部员工伦理价值的一致性。第四，可建构性。与全球伦理固定主体缺失的情况不同，跨国公司伦理有固定的主体和载体，即跨国公司是自身伦理的承担者，将伦理差异、冲突与融合容纳在一个组织内，保证了经营伦理的贯彻与推行。

无偏见的伦理决策过程对现代国际商业惯例是必需的。当一国的观点和标准与其他国家有很大差别时，很难制定一种全球伦理标准。跨国公司的伦理行为应以三种伦理语言为指导，即防止伤害、权利义务、社会契约。然而，跨国公司实际经营过程中会遇到各种各样的困难，无法找到一个两全其美的办法，往往只能做出折中的选择。

二、在东道国的社会责任

1. 跨国公司在东道国社会责任的特点

跨国公司的特殊性决定了它应在东道国承担更直接、更广泛的社会责任，主要表现在以下四个方面：第一，跨国公司到东道国投资，有可能凭借企业特定优势抢占东道国更多、更优良的社会资源，从而获取在母国难以获得的超额利润，因此东道国政府在和跨国公司的谈判过程中往往可以要求从其超额利润中拿出一部分，对东道国做出适当补偿。第二，跨国公司作为经济全球化的载体在全球进行投资，某种程度上既游离于母国的控制之外，又不受东道国的控制。经济全球化赋予跨国公司在全球发展壮大的机会，相应地，跨国公司有义务为全球的共同发展和繁荣承担更多的社会责任。第三，跨国公司在东道国投资发展，在某种程度上会对东道国的国家主权、地区文化和自然环境造成影响，这也要求跨国公司通过承担更多的社会责任做出相应补偿。第四，经济全球化遵循的规则与秩序并未完全摆脱以往不公正、不平等的国际经济旧秩序，在不合理的国际

分工格局下，跨国公司往往存在各方面的优势，这要求其在维护经济秩序的平等上更多地承担社会责任。

2. 跨国公司在东道国承担社会责任的内容

跨国公司应在运营的五种关键领域承担社会责任，分别为：（1）经济领域。跨国公司要针对东道国的市场力量采取行动，合法经营，公平竞争，促进经济增长，增加社会财富。（2）政治领域。跨国公司要遵纪守法，支持政府的政策，与东道国的经济和社会发展目标相协调；在发展中国家和经济转轨国家制度不完善和社会经济状况运行不稳定的情况下，跨国公司还应对东道国的经济安全与稳定负有特殊的社会责任。（3）技术领域。跨国公司在东道国应更多致力于技术扩散、技术转移和技术知识传播，积极参与当地的信息、科技和教育基础设施项目，加大在东道国的研发投入，促进技术本地化、研发本地化和配套产品本地化。（4）文化领域。跨国公司要尊重当地文化习俗、信仰和价值观，必须严格遵守当地法律法规和联合国及国际劳工组织等制定的国际规则，恪守非歧视原则，禁止基于种族、性别、宗教或文化差别实施歧视。（5）自然领域。跨国公司的生产经营不得以牺牲东道国的生态环境为代价，应积极支持和帮助发展中东道国实施可持续发展战略，并对改善东道国的环境质量承担一定的社会责任。

三、企业国际化经营的合规管理

合规（compliance）的本意为遵守、服从。广义的合规指企业应当遵守各种法律和监管规定，包括社会、环境、反腐败、反垄断、反欺诈、贸易与出口管制等多个领域；狭义的合规主要指强化合规经营、反对商业贿赂。《全球契约》于 2000 年 7 月 26 日在联合国总部正式发起并付诸实施，包括人权、劳工、环境和反贪污四个方面的十项原则，这是合规概念在全世界最为广泛的定义。合规是社会责任与伦理决策的一种综合性表述。

在国际化经营中，合规是国际化战略决策的底线。越来越多的跨国公司专门设立了首席合规官（chief compliance officer，CCO）岗位，CCO 通常具有很高的级别和独立性，进入董事会，专门负责预防、监督和处理企业违规行为和事件。合规管理是企业国际化的一个重要方面，需要构建一套完整的合规管理体系。国际标准化组织（ISO）在 2014 年出台了《合规管理体系——指南》（ISO 19600：2014），中国标准化管理委员会在 2017 年 12 月发布了《合规管理体系 指南》（GB/T 35770—2017）。目前许多中国国际化企业在合规意识与合规管理方面开展了卓有成效的实践，例如中集集团、吉利汽车、福耀玻璃等，它们十分重视搭建正式的合规管理体系和培育合规文化。然而，仍有许多中国企业对合规风险缺乏足够的认识，合规管理体系仍不成熟。例如有中国企业因合规问题被世界银行制裁，这些都是深刻教训。当前全球各国监管日趋加强，合规竞争已经成为国际市场中企业间竞争的新规则。

战略聚焦 9-5

中国企业国际化建立合规体系的迫切性

进入 21 世纪以来，全球经营的安全要素成为越来越重要的决策影响因素。如何在国际化发展中建立全面的合规意识、合规管理体系和合规自我评估已经成为企业必须重视的工作。因为合规问题而受到监管或惩罚往往对企业产生极其严重的影响。例如2019年6月，世界银行公布了对一家中国企业及其所有附属公司及控股子公司做出除名的制裁决定。该企业被制裁的原因是该企业在参与世界银行援助的一个发展中国家建设项目合同投标时存在问题（提供的人员信息、设备信息、经验及业绩），被世界银行认定存在欺诈行为。经过长时间沟通，该企业与世界银行达成和解协议，缩短了资格取消期。为解除制裁，该企业及其关联公司须承诺以符合世界银行诚信合规指南中规定的原则和方式制定诚信合规方案，保持与世界银行廉政局充分合作。在此期间，只要履行和解协议规定的合规义务，该企业将再次获得参与世界银行资助项目的资格；如果没有，附条件的不除名制裁将升级为附条件除名制裁。

近年来，中国企业国际化发展战略快速推进，但部分企业在此过程中暴露出对合规风险重视不够和应对不力等情况，导致了巨大的损失，同时还给中国企业国际形象带来负面影响。在全球强化合规经营的潮流下，各个国家以及国际组织都按照全球最高合规标准要求企业跨国经营。2018年12月，国家发改委等七部门联合发布《企业境外经营合规管理指引》，要求对外贸易、境外投资、对外承包工程和境外日常经营四类主要活动都要满足合规要求。2021年3月人力资源社会保障部会同国家市场监督管理总局、国家统计局向社会正式公布了企业合规师等18个新职业信息。中国企业应当加大对合规风险的重视，通过建立有效的合规管理体系，才可能理解和把握全球竞争的新方式以及新规则，为企业在海外持续稳健发展提供保障。合规是企业国际化的基石，是国际化经营的前提与底线。

资料来源：公开信息以及世界银行相关案例来自丁继华．建立合规管理体系 管控世界银行制裁风险//王辉耀，苗绿．中国企业全球化报告（2020）．北京：社会科学文献出版社，2020.

思考题

1. 如何理解企业国际化的内涵？
2. 企业国际化进程中发达国家企业与中国企业有怎样的差异？
3. 如何理解企业国际化的动因？
4. 国际化进入方式有哪几种？进入方式的选择依据是什么？有哪些影响因素？
5. 企业的国际竞争优势有哪两种？各自的特点是什么？
6. 如何理解国际化的经营层战略与公司层战略的关系？经营层战略和公司层战略分别有哪几种类型？
7. 国际化的公司层战略主要受哪两个方面因素的影响？如何分析一个行业的全球化潜力？
8. 当选择多国化、全球化和跨国化战略时，应该分别采取什么管理模式和组织结构与之匹配？
9. 经济全球化条件下，中国企业应该如何建立国际竞争优势？
10. 全球化背景下中国企业在东道国经营合规有何重要意义？

能力拓展

中国企业国际化过程中现实问题的讨论与分析：

1. 如何理解近年来中国出口加工企业的国家特定优势与企业特定优势的变化？在欧美国家制造业回流以及发达国家跨国公司将制造活动向东南亚国家转移的背景下，中国出口加工企业的竞争优势在哪里？

2. 请分析近年来中国企业“出海”，在东南亚、墨西哥等发展中国家和地区投资建厂的战略行为，总结具有共性的动机，分析投资建厂截至目前出现的特点。

3. 如何理解 2018 年以来中国企业跨国并购发达国家企业的这种逆向跨国并购的新趋势和新特点？

4. 在全球各国加强监管与全球化遭遇挑战的背景下，如何理解合规竞争已经成为企业国际化新的竞争规则？

5. 查阅材料，理解跨境电商平台企业在促进中小企业国际化方面的特点。

第 10 章
企业增长的战略方式

导入性案例

昆仑万维收购奇点智源

北京昆仑万维科技股份有限公司（以下简称昆仑万维）的主营业务是通用人工智能（Artificial General Intelligence，AGI）与人工智能生成内容（AI Generated Content，AIGC）①、信息分发与元宇宙以及在上述相关领域的投资。昆仑万维深耕海外市场十余载，目前市场遍及中国、东南亚、非洲、中东、北美、南美、欧洲等地。全球平均月活跃用户近 4 亿，海外收入占比超过 80%，是中国领先的互联网平台集团公司。

昆仑万维创立于 2008 年，公司早期业务是网页游戏研发和游戏全球发行代理，曾经陆续发行了《昆仑世界》《美眉梦工厂》《武侠风云》等游戏，是第一批进军海外游戏市场的中国公司。2012—2015 年公司开始利用网页游戏领域的研发和运营经验，布局手机端游戏业务②，完成了向移动端游戏开发代理的转型，并且于 2015 年 1 月 21 日在深交所创业板上市。从 2016 年开始，昆仑万维大力开拓国际市场，逐步覆盖了美国、日本、韩国、印度，以及欧洲、非洲、东南亚等地，开始在全球范围内形成以移动游戏平台、海外软件商店平台、信息分发平台、文化社交平台为主的四大产品板块。其中移动游戏、信息发布、文化社交平台的业务均源自兼并收购，包括 2015 年收购了闲徕互娱，2018 年收购了挪威浏览器厂商 Opera，并逐渐增持至 53.88%股权。2023 年 6 月，昆仑万维再次发布公告，宣布以 1.6 亿美元收购奇点智源（Singularity AI）全部股权，并增资 4 亿美元，打造未来 AGI 平台。

奇点智源是一家自然语言大型预训练模型开发商，其目前的产品与服务包括聊天机器人、知识抽取。昆仑万维表示，收购奇点智源，一方面可以帮助完善昆仑万维在 AI 领域的业务布局，形成 AI 大模型、AI 搜索、AI 游戏、AI 音乐、AI 动漫、AI 社交等全方位业务矩阵；另一方面可以帮助昆仑万维加强多种相关业务的协同，加快其他业务的研发和商业化落地，比如强化“天工”（SkyWork）大语言模型的迭代升级，以及协同

---

① AIGC 是 AI 大模型在自然语言处理中的一种重要应用。由 AI 自动创作生成的内容，包括图片、视频、音乐、文字等。比如，ChatGPT 就是 AIGC 在聊天对话场景的一个具体应用。

② 申雪，我国互联网企业并购效应分析：以昆仑万维为例．北方经贸，2019（10）：134-135.

"StarArk"① 对 AI 音乐和 AI 游戏产品的研发。实际上，昆仑万维与奇点智源早在 2022 年 11 月已经在 ChatGPT、图像视频生成等人工智能应用技术领域达成全面技术战略合作；2023 年 4 月 17 日，昆仑万维与奇点智源联合研发的"天工 3.5"大语言模型正式发布。消息公布后，昆仑万维股价随即暴涨 255.84%，达到每股 70.66 元。

2015 年登陆 A 股之初，昆仑万维还是一家以游戏为主业的公司，通过战略联盟、并购、重组等战略行动，其已构建成以 Opera、StarX、闲徕互娱、Ark Games 和科技股权投资为主的多元业务板块，涉及资讯、社交、娱乐、游戏和投资等领域，成为中国领先的互联网平台企业。据同花顺最新数据显示，昆仑万维 2020 年实现营业收入 54.20 亿元，2021 年营业收入 48.5 亿元，净利润 15.47 亿元，实现了大幅增长（5 年前，这一数据为 24.25 亿元和 5.31 亿元②）。昆仑万维的一系列并购在短期内可能会造成公司的资金短缺、负债上升，也会面临并购整合所带来的一系列挑战，但是从长期来看将会使企业通过把握技术进步和全球市场所带来的重要机遇，进一步强化自己的核心专长。昆仑万维在 2022 年营业收入为 47.36 亿元，与 2021 年持平；其 2023 年营业收入和净利润预计将持续上升。③ 昆仑万维发展大事记参见表 10－1。

表 10－1　昆仑万维发展大事记

2008 年	公司创立
2012 年	自主研发手机游戏
2015 年	A 股上市，战略投资 Opera 和闲徕互娱，寻找金融科技、直播、电商、二次元等领域机遇
2018 年	业务增长半径扩大，致力于成为全球领先的社交网络公司，收购的 Opera 在美国纳斯达克上市，全新独立品牌 GameArk 正式启动，进一步扩大业务范围
2019 年	初步形成信息分发平台 Opera、全球游戏研运一体业务 GameArk、休闲娱乐平台闲徕互娱等多元化业务板块，向全球互联网平台型公司转型
2021 年	全面提升全球影响力，收购 Star Group 布局音频社交；Opera、Star Group 并入昆仑万维财务报表，进一步推动全球互联网平台战略
2022 年	布局 AIGC，在 ChatGPT、图像、视频等 AIGC 技术领域开启研发；开源了中文类 GPT-3 大模型、基于类 GPT-3 的对话式聊天机器人、SkyMusic、SkyText 等五个项目

| 学习目标 |

- 理解战略联盟、并购及重组的定义及目的。
- 了解战略联盟的种类及战略联盟可能带来的风险。
- 理解并购的动因、并购的类型及如何实现有效并购。
- 理解重组的分类及如何成功实施重组。

正如导入性案例所示，在昆仑万维发展过程中，其管理者不仅要在企业成长的方向

① 2023 年初，昆仑万维对旗下业务进行了战略重组，将 StarX 与 Ark Games 合并升级为 StarArk。

② 昆仑万维"出海"成绩亮眼 海外业务收入同比增长 45%. 中国经营报，2022－04－30.

③ 数据来自同花顺交易系统，2024－04－13。

上做出正确的战略选择，而且要进一步对实现增长的方式（包括单干还是战略联盟、新建还是并购，以及战略重组等）做出正确的战略选择。选择正确的战略增长方式不仅可以使战略实施得到事半功倍的效果，而且有利于企业克服资源能力的不足，降低各种风险。在这些战略选择中，企业重组从表面上看好像并不是企业的成长方式，而是企业的收缩或者稳定方式，但是从收缩和稳定的目的来看重组还是为了将来更好地增长。本章将重点介绍企业成长过程中的三种战略方式——战略联盟、并购与重组，并逐一介绍各种方式的利弊及有效实施的注意事项。

第1节　战略联盟

无论选择何种增长战略以及进行何种类型的战略转型，企业战略管理者都需要在战略实施过程中在单干（全资）和战略联盟两种增长方式之间做出选择。为此，企业战略管理者需要了解单干与战略联盟两种增长方式的利弊，其中，战略联盟的好处就是单干的坏处，反之亦然。企业战略管理者需要根据企业内外部环境变化趋势以及实施战略的目的与要求做出有效的选择。

一、战略联盟的性质

1. 战略联盟的概念

战略联盟（strategic alliance）是企业间合作的一种具有长期性和重大意义的基本形式。通过这种形式的合作，两个或两个以上的企业或组织可以在保持各自独立法人地位的前提下，相互自愿结成长期伙伴关系，以期在一个或多个领域实现双方共存与互惠关系。为了有效实现合作共赢的目的，企业需要通过某种形式的长期合同（例如合作开发、长期购销、特许经营等内容的合同）或者特定的资产合作为纽带来保证双方的合作具有战略性。

2. 战略联盟的类型

根据企业间合作机制的性质，具体来说，是否涉及产权关系以及产权分配的比例，企业战略联盟可以划分为以下三种：资产性战略联盟、非资产性战略联盟和混合战略联盟。

（1）资产性战略联盟。所谓资产性战略联盟是指合作各方通过各种形式的资产性（包括有形或者无形资产）投入，以对等或者非对等持股的关系形成长期和深度合作的战略联盟形式。资产性战略联盟的具体形式包括以下两种。

1）合资企业（joint venture）。合资企业是两家企业对等出资组建和管理的企业。广汽本田、广汽丰田就是广汽集团与日本本田、丰田两家汽车企业以50%对50%的出资比例合资成立和共同管理的合资企业。合资双方意识到双方各有优势与劣势，通过对等出资的方式构建平分产权、共同管理、共享收益和共担风险的关系，才能实现长期共赢的目的。

2）非对等持股战略联盟（equity strategic alliance）。非对等持股战略联盟是由两个或者两个以上的企业在各自保留独立法人地位的前提下，以非对等出资的方式组建和管理企业。例如，广汽集团与日本本田、丰田以及相关日资企业在汽车零配件行业中以非对等出资方式组建和管理了几十家企业。在这些非对等持股战略联盟中，合作各方所具有的优势与劣势不同，因此合作各方将根据各自的出资比例或者事前约定，参与管理、享受收益和共担风险。2015 年 8 月，京东与永辉超市正式签署合作协议，该合作协议主要包含两方面的内容：一是京东以每股 9 元（约 1.45 美元）的价格入股永辉超市，交易达成后京东将持有永辉超市 10%的股份，构成股权参与型战略联盟。永辉超市以生鲜为特色，在全国各省市共设有数十个采购基地，基地中专职负责生鲜农产品采购的工作人员数量超过 1 000 人。经多年的发展完善，永辉超市已经形成以农产品采购、成本控制、终端营销为核心的农产品采销体系。京东和永辉超市战略联盟成立后，京东可以充分利用永辉超市的实体店面作为自建物流体系的配送节点。消费者在京东平台上下单消费，特别是蔬菜类等鲜活易腐产品，可以直接从超市就近提货，保障产品的新鲜和运输速度，提升用户体验感。

（2）非资产性战略联盟。非资产性战略联盟也称为契约式战略联盟或协议式战略联盟，特指两个或两个以上的企业出于对各自经营目标、经营风险和彼此优势与劣势的考量，通过各种内容的长期契约而形成的非股权参与、优势互补、风险共担、生产要素双向或多向流动的一种长期、松散型的合作关系。非资产性战略联盟的主要形式包括战略性外购、特许经营、合作开发等。

1）战略性外购（strategic outsourcing）是指企业通过与其他企业签订长期购买协议而持续获得有价值的资源、产品或服务。通过战略性外购，合作双方可以发挥各自的优势，降低上下游之间的交易成本，从而使自己能更专注于核心专长的构建与发挥。与全球整车制造企业相同，广汽本田、广汽丰田甚至广汽乘用车都通过资产性战略联盟控制关键零配件制造的同时，对非核心零配件的供应采取不同方式的战略性外购，从而使相关的零配件企业敢于和愿意为与上述整车企业合作做出战略性的投资，包括在附近专门建立配套工厂、接受整车厂的管理以及与整车企业同步进行产品开发等。随着经营环境动态性、不确定性、复杂性和模糊性的升高，基于有效构建和发挥核心专长的需要，战略性外购正在从零配件供应领域向其他领域甚至管理职能领域扩大，出现了市场营销、人力资源、软件运维、售后服务、物流管理领域的战略性外包。比如，欧派家居购买神州在线的 IT 服务，海尔集团与东软公司签订 IT 服务的外包协议等就属于这种情形。

2）特许经营（franchising）是一家企业通过与另一家或者多家企业签订特许经营合同，容许被授权一方销售授权一方的产品、服务或使用授权方的商标或者专利技术进行制造或者其他商务活动。这种情况主要发生在快餐、酒店等服务行业，也会发生在传统制造业，主要目的是通过特许经营克服市场进入障碍和风险、减少投资以及加快市场开拓速度等。

3）合作开发（cooperative development）是指企业之间通过协议共同开发市场、技术或者产品等。在高科技行业，例如医药、飞机制造、软件等行业，合作开发的主要目的是分担投资和风险、加快产品开发和市场开发的速度等。在消费品行业，合作开发的主要目的是通过强强联合，促进市场开发。例如 2006 年 3 月，可口可乐公司与腾讯公司联合在上海举行“要爽由自己，畅享 3DQQ 秀”新闻发布会，双方正式宣布结成战略合作伙伴。双方计划使用互联网多元化平台，使双方在品牌、产品内容、用户体验和营销模式上有更大的提升。可口可乐可以在腾讯公司首页发布大幅广告，腾讯公司帮助可口可乐建设 iCoke 网页，双方推出可口可乐版 Q 币卡。

（3）混合战略联盟。除了上述两种战略联盟形式，也有一些战略联盟既含有资产性的投入，又签订了合作协议或特许经营合同，可以称之为混合战略联盟。这样的战略联盟使协议各方既能享有合作的好处，又可以根据自身需要量身定制一些深度参与的项目，进可攻、退可守。例如肯德基与百事，双方既存在股权关系，又在部分地区的经营中基于合同保持长期合作关系。再如，小米公司与其各个生态链企业之间既存在参股而形成的资产性战略联盟关系，又存在非资产性战略联盟关系。2015 年 10 月，大众点评与美团联合发布声明，宣布合并，成立新公司“美团点评”。合并后双方人员架构保持不变，保留各自的品牌和业务独立运营。新公司将实施联席 CEO 制度，美团 CEO 王兴和大众点评 CEO 张涛将同时担任联席 CEO 和联席董事长，重大决策将在联席 CEO 和董事会层面完成，新公司估值超 150 亿美元。

二、战略联盟的动因

在越来越动态、不确定、复杂和模糊的经营环境中，企业之间进行合作甚至建立战略联盟的动因是多种多样的，主要的动因是对外部环境变化尤其是行业与市场环境变化的有效适应与利用。因此，我们可以根据行业的自然特点和垄断程度，将各种行业和市场划分为静态市场、标准市场、动态市场三种不同的类型，揭示不同类型行业和市场中的企业采取战略联盟的动因存在的明显差异（见表 10 - 2）。

表 10 - 2　战略联盟的动因

市场类型	战略联盟的动因
静态市场	• 获得进入限制市场的渠道 • 在新市场实行特许经营 • 保持市场稳定性，如建立市场标准
动态市场	• 加快新产品或新服务的开发速度 • 加快新产品或新服务进入市场的速度 • 保持市场领先地位 • 形成行业技术规范 • 分担产品研发所需要的大量投入 • 减少市场的不确定性
标准市场	• 争取市场权力 • 资源互补 • 规模经济 • 贸易壁垒 • 应对其他竞争者的挑战 • 为大型投资项目筹集各种资源 • 学习新的营运技术

表 10－1 表明，所谓静态市场主要是指基于自然特点或者制度限制而具有某种程度的垄断或者限制进入的市场。在这种市场上，企业采取战略联盟的主要动因都与强化市场地位或者突破市场限制相关。例如，1955 年麦当劳的创始人亲自去可口可乐谈判结成战略联盟关系时，肯德基公司立即进行反击，与百事构建最高优先级合作伙伴关系。花旗银行为了进入中国银行业出资购买浦发银行 5%的股份，最终被允许持股 25%，花旗银行成为第一个持有中国银行股份超过 20%的外资银行，由此成为浦发银行的主要股东，这为花旗银行在中国开展业务打下了很好的基础。所谓动态市场主要是指基于外部环境，特别是技术进步或者市场结构的特点，市场环境变化快，新技术、新产品和新的商业模式不断涌现，速度和创新成为竞争优势的主要来源的市场。在这种市场环境中，有效实施战略联盟的动因主要与快速创新、占据市场、分担研发费用和风险、形成技术和市场规则密切相关。在标准市场中，选择战略联盟则是上述两种动因的混合。如京东为了保障上游供应商的产品质量，选择与供应商达成各种战略联盟。2015 年 8 月，京东宣布与雷士照明、立邦、东鹏、圣象等 17 家家居家装品牌达成战略联盟。京东为联盟品牌提供更充分的仓配支持、家居家装采购推荐，合作布局家居家装 O2O 服务，共同升级互联网家居家装体验。2018 年 5 月，京东与法国拉菲（LAFITE）、澳大利亚奔富（Penfolds）、西班牙桃乐丝（Torres）、美国嘉露（Gallo）、美国蒙大维（Mondavi）以及智利干露（Concha y Toro）六大国际红酒品牌达成合作，并邀请澳大利亚、智利、美国、法国、西班牙各国的大使、参赞共同建立覆盖全球红酒五大核心产区的战略联盟，为消费者带来更多、更好、更具性价比的红酒产品。

三、战略联盟的层次

与选择战略联盟的动因密切相关的是，企业战略的主体不同，选择战略联盟的动因也存在差异。因此，企业战略联盟也可以据此划分为公司层战略联盟、经营层战略联盟和职能层战略联盟。这里将重点介绍前两种。

1. 公司层战略联盟

公司层战略联盟（corporate-level cooperative strategy）是多元化企业总部为了实施行业和市场多元化战略而与其他企业建立的战略联盟，可以分为三类：多元化战略联盟、协同效应战略联盟和特许经营战略联盟。

（1）多元化战略联盟（diversifying strategic alliance）是指企业在实施多元化战略过程中，为了克服行业和市场进入障碍而建立的战略联盟。这里所说的行业或者市场进入障碍既包括有形障碍，例如政府政策的限制，又包括无形障碍，例如缺乏渠道、人才和对当地情况不了解等。比如，当企业希望进入新的行业或者市场时，有可能遇到政府的限制和市场障碍，这时就可以通过与当地企业建立合资企业或者资产性战略联盟来突破政府限制，加快进入速度，降低市场风险。

（2）协同效应战略联盟（synergistic strategic alliance）是指两个以上的多元化企业为了获得规模经济效益、范围经济效益和降低交易成本而建立或收购一个企业，这种合作有可能发生在电子商务、研发、销售渠道、物流等方面。例如，为了稳定原材料、零配件的供应或者降低原材料、零配件的采购成本，两个以上企业共同组建或者收购一个上游企业。

(3) 特许经营战略联盟。如前所述，特许经营是一种非产权战略联盟。如果一个企业通过特许经营进入另一个行业或者另一个国家市场，例如美国蓝带啤酒将其特许经营权授予中国蓝带集团，这种特许经营就属于国际化的公司层战略的决策范围。

2. 经营层战略联盟

经营层战略联盟（business-level cooperative strategy）或事业部层战略联盟是指两个单一行业的企业或者事业部为了提高在特定产品市场中的竞争优势而建立的战略联盟。企业通过与一个或多个同行业企业的合作来实现互补业务、减少竞争、应对竞争或降低风险的目的。经营层战略联盟可分为四大类：互补战略联盟、竞争反应战略联盟、降低风险战略联盟和减少竞争战略联盟。

(1) 互补战略联盟。是企业之间因为某种竞争需要而将互补性资源和能力整合在一起，从而提高合作双方竞争力的战略联盟。基于两个企业之间的相关关系，互补关系可能发生在纵向企业或者横向企业之间，因此这种战略联盟又可以划分为纵向互补战略联盟和横向互补战略联盟。例如，2006 年 8 月，全球最大的主板厂商华硕与另一主板大厂技嘉科技宣布合资成立新公司，从事制造主板与绘图卡业务，涉及资本额达 20 亿元。在新公司中技嘉占 51%的股份，华硕占 49%的股份。华硕是全球最大的主板厂商，技嘉则是全球第三大主板厂商。新成立的合资公司聚合了双方的优势，无疑将在主板市场拥有绝对的话语权。

(2) 竞争反应战略联盟。在高度竞争的市场上，企业往往利用战略联盟来响应竞争对手的行动。例如，银行业中一些关键客户（如在华的跨国公司）是许多跨国银行的重要服务群体，对利润的贡献很大。因此，一些跨国银行争相与四大国有商业银行签订合作协议、建立战略联盟来对抗先行进入的国际对手，以留住关键客户、对抗竞争对手。比如，韩亚银行于 2003 年 3 月 3 日、4 日分别与南京市商业银行、宁波市商业银行签署全面合作协议。建立合作关系后，韩亚银行可以通过合作伙伴的服务网络或渠道，向双方的共同客户——韩资企业提供金融服务与新产品。

(3) 降低风险战略联盟。在进入新的市场或新兴国家时，企业可能会因为不了解该国家或地区的法律法规、风俗习惯、政治环境等情况而无法顺利开展业务。这时，企业可以通过与当地企业进行联合来实现对新市场的快速适应，减少失败的风险。例如，1988 年，宝洁公司进入中国。为了尽快渗透市场及规避中国市场的法律、法规风险，宝洁选择广州作为中国的总部，与广州肥皂厂、香港和记黄埔（中国）有限公司及广州经济技术开发区建设进出口贸易有限公司在中国组建成立第一家合资企业——广州宝洁有限公司，在广州一德路的肥皂厂生产海飞丝洗发水。海飞丝洗发水上市 12 个月，就在广东取得 15%的市场占有率。

(4) 减少竞争战略联盟。减少竞争战略联盟也称为共谋战略联盟，包括显性共谋战略联盟与隐性共谋战略联盟两种。显性共谋战略联盟可以定义为企业间就产出量或价格等要素进行谈判并达成协议，以减少相互间的竞争。大部分企业则会选择隐性共谋战略联盟，即若干公司进行非直接的产量或价格决策，该决策通常是通过企业间的互相观察并默默响应实现的。显性共谋战略联盟在大部分市场经济国家是非法的，具有很高的法律风险。减少竞争战略联盟常常出现在集中度较高的产业当中，如电信行业。

企业战略联盟同样可以在同行业中发生，正如前述的日本汽车企业与中国广汽集团之间的战略联盟。博格斯、希尔和金伟灿研究发现，在同行业的战略联盟中，大企业往往倾向于与小企业联盟，而不愿意与其他大中型企业联盟，因为这种战略联盟有可能使得挑战其市场地位和市场控制力的竞争者变强大。企业战略联盟也可以在不同的行业间进行。发生在不同行业间的战略联盟称为跨行业战略联盟（cross-industry alliance），比如微软公司与帝国理工学院合作，前者可以极低的成本获得最新技术，后者则获得了丰厚的研究经费；耐克公司与苹果公司合作推出 Nike＋iPod 跑步设备，双方共同开拓了新的细分市场。

四、战略联盟的风险

战略联盟带来的不仅仅是利益，也有风险。有关研究表明，2/3 的战略联盟在开始的前两年都存在比较严重的问题，70％的企业战略联盟以失败告终。例如华为与摩托罗拉的战略联盟合作失败，以及上海家化与美国庄臣公司的合作失败。2000 年华为与摩托罗拉签订了 OEM 代工协议，由摩托罗拉贴牌生产华为自主研发的产品。由于思科、爱立信等电信制造商日益壮大，摩托罗拉经营每况愈下，因此摩托罗拉想出售其在北美的无线通信业务，而华为一直想打入北美市场，华为曾表示愿意收购摩托罗拉在北美的无线通信业务。然而，2010 年 7 月，摩托罗拉将无线通信业务出售给了报价较低的诺基亚西门子公司，并且向法院控告华为在 2001—2008 年窃取摩托罗拉的专利技术，这标志着双方跨国联盟的破裂。这一联盟的破裂，原因是华为与摩托罗拉合作的目标是进入北美市场，但双方存在潜在竞争关系，再加上北美市场竞争愈发激烈，摩托罗拉为了维护自身利益而采取机会主义行为，破坏了联盟。

20 世纪 80 年代，中国消费市场属于卖方市场，需求旺盛却供给不足。上海家化推出了“美加净”和“露美”两个化妆品品牌，获得了国内市场较大的份额。到了 20 世纪 80 年代末，美国庄臣公司瞄准了中国庞大的化妆品市场，提出与上海家化公司合作的建议。1987 年，上海家化投入了大量的固定资产、人力和资金与美国庄臣公司合作，成立了上海庄臣公司，但合资公司的管理权由外方掌控，导致此合作并未达到理想的效果。原因之一是中方将合资公司的管理权让给了外方，美国庄臣公司在运作时只顾自己利益，将“美加净”“露美”产品雪藏，扼杀了中方企业的发展机会。另一个原因是美国庄臣公司虽然在清洁用品方面运营经验丰富，但在化妆品研发和运营方面经验不足，而上海家化在产品设计开发和市场推广上也没有独特的优势，双方当时没有意识到彼此的战略资源互补性其实并不强。合作失败导致上海家化市场份额大幅下降，使上海家化失去了 4 年的宝贵发展时间，“美加净”的销售额也从鼎盛时期的 3 亿元萎缩到不足 6 000 万元。

这两个案例表明，尽管战略联盟有可能为合作的企业带来诸如协同效应、资源互补等好处，但是合作双方将各自的资源和能力整合在一起，其实也锁定了合作双方。战略联盟的失败将导致其中的一方或者双方都承受巨大的损失。具体来说，战略联盟的风险有可能源自以下几个方面。

1. 合作目的的冲突

战略联盟是在合作各方都充分了解合作对方的目的和合作利弊的前提下建立起来的。

但是，有些企业所陈述出来的目的与其实际目的并不一致。一旦合作开始，这种目的冲突就会表现出来，而且愈演愈烈。这种冲突通常表现在以下两方面。

（1）一些企业建立战略联盟并不是为了获取战略联盟所产生的共同利益，而是为了使合作方的核心技术或其他独特的竞争优势为己所用。这种战略联盟往往会造成有核心技术的企业产生高度的戒备心理。研究表明，针对技术与管理知识中那些显性内容部分，海外企业具有更高的保护倾向。为了防止自身核心知识外泄，联盟伙伴企业往往采用一系列严格的知识保护措施，包括战略性共享信息、关键员工保留、控制战略联盟范围、模块化、保持关键知识的模糊性、诉诸法律法规的强制力等。伴随联盟伙伴知识保护力度的加大，联盟内知识转移变得愈发困难。联盟伙伴过度的知识保护会使另一方降低信任水平，进而破坏联盟伙伴之间的关系质量与亲密性。

（2）一些企业建立战略联盟的目的并不是战略性的而是战术性的，它们没有长远和明确的战略意图，也没有准备为了实现长远和明确的战略意图进行足够的投入，甚至承受可能的亏损。例如，希特等（Hitt et al.，2004）发现，同样是转型国家，俄罗斯企业在财务、能力互补、市场份额、质量控制等短期能实现的目标方面有更强烈的需求；中国企业则在独特的竞争力、行业吸引力、无形资产、管理能力、相互学习、技术能力等方面有更强烈的需求。

2. 合同不完善带来的风险

在战略联盟建立之初，合作各方就合作事宜制定了尽可能详细和完善的合同，并且希望以此降低合作的风险，但是合作双方不可能预测到将来所有可能发生的事情，即使合作双方能够做到这一点，也没有办法在合同中将所有可能的事宜都用准确的语言描述出来，并且加以严格界定，这就是经济学中经典的“合同不完善原理”。因此，战略联盟的成功不仅需要合作双方尽可能签订完善的合同和尊重签订的合同，更需要双方都提升合作精神和能力，致力于在合同之外尽快建立相互理解和信任关系。

战略联盟是企业获取竞争优势的重要战略工具，能使合作双方密切联系，但关键知识和技能可能暴露给合作伙伴，联盟一方或各方的机会主义行为即学习竞赛或联盟伙伴的无意学习会增加联盟成员核心知识外泄的风险。如果合作成员在最终产品市场上是竞争关系，将加剧知识流失的风险，最终可能导致竞争优势的减弱甚至市场的丧失。因此，如何在合作中更严密地界定双方的知识产权，对联盟企业而言极其重要。

3. 合作双方的传统和文化冲突

虽然战略联盟是在合作双方已经相互了解的基础上建立的，但由于合资和合作企业的股权过于集中，企业的运作直接受到合作双方总部的影响。如果合作双方原来的管理传统和企业文化很强，就很容易在合资或合作企业的运作过程中产生矛盾。如果合作双方不能表现出应有的宽容和尊重，不具备必要的适应和学习能力，这种传统和文化上的冲突就会最终导致战略联盟解体。

4. 双方的投入不对等带来的机会主义风险

在战略联盟中，合作双方既是合作的关系，又是博弈的关系。如果合作的一方进行了专用资产（specific assets）的投资，而另一方没有，那么进行专用资产投资的一方有可能因被“绑定”而处于劣势。专用资产意味着只有某种资产和某项特殊的用途结合在一起时，这种资产才是有价值的。例如，迪士尼公司与皮克斯公司曾合作创作了《玩具总动员》《虫虫危机》《怪物公司》《海底总动员》《超人总动员》等动画影片，并取得了成功。对于迪士尼公司而言，它对“迪士尼”这个品牌的投入是巨大的，同时，迪士尼公司的整体经营对动画片制作的依赖也是巨大的，而皮克斯公司则可以随时更换合作伙伴。皮克斯公司为了提高在合作中的分红比例，曾释放出与其他影视公司洽谈的信号，以此来对迪士尼公司施压。迪士尼公司曾经在 2004 年考虑放弃与皮克斯公司的合作，但是没有皮克斯合作的动画片票房收入并不理想。在这种情况下，2006 年 1 月 24 日，迪士尼公司只得宣布以 74 亿美元的高价格收购皮克斯公司，结束了双方之间的战略联盟。皮克斯公司的最大股东乔布斯成为最大的赢家。

由迪士尼和皮克斯的案例可见，当企业发现它对某项技术和竞争优势的依赖已经不能通过战略联盟而需要独自占有来实现时，企业会从战略联盟发展为并购。值得说明的是，已经达到战略联盟目的而走向解散或并购的，不能视为战略联盟失败，而是战略联盟发展的正常结果。

五、有效实施战略联盟的策略

战略联盟虽然可以帮助企业快速进入市场、获取技术和经验，但由于上述原因，企业间的战略联盟也有失败的风险。为了尽可能降低战略联盟的风险，企业在选择联盟伙伴以及在合作过程中，可以参考如下建议。

1. 选择在战略上具有互补性的合作对象

进行战略联盟的企业各方都对合作怀有美好的期望，寄望于通过联盟弥补企业的短板，发挥企业的长处。因此企业在寻求合作伙伴时，应当尽量选择能够互相帮助、互相促进的对象，而不是投入资金后就不管不问或一味追求财务业绩。

2. 寻求对等的合作投入

战略联盟各方业务互补，联盟企业之间应当尽量本着对等投入的合作态度去协商问题。A 企业提供市场，B 企业就提供技术。A 企业持股 10%，B 企业就投入对等的资源。只有这样，联盟各方才能从根本上建立平等关系，从而保证联盟的成功。

3. 构建良好的合作关系

在很多情况下，企业间的战略联盟无法实现完全平等投入，联盟各方可能会存在市场地位的差异、投入资源的多少等不均。既然联盟达成，联盟中的企业就尽量不要因为投入的多寡、股份的比例、市场份额的大小而“欺负”或“压倒”另一方。合作各方要尽量保证沟通平台的畅通与和谐。有些联盟的失败，可能仅仅是源于态度或语气问题，或者是源于双方企业文化差异的问题。因此在联盟开始之前及在洽谈过程中，联盟各方就应当重视合作的关系。为了联盟的顺利达成，企业可以挑选善于沟通和合作的管理人员来对接工作；如果企业文化差异过大，就要慎重考虑联盟的可行性。

4. 保持同等的学习能力

有些小型企业可能找到机会与大企业联盟，这时小型企业应当谨慎保持自身在联盟中的角色与贡献，尽量不要有“抱了棵大树”的思想。“没有永远的敌人，也没有永远的朋友”，联盟中的企业都在寻求对方的帮助，当自己落后于合作伙伴的发展速度，或者不能及时跟上合作伙伴的脚步，就会被抛弃，从而导致联盟失败。因此联盟各方都应当保持自身的相对独立性和发展速度，使联盟可以成功延续。

5. 寻求联盟升级的机会

当企业的初次合作成功实现时，联盟各方当然会寻求延续该联盟。这时，由于企业发展战略的变化或环境的变化，联盟各方的目的或在联盟中所起的作用会发生改变。联盟企业应当在上一环节的合作基础上，尽量了解合作伙伴的发展战略和未来诉求，寻求在未来的合作中将联盟进一步深化，为联盟各方提供更好的贡献。

以上五点建议是层层递进的关系，只有选择了企业战略发展需要的合作伙伴，企业才能真正投入有用的资源；双方投入资源对等，才能保证长期合作的公平与和睦；双方的发展只有尽量同步，才能走向更深层次或更高级别的联盟。

第 2 节　企业并购

无论选择何种增长战略以及进行何种类型的战略转型，企业战略管理者都需要增加对企业内部或者外部的战略性投资，都需要在投资方式上做出战略性选择。为此，企业战略管理者需要了解不同增长方式的利弊，然后根据企业内外部环境变化趋势以及实施战略的目的与要求在战略增长方式中做出有效选择。例如，均胜电子公司选择并购而不是自建作为相关多元化发展的主要增长方式，在短短几年时间内营业收入从 20 亿元增长到 600 亿元，深度介入全球汽车主动及被动安全市场、车载娱乐系统、导航系统、车联网以及信息处理等领域，拓展了中国、欧洲和北美的市场，成功跻身全球汽车产业智能化领先阵营。阿里巴巴则放弃联盟，通过并购来获得新的业务增长点，以进行战略布局。

一、并购的概念和类型

第一个让全世界认识到并购价值的是一位叫摩根的美国人。1901 年 2 月，这位金融大亨以 4 亿美元收购钢铁大王卡耐基的资产，组建了世界上第一家资产超过 10 亿美元的股份公司，一举控制了美国钢产量的 65%。摩根的故事告诉人们，企业要实现成长，除了自建，还有另一条道路：并购。

并购包括合并（merger）与收购（acquisition）两种行为。其中，合并是指两个或两个以上经济实体，以基本平等的方式组合成一个新经济实体的交易。在这个交易中，合并双方都不复存在，或者同时保留双方的名字。

收购是指一个公司购买另一个公司从而获取其控制权的交易。在这个交易中，被收购企业有可能独立存在，也有可能被整合到收购企业之中。在收购交易中，一般我们称发起方为报价/收购公司（bidder/acquiring firm），被收购方为被收购公司/目标公司

(acquired company/firm or target company/firm)。由于上述两种行为的目的相同而且差异不大，合并和收购两个概念经常一起被称为并购（merger & acquisition)。

美国联邦贸易委员会将并购划分为五种类型：水平并购、垂直并购、产品扩张型并购、市场扩张型并购和混合型并购。鲁贝金（Lubatkin）则在鲁梅尔特对多元化战略分类的基础上，将并购分为单一并购、垂直并购、相关并购和不相关并购。本书把并购的类型分为三类：横向并购、纵向并购和混合并购。其中，混合并购又分为三种类型：产品扩张型并购、地域市场扩张型并购和纯粹混合型并购。这些概念的解释如表 10－3 所示。

表 10－3　并购的概念与分类

并购类型		概念
横向并购（horizontal）		两个从事同类业务活动的公司并购
纵向并购（vertical）		处于某项生产活动不同阶段的公司并购
混合并购	产品扩张型并购(product-extension)	扩大生产线的并购
	地域市场扩张型并购(geographic market-extension)	在不重叠的地理区域内的并购
	纯粹混合型并购(pure conglomerate)	既不是产品扩张又不是地域市场扩张的不相关并购

1. 横向并购

横向并购是指在同一产业链中，处于价值链相同环节上企业间的并购。例如 2015 年 2 月 14 日情人节当天，曾经的两大竞争对手滴滴打车和快的打车突然宣布合并，新公司实施联席 CEO 制度，滴滴打车 CEO 程维和快的打车 CEO 吕传伟同时担任联席 CEO。这次合并使得新形成的公司可以占据 App 软件打车市场 90％以上的份额，同时可以共同占领全国出租车市场超过 50％的份额。通过横向并购，企业可以在不恶化行业结构的前提下，迅速提高市场占有率，扩大规模和对市场控制，从而在成本和价格两个方面提升盈利水平。

在中国企业努力提升国际竞争力的过程中，推动横向并购具有非常重要的意义。在此基础上，中国企业可以将更多的资金用于建立差异优势，从而有效地利用中国特有的市场规模优势，在成本和创新两个方面形成竞争优势，阻止国外跨国企业对中国市场的侵占，提升中国企业在国际市场上的竞争力。例如，2013 年，中国海尔集团与日本三洋电机公司宣布海尔以 8.26 亿元并购三洋白色家电业务达成最终协议。三洋把日本本国包括洗衣机、家用冰箱业务以及东南亚 4 国的白色家电业务共计 9 家全资或合资公司股权全部转让给海尔。2016 年 3 月，美的集团与东芝达成最终协议，收购东芝白色家电业务 80％的股份。一般来说，某个行业内出现大量的横向并购，往往会引发行业竞争的结构性调整，如滴滴并购优步、携程网并购去哪儿网、京东并购 1 号店和蘑菇街、美丽说与淘世界的合并都导致所在行业的竞争发生了结构性调整。

2. 纵向并购

纵向并购是指产业价值链不同环节的企业之间所发生的并购。由于自然资源和渠道越来越成为企业的战略性资源，很多跨国企业都在全球范围内通过并购实施纵向整合战略。例如中国石化近年来多次在海外收购石油公司、油田、油砂及油气开采等企业的权益，以稳定原材料的供应和掌控原材料的价格，同时在国内收购了大量加油站，建成了庞大的销售网络，以保证企业产品的销售。2016年3月，富士康母公司鸿海精密宣布以38亿美元收购日本夏普公司，交易完成后，富士康将获得夏普的液晶面板技术。由于夏普一直都在为苹果设备提供液晶面板，收购夏普后富士康就成为苹果iPhone的屏幕提供商，从而成为苹果公司的上游供应商而不仅仅是代工厂。

3. 混合并购

混合并购是指处于不同产业企业之间的并购，包括相关和不相关的并购。现实中，混合并购很常见，企业往往为了分散风险或最大化资本收益而进行跨行业并购。例如，新希望集团的主业在饲料行业，但2002年新希望旗下的东方希望集团收购信发热电集团51%的股份，随后收购多家氧化铝矿石公司的股份，从而进入铝电一体化行业，打造了完整的产业链：氧化铝—自备电厂—电解铝—铝制品。又如，2016年10月，阿里巴巴斥资45亿美元将优酷土豆并入旗下，使得视频网站行业形成优酷土豆、腾讯视频和百度爱奇艺三足鼎立的格局。阿里巴巴认为该收购可以完整布局阿里的娱乐生态，以获得更为稳定的客户流量接口。混合并购使企业可以突破行业进入的政策障碍，减少跨行业经营的学习成本，加快进入行业的速度。但是，混合并购的风险也很明显，包括学习成本非常高、管理模式差异大等，这些风险导致混合并购的成功率相对比较低。

4. 跨国并购

跨国并购是指主并公司与目标公司的总部处于不同母国的并购行为（Shimizu et al.，2004）。跨国并购可以是横向的、纵向的，也可以是混合的。跨越国界的特性使得跨国并购具有很多特点，并且成为企业并购中更为高级和更具挑战性的一种形式。随着通信、交通技术和经济全球化水平不断提高，跨国并购已经成为企业实施国际化战略的一种重要途径。相对于其他类型的并购来说，跨国并购的主要优势在于将并购的优势在更大的范围内加以发挥。相对于其他实施国际化的途径，跨国并购更有利于实现全球化企业内部的协同效应，即并购整合后的企业价值会大于单个企业价值的简单相加。

跨国并购协同效应的来源主要有三个：（1）转移专业技能。当拥有的某种特定专业技能（专利技术、生产诀窍）不能在自己的母国为企业创造更大的价值时，企业会寻求并购海外公司，通过向海外公司和海外市场输送专业技能，开发和进一步提高这种专业技能的价值创造能力。当主并公司的并购目标是向目标公司输送专业技能，并利用目标公司的生产能力或市场创造更大的价值时，这一过程称为正向国际化（internationalization）。当主并公司的并购目标是获得目标公司的专业技能，并利用该专业技能为母国公司/主并公司所在国或所在市场创造更大价值时，这一过程称为反向国际化（reverse internationalization）。近年来，中国企业频频寻求海外并购，吉利收购沃尔沃汽车，海尔并购美国通用电气家电业务，美的并购德国库卡机器人公司等都是反向国际化的典型案例。（2）转移过剩生产能力。企业在发展过程中可能会发展出过剩的生产能力，这些生产能力受制于本国市场容量、消费水平、法律法规政策等因素而无法创造更大的股东财富。因此企业会寻求海外并购，通过并购海外公司来获得海外市场，从而更充分地利用现有生产能力，创造出更大的价值。（3）降低财务风险。跨国并购使企业拥有多个海外市场，这使企业具有更高的负债能力和更多的财务优势（例如税收政策的优惠）。

二、并购的动因

在实施增长战略的过程中，企业究竟应该采取自己建设的方式还是并购的方式呢？这首先取决于企业战略实施的目的和策略考虑。比如，通过横向并购，企业可以实现规模经济；给企业带来更大的经营规模、更多的原料来源和更强的市场实力；当企业进入新市场时，横向并购可以整合产品、市场等战略资源，实现企业的品牌效应、渠道共享，提升企业价值。通过纵向并购，企业可以整合上下游价值链或延伸产业价值链，使企业的业务环节更加顺畅，降低各环节产生的交易成本。通过混合并购，企业可以实现多元化和财务协同效应。总的来说，企业在下列情况下并购可能具有更大的好处。

1. 突破行业和市场进入的障碍

当企业需要进入一些受行业或区域政策限制的行业或者市场时，并购有可能成为唯一的选择，例如跨国公司进入中国汽车、航空、电信等行业。同样，某些地方政府对进入本地区建立新企业有特定的限制或者不鼓励，但又希望挽救当地企业或者稳定就业等，在这种情况下以并购现有企业的方式进入就成为取悦地方政府的最优选择。

2. 加快行业和市场进入的速度

当企业需要进入一个新的行业或者新的地区市场时，通过自己建设的方式可能需要更多的时间，包括购买土地、施工建设、引进和调试设备、培训工人以及开拓市场等。在市场变化比较快的情况下，时间就是效益，此时并购的好处就更明显。例如在空调市场快速发展时，通过自己建设的方式建立一个全新的工厂也许需要两年，但是两年后空调市场可能已经发生逆转性的变化。2015 年 2 月，脸书（Facebook）以 109 亿美元巨资收购了当时仅有 55 个人的 WhatsApp 公司，该收购金额占当时脸书公司现金的 1/3 以上。脸书公司之所以花此巨资收购 WhatsApp，就是为了快速进入移动互联领域，应对 Snapchat 等公司的竞争。

3. 增加市场份额和影响力

在一个供求基本平衡的行业中，采用自己建设的方式，将使整个行业的供给增加，行业结构恶化，全行业有可能在相当长的时期里供过于求，甚至掀起价格战。通过并购则不需要增加供给和打破现有的供需平衡，只是改变现有企业的所有权，行业结构会得到优化，主并企业的市场份额和企业影响力都会快速扩大。例如滴滴打车通过多次并购，最终占据了移动出行市场的最大份额。

4. 加快新产品和新技术开发速度

相对来说，大企业在新产品或者新技术的开发方面会面临特殊的困难，例如官僚主义或者激励不够等。小企业尤其是科技创新小企业则在新产品和新技术开发方面具有特殊的优势，投入小，产出大。因此，国外大型企业专门采取收购小企业的方法来加快新产品和新技术的开发。这种情况下，并购就成为企业外部创新的重要方式。

5. 克服多元化的难处

当企业实施多元化而进入自己不熟悉的行业时，采用自己建设的方式通常会在获得人才、渠道、技术以及上下游和地方关系等方面遇到困难或者需要支付大量的“学费”。虽然采取并购方式购买到的资产不一定完全符合要求，但是企业可以借此迅速整合和利用现有的人才、渠道和各种关系，大大提高进入的速度和减少风险。

在实施增长战略的过程中，企业究竟应该采取自己建设的方式还是并购的方式呢？这取决于特定的市场情况。例如，在西方国家遇到金融危机时，一些中国企业趁机收购国外企业，以远低于自己建设的投入获得了这些企业的品牌、渠道和研发能力。近年来，中国政府一直鼓励在一些行业实行整合，从而优化行业结构、降低竞争强度。在这种情况下，并购就成为企业实现增长的更好选择。

三、有效并购的策略

虽然每年都有大量并购事件发生，但大多数并购，特别是对主并公司而言，可能并没有达到预期的效果。这是因为从开始到最后的并购过程，存在很多障碍、风险以及整合的困难。从这个角度来说，自己建设又有特定的好处。希特（Hitt，2006）曾经针对并购中存在的问题提出了成功并购的七个要素：业务互补、善意并购、严格筛选、重视创新、低负债、保持灵活性和适应性。考虑到中国企业面临的实际情况，成功实施并购应该注意以下问题。

1. 精心选择和合理评价目标企业

在实施并购之前，主并公司必须有明确的战略目的，非常清楚自己的战略需要，不能为了并购而并购，不能盲目并购。在确定需要采取并购而不是自己建设来满足战略需要之后，一定要主动、全面和精心地寻找目标企业，不应该被动地收购那些“自投罗网”的企业。在锁定可能的目标之后，要认真地评价两个企业资源和能力的互补性，互补性越高，企业并购的成功率就越高。在这个过程中，主并企业的战略管理者一定要客观地评价并购所带来的范围经济和规模经济效益，同时也要关注并购可能产生的不经济性。

杰克 · 韦尔奇在执掌通用电气 20 年中，共完成 993 次并购，通用电气的市值从 130 亿美元一路攀升到最高时 5 600 亿美元。在每一次并购前，他优先考虑的就是两家企业的文化能否融合。韦尔奇说，他们试图利用好两种文化，但同时也需要确保在财务和人力资源体系方面，对方能适应他们的方式。如果两家企业的文化差异太大，杰克 · 韦尔奇的答案是，迅速扔掉。

2. 全力争取友好并购

能否成功地收购一个企业主要看股东，能否成功地整合一个企业则主要看管理者、员工以及所有利益相关者。企业并购的最终目标是成功地整合目标企业。为此，针对不同的并购目标，主并企业必须选择正确的方式去接触正确的人，并且给他们以正确的并购理由，这是一个目标企业愿意友好接受并购的前提。在整个谈判过程中，主并企业一定不要对目标企业的缺点横加指责，这不是你要买它的理由。如果目标企业是可以得到的最佳并购对象之一，不要在谈判细节上过多纠缠，这些“伤感情的事情”会给并购后的整合留下难解的疙瘩。2003 年甲骨文提出以 63 亿美元收购全球第二大客户关系管理软件厂家仁科（PeopleSoft）被拒绝。为了应对甲骨文的恶意收购，仁科公司大幅提高了雇员和管理人员的遣散费，把管理人员的薪酬增加了一倍。甲骨文也宣布收购后会裁减仁科约 12 000 名员工中的 6 000 人。该收购案历时 18 个月，收购价格从最初的 63 亿美元调整了 5 次，最终以 103 亿美元的大幅溢价成交。恶意收购对并购双方都会造成巨大损失，不到万不得已，企业应当慎重行事。

3. 并购和整合要留有余地

为了有效地实施并购后的整合，在整个并购的时间、人员、财务和信息公开等方面的安排上一定要留有余地，否则会影响整合过程中的态度和耐心。

（1）不要把并购的进程安排得太紧，事前沟通比事后沟通要好。

（2）主并企业和目标企业的负债率不能太高，否则整合的压力太大。

（3）不要立即改变品牌甚至企业的名称，感情转变需要一个过程。

（4）不要对外宣布整合工作的时间表，否则所有人都会希望你超时。

（5）不要把原来的管理团队换掉，进来以后再“折磨”会更好。

（6）不要想一天就改变所有事情，欲速则不达。

（7）注意信息披露，不要将友好并购形容成恶意并购或者“被迫投降”。

4. 己所不欲，勿施于人

只要当过“俘虏”，企业战略管理者就会相对容易地成功完成并购整合的工作，原因就在于他知道当“俘虏”的滋味和心情。只要不存在心理障碍，他就会按照己所不欲，勿施于人的原则善待“俘虏”。企业战略管理者必须把自己当作“俘虏”，然后认真回答下列问题：除了个别高层管理者，目标企业的其他管理者和员工是否应该对企业被并购承担责任？并购前后目标企业的管理者和员工心里最担心的是什么？选派什么人才能将应该要的人带回来，或者是选择什么人才能将不需要的人赶走？应该提前多少天告诉目标企业的管理者和员工等待他们的是什么安排？目标企业的管理者和员工在进入主并企业时是否需要某种形式的“宣誓效忠”？为了整合目标企业，是否应该或暂时对“俘虏”比对自己的员工好一些？

5. 不要并购成瘾

与自己建设的方式相比，采取并购方式更快也更有成就感，当然也更容易上瘾。例如甲骨文公司仅仅在 2004—2009 年就并购了 40 多家软件公司，耗资超过 335 亿美元。其中，2005 年初以 103 亿美元收购仁科，2007 年以 33 亿美元收购商业情报软件厂家海波龙（Hyperion），2008 年以 85 亿美元收购中间件巨头 BEA，2009 年以 74 亿美元收购 Sun。该公司的创始人埃利森认为，收购是消灭竞争对手最好的方法。“希望通过更多的收购来保持公司高速增长。”

过分依赖并购实现企业增长战略容易出现几个问题：

（1）如果将并购作为一种外部创新，那么过分依靠并购会导致企业内部创新投入和能力下降。

（2）如果依靠并购去实施多元化发展，那么会导致企业总部失去对投资企业的战略控制，越来越不知道自己买了什么，当然也就不关心它们在做什么。

（3）过分依靠并购会导致规模迅速扩大，应变和创新能力下降。

并购成功并不等于企业实现了成长。研究表明，主并企业的股价在并购后通常会下跌。这是因为大部分并购企业会因并购后的整合困难而功亏一篑，并购后的整合是企业需要面对的巨大挑战。张洁梅（2011）指出，并购过程由三个阶段组成，并购前准备、并购实施操作、并购后的整合。在这三个阶段中最重要的组成部分是并购后的整合。① 当然，不同的并购类型应当采用不同的整合策略。如逆向并购可以采用轻触型、无为而治型、支持性合作伙伴、重触型整合策略。②

并购失败的原因常常是付出了过多的溢价或并购后整合失败。战略聚焦10－1介绍了新联民爆器材有限公司横向并购后整合的过程与经验。

战略聚焦10-1

并购后的整合

企业并购后整合是并购企业获得目标企业的资产所有权、股权或者经营控制权后进行的资产、管理体系、人力资源、组织结构、组织文化等资源要素的系统性安排，以不断提升企业核心专长，从而使并购后的企业按照一定的并购目标、发展战略有序组织运营。从管理学角度看，并购后整合实质上是企业控制权转移后并购主体与并购目标融为一个功能性整体的过程，既涉及资产、组织架构、制度体系等有形资源的融合，也涉及企业文化、品牌价值等无形资源的融合，通过各类资源的重新配置与组合，进一步提升企业竞争优势，为投资者创造更大的市场价值。并购后的整合工作通常包括战略整合、业务整合、财务整合、组织结构整合、人力资源整合、文化整合等多个方面。③

新联民爆器材有限公司（下称新联民爆）成立于2017年9月，属浙江省机电集团二级成员单位，是中国爆破器材行业协会副理事长单位、中国爆破行业协会常务理事单位，是浙江省经营规模大、生产品种齐全的民爆企业，是国家民爆行业优势骨干企业。

该公司由浙江永联民爆器材有限公司（下称永联民爆）和浙江物产民用爆破器材专营有限公司（下称物产民爆）合并而成。合并前，永联民爆与物产民爆均是集研发、生产、销售、配送民爆产品和爆破服务于一体的综合性民爆企业。永联民爆原有13家公司，物产民爆原有8家公司，两家公司的子公司数量多、规模小、地点分散。

永联民爆和物产民爆合并后成为新联民爆，合并前两家公司均是国有控股企业，在企业文化方面较相似，因此合并后的公司将整合重点放在组织架构、资金、销售和采购的整合上。④

1. 组织架构压缩。两个公司合并后的新联民爆是新设公司，以前的两个公司本身已

---

① 张洁梅．企业并购整合研究现状综述．商业经济研究，2011（12）．

② 陈小梅，吴小节，汪秀琼．中国企业逆向并购后整合模式的选择——基于战略三角框架的QCA研究．管理评论，2024，36（2）：167－180．

③ 洪薇．企业并购后整合相关问题研究．中小企业管理与科技，2023（2）：99－101．

④ 黄晓红．企业横向并购后的管理整合探析．中小企业管理与科技，2023（15）：111－113．

经有 3 层管理架构，合并后加上新公司就形成 4 层架构。因此新联民爆合并后马上着手压缩管理层，比如提升下属公司层级、吸收合并或注销下属层级、合并办公、减少管理人员等，最终将管理层级从 4 层减为 2 层。

2. 资金集中管理，发挥协同效应。合并前每个公司的资金分散在每个单独的公司，单个账户资金余额低，难以发挥集聚效应。合并后建立资金池，由新公司集中管理资金，可以发挥总部管理的优势，这些优势诸如：提高总部财务决策和控制能力；减少资金占用，提高资金周转率，降低公司财务成本；增强对金融机构的议价能力，获得更高的协定存款利率、更低的交易手续费；提高公司的整体信用等级、融资能力，降低融资成本；强化公司整体财务监控力度，实现对成员公司资金流向的动态监控，有效管控公司资金风险；强化公司整体财务监控力度，实现对成员公司资金流向的动态监控，有效管控公司资金风险。

3. 营销整合。新公司在调查研究后提出了“五统一”集中营销策略。在新公司成立营销中心，统一营销战略，统一调配客户，统一市场开发，统一市场维护，统一售后服务。

4. 采购整合。合并前，各公司均有独立的采购部，均单独采购原辅材料。由于该行业生产的主要产品为民用爆炸用品，生产工艺和使用的原辅材料高度趋同，并且原辅材料占生产成本比重很大，因此合并后，新公司决定采取集中采购来发挥较大的成本优势，降低采购价格，规范采购流程和行为，精简人员，优化供应链管理。

通过新联民爆的合并整合案例，可以看到好的整合策略，不仅可以强化总部管控能力，提升管理水平和资源配置效率，而且使被购公司产生整合协同效应，提升了产能利用率，扩大了产品市场份额，材料成本优势显著，财务费用下降。合并后的新公司规模增大，市场力量增强，经营风险降低。

第 3 节　企业重组

在不确定性日益加大的今天，企业为了获得以及保持竞争优势而进行的竞争更为激烈，企业内部或企业间的战略重组也日益频繁和强劲。现实中，企业经常面临兼并、收购、剥离、出售等重组问题，战略重组已经成为企业提高竞争力、获得和保持竞争优势的重要途径。

一、重组的概念

国外理论界对重组的研究是随着兼并与收购浪潮而兴起的，在 20 世纪 90 年代形成热潮。进入 21 世纪后，国外企业的重组在经济与股市双重萧条的压力下，重组数量与数额不断下降。我国自加入世界贸易组织后，企业的重组数量以逐年递增的方式不断发展，这反映出与全球重组市场不同的发展趋势。①

① 李荣融．并购重组：企业发展的必由之路．北京：中国财政经济出版社，2004.

重组或企业重组（restructuring）是现有公司对目标、资源、组织体制的重新定位、重新配置、重新构造和调整，以适应内外部环境变化，逆境求生，保持和创造竞争优势的过程（毛蕴诗，2005）。学者们从企业边界、委托代理、核心能力、交易费用、生命周期等角度对企业重组进行了研究。从企业边界角度来看，企业战略重组的实质就是企业优化有效规模边界的过程，是企业系统适应复杂多变的环境，自我演化的结果。假如企业尚未达到有效边界，就应该继续扩张；假如已达到有效边界，就应该停止扩张；假如已经超出有效边界，就应剥离部分资产。换言之，企业重组的最终极限就是企业有效边界。从企业边界的角度来考察重组的话，可以划分为边界内重组和跨边界重组。

二、边界内重组

边界内重组，也称为内部重组。进行边界内重组主要是因为企业在内部或外部环境发生重大变化，有时可能是不利变化的情况下，以收缩或者整顿为目的，对企业目标、管理模式、组织结构、人力资源、生产、财务、技术等要素进行战略性变革，通过优化组合降低交易成本，提高企业整体运营效率和竞争优势。

传统观点认为，企业外部边界越大，效益越好（规模经济和范围经济）。这一方面导致很多企业盲目追求规模，最终因增长过快、多元化程度过高或过分并购导致经营陷入困境；另一方面，为管理好业务实现效益最大化，工作任务被不断细分，内部控制权边界（垂直边界）和职能部门权限边界（水平边界）刚性日益增强，严重损害组织竞争力。面对前一种情况，企业通常需要实施重组战略来回归核心业务、收缩业务范围、减少管理层级和裁减企业人员。对于后一种情况，企业需要在可渗透性和刚性之间寻找平衡，可渗透性涉及信息、能力、权力、报酬方式几个层面；为有效降低组织内部水平边界的内耗，必须使组织水平边界具有更多的渗透性，职能部门之间不应各自为政，而应围绕顾客，保持对顾客的关注，实施跨职能团队学习，打破边界，创造性地回应顾客需求。①

三、跨边界重组

顾名思义，跨边界重组是企业跨越外部边界实施的重组活动。按照所跨边界的类型，可将跨边界重组划分为以下几类：跨行业、跨区域、跨定位、跨方式、跨价值链、跨顾客、跨渠道、跨职能。其中，跨行业重组的方式主要包括不相关多元化和共享型相关多元化；跨区域重组的方式主要包括国内市场的开发与整合、国际市场的开发与整合；跨定位重组的方式主要包括独特性定位（商业模式或业务创新）、高差异与低成本组合定位；跨方式重组的方式主要包括 OEM 向 ODM 再向 OBM 转型、制造商＋服务商、智慧＋或互联网＋等；跨价值链重组的方式主要包括向上下游跨界；跨顾客重组的方式主要包括从单一场景/一种顾客向多个场景/多种顾客转变；跨渠道重组的方式主要包括零售与批发、个人购买者与机构购买者（一级市场与二级市场）、线上线下融合；跨职能重组的方式主要包括从单一职能向多重职能跨界（如系统解决方案）、向微笑曲线的两端跨界。

---

① 蒋峦，蓝海林，谢卫红，等．企业组织内部边界的渗透研究．软科学，2003（2）：84－86.

需要注意的是，从跨行业重组到跨职能重组，重复的幅度和难度是逐渐递减的，但从构建、发挥和强化核心专长的角度来看，从区域维度发展的企业应该遵从的顺序刚好是相反的。

四、重组的动因

1. 有效应对外部环境变化的影响

当今世界正经历百年未有之大变局，我国发展的内部条件和外部环境正在发生深刻复杂变化，企业所面临的发展环境也日益复杂，国际形势、国内政策、顾客需求、技术变革等一系列因素的复杂多变为企业发展带来了极大挑战，但也提供了巨大的发展机遇。为应对外部环境变化，需要企业在组织、人员、业务、资产配置等方面应时而变，有效应对挑战与威胁，并及时抓住发展机遇。

2. 有效应对企业面临的重大危机

企业的发展不可能一帆风顺、毫无困难，任何一个企业的成长都会碰到暂时的停顿，改变成长方向，甚至负增长。例如，在美国的不断打压下，华为消费者业务面临产业技术要素不可持续获得，发展受到巨大压力，在此背景下，为让荣耀渠道和供应商能够得以延续，华为投资控股有限公司决定整体出售荣耀业务资产。

3. 有效提升企业的经营绩效

对超额利润的追求是企业的天然动机，伴随着企业不断成长和经营能力的提升，为增加收入来源，寻求扩张成为企业的必然选择，并购、战略联盟等战略行动随之而来，而后则是一系列的重组整合。此外，为提升效益，通过有效的战略重组不断降低交易成本也是企业的重要选择。

战略聚焦 10－2　中联重科主动重组，剥离环境业务，聚焦核心专长

五、有效重组的策略

成功实施重组战略并不能依靠“拍脑袋”“一刀切”“硬着陆”的方法。成功实施重组应当注意以下方面。

第一，审时度势，因势利导。企业应当主动进行战略调整而不是被动选择。根据环境变化和技术发展的现实环境，来选择是否重组和如何重组。

近年来，英特尔、微软、IBM 看到云计算、云服务及人工智能未来的巨大发展前景，纷纷收缩其他业务规模，甚至不惜裁员，以集中资源为未来布局。思科公司一直试图从网络硬件过渡到软件驱动的业务领域，向更高的增长型业务进行投资，包括安全、物联网、下一代数据中心和云计算。2016 财年思科公司虽然实现了 487 亿美元收入，同比增长 3%，但仍然裁员 5 500 人，裁员规模占公司全球员工总数的 7%。

第二，权衡利益，讲究策略。实施重组时，企业要分析导致重组的原因是什么，要从重组中获得的好处是什么。企业实施重组是期望改善公司治理、高管团队、战略管理等各方面的现状，因此要仔细评估重组给企业带来的好处与风险，比如是否裁员，是否放弃某些业务部门，是否增加某些业务。

重组时，更应当讲究方法和策略，特别是应当关注弱势群体。因为重组而产生失业、供应链上的企业倒闭等社会问题会给企业带来信誉危机或重大社会问题，甚至使企业问题变成政治问题。企业的战略管理者或领导者要起到重要作用，避免强硬的改组。战略聚焦 10－3 介绍了广州钢铁集团的重组，自 2010 年广钢集团关停部分业务开始，该重组涉及广钢集团上万人的安置、银行债务的偿还、供应商和客户亏损、员工后续生活等众多社会问题。为了妥善处理关停业务对社会及员工的冲击，广钢集团采取了小心谨慎，提前准备，寻求外界帮助等办法，实现了重组的软落地和人员的妥善安置。

第三，营造氛围，循序渐进。企业重组可以是渐进式的，也可以是突变式的，两种方式各有利弊。企业战略管理者需要正确分析利益相关者的要求，尤其是企业内部的各种利益关系和企业重组的目的，决定采取何种推进策略更有利于实现重组的战略目的。

战略聚焦 10-3

广州钢铁集团转型重组的实施过程

广州钢铁集团（以下简称广钢集团）的前身是成立于 1957 年的广州钢铁厂。改革开放以后，广钢集团通过与粤海集团合资成立了广州钢铁股份有限公司，再以并购和国有资产重组的方式整合了广州珠江钢铁、广州南方钢厂、广州钢管厂、广州带钢总厂、广州有色金属集团，广钢集团于 2000 年正式成立，成为广州市政府授权的国有资产经营公司。2003 年广钢集团与日本 JFE 钢铁株式会社合资成立广州 JFE 钢板有限公司，为汽车和家电企业提供热镀锌板。

在钢铁行业供过于求、市区钢厂环保搬迁和钢铁产业结构调整一系列外部环境因素的影响下，广钢集团从 2006 年就开始了曲折和艰难的产业转型之旅。最初，广州市政府推动广钢集团整体搬迁至南沙区，之后广钢和韶钢集团就被国家和广东省纳入了宝钢整合广东钢铁和建设湛江钢铁基地计划，再后来就是金融危机击倒了债务负担巨大的广州珠江钢铁公司。连续几年的各种波折最终还是关闭了广钢集团主业突围的大门，政府决定广钢集团逐步关闭白鹤洞钢铁基地和珠江钢铁整个项目，将钢铁产能置换给宝钢独资的湛江钢铁项目。遭到重创的广钢集团不得不在 2010 年开始了以企业突围为主的战略转型，核心是通过业务、资产、人员的重组和盘活，使广钢集团减轻负担、清偿债务、大力发展新业务，实现企业的全面转型。

（1）业务分类处理。2011 年珠江钢铁整体关闭；2012 年 4 月广钢集团向宝钢出让了广州 JFE 公司部分股权，重组成立 GJSS；2012 年 6 月广钢股份与广日集团重组，钢铁资产退出上市公司；2012 年 7 月金莱带钢整体关闭；2012 年 9 月广州钢管厂整体关闭；2013 年 9 月广钢集团白鹤洞生产基地整体关闭。

（2）人员分流安置。在 2011—2014 年期间，按照国家相关政策和公开、公平、公正的原则，广钢集团总共分流安置 8 406 名员工，其中绝大部分分流安置的员工来自关停并转的企业。广钢集团通过内外结合的方式帮助 3 000 多名分流安置员工再就业，并向社会移交了 11 547 名退休人员，减少了企业转型对员工分流安置的影响。

（3）发展新的业务。广钢集团确定以现代服务业、材料及高端制造业、商业地产开发与运营为自己的新主业。到 2015 年，广钢集团已在上述三大主线发展了新的业务，如组建金博物流贸易集团，打造现代国际物流商贸集成服务平台；利用与德国林德集团合资合作发展起来的广钢林德气体公司，将广钢气体能源公司打造成为在全国范围内为工业和城市生活客户提供气体整体解决方案的生产性服务商；组建广钢新材料有限公司，通过轻资产的战略联盟，建立建筑钢材制造外包基地；建立以智能装备、新材料和信息技术为主的科技园区岭南 V 谷，寻找股权投资和产业发展的机会。

本章主要介绍企业在制定公司战略（如多元化、国际化战略）后，如何通过战略联盟、并购或重组来实现公司层的战略目标。企业扩张战略一般可以选择自建、战略联盟、并购来实现，企业转型或收缩一般可以通过重组来实现，如人员裁减和业务剥离。无论选择扩张还是收缩，企业必须时时刻刻主动选择战略而不是被动地等待市场机会或威胁。只有主动进退，才能收放自如。

思考题

1. 企业为什么要进行战略联盟，而不是自建新工厂或并购？

2. 促使企业并购的原因很多，在一宗并购案中，是一种原因起作用，还是多种原因共同起作用促使企业最终诉诸并购行为？

3. 重组意味着裁员或裁撤部门，那么企业为何还要采取该战略？

能力拓展

请寻找一家中国公司，研究该公司通过战略联盟、并购或重组等方式实现公司战略目标的过程，了解不同战略在公司发展不同时期所发挥的作用。

第4篇

战略实施

第 11 章

战略实施的过程和性质

导入性案例

科沃斯：从 0 到 N 的持续创新

科沃斯机器人股份有限公司（下文简称科沃斯）成立于 1998 年 3 月，其前身是主要从事吸尘器出口加工的泰怡凯电器（苏州）有限公司。2001 年，科沃斯成功研制出第一台自动行走的吸尘机器人，成为国内首家入局扫地机器人行业的企业。2006 年，公司创立自有品牌“ECOVACS 科沃斯”，凭借多年的代工积累以及技术先发优势，科沃斯在扫地机器人行业迅速成为领军企业。自 2012 年起，公司先后进入欧洲、北美和日本等市场，国际影响力日益提升。2018 年 5 月，科沃斯正式登陆上海证券交易所（证券简称科沃斯，证券代码 603486），市值一度飙升至 1 400 亿元，被称为“扫地茅”（扫地机器人中的茅台），并且将自主品牌“TEK 泰怡凯”升级为“TINECO 添可”。2020 年，添可“芙万”洗地机上市，引领洗地机市场爆发式增长，成为科沃斯的第二条增长曲线。回顾科沃斯 20 多年的发展历程，在创始人钱东奇的带领下，公司历经三次战略转型：从传统吸尘器到扫地机器人；从扫地机器人到家用机器人的完整产品线；从家用机器人到机器人化、互联网化、国际化的战略发展。

1. 代工起家，迅速崛起

（1）因缘际会，代工吸尘器起家。1998 年钱东奇带领 15 名员工在苏州吴中区先锋村租了个村办厂房，搭建了一条生产线，以自主品牌“泰怡凯”向国内市场生产和销售家用吸尘器。在随后的发展中，钱东奇发现吸尘器不是国内家庭的刚性需求，市场发育还需要时间，因此认为吸尘器唯有出口海外才能快速发展。此后科沃斯开始了从国内市场向国际市场，从自主品牌生产的经营模式向 OEM 的经营模式转型。

（2）不甘贴牌，创新种子萌芽。钱东奇认识到，在 OEM 领域与竞争对手比拼成本，尤其是劳动力和制造成本，科沃斯是有竞争优势的，但这种竞争优势总是有底线的，科沃斯需要依靠创新去构建新的和可持续的竞争优势。1999 年，科沃斯首次设立了研发中心。第一款自主研发的卧式吸尘器 VC9901 于 2000 年取得国家认定的实验室资质，通过 KEMA、ETL、ITS 等多项国际权威机构认证，正式推向市场，这标志着公司开始从 OEM 向 ODM 的升级。2003 年，泰怡凯逐步建立知识产权体系，在加强自有知识产权保护的同时，开始为研发部门提供专利支持。钱东奇决定以全球知名的吸尘器龙头企业——德国戴森（Dyson）为标杆，进行产品创新活动。戴森的新款吸尘器刚刚推出，嗅觉敏锐的科沃斯高层就立即组织公司顶尖工程师对企业进行技术升级。2005 年，科沃斯自主开发的多级旋风吸尘器面世，其性能与国外知名品牌的吸尘器相差无几，但是价格要便宜很多。

2. 创立品牌，引领赛道

（1）跨界整合，扫地机器人横空出世。2002 年 iRobot 推出了 Roomba 系列扫地机器人，开启了“边刷＋滚刷＋吸尘口”三段式清扫产品的时代，随后，凯驰（德国）、日立（日本）、三星（韩国）、松腾实业（中国台湾）等一批公司火速推出了扫地机器人产品，但在 2010 年之前，大部分产品并未脱颖而出，只剩下 iRobot 苦苦支撑。作为中国大陆扫地机器人行业第一个“吃螃蟹”的公司，早在 2000 年钱东奇就秘密地组建了一个代号为“HSR”的 5 人研发团队，专注机器人产品的研发，并且于 2001 年推出了首台能够自动行走的机器人（科沃斯“地宝”的前身）。2003—2006 年科沃斯对扫地机器人进行一系列结构优化，其中，2005 年对该产品进行了结构优化，使其满足市场基本需求；2006 年增加了根据房间面积选择工作模式、自动识别楼梯、自动返回充电等功能。在此基础上，科沃斯在 2007 年开发出扫地机器人 5 系，并且于 2009 年将升级后的产品正式命名为“地宝 Deebot”，成功推向市场。

（2）创立科沃斯品牌，专攻扫地机器人。2006 年科沃斯代工业务的营收已达 10 亿元，拥有众多世界顶级客户。在保持代工业务的同时，科沃斯创立了自主品牌“科沃斯”，起初主打多级旋风吸尘器产品，随后推出了第一款扫地机器人。随着 iRobot 公司 2005 年在纳斯达克上市，全球掀起了扫地机器人热潮。“风口”之下，市场上扫地机器人的销量很快超过了多级旋风吸尘器。科沃斯于 2007 年决定正式成立机器人项目管理部，统筹项目进展和技术研发等工作，于 2011 年坚定赋予“科沃斯”新的品牌定位，专门主打扫地机器人产品，而吸尘器产品仍以“TEK 泰怡凯”品牌销售。2019 年为更好地拓展科沃斯服务机器人全球市场业务，科沃斯决定战略性收缩并逐步停止服务机器人 ODM 业务，退出低端扫地机器人市场，主攻以激光雷达、视觉导航等主流技术路线为核心的中高端市场。数据显示，2015—2021 年科沃斯研发人员数量占比从 9.42%上升至 15.24%，研发投入从 0.84 亿元持续快速增长至 5.49 亿元，并且逐步形成产品研发和技术预研相结合的研发模式。截至 2021 年末，科沃斯合计获得授权专利 1 202 项，其中发明专利 387 项（包括 109 项海外发明专利），显著领先于竞争对手。

（3）洞察市场需求，持续迭代创新。扫地机器人属于技术导向型产品，科沃斯从 2009 年将扫地机器人推向国内市场以后，围绕路径规划、导航功能、智能避障、深度清洁等维度进行数次迭代，产品性能和消费体验大大提升。2013 年科沃斯推出半规划扫地机器人地宝 DT85G（朵朵），彻底改变了“扫帚＋抹布＋拖把”的传统地面清洁模式，树立了全新的行业标准。2015 年科沃斯推出全球首款先建图后清扫的扫地机器人 DR95，真正做到了全屋巡航建图规划清扫。2018 年 3 月和 7 月，科沃斯先后推出了两款视觉导航扫地机器人 DJ35 和 DN55。2019 年科沃斯推出行业首款避障产品 DG70，带动行业走向避障时代，随后又在 2021 年 3 月将避障和规划系统等升级，推出全新地宝 T9。2021 年 9 月，引入业内首个机器人内置自然语言交互助手 YIKO，推出新款地宝 X1 OMNI，使全能操控、精准制导和精准召唤成为可能，引领扫地机器人行业进入真正的 AI 化发展阶段，让用户畅享到极致的产品体验。除了家用场景，窗宝系列擦窗机器人可应用在高空作业的清洁场景中，沁宝系列精华机器人适合办公楼、疗养院等具有强空气净化需求的场景，UNIBOT 管家机器人的产品技术可以应用至安防机器人。

3. 持续创新，多点开花

（1）退出代工业务，泰怡凯升级为添可。2015 年科沃斯品牌收入占比超过五成，钱东奇认为从“客户第一”转变为“用户第一”是代工企业转型自主品牌的关键。2016 年 11 月，钱东奇跟 TEK 团队做了两个重大决定：一是大幅削减产品线，聚焦到最有潜力的品类上；二是从贴牌代工走向自有品牌。2018 年“TEK 泰怡凯”品牌升级为“TINECO 添可”，品牌理念是生活白科技，居家“小确幸”。

（2）推出会思考的洗地机，开辟智能清洁新赛道。经过一番调查后，针对中国消费者的需求，科沃斯以“添可”品牌创新性推出洗地机产品，其中 2019 年推出的 iFloor S 属于传统洗地机，智能化程度较低；2020 年 3 月，推出了思考的洗地机芙万 1.0，将传统洗地机进行了改良，大大满足了用户需求；2021 年 3 月，推出了芙万 2.0，在智能吸拖洗、一键自清洁的基础上全面升级；2022 年 4 月，芙万 3.0 上市，针对后疫情时代的客户需求，让家居清洁在轻松之余更安心。

（3）进军美妆个护，打造精致生活“小确幸”。随着人们生活水平的提高，对于爱美的女性用户而言，传统吹风机的速干功能已经不能满足她们的需求。科沃斯以“添可”品牌推出会思考的智能吹风机“摩万”、智能眼部美容仪“娇万”、智能美发梳“秀万”，直击用户需求的痛点。

（4）推出会思考的料理机，定义智能新“食”代。随着 Z 世代逐渐成为新的消费主力军，烦琐的传统厨房烹饪和不健康的外卖都无法适应他们的需求。科沃斯以“添可”品牌推出会思考的智能料理机“食万”。其中，“食万”1.0 的目标是让家庭烹饪出“大厨的味道”；“食万”2.0 推出食谱数据化和全流程自动烹饪功能，助力开启智能烹饪新生活。但是，不少网友反映烹饪中的最大困扰不是炒菜，而是备菜、火候咸淡不好掌握以及洗锅等环节。针对这一消费痛点，“食万”3.0 业内首创全链路智能化烹饪闭环系统，新增自动投料、高温蒸汽自清洁等功能，帮助用户真正实现“营养美味餐餐有，悠享下厨好食光”。

4. 何去何从

尽管科沃斯已经位居头部、占据近七成的国内市场份额，但在扫地机器人细分市场中要走的路还很长。科沃斯公司将继续使用“科沃斯”品牌在扫地机器人领域走单一场景不断迭代路径，即在扫地机器人领域深耕，做专、做精、做透，同时衍生出其他清洁品类的产品。当前，扫地机器人在导航、清洁、避障等核心技术模块已经进入微创新阶段，随着智能化程度不断提高，对科沃斯的产品研发和创新能力提出了更高的要求。

与“科沃斯”品牌不同，科沃斯公司希望利用“添可”品牌，通过把握单一品类爆发所引起的链式反应，将自己在智能洗地机品类上积累的优势复制到更多品类，不断扩大旗下产品的阵容，在一片红海里创造一片蓝海。“添可”将秉承生活白科技的品牌理念，满足用户生活中每一个细小的需求；以智能为研发创新方向，不断开辟智能家居生活的新细分赛道。

为了更好地满足用户多场景的智能家居生活，科沃斯的产品布局正在从单智能硬件向物联网、全链路智能生态体系延展，如何在持续瞄准用户痛点实施产品创新的同时，让消费者享受更高品质、更精致的生活体验，即实现“产品创新—生活体验”双螺旋，是未来科沃斯从“清洁工具”到“家庭伴侣”转变过程中需要面临的重要挑战。

资料来源：1. 李莉，徐靓颀，浦徐进，赵亮．科沃斯：从“清洁工具”到“家庭伴侣”的产品创新之路．(2022-9-13)．中国管理案例共享中心．

2. 科沃斯官网 https：//www. ecovacs. cn.

3. 添可官网 https：//www. tineco. com.

| 学习目标 |

- 理解战略实施的作用。
- 掌握战略实施的基本过程。
- 理解“乌卡环境”下战略实施的主要性质。
- 掌握战略实施的三种基本类型及其特点。
- 理解战略实施过程的难点。
- 理解战略实施过程的重点。
- 掌握战略实施的推进策略。

在企业外部环境动态化趋势的影响下，科沃斯的战略实施过程基本上就是一个不断调整、不断适应的过程，尤其是其三次转型，从代工到自创品牌到多品牌创新，从吸尘器到扫地机器人再到洗地机，表现出科沃斯及其团队对市场环境变化和技术变革，尤其是对数字化、智能化的积极应对和战略布局。党的二十大报告提出，要“推动制造业高端化、智能化、绿色化发展”，要“加快发展数字经济”。这高度表明信息化、数字化的发展已深度影响企业经营环境，外部环境动态化和复杂化也进一步导致企业战略实施的性质和特点发生了重要变化，并且对在动态和复杂环境下有效实施战略管理提出了新的挑战。本章的主要目的就是介绍动态和复杂环境下企业战略实施的作用和过程，阐明战略实施的主要性质，并基于企业内外部环境的不同论述战略实施的类型以及重难点。

第 1 节　战略实施的作用与过程

在越来越动态和复杂的环境下实施企业战略，企业战略管理者需要根据环境、市场和竞争对手的变化对事先制定的企业战略做出必要和不同程度的调整。因此，企业战略实施与战略制定的边界已经模糊，企业战略实施相对于战略制定的重要性上升，企业战略实施的管理面临很多新的挑战。

一、战略实施的作用

战略实施指将组织战略从计划转变为行动，最终实现战略目标的过程。进入战略实施阶段以后，企业战略管理者首先必须清楚企业战略实施是不同于战略制定的另一种活动。弗雷德·戴维描述了战略制定和战略实施两种活动的区别，如表11-1所示。其次，企业战略管理者必须清楚战略实施的重要性甚至超过企业战略制定。亨利·明茨伯格认为战略管理者应该将更多的时间花在战略实施而非战略制定上，因为战略实施是战略管理过程中最具挑战性的阶段。

表11-1　战略制定与战略实施的区别

战略制定	战略实施
行动前部署力量	行动中驾驭力量
注重效益	注重效率
主要是思维过程	主要是操作过程
需要具备良好的直觉和分析能力	需要具备特殊的激励和领导能力
需要对某些个体进行协调	需要对众多个体进行协调
一门使用工具和技术的科学	一门激发人的活力的艺术
很难做好	做起来困难得多
以过程为导向	以人为导向
高管的主要责任	中低层管理者的主要责任

资料来源：弗雷德·戴维，福里斯特·戴维，梅雷迪思·戴维．战略管理：建立持续竞争优势：第17版．北京：中国人民大学出版社，2021.

制定了好的、合适的战略并不一定意味着成功，只有将合适的战略正确地付诸行动，企业战略才能真正获得成功。企业外部环境越是动态和复杂，企业战略实施的重要性就越突出。美国管理学者托马斯·波奈玛说："一个合适的战略如果缺乏有效的实施会导致整个战略失败。有效的战略实施不仅可以保证一个合适的战略成功，还可以挽救一个不合适的战略或者减少它对企业造成的损害。"以联想收购IBM的PC业务和TCL对阿尔卡特的收购为例，从战略制定的角度来说，选择国际化战略对两个企业来说都是合适的，但是战略实施过程的差异导致最后的结果可能有天壤之别。联想通过并购后的有效整合实现了预期目标，奠定了在全球PC市场的领先地位，而TCL在实施并购后面临诸多整合困难以及市场环境的突变，在相当长的时间内陷入困境。值得指出的是，在遭遇挫折之后，TCL随即开始了漫长和艰难的转型过程，最终实现了董事长李东生所期望的"鹰的重生"。表11-2反映了战略制定和战略实施的关系。

表11-2　战略制定和战略实施的关系

		战略制定	
		合适	不合适
战略实施	有效	成功	挽救或及时放弃
	无效	麻烦	失败

在“乌卡特征”相对不明显的情况下，企业战略只包括事前、主动和理性决策，那么战略制定、战略实施和战略实施的评价与控制就被划分为具有时间先后关系的三种性质不同的活动（见图 11－1），即其中战略实施是作为企业战略管理过程中第二个阶段的主要活动；在“乌卡特征”越来越明显的情况下，企业战略还包括事后、被动和非理性的决策，那么战略制定、战略实施和战略实施的评价与控制只存在逻辑先后关系，原有的时间先后关系和性质特点变得越来越模糊了。如果我们非要将战略从决策到结果的关系在逻辑上加以区分，那么战略实施应该包括战略实施、战略实施的评价与控制两种活动。

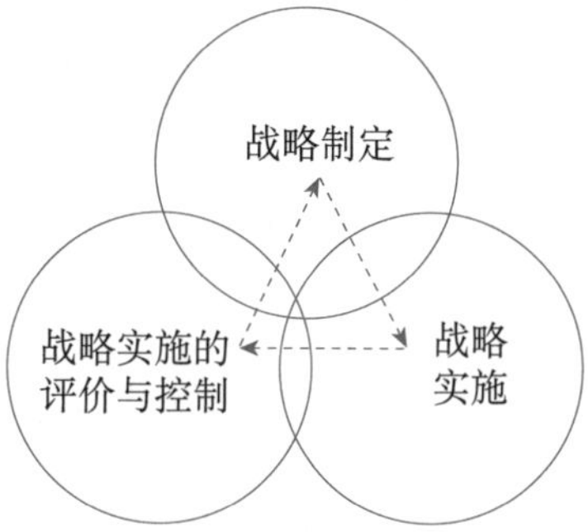

图 11－1　“乌卡环境”下战略管理活动之间的关系

基于上述对企业战略实施概念内涵的理解，考虑到“乌卡环境”对企业战略管理过程的影响，企业战略者必须清楚地认识到战略实施在整个战略管理过程中的作用得到了迅速提升。正是因为环境动态化和复杂化提升了战略实施的复杂性和重要性，所以汤普森等学者认为，有效的战略实施是一种综合能力，可以成为竞争优势直接和稳定的来源。在速度和创新越来越重要的情况下，有效的战略实施能力为企业应对环境动态化提供了有效和持续的保证。许多管理者都曾提到类似的观点：“让我们决定去什么地方也许并不难，难就难在如何让整个组织都有效执行这个决定。”因此，管理者首先需要了解战略实施的基本过程。

二、战略实施的基本过程

战略实施的基本思路包括如下三个方面：

首先，从战略决策到行动计划。即将不同层次战略的决策有效地转变为不同层次和性质的各种目标和实现目标的计划与策略（核心是资源配置）。

其次，从行动计划到保障措施。即通过组织结构与管理机制的调整与完善，为不同层次的目标与计划的实现提供组织、机制和文化上的保障（核心是权、责、利的落实）。

最后，从过程评价到动态调整。即通过对战略行动的过程监控，及时、准确地把握战略问题，对战略内容、战略实施计划和保障措施做出相应调整（核心是基于问题做出调整）。

上述三个方面的内容在企业战略的各个层次均应有相同的思路，如图 11－2 所示。

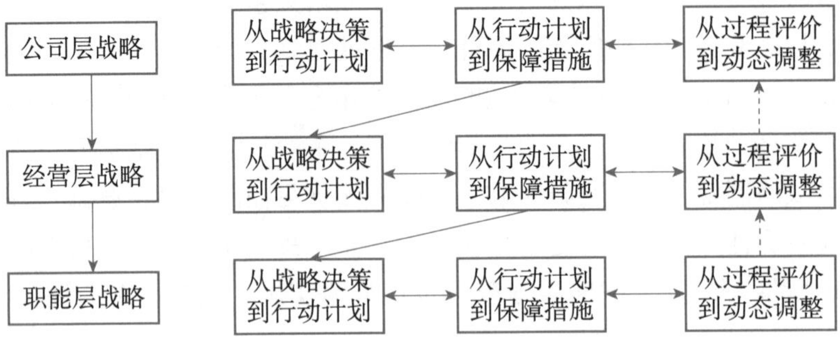

图 11－2　战略实施过程的思路在不同层次战略中的体现

战略实施的基本过程包括目标分解、资源配置、政策支持、战略评价与控制等步骤，如图 11－3 所示。

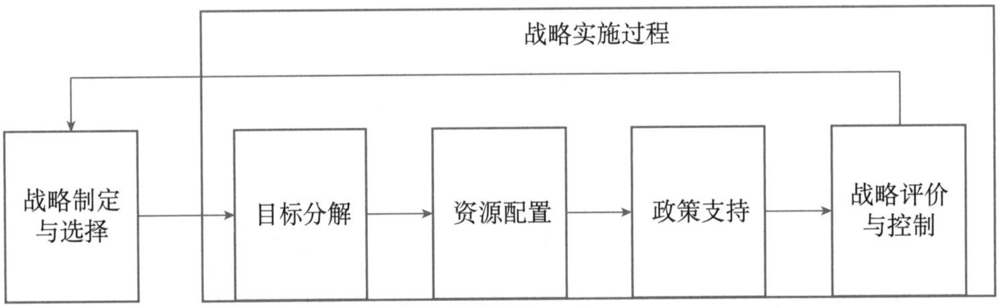

图 11－3　战略实施基本过程示意图

1. 目标分解

《孙子兵法》中提道："凡治众如治寡，分数是也。"战略实施的第一个步骤就是目标分解。目标分解是指企业战略管理者在新的企业战略获得董事会批准后，把企业战略目标细化、分解和转化为易于操作和控制的经营目标，建立企业的经营目标体系。在建立企业经营目标体系的过程中，企业战略管理者需要综合考虑财务、客户、研发、管理各方面的协调发展，对企业战略目标进行分解，包括将企业的战略目标细化、分解和转化为各个业务单位和职能部门、各个阶段或者年度经营目标，明确企业高层管理者的职责；各个业务单位和职能部门再将自己的年度经营目标进一步细化、分解和转化，明确企业中低层管理者的职责，直至企业战略目标完全落实为止。比如导入性案例中的科沃斯，在开创自主品牌之后，就必须将目标任务分解到代工和自主品牌两个模块，每个模块均需要承担公司总目标中的一部分；同时，面对国内和国外两个市场，也需要对每个区域设计一定的区域目标，包括各个区域的基本业绩目标，才能有助于全球市场目标的实现。

2. 资源配置

资源配置是指企业在目标体系建立之后，将有限的资源在特定时间内分配到关键领域，以有效实现企业的战略目标。因此，战略实施的过程其实就是有效配置资源的过程。理查德 · 林奇认为，资源配置至少要遵循以下三个准则才可以获得成功：（1）进行配置的资源必须弥补企业行动与愿景的差距。在配置资源的过程中，企业必须引导资源远离那些无法实现企业战略目标的地方，而将资源配置到有利于组织目标实现的领域。（2）进行配置的资源必须对关键战略形成支持。由于资源总是稀缺的，企业必须在落实企业行动与愿景的领域中做出进一步选择，即把资源分配到最关键、最能实现战略价值的地方，尤其是对企业核心能力的支持与价值链的增加两方面。（3）需要考虑与特定资源配置相关的风险程度。在资源配置效果相同的情况下，企业需要考虑自己的风险接受程度。例如，为了获得持续创新能力和全球竞争力，华为一直保持着高强度的研发投入。公开数据显示，华为的年度研发投入总额与占收入比均远远高于国内其他企业，2022 年其研发投入为 1 615 亿元，占其总收入超过 25%。其研发投入排全球第四。强大的研发投入力度也显示了华为在资源配置方面的创新导向。同样，为了发展成为小家电出口加工领域的世界级企业，新宝电器的资源配置重点始终在制造和研发两大领域之间转换，这是新宝电器实现企业战略承诺、提升价值创造能力最重要和风险相对可以控制的两大关键领域。

3. 政策支持

为了保证企业战略实施的有效性和效率，企业战略管理者需要为战略实施制定相关的企业政策。企业政策是战略实施的一种工具，是企业战略管理者为保证实现既定目标的各项工作顺利完成而制定的基本方针、行为规范与决策程序的总称。提供战略实施政策支持的主要目的是：第一，通过制定和执行相关政策规定，规范和协调企业为实施战略而采取的各种具体决策和行动，避免失去控制，保证企业战略实施具有严格性；第二，通过制定和执行相关政策规定，避免过度控制，为企业实施战略的各种具体决策和行动提供空间，保证企业战略实施具有恰当性。合格的企业政策应该是一套完整的政策体系，包括支持企业整体战略的公司政策以及适用于具体职能部门的部门政策。例如海尔提出的“日事日清，日清日高”，从最初的工作方法上升到企业的工作准则和行为规范，乃至企业文化。需要注意的是，政策应当形成文字，以具象的形式进行表达，可以加强企业执行政策的决心与力度。

4. 战略评价与控制

战略评价与控制是指企业战略管理者根据外部和内部环境的变化，及时和正确地评价战略实施的效果，判断战略实施过程中出现的问题，并且对战略实施的行为、决策甚至战略的内容做出相应的调整。战略评价与控制一般包括三项基本活动，分别是检查战略基础、衡量企业绩效和采取纠正措施。（1）检查战略基础。在企业战略实施的过程中，企业战略管理者需要动态监控和分析企业外部及内部环境的变化，判断上述变化是否动摇了实施企业现行战略的基础条件，决定是否需要对现行战略做出相应的调整。（2）衡量企业绩效。在战略实施的过程中，企业战略管理者需要动态对比实际的战略实施绩效与所制定的战略目标之间的偏差，对战略实施的效果进行评价，找出产生偏差的原因。企业绩效通常从定量与定性两个方面进行衡量。（3）采取纠正措施。根据企业战略基础条件变化的大小与企业绩效产生偏差的原因，战略管理者可以依次决定是否需要采取以下三种纠正措施：修订战略实施的保证措施；修订战略实施的目标与计划体系；修订原来的企业战略。例如，科沃斯就在对产品发展和全球环境变化进行评价和判断后，决定战略性收缩并逐步停止服务机器人 ODM 业务，退出国内低端扫地机器人市场，主攻中高端市场。

鲁梅尔特提出了战略评价的四个标准，如表 11－3 所示。需要强调的是，没有十全十美的战略评价系统。企业的每个特征，包括规模、管理风格、目标、问题和优势，都有可能决定战略评价系统和控制系统的最终设计。

表 11－3　鲁梅尔特提出的战略评价标准

外部评价		内部评价	
一致性	协调性	可行性	优越性
战略中不应存在不一致的目标与政策	既要考察个体事项的发展趋势，又要综合考察总体发展趋势	战略必须做到既不过度耗费可用资源，又不造成无法解决的难题	战略必须能够在特定业务领域给企业带来和保持竞争优势。竞争优势来自企业三方面的优越性：资源、技能和位置

基于战略管理基本过程以及对战略实施作用的理解，可以发现战略实施中的主要关键活动包括如下几个：(1) 理解战略承诺的内涵与作用；(2) 理解战略计划的运营含义；(3) 确定战略计划的关键战略举措和衡量指标；(4) 确定主要的经营策略；(5) 确定关键的保障措施；(6) 确定和分解年度目标与关键战略措施；(7) 确定年度工作重点、策略和管理者的考核指标。

第 2 节　战略实施的性质与类型

一、战略实施的性质

1. “乌卡环境”对战略实施的挑战

“乌卡环境”的四个基本特征为动态性、不确定性、复杂性和模糊性。企业战略实施过程比战略制定更加强调对环境的应对。“乌卡环境”的四个特征分别给企业的战略实施带来了巨大的挑战。

第一，环境动态性的提升给企业战略实施带来了更大的挑战：(1) 计划与执行更容易出现不匹配。企业战略通常是基于对未来的预测制定的，但在易变的环境中，这些预测往往迅速过时，导致企业计划与实际执行存在较大偏差。(2) 快速调整愈发重要。面对易变的外部环境，企业必须具备快速调整战略的能力，这需要高效的决策机制和灵活的组织结构。(3) 适应性与僵化的矛盾加剧。过度的适应性可能导致企业过于灵活而缺乏稳定性，过度僵化则可能使企业无法应对环境变化。

第二，环境不确定性的增强给企业战略实施带来的影响表现在：(1) 预测的难度加大。不确定性使得企业难以准确预测未来的市场趋势和竞争格局。这既增加了战略制定的难度，又导致战略实施更容易失误。(2) 风险管理的要求增加。不确定性的增加要求企业更加注重风险管理，但如何准确评估和应对风险是一项挑战。（3）战略调整的频率提高。不确定性使得企业必须经常性地审视和调整战略，这对于资源的分配和企业内部的稳定性都是一种挑战。

第三，环境复杂性的增加对企业战略实施的影响主要表现在：（1）跨部门协调更加重要。在复杂的环境中，企业内部不同部门之间的沟通和协调变得尤为重要。如何确保各部门协同工作实现战略目标是一大挑战。（2）信息处理的难度加大。大量的内外部信息使得企业在处理和整合信息方面面临压力，如何从复杂的信息中提炼出有价值的内容更为关键。（3）资源整合的要求更高。面对复杂的竞争态势，企业需要整合多种资源来实现战略目标，但资源的获取、配置和优化往往面临多种限制和困难。

第四，环境模糊性的加剧进一步增加了企业战略实施的难度：（1）目标与路径的明确性更难以确定。模糊的环境使得企业难以明确自身的战略目标和实现路径，从而增加了执行的难度。（2）文化和价值观的引领作用加强。在模糊的环境中，企业需要强有力的文化和价值观来引领员工，确保战略有效实施，这也对企业提出了更高的要求。（3）需要更高的应对模糊的策略水平。如何处理模糊和不确定性，是企业需要掌握的重要技能。这不仅需要科学方法，而且需要艺术地管理。

可以看到，“乌卡环境”的四个主要特征从多个方面对企业战略实施的各个环节、各个维度提出了严峻挑战。但也正是这些挑战，促使企业不断创新、进化，适应并驾驭这个充满不确定性的时代。

2. 战略实施的性质

嵌入在“乌卡特征”越来越强的环境之中，企业的战略决策将在战略实施过程中迅速转变为一系列战略行动。一方面，有效的战略实施需要在时间维度（长、中、短期）上保持前后的连续性和创新性；另一方面，有效的战略实施需要在层次维度（高、中、低或者前、中、后）上保持上下、前后的一致性和创新性。

由于“乌卡环境”的新特征，战略实施过程对于长期与短期的匹配、整体与局部的匹配、计划与应急的匹配等方面的要求越来越高，从而在连续性、一致性和创新性等特征上表现得更为突出。

（1）连续性。企业战略实施过程中的连续性特征主要表现在以下几个方面：首先，从企业战略的本质来说，企业战略实施是一个长期连续的过程。这个过程通常涉及对企业内外环境的深入分析和持续研究，以及对未来市场和技术趋势的预测。其次，企业战略实施需要持续不断地坚持和努力。企业战略一旦制定，就需要长期执行，不能轻易改变。在这个过程中，企业需要不断地优化和改进战略，以适应市场和技术变化。这个过程需要企业具备强大的执行力和组织能力，以确保战略的有效实施。此外，企业战略实施也需要坚定的承诺和不断投入。在实施企业战略的过程中，企业需要不断地投入资源，包括人力、物力和财力等。这些资源的投入需要得到长期的承诺和保证，以确保战略持续实施。最后，企业战略实施还需要长期的监测和评估。企业需要建立一套有效的监测和评估机制，对战略的实施进行长期跟踪和评估。通过监测和评估，企业可以及时发现战略实施过程中存在的问题和不足，并采取相应的措施改进和优化。

企业战略实施的连续性特征导致在实施过程中会面临较突出的长短期矛盾问题，企业需要在这些方面做足准备。1）长期目标与短期指标的矛盾：长期战略通常着眼于企业的长远目标和愿景，而短期的经营和业绩指标则是具体的、可度量的。在实施过程中，企业往往面临长期目标与短期指标之间的冲突，如长期研发投入可能短期内无法转化为明显业绩，却是企业长期竞争力的重要保障。2）长期投资与短期回报的矛盾：长期战略要求企业进行大量的、可能风险较高的投资，而这些投资可能在短期内难以获得明显的回报。例如，企业为提高生产效率而进行的固定资产投入可能在短期内增加成本，但长期看有助于降低运营成本和提高企业竞争力。3）长期稳定性与短期灵活性的矛盾：长期战略强调稳定性，要求企业持续、坚定地执行既定战略。然而，市场环境的多变性和不确定性要求企业具备灵活性，能够及时调整战略和应对变化。过于强调稳定性可能导致企业失去市场机会，而过度灵活性则可能使企业偏离长期目标。

（2）一致性。企业战略实施过程的一致性特征主要表现在对整体与局部匹配的要求。从整体的角度看，企业战略是企业发展的蓝图，是指导企业资源配置和组织安排的纲领。它不仅涉及企业的长远发展目标，还涉及实现这些目标所需的组织、文化和人才等方面的变革。从局部的角度看，企业战略实施需要落实到具体的业务单元和职能部门中，需要各部门之间的协同和配合。

第一，战略实施需要一致性的布局。《孙子兵法》中强调“全胜”的策略，即通过整体战略布局，最终实现整体胜利。企业战略实施过程中，系统性布局至关重要。首先，企业需要确立明确的战略目标，确保各部门、各环节都能围绕这一目标开展工作。其次，企业应注重内外环境的分析，确保战略与市场、技术等趋势相匹配。再者，企业需要构建高效的沟通与协调机制，确保各部门协同作战。系统性布局能够确保企业在实施战略时，既有宏观规划，又有微观的执行细节，从而更好地应对市场挑战并抓住机遇。

第二，战略实施需要一致性的协调。首先，企业需要确保各部门之间的信息流通顺畅，避免信息不对称导致决策失误。其次，企业应建立有效的激励机制，激发员工的积极性和创造力，使他们能够更好地支持战略实施。此外，企业应注重内部流程的优化，提高运作效率。企业应加强与外部合作伙伴的协调，实现资源共享和优势互补。通过系统性协调，企业能够将内外部资源有机整合，形成强大的竞争优势，从而更好地实现战略目标。这不仅有助于提高企业竞争力，而且有助于增强企业的可持续发展能力。

第三，战略实施需要一致性的推进。首先，企业需要有明确、可行的实施计划，将战略目标分解为可操作的具体任务。其次，企业应注重资源的合理配置，确保各项任务得到充足的资源和支持。企业应建立有效的监控与反馈机制，及时发现并解决实施过程中遇到的问题。企业应注重创新与变革，不断调整和优化战略，以适应市场变化。最后，企业应加强团队建设，提高员工的战略执行力。通过系统性推进，企业能够确保战略实施过程中的每一步都得到有效执行，从而确保战略目标顺利实现。这不仅有助于提高企业的竞争力和市场地位，而且有助于提升企业的品牌形象和客户满意度。

成功的企业在战略实施中都高度关注整体与局部的充分匹配，体现一致性特征。例如阿里巴巴，其整体战略是打造全球领先的电子商务生态系统，通过线上线下的融合，提供全方位的商业解决方案。在局部层面，阿里巴巴采取了一系列措施来实现这一战略，如投资物流、金融、云计算等领域，加强与各行业合作，提供个性化服务。这些局部措施有力地支撑了阿里巴巴的整体战略实施。综上所述，企业战略实施过程要求整体与局部的充分匹配。通过整体战略的制定和指导，企业能够有效地整合内部资源，实现各业务单元和职能部门之间的协同和配合。而局部层面的实施措施则需要与整体战略相辅相成，共同推动企业持续发展。

（3）创新性。企业战略实施过程是一个涉及多个层面的复杂任务，动态创新性是其最突出的本质特征之一。《孙子兵法》中强调“兵无常势，水无常形”，意味着在面对不同的情况时，应采取不同的应对策略。这对企业来说，意味着在战略实施过程中，需要平衡计划性和应急性这两个看似矛盾的要素，既保持内部系统的稳定性，又根据外部环境的变化进行适时变革，保持创新。从宏观环境、行业环境以及企业发展阶段三个方面来看，战略实施的创新性带来的计划性与应急性的矛盾和不断匹配可以体现在以下方面：

首先，从宏观环境方面来看，企业战略计划需要考虑到宏观环境的稳定性，包括政治、经济、社会、技术等因素。在相对稳定的宏观环境下，企业可以更加准确地预测未来趋势，从而制订出更为有效的长期战略计划。然而，宏观环境的不稳定性和不可预测性使得企业战略实施过程充满挑战。政治变动、经济波动、社会变革以及技术革新等都可能对企业的战略计划产生影响。在这种情况下，创新性的应急计划能够帮助企业迅速应对这些变化，减少不确定性对企业运营的影响。通过制订应急计划，企业可以提前预见并准备应对可能出现的风险和挑战，从而保持战略实施的一致性和连续性。

其次，从行业环境方面来看，在行业环境相对稳定的情况下，企业可以通过深入研究行业趋势、竞争对手和市场需求等信息，制订出具有针对性的战略计划。然而，行业环境的变化同样需要企业具备创新性应对能力。市场竞争的加剧、新技术的涌现以及消费者需求的快速变化都可能对企业的战略计划产生影响。应急计划可以帮助企业在面对这些变化时迅速调整战略，抓住机遇或应对挑战。此外，应急计划还可以帮助企业在面临行业危机时保持冷静，采取有效措施降低损失并恢复稳定。

最后，从企业发展阶段方面来看，在不同阶段，战略实施的重点和形式也会有所不同。例如，在初创期，企业可能需要更大的创新性和灵活性来应对市场的不确定性；在成熟期，企业则可能需要更加注重稳定性和可持续发展。在企业发展过程中，各个阶段都可能面临不同的挑战和机遇。在企业发展的不同阶段，应急计划的重要性也有所不同。在初创期，企业可能面临资金紧张、人才短缺等挑战，需要制订应急计划来应对可能出现的困难。在成长期，随着企业规模的扩大和市场竞争的加剧，应急计划能够帮助企业快速应对市场变化并抓住机遇。在成熟期和衰退期，企业需要更加注重风险管理和危机应对，应急计划的重要性凸显，创新的作用愈发突出。

二、战略实施的类型

理查德·林奇基于环境不确定程度和战略变革程度提出战略实施可以分为全面实施型、全新实施型和选择实施型。这种分类主要考虑新旧战略之间的差异以及新战略所带来的变革程度。结合中国情境和中国企业的发展特征，基于战略实施过程所面临的内外部环境的特点，我们以外部环境动态性和内部资源充足程度为两个维度，将战略实施分为三种类型：执行型、学习型和探索型（如图11－4所示）。需要指出的是，企业在不同的阶段，可能会基于战略的调整采用不同的战略实施类型。

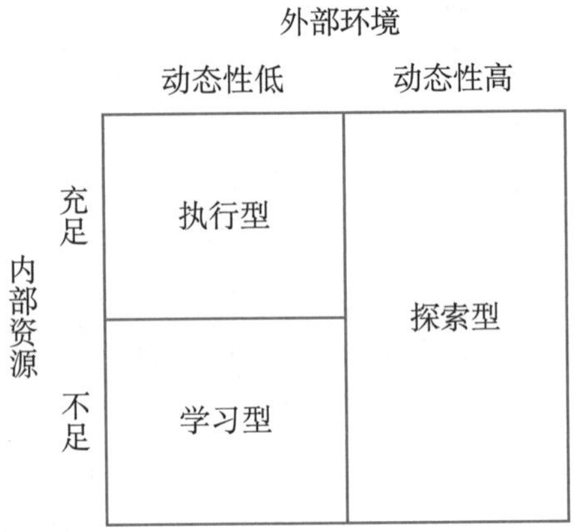

图11－4　基于内外部环境特点的战略实施类型

1. 执行型战略实施

如果企业判断实施新战略所需外部环境的动态性和复杂性不高或者可预测性较高，支持新战略实施的内部资源和能力较为充足，那么战略实施的重点是相对严格地执行事前、主动、理性制定的战略，这是执行型战略实施的特点。

在相对静态的条件下，执行型战略实施可以通过建立有效的目标体系和实施有效的目标管理来推进。在制定企业战略的过程中，企业战略管理者已经根据企业的战略承诺制定了目标，但在这个阶段制定的目标还是总体性、长期性和关键性的目标。为了保证企业的战略承诺和目标得到有效实现，企业战略管理者应在战略得到批准以后将目标逐项、逐层、逐年地分解和落实，构建一个完整的、层次化的、序列化的目标体系，作为战略实施的第一项有力措施。因此，对于执行型战略实施来说，战略实施过程中战略本身基本不需要进行事中调整，按部就班实施即可。

企业战略目标的分解是一个系统思考的过程，既要考虑不同层次目标的纵向协同、不同阶段目标的前后一致，又要考虑同一层次目标的相互协同。例如，若营销部门无法将更多的产品销售出去，生产部门就算完成了年度目标，也只会造成产品积压，对企业毫无价值可言，甚至会加重企业的生产成本负担。因此，企业的目标分解必须形成一个上下、前后、左右相互关联的目标体系，将各类相关目标和关键要素有效组合起来，实现资源的合理配置，确保企业协调和良性发展。构建了合理的目标体系之后，在资源配置阶段，主要的逻辑就是根据目标分解的情况和目标实现的需要确定资源配置的领域和数量，通过完善的支持性政策和制度推进资源的有效运用和保障目标的实现。

战略实施目标体系的建立为企业在实施战略过程中采取目标管理（management by objectives，MBO）的方法创造了条件。在相当长的一段时间里，目标管理是企业实施战略管理最有效的方法之一，它将目标、考核和激励有效地结合在一起，以保证企业整个目标体系的实现，以至于在许多企业中目标的制定和目标体系的建立代替了战略的制定和战略管理体系的建立（见战略聚焦11－1）。

战略聚焦 11-1

德鲁克的目标管理

目标管理由管理学大师彼得·德鲁克提出，目标管理首先出现在他 1954 年的著作《管理实践》(*The Practice of Management*) 一书中。德鲁克强调，制定目标看似一件简单的事情，每个人都有制定目标的经历，但是如果上升到技术层面，经理就必须学习并掌握 SMART 原则，即目标必须是具体的 (specific)、可以衡量的 (measurable)、可以达到的 (attainable)、与其他目标具有相关性 (relevant)、具有明确的截止期限 (time-based)。无论是制定团队的工作目标还是员工的绩效目标都必须符合上述原则，五个原则缺一不可。德鲁克将目标管理分为以下关键步骤，如图 11-5 所示。

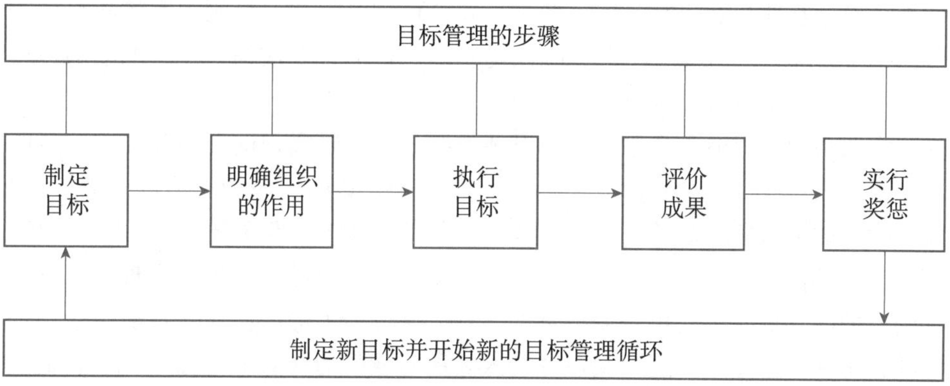

图 11-5　目标管理的关键步骤

(1) 制定目标。这是目标管理的第一步，同时也是最重要的一步，包括确定组织的总体目标和各部门的分目标。总体目标可以由下级和员工提出，上级批准，也可由上级部门提出，再同下级一起讨论决定。目标是组织在未来从事活动要达到的状况和水平，其实现有赖于全体成员的共同努力。

(2) 明确组织的作用。为了协调成员的努力，目标管理要求总目标和分目标都有确定的人负责。然而，几乎不可能建立一个完美的组织结构保证每个特定的目标都有某个人负责，往往需要重新审查现有的组织结构并做出必要变动，尽可能做到一个目标只属于一个主管、一个部门，需要跨部门配合实现的目标也应明确谁主谁从。这样做有利于员工各司其职，发挥主观能动性。

(3) 执行目标。组织中各层次、各部门为达成目标，主要依靠目标的执行者进行自主管理，即由执行人主动地、创造性地工作，并以目标为依据，不断检查对比、反馈信息、分析问题、采取措施、纠正偏差，实行自我控制。为了保证组织目标活动的开展，必须授予执行者相应的权力，使之有能力调动和利用必要的资源。

(4) 评价成果。评价成果预示着一个目标管理周期的结束，也是下一个周期的开始。该阶段要做好如下工作：对目标执行者的工作成果进行考核并进行奖惩，评价成果既包括上级对下级的评价，也包括下级对上级、同级部门相互之间以及各层次组织成员对自己的评价。这是上下左右沟通的机会，同时还是自我控制和自我激励的手段。

(5) 实行奖惩。组织对员工的奖惩以评价结果为依据，对实现目标的部门、员工要及时奖励，奖励可以是物质方面的，也可以是精神方面的，要带来正激励；对未能实现目标的部门、员工要有相应的惩罚措施，实施负激励。奖惩分明、及时才能调动员工的工作积极性。

(6) 制定新目标并开始新的目标管理循环。在评价完成和实行奖惩后，这是一个新的目标管理过程的开始，又回到制定组织的全局目标和战略并层层分解到每个部门、每个员工。

资料来源：芮明杰．管理学：现代的观点．3 版．上海：格致出版社，2013.

---

2. 学习型战略实施

如果环境动态性和复杂性不高或具有较高的可预测性，但是顺利实施战略所需的资源或能力不足，那么战略实施的重点应该是获取所需的资源或构建相应的能力以实现既定战略，这是学习型战略实施的特点。

在制定战略的过程中，管理者需要识别出有利于战略实现的资源和能力，战略实施的成功需要投入这些资源和能力。如果企业需要获取新的资源和能力以有效实施战略，从资源和能力的来源角度，汤普森等人提出，内部构建与外部整合是两个主要途径。

第一，内部构建。企业资源的内部构建是通过内部资源重新配置实现的，其目的是使内部资源的配置更好地支撑企业战略的实现。企业能力的内部构建主要包括：(1) 通过更好的分工和专业化经营提高企业各种人才的专业能力；(2) 通过结构、机制和文化的调整提高企业动态整合的能力；(3) 根据新战略实施的需要引入新的人才和加大相关培训力度。例如，为了获取实施新战略所需要的资源和能力，小米采取的主要措施是对企业内部的资源和能力进行有效的重组，将更多的资源和能力放在核心业务和产品上，通过更加有效的分工和专业化经营提升企业的资源利用效率和能力。

第二，外部整合。基于对构建资源与能力的难度和速度的考虑，通过外部整合获取企业实施新战略所需要的资源与能力可能更加有效。相对于内部构建来说，外部整合可能会面临不同的困难和更大的风险。(1) 企业必须具有一定的优势才能与其他企业建立合作关系，必须做出一些交换才能整合所需要的资源和能力。(2) 企业必须具有一定的管控能力和学习能力才能使自己所得到的比所失去的更多。(3) 外部合作或者整合的方式很多，从签订长期合同到完全收购，企业需要做出最佳选择。联想、美的、海尔、中集、广汽等优秀的中国企业就是不断通过收购国外优质企业获取所需的资源和能力。例如，通过与日本本田、丰田、三菱三大车企的合作不断学习，广汽集团增强了制造、研发和营销能力，成功打造了传祺这个具有自主品牌和知识产权的产品。

3. 探索型战略实施

由于环境动态性和复杂性高，可预测性较低，企业在战略实施过程中一方面需要动态调整战略，另一方面需要动态调整和匹配新战略实施所需要的资源和能力，因此战略实施的重心在于对外部环境变化的准确识别和动态应对，这是探索型战略实施的特点。

战略管理的环境学派尤其是权变理论强调组织管理的方法依赖于组织的大小、技术、环境的稳定性以及外部竞争的对抗性等，其中环境是最重要的权变因素。在战略实施过程中，环境特征同样是举足轻重的。尤其是在当今互联网和信息技术迅猛发展的背景下，技术变革常常造成对产业环境和竞争环境的颠覆，企业原有战略的适用条件发生翻天覆地的变化。正如明茨伯格所指出的，“战略管理之所以成为一个令人兴奋的领域，是因为实践者和管理者都面对一个丰富多彩且差别细微的世界，它充满了令人惊异的事物，是一个推崇富有想象力的行为的世界。成功的战略家和成功的研究者接近这一世界并了解其细节”。例如小米，其生态链战略的实施就是一个典型的探索型战略实施的过程。在基本无先例可循、完全依靠自身实践的状态下，小米摸索出一系列独特的打法：“入资不控股，帮忙不添乱”的投资逻辑，以工程师为主的投资团队，矩阵式全方位孵化，小米凭此逐渐成为全球智能硬件领域产品出货量最大、布局最广的企业生态系统之一。

在高度动态条件下，探索型战略实施需要企业具有良好的识别环境的能力。对环境的识别，不仅仅是运用前面章节中提到的分析模型，更重要的是了解环境变化的特征尤其是对企业的影响，作出及时应对。明茨伯格曾提出识别环境的四个特征：稳定性、复杂性、市场差异化、敌对性。不同企业所处环境的四个特征的程度不同，但它们同时存在并交互影响。

第 3 节　战略实施过程的重难点与推进策略

一、战略实施过程的重点

面对“乌卡环境”，尤其是加上利益冲突和有限理性对战略实施过程的影响，为了有效地实现连续性、一致性和创新性的有机结合，一方面，战略实施需要遵从公司治理的制度安排与企业战略管理的逻辑体系（见第 1 章图 1－8）；另一方面，需要企业战略管理者在战略实施过程中关注如下重点：第一，实现从强调严格性向强调恰当性转变；第二，从强调计划管理向强调行为管理转变；第三，从强调控制向强调赋能转变。

1. 从强调严格性向强调恰当性转变

企业战略管理过程就是企业战略管理者运用各种管理手段实现战略目标的过程。在相对静态的环境下，企业战略管理者可以事前、主动、理性地制定一个详尽和具体的战略，在实施战略的过程中只需要运用各种管理手段将“计划好的战略”准确地转变为“实现了的战略”即可。因此，在相对静态的环境下战略实施的有效性主要体现为战略实施的严格性。在相对动态和复杂的环境下，企业战略管理者事前、主动、理性制定的战略不可能非常详尽和具体，因为他们知道“计划好的战略”在转变为“实现了的战略”的过程中会面临两种动态变化的挑战：一是环境的动态化；二是竞争对手反应的动态化。谁能快速和创造性地调整自己的战略行为，谁就能取得成功。因此，相对动态和复杂环境下战略实施的有效性不仅取决于战略实施的严格性，更取决于应变的恰当性。

正确地评价企业战略实施的恰当性，关键是分析企业的战略行为是否在坚持企业核心价值观的前提下，比竞争对手更好地适应和利用了环境的变化，实现了持续和健康发展。越来越多的企业在坚守战略承诺的前提下，希望企业战略管理者在战略实施过程中根据环境尤其是竞争对手的变化，补充和修改原有的战略，而且所做的补充和修改越快、越具有创新性越好。例如，科沃斯在外贸代工业务仍然保持良好经营状况时，基于竞争环境加剧的判断，自主创新、自创品牌，快速推出新产品；无论是扫地机器人还是洗地机产品，均在不断进行技术升级完善，以用户为中心，快速迭代出新。正是这种快速的基于竞争对手和顾客的产品创新和策略调整，使得科沃斯能够保持持续的竞争优势和市场占有率。

为使战略实施的动态性和复杂性更容易被理解和接受，我们提出了战略实施的“河床模式”（如图 11－6 所示），主要是因为河床图形的一些特点可以形象地反映动态性的本质特点：（1）水能够积少成多，最终变成蕴含巨大力量的河流，这能够恰当地代表企业战略的力量；（2）河床规定了河流的基本走势和流向，但给河中的水留下了很大的自由，非常符合点决策与过程决策的关系；（3）正所谓水无定势，逢低而进，遇阻则绕，毕竟东流，恰似企业在战略实施过程中的行为。如果企业战略管理者事前、主动、理性制定的战略详尽和具体到每一个时点河水应该如何流动，而且过于强调战略实施的严格性，那么河水遇到石头时的反应速度和创新性就没有了。如果企业战略管理者强调河水可以不按照事前、主动、理性制定的战略流动，那么企业战略实施的行为将完全失去控制（即突破河水的基本流向和河岸宽度的制约），战略承诺和目标就难以实现。

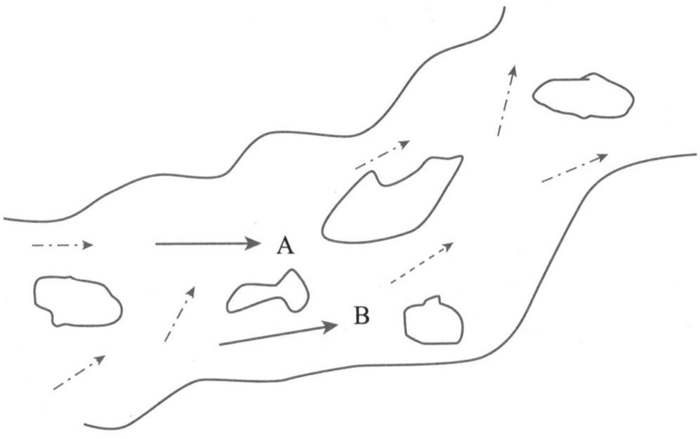

图 11－6　企业战略实施的“河床模式”

资料来源：蓝海林．企业战略管理：“静态模式”与“动态模式”．南开管理评论，2007（5）：31－35.

有效应对环境动态性给战略实施带来的上述挑战，需要企业战略管理者使用恰当性而不是严格性作为衡量战略实施有效性的标准，并且从承诺坚定、决策科学和行动迅速三个方面正确理解战略实施恰当性的含义：（1）除非企业外部和内部环境发生重大的变化，否则企业在战略实施过程中不能轻易对战略承诺做出重大的调整；（2）动态关注企业外部和内部环境的变化趋势，并且运用理性的方法做出尽可能科学的战略决策，包括事前和事中的战略决策；（3）在实施战略决策的具体行动中，在结构、机制和文化上鼓励具体行动的管理者应根据环境变化和与对手的博弈做出快速和创新性的行动决策。有效处理承诺坚定、决策科学和行动迅速、富于创新之间的关系，需要综合使用计划、组织、任用、领导和控制等多种管理手段，有效整合相对静态和相对动态两种环境下战略实施的管理手段。

2. 从强调计划管理向强调行为管理转变

在相对静态的条件下，企业战略就是一种事前、主动和理性的计划，因此企业战略管理以计划管理为主要手段，核心是根据事前、主动和理性制定的目标与计划评价战略实施情况，根据目标和计划执行进度的严格性实施战略控制。在相对动态的条件下，战略改变的积极性受到高度重视，有效地实施企业战略需要战略执行者能够根据环境变化做出快速和富于创新的改变，战略实施的重点从以保证进度为核心的计划管理向以保证决策为核心的行为管理转变。

传统战略管理理论中，战略实施过程强调目标体系的建立和目标管理，计划执行和管理的重要性被摆在最显著的位置。随着环境的“乌卡特征”越来越强，“计划赶不上变化”的影响深度和范围越来越大，战略实施过程中就越需要强调行为管理的价值和重要性。有限理性主义流派认为战略管理本质上是一种行为管理，其主要目的是保证企业在战略行为上做到承诺坚定、决策科学、行动迅速和富于创新。虽然对企业战略实施过程的管理需要运用多种管理职能，但是核心职能是治理、组织、机制和文化，只有这些职能作用的有效发挥才能保证企业战略管理者在动态和复杂环境下持续和有效地构建、发挥及强化核心专长。

中国情境下中国企业构建核心专长的关键成功因素中，既需要掌握动态转换，更需要强调坚持承诺。动态转换，即如何在多次和连续把握关键的价值创造环节时，既能做到每次都“正确和足够偏执”，以构建一种关键竞争优势，又能做到不失时机地“自灭自新”，以连续构建多种关键竞争优势。坚持承诺意味着如何在多次“转换”配置资源和精力重点的过程中保持企业战略承诺，既不错失发展机会，又不违背战略承诺。在战略实施过程中实现坚持承诺和动态转换的有效统一，需要有效的行为管理。强调行为管理，既包括组织行为，又包括个体行为，既使组织行为与企业战略目标相匹配，又使个体行为与企业价值观相吻合。在战略实施过程中，对组织行为和个体行为的管理和控制，要发挥企业价值观的作用。战略领导者需要从价值观和企业社会责任的角度，使每一个业务单位、职能部门的管理者，在每一个决策点，都能使企业的行为符合企业的长期战略目标。由于环境的动态性和不确定性，中短期目标可能随时调整，计划可能随时需要变化。如果过分强调计划和目标，则可能忽视过程中的行为合理性。此时，基于价值驱动的决策和行为就显得尤为重要。尤其是处于战略调整和变革时期，对战略行为模式的改变是战略实施的重点和难点。

3. 从强调控制向强调赋能转变

静态条件下的战略实施强调对过程的控制，集权倾向更为突出。动态条件下的战略实施过程则需要向强调赋能转变。

赋能意味着合理适度地授予权力。在经营环境动态化影响下，只有有效地策划和推进一系列重大行动，企业的中期战略才能够得到真正有效的实施。由此，企业战略管理者同样需要事前、主动和理性地制订战略行动的方案，但是在激烈的市场竞争中，这些重大行动的针对性、对抗性和博弈性越来越强，能否在竞争互动中表现出应有的速度、创新甚至是意外性，将在很大程度上决定战略行动的成败。由此，企业战略管理者事前和主动制订的战略行动方案一般都是原则性的，更多具体和细致的内容应该由战略行动的负责人在战略行动的过程中依据环境的变化，尤其是竞争对手的反应相机做出调整。为了在战略行动推进过程中表现出应有的速度、创新和意外性，战略行动的负责人甚至可以在不违反企业中长期战略的前提下动态调整原来的行动方案。《孙子兵法》中提到“将能而君不御者胜”，即一定程度地强调了在瞬息万变的条件下，对身处竞争中心的管理者予以足够的授权是取胜的关键要素。

需要指出的是，战略实施中赋能不仅意味着授权，而且需要强调科学的组织支持。赋能要与组织的战略特征和外部环境条件相匹配。例如阿里巴巴提出的中台管理，其本质可以理解为对集权和分权的一种适度选择，对资源共享和分散的一种科学设计，以最大限度有利于适应市场的动态变化以及促进创新。在动态条件下，企业需要合理的组织结构设计，以匹配战略实施中对集权和分权的选择。

二、战略实施过程中的难点

除了环境动态化给企业战略实施带来的挑战，弗雷德·戴维和理查德·林奇等学者分别指出了导致战略实施过程出现困难的主要内部因素。

1. 组织的内部冲突

目标间的相互依赖和对有限资源的竞争往往会导致冲突。冲突被定义为双方或多方在一个或多个问题上的分歧。战略实施过程中导致冲突的原因有很多，例如，人们各不相同的期望和观念、计划带来的压力、个性的不合、不同部门负责人之间的误解等。甚至在确定战略目标时也会产生冲突，原因在于管理者和战略制定者必须在各个方面做出权衡和取舍：短期盈利与长期增长，盈利率和市场份额，市场渗透与市场开发，增长与稳定，高风险与低风险，社会责任与利润最大化等。冲突并不一定是坏事，冲突的缺失是漠不关心的信号；冲突可以帮助管理者发现企业中的问题，重要的是如何管理和解决冲突。弗雷德·戴维提出，管理者可灵活使用三种方法化解冲突，即回避（avoidance）、缓解（defusion）和正视（confrontation）。其中，回避包括：无视问题而寄希望于冲突自行解决，或将相互矛盾的个人或群体进行分离；缓解包括：减少矛盾双方的冲突，强调双方的共同点和共同利益，或通过妥协淡化胜负，或遵从少数服从多数原则，或请求高级权威裁决，亦可调整当前立场；正视包括：交换对立双方人员以促进相互理解，或召开会议让对立双方陈述各自的观点，求同存异，设法解决分歧。

2. 个体的有限理性

有限理性（bounded rationality）相关理论的主要倡导者是诺贝尔经济学奖得主西蒙（Simon）。有限理性是指人的行为是“有意识理性的，而且这种理性是有限的”。决策者追求理性，但不是最大限度地追求理性，而只是追求有限理性。这是因为人的知识有限，决策者既不可能掌握全部信息，又无法认识决策的详尽规律。因此，作为决策者的个体，有限理性会限制他做出完全理性的决策，只能尽力追求在自己能力范围内的有限理性。有限理性表现在企业战略实施的过程中，管理者很难分析、预计和把握计划的每一个方面。为了更加易于管理，战略目标和计划不得不进一步分解，这种处理可能会导致在战略实施过程中出现一定的偏差。此外，战略实施过程中的个体会试图将其个人目标体现在战略实施过程中，但这些目标不一定与组织目标完全匹配。《孙子兵法》中就强调了“上下同欲者胜”（见战略聚焦 11－2）。因此，战略实施过程中需要尽量保证个体与组织利益和目标的一致性。

战略聚焦 11－2 《孙子兵法》中的战略实施之道：以“五胜”战法为主体

三、战略实施推进策略

面对不同的内外部环境，企业在确定基本的战略实施类型后，接下来的关键决策是确定如何推进既定的各项战略举措以更有效和有效率地实现战略目标。战略实施的推进主要表现在需要针对三个方面进行策略性选择，分别是：系统性、时效性和方向性。表 11－4 简单罗列了不同战略实施推进策略的主要特点。

表 11－4 战略实施推进策略的主要特点

	系统性		时效性		方向性	
	系统推进	非系统推进	快速推进	慢速推进	自上而下	自下而上
可能的好处	统筹全局/整合效应	灵活性/降低风险	先动优势/创新优势	稳扎稳打/内部合法性更高	贯彻领导意图/控制力更强	内部积极性高/有利于应对问题
潜在的局限	难度较大/复杂性高	时间和效率的一定损失	内部阻碍/灵活度不够	可能丧失市场机会	内部冲突/执行不力	效率相对降低/可能出现预期偏差

战略实施推进策略的不同很可能导致同样的战略定位得到迥然不同的结果，由此可以看出战略实施推进策略确实相当重要，需要结合战略实施的情境作出灵活性选择。战略实施推进策略与战略实施管理过程中的领导艺术共同体现了战略管理也是一门艺术的特点。例如，毕马威公司在 20 世纪 90 年代的战略转型就体现出当时的领导人科林·沙曼出色的战略领导力（见战略聚焦 11－3）。

战略聚焦 11－3 毕马威的战略转型——战略领导的作用

1. 战略实施推进的系统性

战略实施推进面临的一个重要选择是：是整体同步推进还是不同部门先后推进，考虑到战略实施的复杂性，常常存在两种典型的战略实施推进策略：系统性推进与非系统性推进。

（1）系统性推进。战略实施是一项系统性工程，要求企业的各方面活动，包括各个业务单元、区域单元等以及生产、研发、销售、采购、物流、财务、人力资源等各个职能部门相互匹配、协同联动。因此，一般情况下，战略实施从一开始就是一个基于“顶层设计”的全面系统开展活动的过程。战略管理学者汤普森等提出战略实施过程中至少需要对如下十个方面精心考虑并有效推进：1）为组织雇用能够很好执行战略的管理者和员工；2）构建成功执行战略所需的组织能力；3）构建一个支持战略的组织结构；4）为战略执行配置充足的资源；5）制定促进战略执行的政策和程序；6）采用最好的实践和业务流程，驱动战略执行活动的持续改进；7）使用信息和操作系统，使员工能够高效地执行战略；8）奖励和激励直接与战略目标和财务目标挂钩；9）塑造促进战略执行的企业文化；10）发挥内部领导职能以推动战略顺利执行。系统性战略推进的好处突出表现在对全局的掌控力上，有利于最大限度地发挥协同效应和整合效应，扬长避短。有效的系统性战略实施对外部环境的可预测性和企业内部资源及能力有相当高的要求。在新旧战略变化大（包括行业和区域两个方面）和实施新战略可能面临的困难与阻力较小的情况下，选择系统性推进方式会更有效。

（2）非系统性推进。战略实施的非系统性推进并不是指不需要系统性思维，而是更强调战略实施过程不需要按照严格的时间、步骤和程序推进，可以表现出一定的灵活性、动态性甚至是探索性。由于战略实施过程复杂，在企业能力有限、环境预测不足的情况下，“摸着石头过河”就成为一种可能的选择。党的十八届三中全会提出全面深化改革，加强顶层设计和摸着石头过河相结合，也是一种典型的战略实施非系统性推进策略。企业在战略实施过程中，尤其是新战略实施过程中，需要允许在某些活动中、某些环节上、某些范围内先行先试，总结经验，逐步推广。在非系统性推进的过程中，要注意抓主要矛盾。战略管理学者弗雷德·戴维强调，战略实施过程中如果企业的营销、财务、研发和管理信息系统这几个方面出现问题，战略实施就很难顺利推进并取得效果。例如，新宝电器的战略转型并没有追求面面俱到，而是首先从研发和生产等活动重点突破，从而更有效率地获得了新战略带来的好处。有效的非系统性战略实施对外部环境的可预测性和企业内部资源、能力的要求相对较低。如果企业新旧战略的变化大（包括行业和区域两个方面），实施新战略可能面临的困难与阻力大，那么选择非系统性推进方式的效果会更好。

2. 战略实施推进的时效性

时间是战略成败的关键，速度是竞争优势的重要来源。战略实施推进面临的另一个重要选择是：是快速到位还是分步实施？这取决于战略实施的资源能力基础和外部环境要求的综合作用，不同的推进策略具有不同的情境适应性，需要视企业战略实施的紧迫性和战略实施基础做出相应的选择。

（1）快速推进。快速推进策略体现了“兵贵胜，不贵久”的选择逻辑，当环境变化迅速，快速推进战略实施过程有助于企业及时进行战略调整以应对环境变化，获得先动者优势，从而更快地进入、占据市场或者扩大市场，巩固或提升市场地位。例如，良品铺子在 2012 年决定进行线上拓展时，行动就非常迅速。2013 年线上销售额从 2012 年的 1 500 万元增长到约 8 000 万元，2014 年进一步开拓线上全渠道，当年“双 11”活动一天就突破 4 000 万元的销售额，2014 年线上销售额达到 4.2 亿元，迅速获得了线上市场的竞争优势地位，为后续的竞争和市场地位巩固奠定了基础。值得注意的是，快速推进战略实施过程对企业能力的要求更高，特别是企业各职能部门、各业务单位的执行能力以及企业管理者的控制能力。需要注意的是，快速推进时很容易出现内部阻碍，包括中低层管理者和员工执行不力甚至抵触，选择这种推进策略的企业尤其要注意做好内部沟通和协调，在战略实施之前先取得内部共识，并在实施进程中，针对意外事件和应对方案形成预案，保证企业能够针对快速推进过程中出现的突发情况进行协调。

（2）慢速推进。慢速推进策略则体现了“摸着石头过河”的选择逻辑，如果企业判断其既定战略所需的环境条件在一定时期内不会发生快速或剧烈变化，或者管理者判断环境的预期变化是企业足以应对的，那么对战略实施过程的速度要求可以相对降低。通过慢速推进战略实施过程，一方面，有可能获得后来者优势，了解竞争对手的优缺点，了解市场特点和顾客需求变化的趋势，从而更好地实现战略；另一方面，大多数管理者明白“心急吃不了热豆腐”，不急不躁，稳扎稳打，有利于充分的内部沟通，增强企业战略实施的内部合法性。慢速推进最大的风险是环境变化导致外部市场机会丢失。由于战略实施的推进速度不快，随时面临环境发生变化的可能性，战略目标或任务随时需要调整。慢速推进对企业的灵活性要求更高，强调企业在长期过程中的动态适应和调整。例如，在当前新能源汽车产业快速发展带来的冲击面前，丰田作为国际知名的传统汽车巨头，由于长期在燃油车领域占据优势地位，出于对自身既有市场地位及组织惯例的考量，尽管已经关注到这种冲击，也将发展新能源汽车作为战略选项，但在战略实施推进方面相对稳健，选择了慢速推进策略。

3. 战略实施的推进方向

企业战略管理者针对战略实施过程需要做出的第三个重要选择是推进方向，具体的选项包括自上而下或者自下而上，推进方向的选择需要综合考虑战略实施的内容、战略实施管理者的认知、领导者的管理风格以及企业管理惯例等多方面的因素。

（1）自上而下。所谓自上而下推进战略实施，主要指上层管理者制定并发出强制执行的各种指令，较低层级的管理者与员工随即按照各种指令展开行动。其优点是能更好地贯彻企业战略制定者的意志，推进力度更大，有利于控制；缺点也较为明显，即内部可能遇到更大的阻力，员工甚至还没来得及针对战略实施的必要性有足够的认识，也不能有效认识到自身行为与企业战略定位之间是否具有或者具有怎样的关系，员工被动地实施战略。在实施新的战略将带来较大程度的组织变革时，这种缺点会凸显。因为变革会使员工产生忧虑，担心变革会导致经济损失、工作不确定性、不方便等，员工不理解正在发生什么以及为什么要进行变革，因而工作不够主动甚至对战略实施产生抵触心理和抵触行为。成功的战略实施取决于管理者能否通过提供正确有效的信息，创建有助于变革的组织氛围，让管理者和员工视变革为机会而不是威胁。因此，自上而下推进战略实施时，内部阻力的应对与克服是关键。著名战略学者科特（Kotter，1995）曾在《哈佛商业评论》上发表文章指出，自上而下的变革一般需要八个步骤（见战略聚焦 11－4）。自上而下的推进方式依靠强有力的领导。一旦领导人出现变动，原有执行过程可能会出现重大变化。在集权式企业如传统的家族企业中，自上而下的战略推进可能具有更高的效率。萨尔等学者历经五年对 250 多家公司 8 000 多名经理人员进行调研后发现，在战略实施过程中，自上而下的执行机制并不是一个严重问题，反而组织内部的协调是一个突出的问题。

战略聚焦 11－4　自上而下变革公司的八个步骤

（2）自下而上。所谓自下而上推进战略实施，并不是指由基层管理者或员工完全自发自主地制定和实施战略，而是强调战略实施过程中，以基层为战略实施的主要力量，将权力下放，让员工参与战略实施的全过程，包括目标的分解、资源的配置、政策的制定以及战略的评价、控制和调整。当企业战略实施涉及战略变革时，员工参与的重要性更为突出。为了顺利推进新的战略，杰克·邓肯曾提出三个注意事项：1）邀请员工参与变革过程和具体的转变环节；2）改革需要激励，自我利益就是最重要的一种激励；3）员工得到及时的反馈，因为每个人都乐于知道事情的进展以及取得了多大进步。从企业特征来讲，在小企业或初创企业或具有民主型企业文化的企业中，自下而上的战略实施过程可能会有更佳的效果。

值得强调的是，自上而下和自下而上两种推进方向的选择，各有优劣，对于不同的战略实施情境具有不同的适应性，需要战略实施的管理者切实了解战略实施的环境特征，准确判断战略实施的类型，并通过战略领导者与员工有效互动，有效推进战略实施。

思考题

1. 战略实施与战略制定的关系是什么？区别是什么？
2. 战略实施的基本过程包括什么内容？
3. “乌卡环境”下战略实施的性质主要有哪些？
4. 为什么说内部冲突和有限理性会影响战略实施？
5. 学习型战略实施的内外部环境特点及其实施重点是什么？
6. 探索型战略实施的内外部环境特点及其实施重点是什么？
7. 战略实施过程的重点和难点是什么？
8. 战略实施的推进策略有哪些？

能力拓展

1. 请以导入性案例中的科沃斯为例，谈谈外部环境动态性对战略实施过程的影响以及企业如何应对。

2. 请针对三种不同的战略实施类型，分别以一家企业为例，阐述其面临的内外部环境的特点及其战略实施过程的特点。

第 12 章

战略实施管理

导入性案例

华为 5G 战略实施的管理活动

进入 21 世纪后，物联网、云计算、大数据等新一代信息技术的不断涌现和广泛应用，全球范围内数字化进程的加快，对移动通信技术的进步提出了越来越高的要求。5G 技术的出现，尤其是其高速率、低时延和大连接等特性，恰好能够更好地满足未来社会对数字化、智能化、网络化的需求。因此，各国纷纷加大对 5G 技术的研发和投资力度，希望能够抢占先机，把握 5G 技术发展的主导权。华为作为中国通信行业的领军企业，早在 2009 年就开始布局 5G 战略，并通过技术研发与市场推广等相关战略措施有效推进了 5G 战略的落实。到 5G 技术商用元年的 2019 年，华为凭借前期 5G 战略实施形成的技术积累，在商业应用领域多点绽放，进一步为公司在未来 5G 技术商业应用领域持续领先夯实了基础。即使从 2019 年开始，面对一些国家采取各种方式不断加大对华为的"围追堵截"，华为依然在 2023 年拿下了全球 5G 设备收入份额的 32%，并连续 5 年保持全球第一的位置。华为 Mate 20X 5G 手机、5G CPE Pro 获得中国 5G 终端电信设备进网许可证，包括 5G MiFi、5G 车载模组、5G 电视等多种形态的 5G 商用终端正日渐成熟。纵观这一段发展历程，华为于 2009 年启动并持续实施的 5G 战略获得了明显的阶段性成果，凸显了华为通过有效战略管控，尤其是不断将战略目标转化为战略行动，再将战略行动转化为战略绩效的能力。

(1) 计划活动。为了将 5G 战略的目标转换为现实，华为将宏大的战略目标转化为具体的业务计划和行动方案，同时在 5G 技术研发初期就明确了研发计划和市场推广策略。跨部门工作组针对 5G 技术的核心标准、网络架构、安全性能等方向性问题展开深入研究。在此基础上，明确发展 5G 技术的战略路线图，并进一步将其分解为具体的行动、预算和工作程序，这不仅促使公司广大员工对发展方向达成共识并自觉参与，还使得战略重点有效地转化为各个相关部门甚至是关键岗位的具体工作计划和责任，成为激励和约束员工行为的绩效合约。通过这些战略实施的计划活动，华为的 5G 战略目标不再仅仅是宏大的愿景，已经转化为可操作的阶段性目标、行动方案、工作流程，甚至是员工的绩效考核目标。

（2）组织活动。5G 战略实施伊始，华为首先成立了专门从事应用基础研发的组织，汇聚了通信技术领域、电子工程领域以及计算机科学与技术等多个领域的一批顶尖技术人才，搭建了一支上千人的研发团队。其次，通过调整组织架构、与国内外的运营商合作成立 5G 联合创新中心等多种协同创新组织，以推进 5G 技术的市场推广与商业化应用。不仅如此，华为在前期技术研发和市场推广方面的投入超过 40 亿美元，在 5G 网络侧整体投入的人力超过 10 000 人，这些资源为 5G 战略稳步推进提供了坚实的资源支撑。2019 年，华为整合公司内部的 5G 技术专家和产品经理，专门设立了 5G 产品线组织，负责 5G 技术的产品规划、产品研发和市场推广。到了 2020 年，华为再将原来多个与 5G 相关的业务部门进一步整合，形成了更加紧凑和高效的组织结构。上述组织活动的不断演进，为华为 5G 战略实施进程提供了明确、有效的载体和组织支撑。

（3）控制活动。为了及时发现实施进程中的问题，公司注重对各项工作的监控和评估，控制活动成为华为 5G 战略实施管理的另一项关键活动。结合 5G 战略实施的推进，华为特别关注与 5G 业务相关的绩效指标，如 5G 研发投入、5G 市场份额、5G 网络覆盖等关键指标，通过完善的绩效评估体系定期对部门和员工绩效进行评估，及时发现战略实施中的问题和不足，并采取相应的改进措施。华为还引入了第三方评估机构，对 5G 产品的性能和质量严格把关，确保产品能够满足客户的实际需求。为了有效风险管理，公司建立了完善的风险管理机制，定期对 5G 战略执行过程中可能面临的风险进行识别、评估和监控，针对识别出的不同类别风险，华为制定了以下五种应对策略：规避（严格管理和控制业务组合中风险显著高于其他部分的业务）、承受（重新对产品和服务进行定价，使之能对风险部分进行补偿）、利用（通过专业人员和流程管理，发现风险中蕴藏的发展机会）、减小（启动危机管理机制以降低风险发生时带来的冲击）和分担（将缺乏竞争力的业务外包以转移风险）。以上策略使得公司在战略实施进程中，既能有效把握技术市场变化带来的各种新机遇，又能保证技术与业务发展方向与原定的战略目标具有足够的一致性。

（4）激励活动。在“以客户为中心，以奋斗者为本，长期艰苦奋斗”核心价值观的指引下，华为在 5G 技术研发和市场推广等战略实施活动中，始终坚持将公司战略目标的实现与员工利益需求的满足有机结合，高效激发员工的积极性和创造性。这些激励活动包括但不限于：1）职业发展机会。通过管理线和专业线双通道职业发展路径、内部岗位轮换和调整、横向和纵向的职业发展通道，以及丰富的培训和学习资源等多种形式，让员工有充分的机会参与到更具挑战性和战略意义的工作中，从而实现个人价值的提升。2）培训与学习机会。华为在 5G 战略推进过程中投入了大量资源为员工提供全面的培训和学习机会，包括技术培训、管理培训、领导力发展项目等，不断提升员工的专业技能，增强了他们实施战略的能力。3）创新激励。华为始终鼓励员工提出创新性的想法和解决方案，并为这些创新提供支持和资源。对于在 5G 技术研发中取得重大突破的团队或个人，华为会给予额外的奖励和认可。例如，华为成功推出某个重大新产品或解决某个重大技术难题后，会向相关团队颁发特别项目奖金，以表彰他们的杰出贡献。以上激励活动的展开，进一步增强了员工对 5G 战略的认同感和对公司的归属感，提高了员工的工作积极性和绩效水平，构成了5G战略顺利实施的另一关键活动。

资料来源：1. 陈雨点，王云龙，王安辉．华为战略解码：从战略规划到落地执行的管理系统．北京：电子工业出版社，2021.

2. 王京刚，谢雄．华为的战略．北京：华文出版社，2020.

| 学习目标 |

- 掌握企业战略实施管理活动包含的主要内容。
- 理解战略目标到具体战略行动的操作方法。
- 认识到战略目标到具体战略行为的资源配置的原则。
- 理解企业战略实施保障体系的主要内容及其作用。
- 了解企业战略实施过程中控制体系及其作用边界。
- 理解战略实施过程中三大体系相互作用的关系。

导入性案例中，华为公司通过精心计划和组织，有效地控制和激励，成功实施5G技术研发与市场推广战略，获得了明显的战略绩效。这一案例为企业战略实施管理提供了宝贵的实践启示：通过一系列计划管理活动，实现企业战略目标与员工的日常工作高度关联而引导具体经营管理活动；通过一系列保障性活动与制度安排，有效激发员工的积极性和创造力，保证战略实施计划设定的各种行动可以付诸实践；通过一系列评估与风险控制，使得企业战略实施既能够保持与原定战略目标的一致性，又能够根据各种变化进行必要的创新。显然，针对战略实施展开有效的管理活动，是战略制定形成的战略目标得以落地必不可少的关键环节。

企业战略定位根据企业经营环境、竞争态势和自身能力，确定在市场中的发展方向和竞争优势，通过战略使命和战略目标体系对组织未来的理想状态进行刻画，确立了企业在纷繁复杂的市场中自身的发展方向和位置，避免企业盲目跟风和浪费资源。但战略定位的目标并不会自然实现，只有在进行一系列的资源投入以及各个层级员工相互协同工作等之后才能落地。在以“乌卡”为特征的新经营环境下，企业面临的市场环境和竞争态势更加复杂多变。企业战略实施的严格性、应变性以及恰当性都受到了动态环境的挑战。首先，战略承诺和价值取向不轻易改变的严格性，对战略实施的经营决策具有严格的约束和宏观指导意义，这在多变的环境条件下容易招致质疑；其次，事先制定的企业的战略意图、宗旨、定位和相对比较宽泛的目标具有应变性，必须在战略实施进程中根据具体的环境条件适应性应变和博弈，这对战略实施的控制提出了更高的要求；最后，恰当性是指战略实施需要灵活有效地适应环境，当环境剧变，企业需要进行战略调整甚至是根本性的变革。面对企业战略实施过程中形成的战略共识和组织惯例，如何实现有效的战略调整甚至战略转型，是一项极富挑战性的工作。总之，以“乌卡”为特征的新经营环境对企业战略实施提出了更高的要求。

近年来，国际环境尤其是贸易战跌宕起伏，数字技术快速迭代等多重不确定因素的交互作用，加剧了企业经营环境的“乌卡”特征，使得企业战略实施的过程相较于过往更为复杂。在战略实施过程中，企业需要在确定行动方案时充分考虑一系列相互冲突的影响因素，在适宜性与可行性方面，既要考量应对外部环境变化，又要考量企业内部资源能力基础；在利益集团方面，既要考量股东价值，又要考量员工立场，甚至还需要考量产业生态中关键利益集团的立场；在具体路径选择方面，既要维持战略承诺的严格性，又要针对变化有必要的应变性；在时间视野的取舍方面，既要尊重历史，更要着眼未来，还需考量远期目标与近期行动的冲突。以上诸多相互冲突的要素对企业战略实施构成的挑战交织在一起，使得企业战略实施相较于过往更加复杂，企业战略管理者需要基于对企业战略实施类型和基础策略的判断，运用多种管理职能展开战略实施管理活动，包括将战略决策转化为行动计划、为行动计划顺利实施提供保障，并根据过程评价对战略实施计划和保障措施动态调整，通过以上一系列管理活动，方可最大限度地实现战略实施的有效性和效率。

在将战略决策转化为行动计划的过程中，企业战略管理者要善于通过计划职能，将企业的战略承诺有效地转化为战略计划，将战略计划有效地转化为行动方案，这一类的实施管理活动称为战略实施计划体系的构建与管理。在考虑如何使得行动计划切实落实到管理实践的过程中，企业战略管理者要善于通过“组织、任用、领导”等职能，为各种目标和行动切实地转化为各个经营主体甚至所有员工的经营行为提供保障，这一类的管理活动称为战略实施保障体系的构建和管理。在根据过程评价对实施计划和保障措施进行动态调整的过程中，企业战略管理者要善于通过计划、控制职能，针对战略实施过程中内外部环境变化，对战略实施的关键节点进行适时的评价，并且根据评价结果对战略实施计划、保障措施，甚至战略承诺进行必要的调整，这一类的事实管理活动称为战略实施控制体系的构建和管理。

基于企业战略实施的不同类型与策略，企业战略管理者需要在同时展开上述三种管理活动的过程中，决定如何有效地平衡计划体系构建与管理同保障体系构建与管理之间的关系，以及如何有效地掌控过程评价与动态调整的频率和幅度等，从而实现战略实施过程的连续性、一致性与创新性的有机结合。这是一项极具挑战性的战略管理工作，应该引起管理者的高度重视。

本章主要目的是阐明战略实施管理体系的概念内涵和作用，包括战略实施的计划体系构建与管理、保障体系构建与管理、控制体系构建与管理，阐明以上三种战略实施管理体系的具体管理活动，从而揭示战略定位通过转化为战略行动、进而实现战略目标的作用机理。

第1节　战略实施计划体系的构建与管理

嵌入在越来越“乌卡”的经营环境中，战略制定与实施的边界越来越模糊，在这种情境下，在相对静态经营环境下可能实现的计划制定的科学性和计划执行的严格性，都面临着越来越严峻的挑战。即使这样，以计划制定和计划管理为核心的工作对于企业保证战略实施的有效性和效率仍然具有重要的作用。

从企业战略制定的角度来说，无论是事前与事中、主动与被动、理性与非理性的战略选择，主要目的都是提高战略选择的有效性，即通过创造性思维做出比竞争对手更有效的选择，从而实现“趋利避害与扬长避短”的有机结合。从企业战略实施的角度来说，无论战略实施的类型与内容是什么，制定实施计划的主要目的是提高战略实施的效率，即通过有效的目标牵引、资源配置、工作流程的组织与协同等管理工作，使得企业可以更科学、系统和高效的方式实现战略目标与战略行动的有机整合，从而有效（恰当）地落实战略选择。

因此，战略实施的计划体系需要在充分考量可能变化的前提下通过计划来确定工作方向与重点，同时，企业还需要应急计划以应对不确定性。构成战略实施计划体系的主要内容包括：目标、中短期计划（经营主体）、职能策略（职能部门）、战略行动的方案、主要工作程序或者流程以及与上述经营活动相关的各种预算以及各种应急计划等。以上内容所构成的计划体系的运作，为企业围绕战略目标完成资源配置、围绕关键战略举措形成行动方案（包括任务、时间、资源、进程、方法等）提供指南。

一、企业战略目标分解

企业战略制定的一个最为重要的输出是明确了企业的总体战略目标。这一目标是企业对其战略经营活动预期成果的期望，针对企业的宗旨、经营目的和社会使命进行深入诠释和细化，并具体落实到企业在特定的战略经营领域内应达到的发展水平。战略目标着眼于企业的整体发展，指明企业在特定战略时段的发展方向和重点，往往具有长期性、整体性、综合性、稳定性等特征，但对战略实施难以提供具体的指引，需要对战略目标进行目标分解，逐步导出行动计划，为战略实施提供更具有操作性的指南。

从战略实施的时序来看，企业战略目标通常表现为长时间段的目标，包括中长期的目标，如五年或八年甚至更长时间段的发展目标。这些远期目标的实现，依赖于一系列在时间上彼此承接的阶段性战略实施行为，企业战略管理者需要将这些中长期目标细化成每个阶段甚至年度的经营目标。这样来看，企业战略目标体现为在不同时间段的序列化目标，长期目标可以逐步转化为近期目标，为企业在实施战略过程中采取目标管理的方法创造了条件。例如华为 5G 战略目标——包括收入和利润以及核心能力等指标，被分解为季度或月的具体行动目标，使得长期目标能够一步步落地。

从战略实施的经营主体来看，企业战略目标通常表现为整体的目标，包括不同业务、不同区域的目标。企业战略管理者需要将这个整体的目标分解到各个主要的业务或区域层次上，这取决于企业是行业多元化企业还是市场多元化企业。由此，按照行业或市场设立的事业部还会将分配给它们的目标进一步细分到每个职能部门或经营单位上，直至落实到每一个具体的业务单元为止。从这个角度来看，企业战略实施的目标体系是层次性的。例如华为在业务层面上，将 5G 战略目标分解到运营商业务、企业业务、消费者业务和云服务四大业务领域，在区域层次上则根据不同国家和地区的市场特点和发展阶段，制定了相应的 5G 推广策略。

从战略实施的目的复杂性来看，企业战略目标通常表现为综合性目标，既包括 ROE、投资回报率等经济性目标，又涉及市场占有率、消费者满意度等经营性目标，以及针对利益相关集团诉求响应的社会性目标，这些目标既有独立考量的必要性，又彼此关联，企业战略管理者需要对相关目标进行权衡，综合社会性、经济性等多种利益诉求。例如，ROE 作为一个综合性经济效益目标，可以被分解为若干二级甚至三级子目标，只有这些目标都能够达到，企业的综合性目标才能够实现。从这个角度来说，企业战略实施的目标体系是复杂的。

从战略目标刻画的方法来看，企业的战略目标多数是定性目标，但也涉及一些定量目标。企业战略管理者需要将这些定性目标尽可能转变为与之相关的量化指标。例如，某个企业提出了要在 10 年内成为所在行业的世界级企业，其战略管理者必须进一步明确企业将在哪些或者哪个指标上进入世界前几名，是总产量、总收入、市场占有率，还是市场价值等，因为它必须在至少一项上达到这个水平才有可能被称为“世界级”企业。

总之，战略目标分解是战略实施的关键管理活动，通过总体战略目标按照时序在纵向、横向上分解到各层次、各部门责任主体甚至具体岗位员工，确保总体目标能够转化为具有操作性的具体目标，使每个层级、每个部门、每个团队乃至每个员工都清楚自己的职责和期望成果，这一管理活动为战略目标转化为战略行动提供了明确目标责任的前提，也构成了企业总体目标得以实现的基础。

1. 按战略实施阶段进行战略目标分解

企业战略目标是中长期的目标，只有通过战略实施阶段的划分才能有效刻画不同时间段的目标以及战略实施重点，因此，战略实施阶段划分其实是针对战略目标进行时序分解，通常按照战略时间线或战略阶段进行划分。这种分解方法有助于企业明确在各个时间节点需要达成的具体目标，为后续合理调配资源、分配任务和监控进度等战略实施工作提供有效的指引。按照时间分解企业战略目标的常见步骤如下：

（1）明确长期目标。企业首先需要明确其长期战略目标，长期目标往往着眼于未来数年至数十年的发展。这一战略管理工作往往在企业确定战略承诺时已经明确，主要由企业价值驱动，与企业存在的理由高度关联，本书中第 3 章的相关内容对其进行了刻画，但这一战略目标更多地表现为一种方向性指引，到战略实施阶段，企业需要遵循 SMART 原则，对长期目标进行进一步诠释，以确保目标是具体的、可以衡量的、可以达到的、具有相关性和有截止日期。

（2）战略阶段划分与阶段性目标。接下来，企业需要将长期目标的实现过程按照时序划分为若干战略阶段。每个阶段的时间长度可以根据企业的实际情况和需求灵活设定，可以是几年、一年、半年甚至更短的时间跨度。每个战略阶段都应该有明确的战略主题和阶段性核心目标。以一家制造企业的 10 年发展战略为例，企业可以将其划分为三个关键的战略阶段：前 3 年专注于技术研发和产品创新，确立市场地位；接下来 4 年扩大市场份额，优化生产流程，提升运营效率；最后 3 年则致力于品牌建设和国际化发展，实现全面领先。值得注意的是，不同战略阶段的目标之间要体现前后承接，前一阶段的目标往往构成了后一阶段实现目标的基础，最终指向企业长期战略目标；同时，还要体现对应战略阶段的战略重点。考虑到决策时点上针对不同战略实施阶段的决策信息把握程度不同，针对近期战略实施阶段的决策信息更齐备，也更具有确定性，因此，近期战略实施目标要更为具体，为形成行动计划提供明确的操作指引，而远期战略实施目标则更体现方向性，为适应未来环境变化留有必要的应对空间。

（3）制定短期计划。最后，针对与战略决策点最为接近的战略实施阶段的目标，结合决策时点企业的资源能力基础，制定更具体的短期计划，为当下需要马上展开的战略行动提供具有操作性的方案。这些计划应该包括具体的目标、任务、项目、责任主体、时间表以及关键行动步骤，可能涵盖市场拓展、产品开发、客户关系管理、运营优化等经营管理活动。通过短期计划，所有责任主体和相关人员都清楚任务内容与时间要求，以及相关的资源配置和行动要点，以确保经营管理活动的展开有方向、有目标、有方案、有资源、有措施。

2. 按部门进行战略目标分解

企业战略目标是总体性目标，尚缺乏具体的实施细节，业务部门与管理部门究竟从何入手、如何行动尚不清晰。为确保企业战略承诺和目标落实到具体的责任主体，并切实转化为各个层级管理者甚至员工的经营管理活动，战略管理者在战略获得批准后，需要进一步结合战略实施阶段划分，对总体目标进行逐项、逐层细化，构建形成一个完整、层次化且序列化的目标体系。

企业战略目标按照部门进行分解是一个系统思考的过程，要体现不同层次目标在纵向上的上下一致，还要确保同一阶段目标在横向上的左右贯通。例如，对一个多元化企业而言，公司层战略要求开拓新业务，这需要大量资源，而各业务单元的经营层战略正急需资源巩固已有业务与市场，必定由于资源紧缺导致上下冲突；对一个业务单位而言，若营销部门无法有效推动产品销售，生产部门就算完成了既定的年度生产目标，也只会造成产品积压，这不仅无法为企业创造价值，甚至会增加额外的生产成本负担。因此，按照部门进行目标分解必须形成一个上下、左右相互关联、协同工作的目标体系，将各类相关和关键要素有效组合起来，实现资源的合理配置，确保企业协调运转和良性发展。

3. 战略目标分解的步骤

战略目标分解包括六大步骤，如图 12－1 所示。

图 12－1　战略目标分解的六大步骤

（1）明确战略方向、战略运营的定义。战略方向是指企业基于对未来发展的预见和判断，制定方向性、全局性、高层次的决策，为组织采取达成中长期战略目标的一系列行动给出方向性指导。在战略方向的指导下，企业需要在有限资源约束下进行经营活动取舍，确定下一步马上要做的、对未来有重大和长期影响的事项。战略运营则是指对企业战略进行具体化、可衡量的描述，旨在确保战略的范围和内涵得到准确、一致的定义，避免对战略的理解偏差。通过战略运营的定义，企业可以更加清晰地凸显战略意图，确保各项行动与战略目标紧密相连。

（2）导出中长期关键战略举措。中长期关键战略举措，即关键成功因素（critical success factors，CSF），是企业为达成企业愿景和战略目标，需要重点管理以确保差异化竞争优势的核心要素。由于战略本身固有的复杂性和难以全面表述的特性，管理者之间以及管理者与员工之间在沟通上产生障碍，导致难以对战略形成一致的理解和认同。针对以上困境，平衡计分卡的创始人罗伯特 · 卡普兰（Robert S. Kaplan）和戴维 · 诺顿（David P. Norton）提出战略地图（Strategy Map）的概念，通过图的形式将战略与行动进行有效关联，方便各个岗位的员工明了自身的工作与企业战略之间的逻辑关系，提升员工对自身在实现企业战略目标过程中对工作意义的理解。

战略地图是从企业战略目标到员工行动中具有承上启下作用的关键工具，刻画出中长期关键战略举措。具体而言，战略地图包括财务、客户、流程以及学习与成长四个层面，如图 12 - 2 所示。

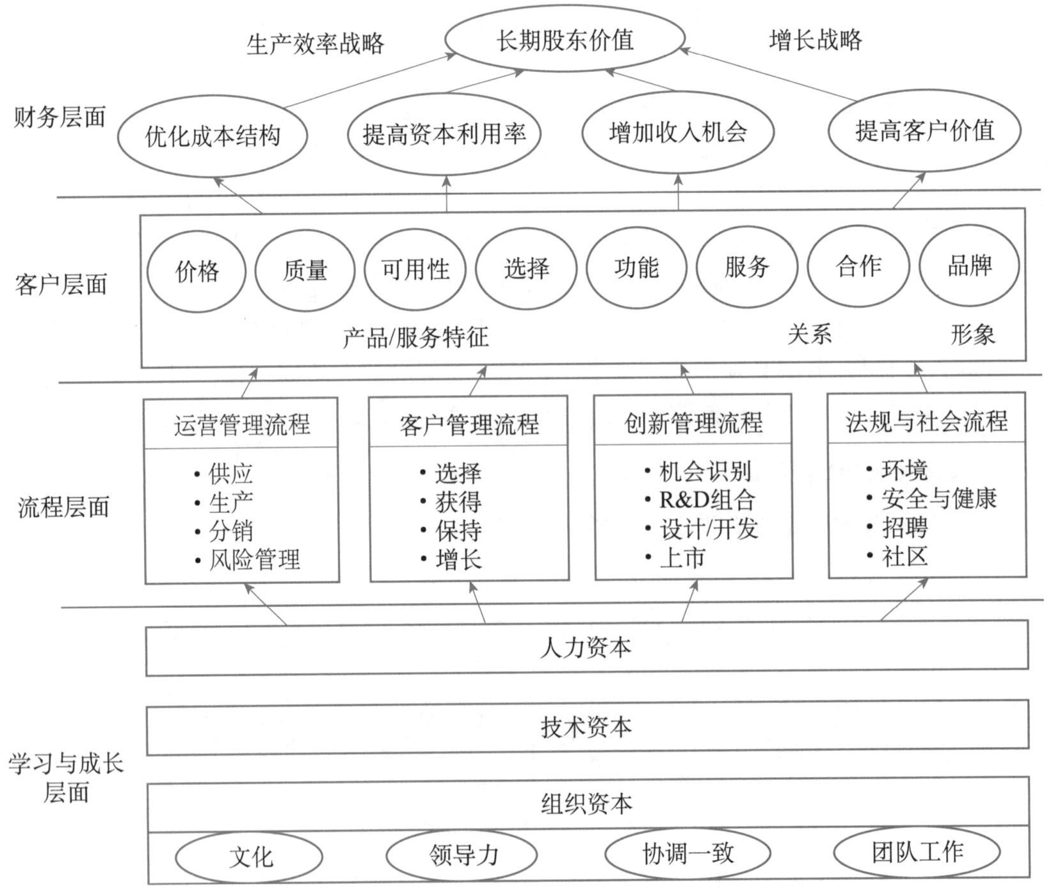

图 12 - 2　战略地图

资料来源：罗伯特 · 卡普兰，大卫 · 诺顿．战略地图：化无形资产为有形成果．广州：广东经济出版社，2005.

财务层面描述了公司财务方面的战略目标，其目标是实现长期股东价值。这一层面关注的是公司的经济效益和财务状况，通过关键财务指标如收入、利润、成本及投资回报率等，来评估公司的经营成果和创造股东价值的能力。这些财务绩效指标是股东和投资者衡量公司表现的重要依据，反映了公司战略执行的效果和经济效益的优劣。在财务战略层面，公司通常采取增长战略和生产效率战略。增长战略侧重于通过增加收入机会和提高客户价值来实现业务的快速增长，而生产效率战略则侧重于优化成本结构和提高资本利用率，以提升公司的盈利能力和竞争力。

客户层面关注的是如何通过提供优质的产品和服务来满足客户需求，进而实现财务层面的目标。客户对产品和服务的价格、质量、可用性、选择、功能、服务、合作以及品牌等方面有高度的关注，这些因素直接影响到客户的购买决策和忠诚度。基于客户的这些关注点，企业可以延伸出以下战略：1）总成本最低战略，即提供低成本的产品和服务，通过降低客户的全生命周期成本，包括购买、发现、分析和修正故障等费用，来赢得客户的青睐。2）产品领先战略，即提供令人高度满意的产品和服务，通过不断提升产品性能和技术含量，获得更高的市场溢价。3）全面客户解决方案战略，即企业不是仅提供单一的产品或服务，而是为客户提供一套完整的解决方案。这种战略强调系统组合的最优性，通过整合各种资源和技术，为客户提供更加便捷、高效的服务体验。4）系统锁定战略，即企业通过提高客户的转换成本，增加竞争对手的准入门槛，以及提高竞争品的替代成本，来增强客户的黏性和忠诚度。

流程层面关注的是为了实现客户层面和财务层面的目标，公司需要在内部运营和管理方面进行的优化和改进。这一层面的核心目的是为客户创造价值，匹配客户价值特性，并通过内部流程优化传递差异化价值主张和提高生产效率。具体而言，流程层面通常包括以下几个方面：1）运营管理流程：高效生产并向客户提供产品和服务。2）客户管理流程：建立并维护良好的客户关系。3）创新管理流程：开发新产品、服务、流程和关系。4）法规与社会流程：遵章守法，满足社会期望，建立繁荣社区。

学习与成长层面致力于将人力、技术和组织三者结合起来支持战略。通过不断积累无形资产，如员工技能、技术能力和组织文化，该层面有效驱动内部业务流程绩效的提升，在向客户、股东和社区传递价值时发挥最大的杠杆作用，支持财务、客户及流程三个层面战略目标的实现。

从战略地图的四个层面提炼关键成功因素（CSF），企业可清晰地确认这些因素之间的相互因果关系，最终支撑战略目标的实现。企业通过明晰这四个层面目标之间的因果关系来描述企业战略，从承接战略目标到制定具体战略行动，形成一条连贯的战略路径。

（3）从关键成功因素导出战略衡量指标。为了保证衡量指标的颗粒度，每个 CSF 对应的衡量指标数量一般控制在五个以内。筛选这些战略衡量指标的标准包括：1）战略相关性。指标要紧密围绕战略目标，并适应组织的业务特性，确保能够精准地反映战略意图。2）可测量性。指标要具备明确的测量基准，能够进行客观评估，并设定具体的量化标准。3）可控性。指标可通过组织努力确保可控，受不可抗力影响很小。4）可激发性。指标能用于激发员工改善绩效，全体员工愿意为提升这些指标付出努力。5）平衡性。指标之间的平衡性可按照平衡计分卡的维度进行检验，确保可以共同支撑战略目标的达成。

（4）确定年度业务关键措施和目标。这一步骤涉及将抽象的战略意图转化为具体的行动计划，是从客户和经营的角度出发，提炼出对业务过程或输出结果产生关键影响的业务特性，以凸显支持战略达成当年业务目标所需改进的关键点。在确定这些关键措施和目标时，企业需要综合考虑战略目标、市场环境、竞争态势以及内部资源和能力等多方面因素，同时还要确保这些措施和目标之间的协调性和一致性，以便形成合力，共同推动战略目标的实现。

（5）分解年度业务关键措施和目标。企业需要将业务行动计划和目标分解到下级部门，并从上至下对齐目标，确定各层级 KPI 的基线和目标值。为此，企业可以借助 TPM、CPM 和 BPM 等辅助工具来优化分解过程。其中，全量分解法（total productivity management，TPM）能够帮助企业对综合目标进行全面解构，确保分解目标能支撑全量目标。该方法强调上下分解指标的量纲保持一致，通常针对财经类事项，如收入、成本的分解。参数分解法（critical parameter management，CPM）侧重于寻找系统内部的关键参数，通过优化这些参数来推动系统特征的改善。它通常应用于研发产品类或原因、结果性事项的分解。流程分解法（business process management，BPM）以客户为中心，通过深入剖析业务流程中的 COPIS（customers，output，process，input，suppliers）关键环节，对目标和措施进行精细化的分解并导出项目，这种方法尤其适用于解决效率和周期类的问题。

（6）确定年度重点工作。年度重点工作是企业当年的核心实施措施，涵盖了具体的行动计划、阶段性目标、责任部门以及工作任务的优先次序。这些重点工作是基于年度业务行动计划和目标制定的，并通过一句话简明扼要地总结提炼，包括目标、负责人等信息。重点工作的目标主要承接战略举措的当年目标，通常以结果性指标为主，同时结合组织 KPI，从上至下进行结构化分解，确保各层级衡量指标及其目标值明确和一致。

二、战略实施计划体系与部门战略实施计划

1. 战略实施的计划体系

战略是一种计划，是一种较为抽象的长期计划，战略的实施需要依靠不同层次和不同形式的计划来推进。这些不同层次和形式的计划之间存在相互配合与强化的关系，从而构成了一个完整的战略实施计划体系，主要包括中间计划、行动方案、工作程序、预算及应急计划。

（1）中间计划。在形成战略实施计划体系的过程中，需要制订中间计划。中间计划一般有两种类型：一种是介于长期战略计划和行动方案之间的计划，有时又称中期或短期计划；另一种是介于不同层次的组织之间的计划，如介于总部和职能部门之间的事业部或子公司的计划。从企业战略的时间序列来说，中间计划的时间跨度一般是 1～2 年，制订中期或短期中间计划的目的是使长期战略在时间上阶段化，使整个战略实施变成一个既有阶段性又有连续性的过程。从企业战略的层次结构来说，制订中间计划的目的是使总部与具体运营单位之间在战略上可以衔接，从而使整个公司的战略变成一个有机的整体，这样各分公司和各部门中间计划实现了，则企业总战略也就实现了。在大型、多元化企业制定出企业战略以后，企业战略管理者要为其每一个具体的经营单位制订中间计划。虽然各个企业的中间计划在内容、时间、详细程度等方面有所不同，但其目的都是对企业战略的总目标进行分解或具体化。

以海尔集团为例，在集团总部制定出企业整体发展战略之后，它的业务发展战略要

通过中间计划变成对其各个业务部门的要求；各个分部的产品战略又要通过中间计划变成对该分部在世界各地的分厂的要求；各个分厂的战略再通过中间计划变成对其各个职能部门的要求。可以看出，计划就是提出实现目标的步骤和方法，而中间计划在战略实施过程中的作用就是将公司的战略承诺和目标变成对每一个战略经营单位及其部门的具体要求，是保证公司战略得以有效实施必不可少的组成部分。

（2）行动方案。行动方案是完成某一项具有战略意义的，通常有可能涉及跨年度和跨部门活动的具体安排，其中包括行动的目的、意义、内容、途径、资源配置、人员安排和进程设计等，其核心内容是活动的创意。行动方案通常由跨部门小组制订，需要多个部门共同努力完成。一般来说，如果企业战略中涉及下列行动，那么制订具体的行动方案就是必要的：1）上市；2）并购；3）搬迁；4）新建；5）综合性管理活动，如通过质量体系认证工作等；6）技术或管理改造，如工厂自动化或者采用新的信息管理系统等。

（3）工作程序。工作程序主要包括工作步骤、岗位职责、工作方法和具体要求等内容。为了保证战略实施的有效性和高效率，企业战略管理者需要为几乎所有的重要工作制定工作程序，尤其是那些需要跨部门协调的复杂性工作。例如，企业新产品开发工作、零配件采购工作、投资决策工作、重大的广告促销工作等都需要有明确和科学的工作程序指导。

（4）预算。预算作为一种以货币语言陈述的计划，是在预测和决策的基础上，围绕企业战略目标，对特定时期内企业资金的取得和投放、各项收入和支出、企业经营成果及其分配等资金活动所做出的具体安排。中间计划、行动方案和工作程序编制完成之后，企业内部所有经营单位和职能部门的工作计划与职责就已经基本确定，在此前提下，企业内部的各个职能部门需要根据企业年度计划做出各种经营预算（有时也许是跨年度的预算），包括销售预算、营销预算、生产预算、采购预算、研发预算、人力资源预算、融资预算，也需要针对一些重大的投资、技术改造、产品开发活动做出预算。预算过程就是资源分配的过程，各个经营单位和职能部门会在预算过程中对每项活动的必要性、投入产出的效果以及参与活动的各个单位与部门的职责进行反复讨论和协商。因此，预算过程就是落实战略和计划的过程，也是整合企业内部行动的过程。企业内部各个经营单位和职能部门围绕预算所进行的沟通将会大大促进企业内部资源与行动的一体化。不仅如此，企业战略管理将预算过程看作一种促进和提升企业一体化的工具，而不仅仅是一种计划方式。

（5）应急计划。应急计划是企业战略管理者在某些关键事件没有按预期发生时采用的替换计划，是企业战略实施计划体系中重要的有机组成部分。无论企业战略的制定、实施和评价如何细致精确，诸如原材料涨价、政府的新规定、竞争对手的新战略等不可预测的事件都可能发生，并使预设的企业战略目标变得难以实现。为了减少这种潜在威胁的不利影响，企业需要事前形成应急计划机制，以避免某些重大威胁始料未及、突然出现而不知如何应对。值得注意的是，企业高层管理者不应该也不可能为每一个可能发生的事件制订应急计划，而只是针对那些可能对企业造成重大损失的意外事件制订应急计划。

应急计划也应该按照正式计划的要求来制订，以便在需要时能够及时地发挥作用。一般来说，有效应急计划的制订需要以下六个步骤：1）找出可能影响企业战略的有利或不利事件或变量；2）规定在什么条件下应该采用应急计划；3）评价每一突发事件可能产生的影响，预测其好处或坏处是什么；4）制订应急计划，要保证应急计划与现行战略的相关性和可行性；5）评价各种应急计划之间的相互影响，了解应急计划会对利用机会或减少损失产生什么影响，只有这样做才能确定应急计划的潜在价值；6）突发事件发生之前一般都有预警信号，企业高层管理者可以在观察到相关预警信号之时，在宝贵的时间窗口内立刻重审和优化应急计划。

2. 企业战略目标与经营管理活动重点的衔接

企业战略目标必须通过企业经营活动、管理活动才能实现，企业经营目标体系构成了战略目标与经营管理活动有效衔接的中间目标，因此，企业需要形成经营目标体系，在这一形成过程中，战略管理者需要全面权衡、协调企业关于财务、客户、研发和管理等多个维度，将战略目标分解为不同战略实施阶段的经营管理目标，延伸到年度经营管理目标，并进一步细化为各个经营单位的经营目标和职能部门的管理目标。通过战略目标的分解、细化，高层管理者的职责被明确界定，以确保对战略方向的正确引领；各业务单位和职能部门的阶段性以及年度目标已经明晰，在此基础上，针对年度经营目标和管理目标进一步分解、细化，企业中低层管理者甚至操作层面员工的工作方向、重点、个人职责已经清晰，各项经营活动、管理活动的重点工作通过经营目标体系与企业战略目标有效关联，在各种经营管理活动的战略意义得以彰显的同时，企业战略目标得到了层层落实。比如，华为在明确启动实施5G战略之后，就将年度目标任务分解到各个业务板块，每个业务板块的目标构成了集团总目标中的一部分，不仅如此，各个业务板块在制订年度计划后，还需要将目标进一步分解为业务板块的各项经营管理活动的相关事项，为职能活动、业务活动有效承接年度目标提供了行动指南。

一般而言，企业战略目标可分解为以下具体部门的目标：

（1）人力资源管理目标。关键在于招聘、培训、激励和留住精英人才，这涵盖了制定精准的人力资源规划、实施高效的招聘策略、设计系统的培训计划以及建立激励人心的机制，确保员工具备必要的技能与热情，为组织的长远发展贡献力量。

（2）财务管理目标。其核心在于确保组织财务稳健，包括制定财务规划、严格控制成本、监督预算执行情况以及处理财务报表等，通过有效的财务管理，为组织盈利和可持续发展奠定坚实基础。

（3）市场营销管理目标。重点在于制定市场营销策略，包括明确产品定位、目标市场选择、促销手段等，通过有效的市场营销，提高组织的知名度和市场份额，吸引和留住客户。

（4）运营与供应链管理目标。旨在确保组织运营流程的高效与顺畅，包括合理规划生产计划、库存管理、物流配送等，通过优化供应链管理，降低成本并提升客户满意度。

（5）风险管理目标。涉及识别、评估和管理组织面临的各种风险，包括市场风险、财务风险、技术风险等，通过制定风险应对策略，降低潜在损失，确保组织稳定发展。

（6）信息技术管理目标。旨在运用信息技术提高组织的运营效率和管理水平，包括信息系统规划、软件开发、网络安全等。通过有效应用信息技术，组织能够更快速地响应市场变化，提升组织竞争力。

（7）企业文化与团队建设目标。目的在于塑造积极向上的企业文化，激发员工的归属感和创造力，加强团队建设，提高员工之间的协作能力和凝聚力，为组织持续发展注入强大动力。

3. 部门战略实施行动计划

部门战略实施行动计划是指为了实现企业的战略目标，针对特定部门或业务单元所制定的具体执行计划。这个计划详细描述了部门或业务单元在未来一段时间内需要完成的任务、目标、资源分配、执行策略以及相应的时间节点。它是对企业战略目标的进一步细化和具体化，确保部门或业务单元的工作与企业的整体战略方向保持高度一致。制订部门战略实施行动计划是一个复杂且涉及多层面员工的过程，以下是一个基本的框架，可以帮助中层管理者制订与企业战略目标相契合的部门战略实施行动计划，如图 12－3 所示。

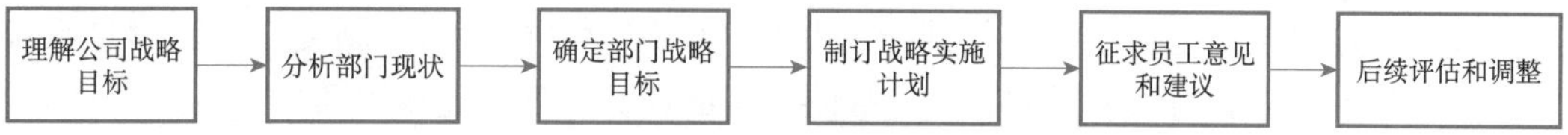

图 12－3 制订部门战略实施行动计划基本框架

（1）理解公司战略目标。为了制订部门战略实施行动计划，部门管理者首要之务是全面、深入地理解公司的战略目标。这涉及部门管理者必须对公司战略愿景、使命、长远规划及当前战略焦点进行透彻把握，通过与高层管理者的沟通、参加相关会议以及研读相关文件，确保自身对公司战略目标的认知清晰明确，并能够将具体的工作任务准确传达给员工，这是制订部门战略实施行动计划的逻辑起点与前提。

（2）分析部门现状。在明确理解公司战略目标后，部门管理者需要对部门现状进行深入分析和评估。包括考察部门的业绩表现、能力水平、资源状况，辨识潜在的优势与不足。同时，还需要关注部门与外部环境的互动，如市场趋势、竞争对手动态以及客户需求变化等。部门与公司其他部门的关系也应该给予必要的关注。

（3）确定部门战略目标。在分析了部门现状之后，部门管理者需要结合公司战略目标，为部门设定明确、具体的战略目标。这些目标应具备可衡量性、可达成性，并与公司整体战略保持高度一致。

（4）制订战略实施计划。为了实现部门战略目标，部门管理者需要制订具体的战略实施计划。包括确定关键任务、合理分配资源、设定明确的时间节点等。战略实施行动计划应紧紧围绕部门战略目标展开，并充分考虑部门的实际情况和能力。

（5）征求员工意见和建议。在制订战略计划的过程中，部门管理者需要积极征求员工的意见和建议。员工是具体职能部门工作的直接执行者，他们的意见和建议对于制订更加贴近实际、具有可操作性的战略计划非常重要。

（6）后续评估和调整。战略计划不是一成不变的，在实施过程中，部门管理者需要定期对战略计划的执行情况进行评估，并根据实际情况进行灵活调整。包括定期审查部门业绩、分析市场动态、调整资源分配等。通过持续的评估和调整，确保部门战略计划始终与公司战略目标保持高度契合。

通过以上步骤和活动，部门管理者能够制订出全面、系统且可操作的战略实施行动计划，在确保部门战略目标与企业战略目标一致的基础上，为部门的行动提供具有操作性的工作指引。

第 2 节　战略实施保障体系的构建与管理

如果说战略实施计划体系的构建与运行为战略实施行动提供了方向和具体的行动指引，企业战略实施计划能否得到有效贯彻，还高度依赖企业战略实施保障体系的构建和运行，这个体系旨在确保企业战略目标与日常运营活动紧密结合，通过适当的治理结构为战略及战略实施计划提供合法性保障，为各个层次经营主体、各个职能部门按照计划展开相关管理活动提供组织保障，为不同经营管理活动展开提供制度流程指引，为政策、计划、指令以及实施进程中相关数据提供信息传递载体，为参与战略实施活动的全体员工提供思想共识与文化引导，正是基于这些治理结构、组织架构、制度流程、信息系统与企业文化等多方面的管理活动，企业战略实施的相关计划方能得以落地。

一、治理结构

企业在经营环境动态性、不确定性、复杂性和模糊性的影响下，无论事前、主动和理性制定的战略多么科学与精密，企业战略管理者在战略实施的过程中总会面对出现的各种新机会与新威胁，总是需要基于情境变化做出一些事中、被动和博弈性的决策。虽然这些决策大部分属于反应性的战术性或策略性决策，但仍然有可能因为情境变化对企业健康发展产生长期影响，从而导致战略计划甚至战略承诺的改变。因此，在战略实施过程中，企业需要针对具体情境不断地进行考量，既要避免频繁地转换战略导致发展方向迷失，又要适时地把握新环境特征下的战略机会，其中涉及不同层次、不同类型的决策，这些决策究竟由哪些决策主体依照怎样的原则展开，属于典型的公司治理结构范畴。换句话说，公司治理结构不仅是公司战略形成过程的重要基础，也是战略实施过程中的关键保障。它涉及企业战略实施的顶层设计和决策机制。通过对企业的董事会、高层管理团队、监事会等机构的职责和权力的设置，对不同性质的决策及相关程序的界定，为决策的科学性和合理性提供基础性保障。

首先，治理结构能够对何种决策需要何种主体和适用于何种机制、程序做出明确的规定，为战略实施过程中的决策提供清晰的指导。不仅如此，它还对董事会、管理团队以及一线骨干员工在不同类型决策中所发挥作用的范围与方式做出制度性安排，为战略实施进程中及时和有效地解决各种问题提供制度保障，确保各级人员能够按照既定规则行事，形成合力推动战略实施。

其次，治理结构中的监督机制能够及时发现并纠正战略执行过程中的偏差，防止内部人控制和利益输送等问题，提高战略执行的透明度和公信力。通过加强内部审计、风险评估和合规管理等工作，企业可以确保战略实施始终沿着正确的轨道前进，避免因偏离方向带来风险。

即使在制度设计上明确了不同类型战略实施问题的决策机构和决策原则，战略实施进程仍可能遇到一些非程序性决策的问题。这种情况下，尤其需要通过对战略实施过程的有效领导来凝聚战略共识，营造有利于战略实施的氛围。因此，战略实施的领导也是构成治理结构的重要组成部分。

当然，治理结构的构建与完善是一个持续深入的过程，涉及多个层面和维度的优化，企业战略管理者在构建治理结构时，应着重关注以下方面的工作：

（1）增强董事会的战略决策能力。董事会作为企业的最高决策机构，其成员应具备战略视野和决策能力，对企业长远发展和竞争环境有深入的理解。通过引入具备战略视野和专业知识的董事，特别是独立董事，能够显著增强董事会的独立性和决策质量。同时，定期培训和研讨活动有助于董事会成员不断更新战略思维，紧跟行业和市场的发展步伐。

（2）优化监事会的监督职能。监事会应加强对企业战略实施过程的监督，确保战略计划的执行符合法律法规和企业章程，并与内部审计部门建立紧密的联动机制，实现对战略执行情况的全面把控。同时，监事会应定期评估战略实施的成效，及时向董事会报告，并提出必要的改进建议。

（3）完善信息披露和沟通机制。治理结构的有效性在很大程度上取决于信息的透明度和沟通的顺畅性。企业应建立完善的信息披露和沟通机制，保持与股东、员工和社会公众的及时沟通，定期披露战略实施情况、经营成果和风险状况等信息，增强企业的透明度和公信力。同时，加强内部沟通渠道的建设，确保各级员工能够充分了解企业战略意图和要求，形成协同推进战略实施的强大合力。通过这些措施的综合运用，企业能够构建更加健全和高效的治理结构，为战略实施提供坚实的保障。

二、组织架构

企业战略实施不仅需要将战略目标分解并落实为具体经营管理行为，还需要一系列配合战略实施进程的活动，这两类活动的展开都离不开一个合理有效的组织架构作为载体。在战略实施的过程中，企业需要针对战略实施过程的相关活动，结合企业经营管理活动构建起相应的组织架构。针对战略宣传、战略目标分解、战略实施过程的资源配置、战略实施阶段的绩效监控、战略调整等活动，指定人员负责相关活动，并通过相应的组织架构将相关人员组织起来，包括战略实施领导小组、战略实施工作小组等，为战略实施中相关人员有效开展活动提供必要的组织依托。在企业战略管理实践中，战略实施组织架构内的主要负责人员往往就是企业经营管理活动的主要负责人，这样能更有效地将企业战略实施落实为企业经营管理活动，使企业战略实施的进程更为顺畅。

企业战略实施组织架构具有如下重要作用：1）明确责任与权力。通过明确的组织架构，可以清晰地界定各个部门和员工的职责和权力，确保战略实施过程中的责任落实和权力分配。2）提高决策效率。合理的组织架构可以缩短决策链条，提高决策效率，确保战略决策能够迅速转化为实际行动。3）促进沟通与协作。有效的组织架构能够促进各部门之间的沟通和协作，形成合力，共同推进战略实施。4）激发员工积极性。通过合理的组织架构设计，可以激发员工的积极性和创造力，为战略实施提供有力的人才支持。战略实施的组织架构是确保企业战略得以有效执行和落地的关键。一个完善的战略实施组织架构至少应该包括两个层面：战略实施领导机构和战略实施工作机构。

1. 战略实施领导机构

战略实施领导机构是战略实施组织架构的顶层，主要职能在于明确战略方向，监督战略实施进程，对战略实施进程中的方向性调整和部门协同提供解决方案。战略实施领导机构的组成应以企业高层管理人员为主，包括外部聘任咨询人员和部分中层管理者。华为的战略管理机构中设置了战略与发展委员会，专门负责审议公司整体中长期战略规划的指导方向，评审各职能部门的战略目标与业务设计、关键任务及策略、重点工作、KPI 方案及目标值，定期审视公司战略专题、重点工作的达成情况以及年度业务执行情况等。

值得注意的是，企业领导者或 CEO 担纲的领导小组不仅体现了高层对战略实施的重视，更重要的是体现了高层为战略实施进程中达成战略共识和解决困难的决心，并为战略实施中解决部门之间矛盾冲突提供了足够的权威性。例如，在数字化转型浪潮中，企业纷纷设置首席信息官（CIO）、首席技术官（CTO）、首席数字官（CDO）来构建数字化战略领导组织，试图凝聚战略共识、坚定战略承诺，统一全员对数字化的认知和思维模式。除了企业高层管理人员，领导机构中也应该吸纳一些中层管理人员。

2. 战略实施工作机构

与战略实施领导机构不同，战略实施工作机构主要负责战略实施过程中一些具体的事务性工作，为战略实施领导机构决策和管理活动提供必要信息，将战略实施领导机构的相关决策转化为具体的企业经营管理实践，监督战略管理实施过程并及时将相关信息传递给战略领导机构。战略实施工作机构的构成人员往往主要是企业中层管理人员，包括业务单位和职能部门的负责人，并由一个同时属于战略实施领导机构的企业高层管理人员牵头，以保证领导机构与工作机构沟通顺畅。绝大部分企业战略实施的组织并未成立一个独立的管理部门，而是在企业原有的职能或经营活动部门的基础上，由企业高管牵头整合相关人员形成专门的工作团队。这种组织形式既能够有效地把控战略实施进程，又有助于战略实施与经营管理活动同步有效地展开。华为在其 5G 战略实施中，设置了 5G 研发部门、全球销售与市场部门、网络部署与服务部门、标准与合规部门等多个战略实施工作机构来确保 5G 技术的研发、推广和商业化应用顺利进行。这些机构在华为的组织架构中扮演着关键角色，推动华为的 5G 战略在全球范围内实施。

如果没有相应的资源配置，组织架构就是一个空架子，并不能为战略实施提供足够的人财物支持。因此，战略实施活动的组织还需要相应的资源配置以及对相关资源中最重要的资源——员工进行有效激励。通过制定合理的绩效考核和激励机制，企业可以激发员工的积极性和创造力，推动他们更好地参与战略实施工作。同时，建立约束机制，对战略实施过程中可能出现的违规行为进行监督和约束，确保战略实施的规范性和有效性。只有这样，资源才能依照战略实施的需要配置到相应的组织框架之内，员工也才能被战略目标导向的激励机制激发参与热情，相关资源被激活，战略实施也因此得到了必要的组织与资源保障。构建与战略实施相适应的组织架构是一个复杂而重要的任务。企业需要综合考虑灵活性、跨部门协同、激励约束以及持续优化等方面，设计出能够支撑战略实施的高效组织架构，为企业的长远发展奠定坚实基础。

三、制度流程

战略实施的治理结构为推进战略实施提供了治理活动的合法性，而战略实施的组织架构则为相关战略实施活动与企业经营管理活动的展开提供了载体，但相关活动按照怎样的规则展开，还需要相应的程序与政策来规范。为了保证企业战略在实施过程中既不偏离既定的战略方向，又能够在应对环境变化中表现出速度和创新性，企业必须制定战略实施的制度流程。

制度流程不仅为战略实施提供了明确的规范和操作指南，而且是保障战略执行一致性和规范性的关键，能够使企业战略管理者在战略实施过程中做到取舍清晰、承诺坚定、决策科学、计划周密、行动迅速、富于创新。一方面，制度流程可以确保企业战略在各个层面和环节上的一致性和规范性。通过明确的行为规范和操作要求，制度流程可以消除员工之间的理解差异和执行偏差，使企业各项工作都能够按照统一的标准和要求进行。另一方面，制度流程可以降低战略执行过程中的风险和成本损失。通过规范的操作流程和风险控制机制，企业可以有效地防范各种潜在风险和问题，确保战略实施平稳和顺利。

随着经营环境的不断变化，企业战略实施过程越来越需要强调恰当性，强调行为管理及授权，但这并不意味着战略实施过程可以任意忽视核心价值理念，也不意味着计划管理和控制等管理活动的重要性下降。重要的是，在特定决策情境下，企业战略实施过程对于类似“哪些需坚守，哪些可调整”的具体问题，需要遵循一系列规范的制度流程来做出选择，从而保证坚守或调整的适当性。

此外，企业战略实施活动具有自身的逻辑，要按照相应的程序政策来组织相关活动。这些程序与政策常常以一种公司内部规章制度来体现，具体内容包括为战略实施确定行动指南，为形成战略共识、减少冲突所规定的一致性原则，为构建有利于推进战略实施的相关政策等。这些程序和制度性安排，为规范战略实施行为提供了重要的制度保障。例如，华为公司引入并实施了集成产品开发（IPD）流程，这是一套系统性的产品开发流程和方法论。IPD 流程明确了产品开发过程中的各个阶段、任务、角色和职责，确保产品开发的规范性和高效性。通过 IPD 流程的实施，华为能够更快地将创新技术转化为市场竞争力强的产品。

四、信息系统

无论是战略实施的治理结构，还是相关战略实施活动的组织，以及相关制度流程的传播与运用、企业政策的形成与实行，都需要依赖强大有效的内部管理系统，包括财务管理系统、人力资源管理系统以及经营活动管理系统。这些系统有效运行的重要基础就是信息系统，随着企业经营环境的不断变化和信息技术的迅猛发展，信息系统在数据支持、决策依据、信息共享和沟通协作等方面发挥着越来越重要的作用。

首先，高效的信息系统能够为企业提供及时、准确的数据和信息支持。在战略实施过程中，管理者需要全面掌握市场动态、客户需求以及内部运营情况等信息，这些信息是制定和调整战略的重要依据，也是评估战略执行效果的关键指标。信息系统通过集成各种数据源，实现数据的实时采集、分析和展示，为管理者提供了便捷的信息获取途径，使其能够迅速把握战略实施的动态和关键指标。

其次，信息系统有助于促进企业内部的信息共享和沟通协作。在传统的企业管理模式中，部门之间往往存在信息孤岛和壁垒，导致信息传递不畅、协作效率低下。信息系统通过构建统一的信息平台，打破了部门之间的信息壁垒，实现了信息的实时共享和高效传递。这不仅加强了部门之间的沟通和协作，而且使得企业能够形成合作紧密和高效的工作团队，共同推动战略实施。

此外，信息系统可以作为战略实施进程中信息资源配置工具，凸显战略意图。企业可以根据战略目标和业务需求，通过信息系统对信息资源进行合理配置和优化，确保关键业务得到充分支持和保障。这有助于企业更好地实现战略意图，提升整体竞争力和市场地位。

更重要的是，强大的信息系统是企业突破管理者有限理性约束的重要工具。管理者在决策过程中往往受到自身经验、知识和认知能力的限制，容易出现决策失误或偏差，而信息系统通过提供大量、客观的数据和信息支持，帮助管理者拓宽视野、增强认知能力，从而做出更加科学、合理的决策。随着信息技术快速发展及广泛运用于经济活动，数字信息已经被视为企业经营成败的关键生产要素，信息系统在企业构建核心专长过程中发挥着越来越重要的作用，在战略实施过程中的重要性也越来越明显。本章导入性案例企业华为的信息系统不仅支持公司的财务管理、人力资源管理和经营活动管理等多个系统，还通过提供及时、准确的数据和信息，帮助公司在市场竞争中保持领先地位。这种优势使得华为在面对外部挑战和危机时能够迅速做出反应，调整战略方向，确保企业稳定发展。因此，信息系统也作为战略实施保障体系的重要组成部分。

尽管信息系统在战略实施中扮演着举足轻重的角色，但企业引入和整合先进的信息技术工具、充分发挥信息系统在战略实施方面的作用并非易事。这需要企业投入大量的资金和时间，并可能面临技术更新迅速、人才培养滞后等挑战。为此，企业需要采取一系列措施来确保信息系统的有效利用和高效运行。

（1）明确信息系统战略定位。企业需要清晰地定义信息系统在企业战略中的位置和作用。包括明确信息系统如何支持企业的业务目标、战略方向和核心专长。通过明确信息系统的战略定位，企业可以更有针对性地规划和部署信息系统，确保其与企业战略一致。

（2）制定全面详细的信息系统规划。企业应制定一个全面而详细的信息系统规划，包括硬件和软件的选型、网络架构的设计、数据管理和安全策略等。在规划过程中，需要充分考虑企业的业务需求、技术发展趋势以及成本效益等因素，确保信息系统的建设和运行能够满足企业的实际需要，并支持战略目标的实现。

（3）先进信息技术的引入与利用。引入与利用先进的信息技术工具，如企业资源规划（ERP）、客户关系管理（CRM）、供应链管理（SCM）等，能够显著提升企业的运营效率和决策能力。这些工具通过集成和优化企业的各项业务流程，实现信息的实时共享和高效利用，从而帮助企业更快速、更准确地响应市场变化，提升整体竞争力。

（4）强化数据管理和分析。数据是信息系统的核心，企业需要建立完善的数据管理和分析体系，包括制定数据标准、建立数据仓库、进行数据挖掘和分析等。通过对业务数据进行深入挖掘和分析，企业可以实时掌握战略执行情况，发现潜在的问题和机会，为科学决策提供有力支持。同时，这些数据还可以用于评估战略实施的效果，为战略调整和优化提供依据。

（5）促进信息系统与业务流程的融合。信息系统应与企业的业务流程紧密融合，实现业务流程的自动化和智能化。为了实现信息系统与业务流程的融合，企业需要对现有业务流程进行梳理和优化，将信息系统嵌入业务流程中，实现信息的实时共享和高效利用。同时，企业还需要关注信息系统的可扩展性和灵活性，以适应业务变化的需要。

（6）加强信息安全保障。信息系统涉及企业的核心数据和业务，因此在信息系统建设和运行过程中，企业需要高度重视信息安全和风险控制。企业需要建立完善的信息安全保障体系，包括制定信息安全政策、建立防火墙和入侵检测系统、定期进行安全检查和漏洞修复等，确保信息系统的稳定运行和数据安全性。同时，企业还应加强对员工的培训和教育，提高他们的信息安全意识和技能水平。

（7）培养信息化人才队伍。企业需要培养一支具备信息化知识和技能的人才队伍，包括 IT 专业人员和业务人员。通过培训和教育，提高员工的信息化素养和技能水平，使其能够更好地运用信息系统支持企业战略实施。此外，企业还应加强与高校和研究机构的合作，引进和培养高素质的信息化人才。

在构建信息管理系统时，企业需要充分考虑自身的实际情况和需求，制定合理的技术引入、整合与管理策略。同时，加强人才培养和团队建设，企业需要培养一支具备信息技术和战略管理能力的复合型人才队伍，为战略实施提供有力的人才保障。

五、企业文化

企业文化是战略实施的精神动力和文化引领，其重要性不容忽视。企业文化由企业内部的共同价值观、根深蒂固的态度、决定公司行为规范的企业传统、可接受的工作实践和运营风格等构成，不仅是企业战略制定的重要资源基础或约束条件，更因为其对组织与员工在思维方式、核心价值观、行为方式具有重大影响甚至决定性作用，对战略实施具有极为重要的影响。

企业文化与战略定位之间是否适配，将影响战略能否得到有效实施。与企业战略定位适配程度高的企业文化将通过达成战略共识、强化部门之间以及员工之间的配合，加快战略实施的进程。首先，与战略相匹配的企业文化可以激发员工的积极性和创造力。通过培育和传播积极向上的企业价值观和行为准则，企业可以引导员工形成正确的职业观念和工作态度，为战略目标的实现贡献自己的力量。其次，与战略相匹配的企业文化可以增强企业的凝聚力和向心力。通过共同的价值观和行为规范，员工可以更加紧密地团结在一起，形成强大的团队合力和战斗力。这种凝聚力和向心力是企业战胜困难、实现战略目标的重要保障。因此，企业文化构成了战略实施的基础性保障。在构建战略实施保障体系时，需要构建与企业战略相契合的企业文化和价值观体系，培育和传播与战略相一致的企业文化，营造有利于战略实施的企业氛围。

构建与企业战略相契合的企业文化和价值观体系，并引导员工的行为和决策，是一项长期而艰巨的任务。企业文化和价值观的形成是一个复杂的过程，需要企业领导层坚定决心和持续努力。同时，让员工对战略具有认同感和归属感也需要时间和耐心。为了确保企业文化和价值观与战略目标高度契合并深入员工心中，企业在构建和推行企业文化体系时，需要采取一系列系统性和持续性的措施。

（1）明确并强化战略与文化的关联。战略应该与公司的核心价值观和使命相一致，文化则应该支持战略的实施。通过明确这种关联，可以确保文化氛围与战略目标一致。

（2）制订文化建设计划。企业应制订一份详细的文化建设计划，明确文化建设的目标、步骤和措施，确保文化建设工作有序、有效地进行。该计划应该与公司的战略目标和价值观相契合，确保文化氛围的营造与战略实施相协调。

（3）领导者示范与引领。领导者在公司文化建设中扮演着至关重要的角色。领导者应该通过自身的言行举止，积极践行公司的价值观和战略要求，展示对战略和文化的坚定支持和承诺。此外，领导者还应积极参与文化建设活动，与员工共同推动文化氛围的形成。

（4）员工参与和沟通。企业应建立有效的沟通机制，鼓励员工积极参与文化建设过程，并建立良好的沟通机制。通过定期的员工大会、部门会议、团队讨论等形式，让员工了解文化建设的进展和重要性，加强员工之间的交流和合作，促进文化氛围的深入发展。同时，积极倾听员工的意见和建议，使文化建设更加贴近员工的实际需要。

（5）培训与教育。培训和教育是提升员工对战略和文化认知的重要途径。企业应提供与文化建设相关的培训和教育，帮助员工理解公司的战略目标和价值观。通过培训，员工可以更好地理解公司的期望和要求，形成与战略相匹配的思维方式和行为习惯。

（6）持续监测与调整。企业应定期对文化建设的效果进行监测和评估，了解员工对企业文化的认同度和实施效果。同时，根据市场环境和公司战略的变化，适时调整文化建设的方向和重点，确保企业文化始终与战略目标高度契合。

通过这些措施的实施，企业可以逐步构建起与战略目标高度契合的企业文化和价值观体系，引导员工的行为和决策，提高他们对战略目标和战略措施的理解和认同，从而推动战略的有效实施。

以上关键性组成部分并非单独产生作用，而是通过相互影响和嵌入产生协同作用。某一因素不仅对企业战略实施的行动产生直接影响，而且会通过对其他因素产生作用而发挥间接性影响。例如，企业文化中的组织惯例，对员工的观念系统与思维方式、制度流程的形成及作用、组织架构设计与运作，甚至对信息系统的建构都具有重要的影响。对于华为公司而言，在发展历程中逐步积淀的企业高绩效文化和创新性文化，也嵌入了战略实施保障体系的方方面面，并受到其他因素的影响。因此，如图 12－4 所示，企业战略实施保障体系的关键因素之间相互影响，共同作用，使得战略实施保障体系成为一个具有自治功能的系统。

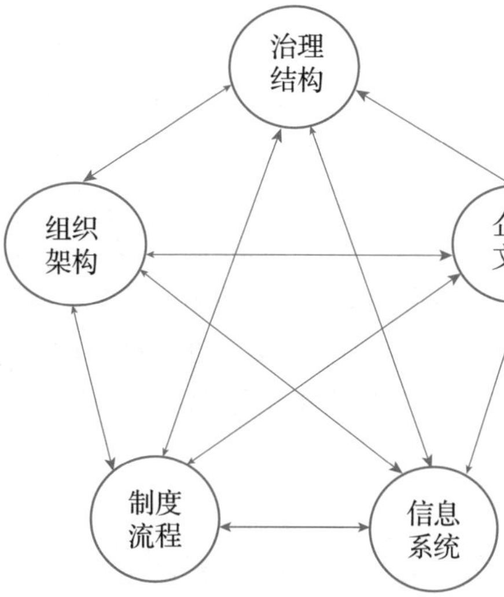

图 12-4　企业战略实施保障体系

第 3 节　战略实施控制体系的构建与管理

本章前两节就战略实施计划体系与战略实施保障体系分别进行了介绍，值得注意的是，在企业战略实施管理过程中，两者并非彼此独立，而是相互依存、互为前提的管理活动。一方面，战略实施计划体系的构建与运行，在为企业各层次的业务部门和职能部门围绕着战略目标展开经营管理活动提供了方向与行动指引的同时，也对战略保障体系的设计和运行提出了目标，构成了战略实施保障体系构建与运行的行为指引。另一方面，战略保障体系的构建与运行，为战略实施计划设定的相关行动提供了思想认识、组织架构、制度流程、信息传递载体等多维度的支撑，为战略实施计划体系的构建和运行提供了必不可少的思想基础、组织基础、制度基础和其他资源基础。通过两大体系相互作用，企业战略目标方能在必要的保障条件下通过计划转化为经营管理活动而得以实现。

由于战略实施所面临的外部环境变化以及企业自身资源能力的不断演化，企业越来越需要直面如下可能的现实情境：首先，外部环境出现始料未及的剧烈变化而使得原有战略失去适宜性；其次，企业内部资源能力的变化导致原有战略已经不具备可操作性；最后，利益相关者对企业的期望出现重大变化，导致原有战略的合法性基础也受到挑战。战略管理者需要基于这些情境带来的挑战做出必要响应，针对企业战略定位或者战略实施路径进行适应性调整。

在大部分情况下，企业只需要针对正在实施的战略在实施路径方面进行微调；少数情况下，企业可能因为原有战略受到变化的挑战比较大，因而需要对战略方向及战略实施路径进行多方位调整；极端情况下，企业可能同时遭遇到适宜性、可操作性、合法性三方面剧烈变化带来的一连串冲突，企业核心专长的形成、维持与作用发挥受到巨大挑战，甚至企业长期赖以存在的理由都受到质疑，此时，企业需要通过彻底的战略转型方可重新获得适宜性、可操作性和合法性，显然，这是一个难度极大、充满风险的过程。

总之，由于企业战略实施过程中面临着外部环境、企业资源能力以及相关利益集团期望的变化，试图通过加强战略选择的科学性，强调战略实施的严格性来实现企业战略目标，已经受到了越来越严酷的约束，这种情境在“乌卡环境”下尤为明显，战略目标的实现不仅需要制定正确的战略并持续推动，更需要对战略实施过程进行有效评估、控制、调整与优化。战略管理大师亨利·明茨伯格在其《战略过程：概念、情境与案例》一书中指出“战略、结构和系统混为一体，共同影响最终的结果”，强调应该对战略过程给予高度重视（见战略聚焦12-1），由此可见，出于对战略过程进行必要的关注，企业战略实施控制体系的构建与管理也就成为战略实施管理活动中越来越重要的一个组成部分。

战略聚焦12-1

深入、有效地理解战略过程的内涵

战略制定没有“最佳方法”可循，也没有“最优的组织形式”。不同的形式适用于不同的情境。我们认为，只有系统探讨更加全面的组织形式，才能深入、有效地理解战略过程的内涵。

这个世界本来就充满了矛盾。真正的危险是用一个看似完美的方案解决存在细微差异的现实问题（即生搬硬套），而不在于从不同的角度思考和解决问题。有效的战略家懂得正视矛盾，愿意分析矛盾的前因后果，并且协调处理矛盾，以便采取有效行动。

我们离开理论的指引将会失去方向，但盲目地接受理论也一样会受到误导。套用约翰·梅纳德·凯恩斯的话来说，大多数“务实主义者”都是某种不复存在的理论的奴隶。无论我们是否意识到这个问题，我们的行为都会受到自己多年来内化的思想体系的指引。如果我们将这些思想体系展开分析，更加深入地审视它们，并且与其他世界观比较——基于系统调查（即研究）的思想体系，我们将受益匪浅。

战略并非先制定，后实施。

通常假设战略是先制定、后实施的，而组织结构、控制系统等都跟随于战略之后。但现实情况是，战略的制定和实施过程相互交织、交相辉映，而政策、价值观、组织文化、管理风格决定或限制着实际的战略决策。战略、结构和系统混为一体，共同影响最终的结果。战略制定和实施在某些情境中可能彼此分离，比如在危机、某些全新的风险以及面临可期未来的组织中，但这些事件不具有代表性。

资料来源：约瑟夫·兰佩尔，亨利·明茨伯格，等．战略过程：概念、情境与案例：原书第5版．北京：机械工业出版社，2017.

战略实施控制体系的作用体现为：在战略实施推进的过程中，监测和评估企业为达到战略目标所进行的各项活动的进展情况，全面评价战略实施后的绩效，将其与既定的战略目标和绩效标准相比较，识别差距并分析产生偏差的原因，进而采取相应措施及时调整以纠正偏差，从而确保企业战略得以有效实施。在战略实施的过程中，企业可能会遭遇各种突发情况和挑战，这些危机事件可能对战略的推进产生重大影响，甚至可能导致战略失败。因此，企业必须具备危机识别能力，及时发现潜在的风险和危机，通过相应的应急管理，保证将危机对企业战略实施的冲击控制在一定范围之内。

战略实施评价与控制以及应急管理活动在战略实施中相辅相成。前者为应急管理提供了持续监测和评价的机制，确保企业能够及时发现和应对危机。后者则是对战略评价与控制的一种补充和强化，它要求企业在面临危机时能够迅速、灵活地调整战略和计划，确保战略稳健实施。以上两类活动及相关制度安排构成了企业战略实施控制体系。

一、战略实施评价与控制

战略实施评价与控制一般包括三项基本活动，分别为检查战略基础、衡量企业绩效和采取纠正措施，如图 12－5 所示。

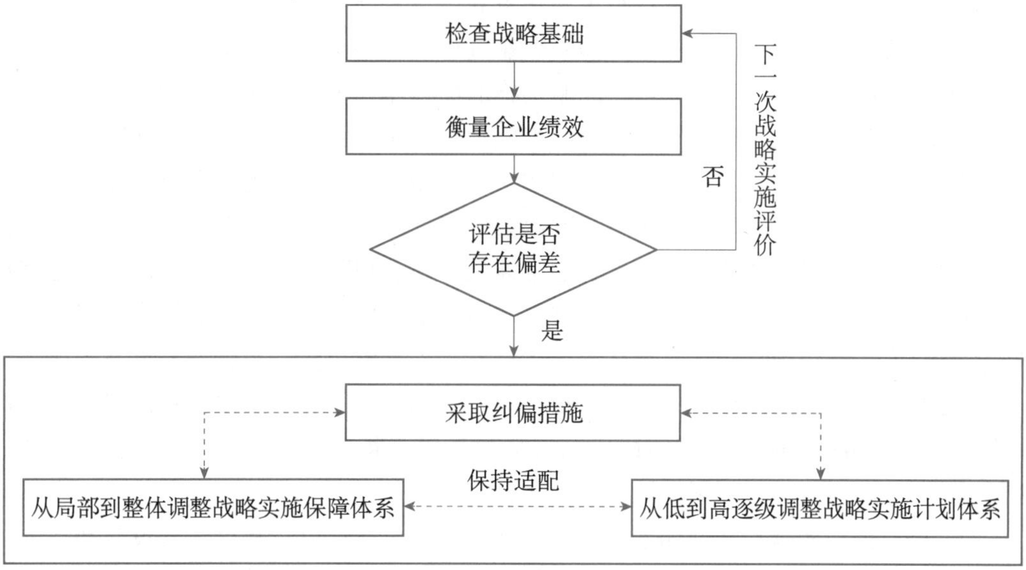

图 12－5　战略实施评价与控制活动

1. 检查战略基础

在企业战略实施的过程中，管理者应动态监控和分析企业外部和内部环境的变化，重点评估战略与环境之间的适宜性，结合企业资源能力考量战略可操作性，以及基于关键利益集团期望考察战略的合法性。由于各种因素变化尤其是相关因素变化交互作用，制定原来战略的基础条件可能不复存在，企业原有战略已经不再恰当。在这种情况下，企业需要高度重视对战略基础的审视与检查，以尽早发现问题并及时进行战略调整，避免战略恰当性持续下滑导致战略实施难以为继。

2. 衡量企业绩效

在监控外部环境和内部条件的同时，管理者还需要动态比较战略实施绩效与战略目标之间的偏差，评估战略实施的进展和效果，分析偏差产生的原因。衡量企业绩效通常从定量和定性两个方面进行，以确保评估的全面性和准确性。

3. 采取纠偏措施

根据战略基础条件变化的大小与企业绩效偏差的高低，管理者可以按照变化与偏差程度由小到大，依次决定是否及如何采取以下四种纠正措施。

（1）修订战略实施策略。多数情况下，当遇到战略绩效偏差，未能有效实现预期目标时，企业首先考虑的不是战略定位出现了偏差，而是应该审视战略实施策略出现了不恰当，事实上，市场环境、竞争对手策略或内部条件的变化可能导致原有战略实施策略不再适用，但此时企业的战略定位、战略实施计划体系与保障体系尚未出现明显的问题，管理者需要优先考虑修订战略实施策略，在战略实施的速度快慢、系统性、推进方向等策略方面进行调整，还可能在市场进入方式、调整产品定位、调整市场营销策略、重新分配营销资源等战略实现路径方面进行调整，以确保企业战略实施路径与各种变化相适应。例如，华为 5G 战略执行过程中，根据市场环境变化和风险评估结果，动态地对 5G 产品与服务进行了多次重新定价。

（2）修订战略实施的保障体系。如果企业进行了战略实施策略的优化，但依然未能达到预期的战略绩效，此时，或者是战略实施的保障体系未能产生足够的支撑，或者是战略实施的计划体系设定的目标不适当，需要针对战略实施的计划体系和保障体系进行审视，如果确实是因为治理结构、组织架构、制度流程、信息系统、企业文化等保障体系的部分因素或者整体呈现支撑不力，导致绩效偏差，管理者需要针对这些保障措施进行从局部到整体的优化调整。这种修订通常涉及调整组织架构、优化内部流程和管理机制、提升领导力等举措，以确保战略能够更加顺利地实施。例如，谷歌作为全球领先的科技企业之一，其组织结构曾一度变得庞大而复杂，导致决策效率低下和创新受阻。为了优化战略实施的保障措施，谷歌引入更加扁平化的组织结构，减少管理层级，从而提高决策效率，同时还推行“20％时间”政策，鼓励员工将 20％的工作时间用于个人感兴趣的创新项目，激发员工创新精神。

（3）修订战略实施的计划体系。在少数情况下，企业通过对战略实施策略和保障体系进行检视，并未发现存在问题，则可能是企业的战略实施计划体系出现了问题，管理者需要重新审视和修订这些目标和计划。这可能涉及调整销售目标、市场份额目标、研发目标等，以确保企业战略能够更加符合实际市场需求和企业能力。例如，面对电动汽车市场的激烈竞争，特斯拉修订了战略实施的目标与计划体系，从关注电动汽车的销售量和市场份额，转为更加注重提升品牌价值和客户满意度，并通过加强自动驾驶技术研发和供应链管理优化等措施，扩大市场份额和品牌影响力。

（4）修订原来的企业战略。在极少数情况下，企业需要全面修订其原有战略，以应对外部环境或内部条件的根本性变化，这通常涉及对企业使命、愿景和价值观的重新思考，以及对企业未来发展的全新规划。随着技术进步、制度环境的变迁以及社会文化的演进，企业在过往发展进程中形成的核心价值理念可能已经不合时宜，由此形成的企业战略承诺也不再具有适配性。在这种情况下，如果企业仍然坚持原有的战略，可能会导致战略失效，甚至危及企业的生存。例如，随着中国加入 WTO 并越来越深入地融入国际经济体系，中国的各类外贸公司受到出口配额减少并最终取消的冲击，过往发展历程中围绕着争取和保持出口配额以获得优势的核心价值理念已经不再具有适配性。企业必须重新考虑企业存在的根本理由，这种改变是对前期战略的一种颠覆，需要从战略承诺到战略方向、路径多层次展开全面而深入的战略变革，相对前面的战略调整，战略变革的范围更广、程度也更深。

在应对战略实施出现偏差的过程中，企业尤其需要注意战略实施管理涉及多个管理体系的协同。战略实施计划体系为战略实施策略提供了方向，而战略实施保障体系则为战略实施策略落地提供支撑，当战略实施策略需要调整时，需要重新审视两大体系是否也需要进行相应的调整，显然，当战略实施计划体系出现变化时，战略实施保障体系也需要进行相应的适应性调整，反过来，战略实施保障体系的优化也需要战略实施计划体系进行适应性调整，通过战略实施计划体系与战略实施保障体系高度匹配，战略实施的相关策略与行动才能得到有效展开。

二、战略实施的应急管理

1. 战略实施的危机识别

在战略实施的过程中，尽管企业通过战略实施控制体系能够使企业战略目标更好地落地，但企业仍不可避免地面临来自内外部环境的多重挑战，这些挑战可能演变为风险和危机，对企业的战略目标及其实施路径构成重大威胁。为此，企业需要构建一套系统化、规范化的危机识别机制，以实现对风险的及时察觉和准确评估。

风险识别与评估构成了战略实施应急管理的基础环节。在这一环节，企业必须全面审视其内外部环境，深入挖掘可能对企业战略实施造成负面影响的风险因素。这些风险因素包括但不限于：市场风险（如需求萎缩、竞争加剧）、技术风险（如技术落后、创新失败）、操作风险（如供应链中断、生产事故）以及法律风险（如法规变动、合规性挑战）等。

为了有效地识别和评估这些风险，企业可以综合运用多种分析工具和方法。例如，通过 SWOT 分析，企业可以系统评估自身的优势、劣势以及面临的机会和威胁，从而识别出战略实施过程中的关键风险点。PEST 分析则有助于企业深入了解政治、经济、社会和技术等宏观环境因素的变化趋势，以及这些变化可能对企业战略实施产生的影响。此外，风险矩阵作为一种有效的风险评估工具，可以帮助企业对不同风险的发生概率和影响程度进行量化评估，进而确定风险的优先级和应对策略，如图 12-6 所示。

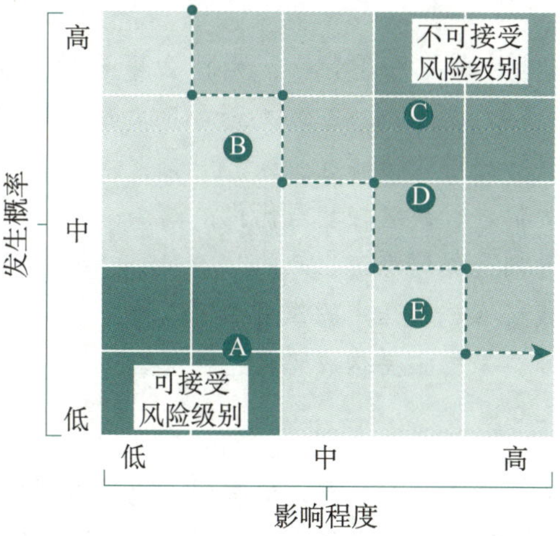

图 12-6　风险矩阵图

2. 战略实施的应急措施

一旦识别出战略实施的危机，企业需要迅速制定并采取相应的应急措施以减轻危机的影响。这些应急措施包括：

（1）制定应急策略。针对每一种识别出的风险，都应制定相应的应急策略。这些策略应明确在风险发生时企业应如何快速、有效地做出反应，以实现最小化损失并尽快恢复业务，包括但不限于启动备用计划、调配资源、调整业务流程等。例如，针对供应链中断的风险，企业可能需要建立备用供应链；针对数据泄露的风险，企业可能需要制定数据安全应对策略等。

（2）资源分配与准备。应急策略的实施离不开资源的支持。在制定应急策略后，企业需要为这些策略的实施分配必要的资源。这可能包括人力、物力、财力等各种资源。同时，企业还需要建立高效的资源调配机制，确保在危机发生时这些资源能够迅速调动和使用。

（3）建立危机管理团队。危机管理团队是应急响应的中枢，企业需要建立一支专门的危机管理团队，负责在危机发生时指挥和协调企业的应急响应。这支团队应由企业的高管、部门经理、专家等人员组成，除了需要具备快速决策、有效沟通、协调各方等能力外，还需要接受定期的培训和演练，以提高其应对危机的专业性和熟练度。

（4）危机响应与处置。一旦危机发生，危机管理团队需要迅速启动应急计划，按照预先制定的策略进行响应和处置。这可能包括启动备用供应链、进行数据恢复、进行危机公关等。同时，团队还需要密切关注危机事态的发展，随时调整应急策略。

（5）事后复盘与改进。在危机得到控制并处理后，企业需要进行事后复盘，对应急计划的执行效果进行评估，总结经验教训，找出存在的问题和不足。然后，根据复盘结果对应急计划进行改进和优化，提高其在未来应对类似危机时的效率和效果。

需要强调的是，企业战略实施管理中的应急管理是一个持续的过程，它需要企业在平时就做好充分的准备和规划，以便在危机发生时能够迅速、有效地应对。同时，企业还需要在危机过后进行复盘和改进，不断提高自身的危机意识和危机应对能力。

思考题

1. 战略实施与战略制定的关系是什么？为什么需要针对企业战略实施展开管理活动？
2. 战略实施的战略目标分解包括哪些步骤？
3. 战略实施过程中如何进行战略控制与优化？
4. 战略实施的应急计划是如何制定出来的？
5. 企业信息系统在战略实施过程中的作用如何体现？
6. 企业战略实施保障体系的主要构成要素包括哪些？

能力拓展

1. 给定一家知名企业（比如小米公司）的官网，通过该网站以及其他信息来源收集与分析该企业近期重要的战略行为（比如小米造车），对其战略实施管理活动进行分析，并判断该公司战略实施管理的恰当性。

2. 给定一家公司资料，分析该公司的战略目标体系是如何转化为战略行动的。

3. 请选择某个行业的上市公司，结合当前市场环境和行业趋势，通过查找相关资料，分析该公司在战略实施过程中可能面临的风险和挑战，并提出相应的应急管理策略和建议。

参考文献

[1] 陈明哲．动态竞争．北京：北京大学出版社，2009.

[2] 陈小梅，吴小节，汪秀琼．中国企业逆向并购后整合模式的选择：基于战略三角框架的 QCA 研究．管理评论，2024，36（2）：167－180.

[3] 陈雨点，王云龙，王安辉．华为战略解码：从战略规划到落地执行的管理系统．北京：电子工业出版社，2021.

[4] 查尔斯·希尔，加里斯·琼斯．战略管理：概念与案例：原书第 8 版．北京：机械工业出版社，2012.

[5] 戴维·贝赞可，戴维·德雷诺夫，马克·尚利，等．战略经济学：第 5 版．北京：中国人民大学出版社，2015.

[6] 丁继华．建立合规管理体系　管控世行制裁风险//王辉耀，苗绿．中国企业全球化报告（2020）．北京：社会科学文献出版社，2020.

[7] 方振邦，徐东华．管理思想百年脉络：影响世界管理进程的百名大师．3 版．北京：中国人民大学出版社，2012.

[8] 菲利普·科特勒，凯文·莱恩·凯勒，卢泰宏．营销管理：第 13 版·中国版．北京：中国人民大学出版社，2009.

[9] 弗雷德·戴维，福里斯特·戴维，梅雷迪思·戴维．战略管理：建立持续竞争优势：第 17 版．北京：中国人民大学出版社，2021.

[10] 龚红，宁向东，崔涛．董事会对公司战略过程评价：逻辑架构与指标体系．南开管理评论，2007（5）：26－30.

[11] 韩炜．战略承诺约束下的企业战略定位演化效应研究．管理科学，2010（4）：27－37.

[12] 亨利·明茨伯格，布鲁斯·阿尔斯特兰德，约瑟夫·兰佩尔．战略历程：穿越战略管理旷野的指南：原书第 2 版．北京：机械工业出版社，2012.

[13] 黄晓红，企业横向并购后的管理整合探析，中小企业管理与科技，2023（15）：111－113.

[14] 黄庆波．跨国企业技术联盟关系破裂的案例分析．企业改革与管理，2020（19）：53－54.

[15] 洪薇，企业并购后整合相关问题研究，中小企业管理与科技，2023（2）：99－101.

[16] 蒋峦，蓝海林，谢卫红，等．企业组织内部边界的渗透研究．软科学，2003（2）：84－86.

[17] 杰伊·巴尼，威廉·赫斯特里．战略管理．北京：机械工业出版社，2008.

[18] 蓝海林．案例分析：毕马威公司 20 世纪 90 年代的战略转变．管理学报，2007，4（6）：788－790.

[19] 蓝海林．迈向世界级企业：中国企业战略管理研究．北京：企业管理出版社，2001.

[20] 蓝海林．企业战略管理：承诺、决策和行动．管理学报，2015，12 (5)：664-667.

[21] 蓝海林．企业战略管理："静态模式"与"动态模式"．南开管理评论，2007 (5)：31-35.

[22] 蓝海林．企业战略管理理论与技术．广州：华南理工大学出版社，1993.

[23] 蓝海林，刘朔，黄嫚丽，等．转型期中国企业核心专长构建机制研究．南开管理评论，2018 (6)：28-36.

[24] 蓝海林，张明，宋铁波．"摸着石头过河"：动态与复杂环境下企业战略管理的新诠释．管理学报，2019，16 (3)：317-324.

[25] 蓝色创意跨界创新实验室．跨界．广州：广东经济出版社，2008

[26] 理查德·林奇．战略管理：英文版·第7版．北京：中国人民大学出版社，2021.

[27] 李荣融．并购重组：企业发展的必由之路．北京：中国财政经济出版社，2004.

[28] 黎永泰．日本企业的经营理念及其借鉴意义．四川大学学报（哲学科学版），1998 (2)：9-17.

[29] 罗伯特·卡普兰，大卫·诺顿．战略地图：化无形资产为有形成果．广州：广东经济出版社，2005.

[30] 刘鹤．加快构建以国内大循环为主体、国内国际双循环相互促进的新发展格局．人民日报，2020-11-25.

[31] 龙勇，杨秀苔．不平等战略联盟：我国企业对外合作的机制分析．重庆：重庆出版社，2001.

[32] 龙勇，游博．目标企业学习意图对联盟知识转移的影响机制研究．研究与发展管理，2016 (2)：82-91.

[33] 龙勇，郑景丽．联盟过程管理视角的联盟能力与联盟治理关系研究．管理世界，2013 (1)：182-183.

[34] 罗伯特·伯格曼，莫德斯托·麦迪奎，史蒂文·惠尔赖特．技术与创新的战略管理：原书第3版．北京：机械工业出版社，2004.

[35] 克里斯托弗·A. 巴特利特，休曼特拉·戈歇尔．跨国管理：教程、案例和阅读材料：第2版．大连：东北财经大学出版社，2000：379.

[36] 罗芳，叶广宇，蓝海林．从组织认定到企业宗旨陈述：研究综述与理论分析框架．管理评论，2013 (10)：100-110.

[37] 迈克尔·波特．竞争战略．北京：华夏出版社，2005.

[38] 迈克尔·波特．什么是战略．哈佛商业评论（中文版），2004 (1)：69-96.

[39] 迈克尔·古尔德，安德鲁·坎贝尔，马库斯·亚历山大．公司层面战略：多业务公司的管理与价值创造．北京：人民邮电出版社，2004.

[40] 迈克尔·希特，杜安·爱尔兰，罗伯特·霍斯基森．战略管理：概念与案例：第 12 版．北京：中国人民大学出版社，2017.

[41] 帕达克，巴贾特，卡什拉克，石永恒．国际管理．北京：机械工业出版社，2006：154－157.

[42] G. 佩奇·韦斯特三世，查尔斯·班福德．战略管理．北京：中国人民大学出版社，2011.

[43] 乔治·戴伊，戴维·雷布斯坦因，罗伯特·冈特．动态竞争战略．上海：上海交通大学出版社，2003.

[44] 尚爻．日本企业经营理念的历史考察：以家训·家宪·社训为中心．现代日本经济，2019，38（4）：56－66.

[45] 申雪，我国互联网企业并购效应分析：以昆仑万维为例．北方经贸，2019（10）：134－135.

[46] 田志龙，蒋倩．中国 500 强企业的愿景：内涵、有效性与影响因素．管理世界，2009（7）：103－114.

[47] 王京刚，谢雄．华为的战略．北京：华文出版社，2020.

[48] 王永乐，李梅香．战略制定与执行的统一：基于员工参与的视角．科学学与科学技术管理，2008（12）：127－132.

[49] 希尔，琼斯，周长辉．战略管理：中国版：第 7 版．北京：中国市场出版社，2007.

[50] 小阿瑟·汤普森，A. J. 斯特里克兰，约翰·甘布尔．战略管理：概念与案例：第 14 版．北京：北京大学出版社，2009.

[51] 小阿瑟·汤普森，约翰·甘布尔，A. J. 斯特里克兰三世．战略管理：获取竞争优势．北京：机械工业出版社，2006.

[52] 邢以群，吴晓艳，胡强．企业战略有效执行的影响因素研究：基于战略管理过程的视角．科学学与科学技术管理，2011（10）：117－124.

[53] 薛云奎，齐大庆，韦华宁．中国企业战略执行现状及执行力决定因素分析．管理世界，2005（9）：88－98，172.

[54] 约翰·甘布尔，小亚瑟·汤普森．跟大师学战略管理．北京：人民邮电出版社，2012.

[55] 约瑟夫·兰佩尔，亨利·明茨贝格，等．战略过程：概念、情境与案例：原书第 5 版．北京：机械工业出版社，2017.

[56] 印长副，郭忻彦．中联重科资产剥离动因与财务绩效研究．会计师，2023（3）：55－57.

[57] 张洁梅．企业并购整合研究现状综述．商业经济研究，2011（12）：75－77.

[58] 张平．高层管理团队异质性研究的综述．科技管理研究，2006（8）：143－148.

[59] 郑景丽，龙勇．知识保护能力对联盟伙伴关系选择的影响：基于不同联盟动机的分析．科研管理，2016（4）：102－109.

[60] 周建，尹翠芳，陈素蓉．公司战略治理研究述评与展望．外国经济与管理，2013 (10)：31-42.

[61] 周三多，邹统钎．战略管理思想史．上海：复旦大学出版社，2003.

[62] W. 钱·金，勒妮·莫博涅．蓝海战略：超越产业竞争，开创全新市场．北京：商务印书馆，2005.

[63] Ansoff H I. Strategies for diversification. Harvard Business Review，1957，35 (5)：113-124.

[64] Argyres N. Capabilities，technological diversification and divisionalization. Strategic Management Journal，1996，17 (5)：395-410.

[65] Ansoff H I. Corporate strategy. New York：McGraw-Hill，1965.

[66] Barney J B. Gaining and sustaining competitive advantage. New York：Addison-Wesley，1997.

[67] Beer M，Eisenstat R A，Spector B. Why change programs don't produce change. Harvard Business Review，1990 (November-December)：158-166.

[68] Berger P G，Ofek E. Diversification's effect on firm value. Journal of Financial Economics，1995，37 (1)：39-65.

[69] Bergh D D. Predicting divestiture of unrelated acquisitions：an integrative model of ex-ante conditions. Strategic Management Journal，1997，18 (9)：715-731.

[70] Birkinshaw J. Strategies for managing internal competition. California Management Review，2001，44 (1)：21-38.

[71] Bosse D A，Phillips R A，Harrison J S. Stakeholders，reciprocity，and firm performance. Strategic Management Journal，2009，30 (4)：447-456.

[72] Bradley M，Desai A，Kim E H. Synergistic gains from corporate acquisitions and their division between the stockholders of target and acquiring firms. Journal of Financial Economics，1988，21 (1)：3-40.

[73] Burgers W P，Hill C W L，Kim W C. A theory of global strategic alliances：the case of the global auto industry. Strategic Management Journal，1993，14 (6)：419-432.

[74] Chandler A D，Jr. Strategy and structure. Cambridge：MIT Press，1962.

[75] Chang Y，Thomas H. The impact of diversification strategy on risk-return performance. Strategic Management Journal，1989，10 (3)：271-284.

[76] Chatterjee S，Singh J. Are tradeoffs inherent in diversification moves? a simultaneous model for type of diversification and mode of expansion decisions. Management Science，1999，45 (1)：25-41.

[77] Chen M J. Competitor analysis and interfirm rivalry：toward a theoretical integration. Academy of Management Review，1996，21 (1)：100-134.

[78] Collins J C，Porras J I. Built to last：successful habits of visionary compa-

nies. New York：HarperBusiness，1994.

[79] Dacin M. T，Oliver C，Roy J-P. The legitimacy of strategic alliances：an institutional perspective. Strategic Management Journal，2007，28 (2)：169 - 187.

[80] Darnall N，Henriques I，Sadorsky P. Adopting proactive environmental strategy：the influence of stakeholders and firm size. Journal of Management Studies，2010，47 (6)：1072 - 1094.

[81] D'Aveni R A，Gunther R E. Hypercompetition：managing the dynamics of strategic maneuvering. New York：Free Press，1994.

[82] David F R，et al. It's time to redraft your mission statement. Journal of Business Strategy，2003，24 (1)：11 - 14.

[83] Eisenmann T R，Bower J L. The entrepreneurial M-form：strategic integration in global media firms. Organization Science，2000，11 (3)：348 - 355.

[84] Fahey L. Competitors：outwitting，outmaneuvering，and outperforming. New York：John Wiley & Sons，1998.

[85] Freeman R E. Strategic management：a stakeholder approach. Boston：Pitman，1984.

[86] Ghemawat P. Commitment：the dynamic of strategy. New York：Free Press，1991.

[87] Ghoshal S. Global strategy：an organizing framework. Strategic Management Journal，1987，8 (5)：427.

[88] Gimeno J，WOO C Y. Multimarket contact，economies of scope，and firm performance. Academy of Management Journal，1999，43 (3)：239 - 259.

[89] Gollop F M.，Monahan J L. A generalized index of diversification：trends in U. S. manufacturing. The Review of Economics and Statistics，1991，73 (2)：318 - 330.

[90] Goold M，Campbell A，Alexander M. Corporate-level strategy：creating value in the multibusiness company. New York：John Wiley & Sons，1994.

[91] Goold M，Luchs K S. Managing the multibusiness company：strategic issues for diversified groups. Landon：Routledge，1996.

[92] Hambrick D C，Li J，Xin K，et al. Compositional gaps and downward spirals in international joint venture management groups. Strategic Management Journal，2001，22 (11)：1033 - 1053.

[93] Hamel G，Prahalad C K. Strategic intent. Harvard Business Review，1989 (May-June)：63 - 76.

[94] Hitt M A，Ahlstrom D，Dacin M T，et al. The institutional effects on strategic alliance partner selection in transition economies：China vs. Russia. Organization Science，2004，15 (2)：173 - 185.

[95] Hitt M A，Freeman R E，Harrison J S. The blackwell handbook of strategic management. Oxford，UK：Blackwell Publishers，2001.

[96] Hitt C, Hwang P, Kim W. An eclectic theory of the choice of international entry mode. Strategic Management Journal, 1990 (11): 120.

[97] Huff A S, Reger R K, 刘宝宏, 郑文全. 战略过程研究回顾. 管理世界, 2011 (12): 148-159.

[98] Ireland R D, Hitt M A. Mission statements: importance, challenge, and recommendations for development. Business Horizons, 1992, 35 (3): 34-42.

[99] Javidan M. Core competence: what does it mean in practice?. Long Range Planning, 1998, 31 (1): 60-71.

[100] Jim C, Jerry P. Built to last: successful habits of visionary companies. 1994.

[101] John P. Kotter. Leading change. Harvard Business Review, 1995 (6): 18.

[102] Kantur D, Iseri-Say A. Measuring organizational resilience: a scale development. Journal of Business Economics and Finance, 2015, 4 (3): 456-472.

[103] Kaplan R S, Norton D P. Using the balanced scorecard as a strategic management system. Harvard Business Review, 1996, 85 (7): 150-161.

[104] Kemp S, Dwyer L. Mission statements of international airlines: a content analysis. Tourism Management, 2003, 24 (6): 635-653.

[105] Khanna T, Palepu K. The right way to restructure conglomerates in emerging markets. Harvard Business Review, 1999 (July-August): 125-134.

[106] Klein B, Crawford R G, Alchian A A. Vertical integration, appropriable rents, and the competitive contracting process. Journal of Law and Economics, 1978, 21 (2): 297-326.

[107] Kopczak L R, Johnson M E. The supply-chain management effect. MIT Sloan Management Review, 2003, 44 (3): 27-34.

[108] Kothandaraman P, Wilson D T. The future of competition: value-creating networks. Industrial Marketing Management, 2001, 30 (4): 379-389.

[109] Kotter J P. Leading change: why transformation efforts fail. Harvard Business Review, 1995 (May-June): 59-67.

[110] Long Y, Li P, You B. Knowledge transfer, governance mechanisms in alliance and environmental uncertainty: an empirical study. Chinese Management Studies, 2014, 8 (3): 438-472.

[111] Lubatkin M, O'Neill H M. Merger strategies and capital market risk. Academy of Management Journal, 1987, 30 (4): 665-684.

[112] Magretta J. Why business models matter. Harvard Business Review, 2002 (5): 80, 86-92.

[113] Markides C C. To diversify or not to diversify. Harvard Business Review, 1997 (November-December): 93-99.

[114] Markides C C, Williamson P J. Related diversification, core competencies and corporate performance. Strategic Management Journal, 1994, 15 (S2): 149-165.

［115］ Michael A. Hitt, R. Duane Ireland, Robert E. Hoskisson. Strategic management: competitiveness and globalization. Third Edition. Los Angeles: South-Western College Publishing, 1999.

［116］ Mintzberg H, Ahlstrand B, Lampel J. Strategy safari: a guided tour through the wilds of strategic management. New York: Free Press, 1998.

［117］ Pearce J A, II, David F. Corporate mission statements: the bottom line. Academy of Management Executive, 1987, 1 (2): 109-116.

［118］ Peng M W, Luo Y. Managerial ties and firm performance in a transition economy: the nature of a micro-macro link. Academy of Management Journal, 2000, 43 (3): 486-501.

［119］ Penrose E T. The theory of the growth of the firm. New York: John Wiley & Sons, 1959.

［120］ Porter M E. Competitive advantage: creating and sustaining superior performance. New York: Free Press, 1985.

［121］ Porter M E. Competitive strategy: techniques for analyzing industries and com-petitors. New York: Free Press, 1980.

［122］ Porter M E. The competitive advantage of nations. New York: Free Press, 1990.

［123］ Porter M E. From competitive advantage to corporate strategy. Harvard Business Review, 1987 (May-June): 234-255.

［124］ Porter M E. Strategy and the Internet. Harvard Business Review, 2001 (3): 63-78.

［125］ Prahalad C K, Hamel G. The core competence of the corporation. Harvard Business Review, 1990 (May-June): 79-91.

［126］ Rajan R, Servaes H, Zingales L. The cost of diversity: the diversification discount and inefficient investment. Journal of Finance, 2000, 55 (1): 35-80.

［127］ Richard A. D'Aveni. Hyper-competition: managing the dynamics of strategic maneuvering. New York: Free Press. 1994.

［128］ Rumelt R P. Strategy, structure and economic performance. Cambridge: Harvard University Press, 1974.

［129］ Rungtusanatham M J, Salvador F. From mass production to mass customization: hindrance factors, structural inertia, and transition hazard. Production and Operations Management, 2008, 17 (3): 385-396.

［130］ Scott W R. Institutions and organizations: ideas, interests and identities. Forth Edition. Thousand Oaks, CA: Sage, 2013.

［131］ Stopford J M, Wells L T. Managing the multinational enterprise: organization of the firm and ownership of the subsidiaries. New York: Basic Books, 1972.

［132］ Walters B A, Priem R L. Business strategy and CEO intelligence acquisition. Competitive Intelligence Review, 1999, 10 (2): 15-22.

[133] Yip G S，Coundouriotis G A. Diagnosing global strategy potential：the world chocolate confectionery industry. Strategy & Leadership，1991，19 (1)：4-14.

[134] Zeng M，Williamson P J. Dragons at your door：how chinese cost innovation is disrupting global competition. Boston：Harvard Business School Press，2007：1-3.

图书在版编目（CIP）数据

企业战略管理：数字教材版/蓝海林等编著．4版．--北京：中国人民大学出版社，2024.10.
（高等学校经济管理类核心课程教材）．--ISBN 978-7-300-33350-2

Ⅰ.F272.1

中国国家版本馆 CIP 数据核字第 2024SU1437 号

国家精品在线开放课程配套教材
国家级一流本科课程配套教材
高等学校经济管理类核心课程教材

企业战略管理（第4版·数字教材版）

蓝海林 等　编著

Qiye Zhanlüe Guanli

出版发行	中国人民大学出版社		
社　　址	北京中关村大街31号	**邮政编码**	100080
电　　话	010－62511242（总编室）		010－62511770（质管部）
	010－82501766（邮购部）		010－62514148（门市部）
	010－62515195（发行公司）		010－62515275（盗版举报）
网　　址	http://www.crup.com.cn		
经　　销	新华书店		
印　　刷	北京昌联印刷有限公司	**版　　次**	2015年10月第1版
开　　本	787 mm×1092 mm　1/16		2024年10月第4版
印　　张	21.75 插页1	**印　　次**	2025年8月第3次印刷
字　　数	497 000	**定　　价**	58.00元

中国人民大学出版社　管理分社

教师教学服务说明

中国人民大学出版社管理分社以出版工商管理和公共管理类精品图书为宗旨。为更好地服务一线教师，我们着力建设了一批数字化、立体化的网络教学资源。教师可以通过以下方式获得免费下载教学资源的权限：

★ 在中国人民大学出版社网站 www.crup.com.cn 进行注册，注册后进入“会员中心”，在左侧点击“我的教师认证”，填写相关信息，提交后等待审核。我们将在一个工作日内为您开通相关资源的下载权限。

★ 如您急需教学资源或需要其他帮助，请加入教师 QQ 群或在工作时间与我们联络。

中国人民大学出版社　管理分社

教师 QQ 群： 648333426（工商管理）　114970332（财会）　648117133（公共管理）
教师群仅限教师加入，入群请备注（学校+姓名）

联系电话： 010-62515782，82501868，82501048，62514760

电子邮箱： glcbfs@crup.com.cn

通讯地址： 北京市海淀区中关村大街甲 59 号文化大厦 1501 室（100872）

管理书社

人大社财会

公共管理与政治学悦读坊